『햄릿』으로 읽는 세계

『햄릿』으로 읽는 세계

발행일 • 2010년 10월 18일
지은이 • 홍기영
발행인 • 이성모/ 발행처 • 도서출판 동인/ 등록 • 제1-1599호
주소 • 서울시 종로구 명륜동2가 아남주상복합아파트 118호
TEL • (02) 765-7145, 55/ FAX • (02) 765-7165
E-mail • dongin60@chol.com/ Homepage • donginbook.co.kr

ISBN 978-89-5506-455-1
정가 16,000원

『햄릿』으로 읽는세계

홍기영 지음

도서출판 ┃동인

　중학교 때에 시를 몇 편 써서 학생잡지에 실려 으쓱해하는 나를 불러 국어 선생님께서 '시 같은 것을 쓰고 좋아하다간 굶어 죽기 십상이다'라고 하시며 먹고 살기 위해서 그리고 더 큰 뜻을 이루기 위해서는 영어공부나 열심히 하라고 하셔서 영어공부를 열심히 하게 되었다. 그 덕분에 영문학과를 졸업하고 더 공부하여 아무튼 현재까지 30년 이상을 영문과 교수 생활을 하게 되었으니 지금은 이름도 알 수 없고 얼굴만 희미하게 기억나는 그 선생님의 충고에 감사하며 아련한 추억에 젖어들기도 한다.

　그동안에 영문학에서도 제일 어렵고 까다롭다는 셰익스피어를 공부하고 특히 『햄릿』을 강의한지도 어언 30년이 되었다. 그러는 사이 머리에는 서리가 내리고 금년이 한국에서는 뜻 깊은 회갑을 맞는 해이다. 옛날에는 회갑까지 살기가 어려워 회갑잔치가 있었고 우리 교수들에게는 '회갑기념논문 증정식'같은 것이 있어 나의 경우도 여러 번 은사 스승님들의 '논문 증정식'을 위해 논문도 싣고 참석한 적이 있었다. 그런데 그러는 사이 내가 회갑을 맞게 되었으니 세월의 유수함을 뼈저리게 느낀다. 내가 석·박사 논문을 지도한 졸업생들이 회갑 기념으로 무엇을 하자고 한다. 나도 무엇인가 선을 그어 보고 싶은 생각이 들어서 며칠 고민을 했다. 제자들과 모여 저녁식사하면서 나는 평생 셰익스피어를 읽고 가르쳐 왔으니 그 중에 『햄릿』에 대한 400여 쪽 자리 책을 저술하여 제자들에게 나누어 주고 그동안 써 놓은 시를 조금 다듬어서 시집이나 출판하여 함께 보면서 식사나 하자고 제안했다. 그랬더니 제자 중 한명이 연출이 전문이니 '교수님 회갑기념 셰익스피어 공연'을 준비하겠다고 한다. 그것은 그 제자가 할 일이니 알아서 하라고 말하고 저녁모임은 끝났다. 그런데 제자들과 나 스스로에게 한 이 약속이 '스스로 짊어진 고통의 멍에'이며 '너무 무거운 족쇄'임을 원고를 다 마치고 머리말을 쓰는 지금 실감하고 있다. 책을 쓰기로 마음먹은 것이 2월이니까 7월까지 6개월이면 충분할 줄 알았는데 진도가 이렇게 늦어질 줄 몰랐다.

그 동안 강의한 노트, 읽은 책에 대한 노트, 자료들이 있으니까 머리에 구상한 대로 쓰기만하면 될 줄 알았는데 막상 쓰다 보니 생각이 떠오르지 않는 것도 있고 생각은 났는데 출처를 몰라 몇 시간씩 책의 쪽수를 찾느라 해매인 적이 한두 번이 아니다. 기억력이 상당히 줄어든 게다. 과거에는 책을 쓸 때 멋진 아이디어가 문득 문득 떠올랐었는데. 나이는 속일 수 없는 일, 가을이면 과일이 저절로 떨어지듯, 기억마저 서산에서 머뭇거린다.

이 책의 제목을 <『햄릿』으로 읽는 세계>라고 한 것은 햄릿을 통해, 햄릿의 시각에서 세상을 읽어보고 싶었기 때문이다. 『햄릿』을 영어 원본으로 처음 부분적으로 읽은 것이 대학 2학년 때이니까 벌써 41년 전이다. "세상은 관절이 빠져있다. 아 저주받은 영혼이여,/내가 그것을 바로잡기 위하여 태어나다니!"라는 대목이 너무 충격적이고 신선하여 기숙사 내 책상 앞에 붙여놓고 밤낮 생각하고 외우던 기억이 생생하다. 세상에 대해 무엇을 알았겠는가? 그저 햄릿이 읊조린 대사이니까 좋아했을 따름이었다. 그런데 세월이 가면 갈수록 이 매력적인 지성인 햄릿은 더욱 가슴에 와 닿아 나는 매년 가을학기 영문학과 4학년 학생들에게 『햄릿』만을 가르친다. 매 강의학기마다 설명하는 방법이 다르고 예화가 달라 새롭고 신선하다. 고전적인 방법에서부터 포스트모던까지 『햄릿』의 우산 아래 들어오지 않는 것이 없다. 『햄릿』이라는 연극이 시대의 모든 것을 반영하는 것임을 확인하는 계기가 되고 미래의 설계를 할 수 있는 기틀을 제공해주니 얼마나 감사한 일인가. 나는 이 책에서 『햄릿』에 대한 이론적 설명과 더불어 명상의 자료를 제공하고자 하였다. 이론은 딱딱하여 우리 몸의 뼈와 같고 명상의 자료들은 우리 몸의 피와 살 같아서 부드럽고 생동감이 있다고 생각한다. 이론적 부분에서는 논문처럼 논리적인 설명을 했고 최대한 출처를 밝히려고 했다. 그러나 도저히 밝힐 수 없는 부분도 부득이 있음을 양해해주기 바란다. 명상의 자료에 해당하는 부분은 감상적 해설이나 논평으로 보면 좋겠다. 『햄릿』의 어느 대사에 대한 순전히 나의 개인적 견해를 밝힌 것이다. 뼈에 해당하는 이론은 딱딱하고 지루하나 햄릿의 몸을 유지하는 근간이다. 피와 살은 온기가 흐르고 맥박이 뛰는 살아 숨 쉬는 것이다. 명상 자료에 해당하는 부분에서는 나는 그동안의 강의 경험과 학생들과의 관계에서 있었던 일들을 가지고 『햄릿』을 읽어보려고 했다. 『햄릿』의 이런 대사들이 삶의 고달픈 여정에 위로가 되어 트라우마 치료가 되었음을 고백한다. 왜냐하면 예술은 언제나 고통의 치료이며 또한 예술은 고통과 구속의 결과임을 알기 때문이다.

이 책을 쓰기 위해 책상위에 나는 10개의 『햄릿』 텍스트와 100여권 정도의 『햄릿』 관련 원서들을 쌓아 놓았다. 그중에 브래들리, 윌슨, 나잇, 얀 코트, 퍼니스, 젠킨스, 프로서 등에 가장 많은 눈길을 주고 마음을 주었다. 수많은 연구가들의 천재성에 언제나 놀라곤 했다. 나는 바보처럼 멍하니 문장들을 바라보기만 한 적이 또한 많았다. 어떤 연구가의 독특하고 참신한 아이디어에 머리가 절로 숙여졌다. 그 연구가들의 천재성에 감탄하고 흥분하여 가슴이 두근거렸으며 존경심이 저절로 스며 나오곤 했다. 그런 때가 또한 어려운 영어공부를 하여 커다란 지적 즐거움을 느끼는 보람이며 다른 사람들은 알 수 없는 영문학도의 특권임을 감지하였다. 그러나 동시에 그런 천재들 앞에서 맥도 못 추는 나의 비재(菲才)에 얼마나 절망하고 자책하며 괴로워했던가?

이번 여름은 무던히 덥고 짜증스러웠다. 지구 온난화 때문인지 습하고 후텁지근했다. 에어컨도 있으나 마나한 연구실에서 생애 가장 많은 땀을 흘렸던 여름이었다. 시간에 쫓기고 책을 쓰는 진도는 별 진척이 없는 데 여러 가지 잡다한 일로 시간을 뺏기는 것이 정말 안타까웠다. 써야 할 분량은 많고 시간은 없는데 아무 것도 아닌 회의나 일에 몇 시간씩을 보내고서는 '별 쓸모없었던 일에 소비된 시간'에 대해 햄릿만큼이나 분개하곤 했다. '금싸라기 같은 시간'임을 뼈저리게 느꼈다. 그래도 가장 치열하게 보낸 몇 개월이 너무 소중했다. 내 생애 또 이렇게 치열하게 시간을 보낼지 지금으로선 없을 것만 같다.

이 책의 4장과 5장은 과거에 출판했던 논문이고 6장은 최근에 쓴 논문을 수정 보완한 것이다. 현대 비극과 햄릿에 대한 비교, 현대 소설에 다시 부활되는 햄릿, 그리고 기독교적 관점에서의 『햄릿』은 또 다른 의미가 있을 것으로 사료된다. 이 책을 쓰는 데는 많은 연구가 및 주석가들의 도움을 받았으며 셰익스피어 축제가 있었던 여러 곳의 추억들 – 영국 아본 강, 미국의 애쉬랜드, 시카고 축제, 호주 아들레이드 축제 및 미국 샤롯에서의 셰익스피어 축제 – 이 정신 자극에 커다란 도움이 되었음도 말하고 싶다.

토마스 키드의 복수극처럼 시원하고 철저하게 복수하는 플롯도 멋있지만 햄릿처럼 지리멸렬하고 애매한 부분이 많은 것도 지나고 보니 괜찮다. 엘리엇은 『햄릿』 속에 '객관적 상관물'이 적합하게 존재하지 않아 '예술적 실패작'이라 하면서도 '문학의 모나리자'라 하지 않았던가. 다빈치는 '모나리자의 미소'라는 그림을 통해 조콘다 부인의 웃음을 신비의 영역으로 형상화하여 세계 최고의 예술을 창조하였다. 다빈치의 손끝에서 상상력이 활동하여 조콘다가 예술적 불멸성을 갖듯이 『햄릿』 역시 셰익스피어의 손끝에서 다양성을 가진 불멸의 예술로 형상화되었다. 『햄릿』은 수세기 동안 동서고금의 많은 사람들에게 끊임없는 관심과 애정의 대상이 되었으며 무한한 의미를 재생산해내는 예술의 불멸성을 갖고 있다.

이 책에서 인용한 셰익스피어 원문은 모두 2005년에 출판된 『햄릿』의 Cambridge School Shakespeare에 근거했다. 셰익스피어 텍스트는 아든 판, 뉴 아든 판, 뉴 배리오럼 판, 뉴 스완 판 등 여러 종류가 있지만 이 판에 의거한 것은 학생들과 함께 읽는 동안 너무 친숙하여 편리하기 때문이었다. 이 책의 제 3 장 '줄거리 따라 읽기'에서 작품 분석을 더 깊이 하고 많은 연구가들의 견해를 넣고 싶었지만 책의 분량, 일반 독자들에 대한 배려, 그리고 시간의 부족 등으로 인해 본래 의도한 만큼 포괄적으로 깊이 있게 다루지 못한 점이 못내 아쉽다. 더 좋은 내용으로 더 멋진 글로 쓸 수 있었는데 하는 아쉬움이 이번처럼 많은 적도 없다. 그러나 회갑기념으로 스스로에게 한 다짐을 지킨다는 의미로 출판하는 것을 너그럽게 이해해주길 바란다.

끝으로 이 어려운 시기에 출판을 허락해 준 동인출판사의 이성모 사장에게 감사의 마음을 전하고 컴퓨터 워드 작업에 도움을 준 사랑하는 제자들에게 고마움을 전하며 앞으로는 셰익스피어에 대한 기독교적 관점에서의 연구를 하겠다는 다짐을 하면서…

2010년 9월
사집제(砂集齊)에서
홍 기 영

차례

제 1 장
엘시노어(Elsinore) 성(城)으로 가는 길에

1. 윌슨의 사명

『햄릿』에 대한 책을 쓰기로 결심한 것은 순전히 윌슨(John Dover Wilson)의 책 『햄릿』에서 무슨 일이 일어나는가?』(*What Happens in Hamlet*)(초판 1935) 때문이다. 『햄릿』에 대해 논문도 쓰고 매년 2학기 마다 『햄릿』을 강의한지도 30년이나 되었지만 단독저서를 쓸 생각은 별로 없었다. 그런데 『햄릿에서 무슨 일이 일어나는가?』라는 책을 읽으면서 '한 사람에게 있어 독서는 무엇이며, 학문을 하는 열정과 방법은 무엇인가'를 가슴 깊이 느끼게 되었다. 그러던 중에 내가 셰익스피어를 읽고 가르치는 것에 대해 반성도 하며 내 나름대로의 『햄릿』론을 쓰고 싶은 생각이 윌슨의 사명감처럼 나에게도 생겨났다. 윌슨은 위의 책을 써야겠다는 것이 '마술적 홀림'이요 '열병'이라고 고백했지만 나에게는 '끈질긴 지적 호기심'이었음을 고백한다. 깊은 산속에 들어가서 깨우침을 얻기 위해 수도하는 스님들이나 신부님들, 또는 명상가들은 침묵과 명상으로 깨우침을 얻겠지마는 우리 같은 범인들은 그저 책을 열심히 읽고 생각하고 글을 쓰는 작업을 통해 어떤 마음의 뿌듯함이나 어렴풋한 깨달음을 얻으려고 하는 것이 아니겠는가.

어려운 영어문장을 읽고 그 뜻을 이해하는 순간과 종이에 만년필로 또박 또박 글을 쓰는 때가 나에게는 수도자들의 깨달음의 순간에 해당한다고나 할까. 그런데 그렇게 영어원서의 어려운 부분을 읽어가다가 윌슨의 경우처럼, 내 생각과 맞닥뜨리는 경우가 있다. 글을 통한 지적조우(知的遭遇: intellectual meeting)라고 할 수 있다. 글을 통한 말 없는 뜻 깊은 대화요 따뜻한 온기와의 만남이라 할 수 있다. 이제 윌슨의 『햄릿』과의 지적조우 과정을 더듬어 보기로 한다.

윌슨이 『햄릿에서 무슨 일이 일어나는가?』라는 책을 1935년에 출판하는데, 이 책을 출판하게 된 동기는 18년 전으로 거슬러 올라간다. 즉 1917년 "내 생애에 나의 전 진로를 온전히 바꾼 하나의 마술적 홀림"(a spell which changed the whole tenor of my existence)(Wilson 2)이란 사건이 계기가 된다. 윌슨은 그 때 당시에 영국의 리즈(Leeds)지방의 교육부 직원으로 근무하고 있었는데 상사가 어느 날 보급창의 검사하는 일을 맡으라고 하였다. 보급창 검사 또는 검수하는 일의 대부분은 기차로 물자를 수송하는 일이었다. 보급창의 상사가 하루는 급하게 선더랜드(Sunderland)로 가는 기차를 타라는 것이었다. 당일 날의 급행열차가 이미 출발하여 윌슨은 완행열차를 탈 수 밖에 없었다. 완행열차이기 때문에 아주 느리고 빈자리도 많고 조용했다. 윌슨은 피곤한 상태였지만 느슨한 마음을 갖고 보급창을 위해 운송하던 이런저런 물건들을 살펴보다가 그 우편물들 속에서 1917년 10월호의 『현대영어리뷰』(The Modern Language Review)에 실린 그레그(Greg)의 논문 「햄릿의 환각」이라는 글을 읽게 되었다. 이 논문은 그레그가 『햄릿』에 나오는 무언극(dumb-show)에 대한 설명을 다음과 같이 한다.

1. 현재의 왕은 그 무언극을 보고 죄가 있다고 생각하여 움츠러들지 않았다.
2. 유령이 햄릿에게 전한 정보는 틀린 것이다.
3. 그러므로 유령의 말은 햄릿 자신의 허구의 산물이다.
4. 선왕이 독살됐다는 이야기는 햄릿의 무의식에 뿌리를 두고 있는 것이다.(5)

윌슨은 위와 같은 그레그의 주장이 잘못됐다고 생각하고 자기 나름대로의 논리를 이끌어 간다. 윌슨은 유령에 대해 셰익스피어 당시의 '싸구려 관객들'(groundlings)은 그 존재를 믿었으며 사려 깊은 사람들은 그저 환상으로 보았다고 생각했다. 그리고 정말로 현재의 왕이 연극을 보고 움츠러들지 않았다면 왜 연극을 중간에 멈추라고 하였는가. 유령이 만약에 햄릿 혼자만의 상상력의 산물이라면 마셀러스(Marcellus)와 버나도(Bernardo) 및 호레이쇼(Horatio)에게도 유령이 나타난 것을 어떻게 설명할 수 있겠는가?

이런 여러 가지 의문을 갖게 되어 윌슨은 선더랜드 역에 도착할 때까지 무려 이 논문을 6번이나 읽게 된다. 그리고 윌슨은 "처음부터 내가 이것에 대답하기 위해 태어났다"(from the first I had been born to answer it)(7)라고 고백한다. 그래서 윌슨은 그 심정을 "내 피의 열병처럼"(like the hectic in my blood)(7)이라고 생각하고 그레그의 의견과 반대되는 자신의 입장을 밝히기 위해 다른 모든 일을 제쳐 두고 『햄릿』 연구에 전념하겠다고 결심한다. 그리고는 선더랜드 역에 내리자마자 『현대영어리뷰』의 편집자에게 "그레그의 논문은 아주 옳지 않으며 잘못된 것이다. 이것을 바로잡을 사람을 받아들이겠습니까?"(7)라는 내용의 우편엽서를 보낸다.

그리고는 자나 깨나 읽고 생각하고 글 쓰는 일에만 전념하는데 윌슨은 이때를 '흥분'(ferment)의 시간이었으며 아주 즐거운 경험의 시간이었다고 술회한다. 그러니까 윌슨은 그레그의 논문을 읽고 마술에 걸린 듯 연구에 전념하였고 자신은 그레그의 논문에 정답을 찾기 위해 태어났다는 천부적 사명감에 사로잡혀 열병에 걸린 듯한 시간을 보냈다는 것이다. 학문연구가 어렵고 괴로운 작업이었지만 윌슨은 이 연구를 즐거운 경험이라 하였고 신나는 일이었다고 회고했다. 우리는 윌슨에게서 학문연구에 대한 기본자세를 배울 수 있다. 업적을 쌓거나 사명감 때문에서만 연구를 한다면 좋은 일이긴 하지만 얼마나 괴로운 고역이겠는가. 사명감에 흥분과 즐거움이 있는 마술적 홀림이 있어야 한다. 그러면 연구의 속도가 빠르고 좋은 결과가 나타나게 되는 것이다.

윌슨이 1917년에 획기적인 생의 전환점을 맞은 후 18년 후인 1935년에『햄릿에서 무슨 일이 일어나는가?』를 출판하기 까지는 이 책 저술 이외에 무수한 학문적 활동을 하게 된다. 상당한 독서, 다른 학자와의 토론, 자신의 논리에 대한 검증 등으로 바쁜 나날을 보낸다. 그레그의 논문을 처음 읽은 지 7개월 때인 1918년 4월에는『현대영어리뷰』에 그레그의 논문의 논리가 맞지 않는다는 내용의 논문을 발표한다.

그레그의 논문에 대한 잘못을 시정하는 데는 많은 연구와 반증하는 자료들이 필요했다. 그 결과 윌슨은『아세내음』(The Athenaeum) 잡지에 4개의 논문을 「회복된『햄릿』에서의 연극장면」이란 제목으로 발표한다. 이런 논문을 쓰는 데는 1572년에 출판된『밤에 걸어 다니는 유령과 혼령에 대하여』(Of Ghosts and Spirites Walking by Night)라는 책을 많이 읽고 참고하였음도 밝힌다. 윌슨에게 연구생활에 있어 또 하나의 중요한 계기는 바로 텍스트(Text)편집에 관계한 일이다. 캠브리지 대학 출판부의 주선으로 당시의 유명한 학자였던 아써 퀼러-쿠치(Arthur Quiller-Couch)와 함께 셰익스피어 전집의 편집 일에 관여하게 된다. 이것에 자극을 받아 텍스트 편집에 관심을 갖기 시작하여 소위 셰익스피어의 '나쁜 사절판'(Bad Quarto)등을 연구하여「두번째 사절판의 잘못된 인쇄와 스펠링」이라는 논문을 1924년에 발표한다. 그러니까 윌슨은 18년 후에 한권의 결정적인 연구서『햄릿에서 무슨 일이 일어나는가?』를 출판하기까지 유령의 문제, 복수의 문제, 텍스트의 문제 등 다양한 방면에 대한 끊임없는 연구를 하게 된다.

연구를 본업으로 하는 학자에게 있어서 시간적 여유와 연구에 필요한 경제적 여건이 기본적인 전제조건인데 윌슨에게도 이런 놀라운 기회가 찾아온다. 1933년부터 12개월 동안 '리버흄회원'(Leverhulme Fellow)이 되어 연구에만 몰두할 수 있게 된다. 그는 "거의 믿을 수 없을 정도로 12개월 연속해서 방해받는 일 없이 셰익스피어 연구에 전념할 수 있는 자유"(12)를 가질 수 있었던 것을 감사한다고 했다.

이 기간 동안에 윌슨은 텍스트 연구에 더욱 몰두하게 되어 『햄릿』 작품에 나오는 모든 단어와 문장의 의미 파악을 위해 분투노력해야 함을 기본전제로 삼으면서 "『햄릿』은 모든 것이 의혹 속에 있으므로, 편집자, 주석자, 그리고 연극 비평가들이 하나의 위원회가 되어 함께 연구해야 한다"(13)라고 주장한다. 『햄릿』을 잘 이해하기 위해서는 이러한 언어의 2중 3중 의미를 터득해야 하고 그 의미의 상징성과 이미지 연구도 겸해야한다고 보면서 "『햄릿』은 신비 속에 있는 연극적 수필이다. 그 말은 더 많은 것을 검토하면 검토할수록 발견할 것이 더욱 많도록 구성된 것이다"(19)라고 말하고 있다. 윌슨에게 있어 『햄릿』 연구는 '흥분된 탐구'이며 탐구를 하면 할수록 '향기'가 더욱 풍기는 작품으로 다가왔다고 술회한다.

윌슨은 『햄릿에서 무슨 일이 일어나는가?』의 제 1장은 그레그에 대한 헌시적 편지 형식으로 24쪽을 할애하고 2장부터는 비극적 짐, 유령과 악마, 양광설, 다중적인 쥐덫, 햄릿의 위장술, 실패와 승리라는 제목들로 책을 구성하고 있다. 『햄릿』이라는 하나의 작품에 대해서 357쪽 분량의 책을 출판했다는 것도 경이롭고 흥미진진하지만 일개 보급창 직원에서 세계적인 셰익스피어 학자로 우뚝 서게 된 자신의 경험을 소상히 밝힌 것은 학문적인 업적과 함께 한 사람의 살아가는 과정과 방법에 대한 예시라는 점에서 뜻 깊은 것이다.

이런 의미에서 영국의 셰익스피어 학자인 바스넷(Bassnett)의 경우도 시사하는 바가 크다. 바스넷은 『셰익스피어: 엘리자베스 시대의 희곡』(*Shakespeare: The Elizabethan Play*)에서 자신의 어릴 적 단순한 연극적 경험이 어떻게 셰익스피어학자로 결실을 맺는 계기가 되었는가를 다음과 같이 밝히고 있다.

> 많은 사람들과 같이 나는 셰익스피어와의 첫 만남을 분명하게 기억한다. 내 나이 7살 때에 『당신 좋으실 대로』를 보러 갔는데, 그것은 나의 어머니가 리스본

에 있는 영국대사관 정원에서 연출했던 공연이었다. 나는 그 후에 내가 본 많은 공연에도 불구하고 그날 저녁부터 나와 함께 머물러 온 자세한 것을 기억할 수 있다. 조립무대위에 높이 올라가서 그 밑에는 분수가 있는 곳에 앉아 내 자신이 어떤 숲에 있다고 느꼈다. 나는 그날 저녁의 연극 공연에 대한 예술적 질이나, 연극의 기준 등의 성공과 실패를 판단할 길은 없었다. 그러나 회고하건데 그 공연은 단순하고, 필수적이며 놀라운 것이었다는 것뿐이다. 나는 나의 첫 번째 경험이 극장은 마술이라는 것을 그날 밤 깨달았다. 수많은 세월 동안 나는 셰익스피어를 연구하고, 공연하고 가르치고 지금 이 책을 쓰는 순간까지도 그 마술적인 하룻밤의 기억이 그 예술의 완성자인 한 분에게 내가 바칠 수 있는 최고의 찬사이다. (16-7)

윌슨은 『햄릿에서 무슨 일이 일어나는가?』를 저술하면서 두 가지 점을 강조하고 있는데 하나는 무언극의 중요성에 대한 것이고 또 하나는 그랜빌-바커(Harley Granville-Barker)와의 학문적 결투에 관한 것이다.

성악가에게는 발성법이라는 기본이 있듯이, 화가에게는 데쌍이라는 기본이 있듯이, 운동선수에게는 힘과 순발력이라는 근간이 있듯이 『햄릿』 작품에 흐르는 줄세공(filligree)같은 하나의 틀(frame)이 있다는 것이다. 다시 말하면 극을 이끌어가는 주요한 단서이면서 간과하기 쉬운 조그마한 퍼즐(puzzle)이며 이 극의 근간이 되는 것은 무언극이라는 것이다. 심각하고 비극적인 분위기 속에서 햄릿이 농담을 하면서 현재의 왕 앞에서 공연하려는 연극의 서두에 나타나는 무언극이야 말로 모든 의심의 실마리가 되어 연극 전체를 연결시켜주는 "셰익스피어의 용맹함과 정교함이 합치된"(Shakespeare's boldness is the equal of his subtlety)(186) 극적 기교이며 새로운 빛이라는 것이다. 그래서 윌슨은 "햄릿에 대한 이론은 괴테나 코울리지로 부터 시작하는 것이 아니고 클로디어스와 폴로니어스에서부터 시작한다"(Theories about Hamlet did not begin with Goethe and Coleridge, but with Claudius and Polonius)(20)라고 주장하며 자칭 셰익스피어 학자들이 종종 그랬듯이 텍스트 자체를 멀리하고 비평가들에게 너무 경도(傾

度)되는 현상에 대해 경고를 하기도 한다. 클로디어스와 폴로니어스의 문제는 유령의 문제로 연결되고, 다음에는 햄릿과 오필리어의 사랑의 문제로 자연히 연결되어 무언극이야 말로 연극전체를 이해하는 줄세공인 셈이다.

다음은 그랜빌-바커와의 학문적 결투이다. 윌슨은 1934-4년 사이에 그랜빌-바커와의 친밀했던 관계를 "편지를 주고받는 일 없이는 한 주도 지나지 않는" (hardly a week went by without a letter passage)(21) 상황이었다고 회고한다. 윌슨은 자신과 그랜빌-바커 사이의 『햄릿』에 대하여 주석을 달고 논의를 거치는 과정을 햄릿과 레어티즈 사이의 칼싸움(duel)에 비유한다. 햄릿과 레어티즈는 목숨을 건 칼싸움에서 한 판 붙을 때마다 북 소리와 트럼펫 소리에 맞추어 싸웠지만 이 두 사람은 웃음으로 싸웠고 "싸우는 분기(分期)가 요구되거나 주어지지도 않았고, 우리 칼에는 독이나 혈기가 묻어 있지는 않았지만 날이 서 있었다, 포인트(점수)를 올리기 위해서"(The swords were unbated and quarter was neither asked nor given, there was nothing 'incensed', stillness 'venomed', about own 'point')(21)라고 말할 정도로 심각하며 재미있는 학문적 결투를 한 셈이라고 소개한다. 학문연구의 시퍼런 경쟁심을 칼싸움에 비유했고 아무도 윌슨은 자신을 햄릿으로 그랜빌-바커를 레어티즈로 간주하지는 않았다는 것이다. 그러나 윌슨은 은근히 내심으로는 자신이 햄릿처럼 더 많은 점수를 올리고 있다고 자부했다. 그리고 학문적인 자세를 누그러뜨릴 수 없음을 『햄릿』의 성곽에 수많은 공격이 있다며, 공격받을 때마다 수리를 하듯이 자신도 늘 새로운 자세를 가지고 연구했음을 표명한다. 무언극이 셰익스피어 연극의 전환점이 됨을 말하면서 당시의 심정을 이렇게 술회한다.

> 무언극에 대한 대답을 내가 했는데 그것의 옳고 그름을 차치하고, 이런 연구가 현재도 그렇고 미래에도 그럴 것인데 나에게는 말할 수 없는 기쁨이요 정신의 청량제를 제공했다.

(And whether I have found the right answer or not, the search has afforded me untold entertainment and refreshment of spirit for which I can shall ever remain) (23)

나도 윌슨처럼 『햄릿』에 대한 나의 독서와 명상과 글쓰기를 지금 하고 있다. 대학교 2학년 때에 처음으로 셰익스피어의 『멕베스』를 접하면서 공부를 시작 했으니까 벌써 41년째 셰익스피어와 씨름하고 있는 셈이다. 대학생들에게 직접 셰익스피어를 가르치기 시작한 것은 1981년부터 이니까 어언 30년간 셰익스피어를 가르쳐 온 셈이다. 나는 2005년에 『셰익스피어 넓게 읽기』라는 책을 출판하면서 서문에 이렇게 내 심정을 토로한 적이 있다.

> 대학교 2학년 때 처음 셰익스피어를 대했으니 그럭저럭 셰익스피어와 인연을 맺어온 지도 어언 30년이 흘러가고 있다. 캠퍼스는 더없이 맑은 가을 하늘 아래 낙엽들을 무희(舞姬)삼아 요정(妖精)들이 축제를 벌이는 듯하다. 연구실 주위는 고요하다 못해 적막(寂寞)이 흐르고 어려운 영어원서들이 나란히 누워 눈길을 보낸다. 도서관 지하 영미문학 코너의 서가에는 곰팡이 냄새나는 책들이 수줍은 듯 손짓한다. 대학 2학년 때의 설레임과 흥분 속에서 케케묵은 책들을 뒤적여 본다. 이 감흥(感興)을 어떻게 표현할까. 고리타분한 책들의 곰팡이 냄새가 어느 여인의 향수 보다 더 고혹적(蠱惑的)으로 느껴지는 사람만이 학자가 될 자격이 있다고 했는데 나는 그 본향(本鄕)에 들어서기나 한 것인가.
>
> 호롱불 밑에서 밤을 지새우며 셰익스피어를 공부할 때부터 지금 컴퓨터로 연구할 때까지 그렇게 세월은 가고 셰익스피어는 나를 런던 템즈 강가의 글로브 극장으로, 스트래트포드 어펀 아본의 로얄 셰익스피어 씨어터로, 그리고 애쉴랜드로 시카고로, 뉴욕으로, 아니 그뿐인가! 서울의 세실극장에서도 햄릿은 독백(獨白)하지 않았던가. 셰익스피어의 매력은 다음 대사에서 나의 정곡(正鵠)을 찌르고

> 세상은 지금 관절(關節)이 빠져있다, 저주(詛呪) 받은 영혼(靈魂)이여.

내가 그것을 바로잡기 위해 태어나다니!

(The time is out of joint. O cursed spite.

That ever I was born to set it right!)

조이스에서는 다시 "오 인생이여! 나의 경험의 실현에 백만 번이고 부딪히기 위해 떠나며 나의 영혼의 대장간 속에서 민족의 아직 창조되지 않은 양심을 벼리기 위해 떠나가노라"와 같이 공명으로 메아리치고 있다.

나의 이 머리말이 고어(古語)투라고 핀잔하지마라. 고전(古典)이 베스트셀러보다 훨씬 더 베스트셀러임을 숙지(熟知)하라, 특히 이 땅의 젊은이여 각성(覺醒)하고 돌아오라, 고전의 세계와 깊이 있는 명상과 성숙한 정신의 세계로 지금 이 땅에 난무하는 언어의 오용 속에서 갈피잡지 못하는 뭇 영혼들이여 에스겔의 아골 골짝을 건너 저 젖과 꿀이 흐르는 본향으로, 그 길 중의 하나가 솔직히 말하면 셰익스피어라고.

영국의 여성학자 바스넷은 7살 때에 셰익스피어 연극을 보고 감동에 젖어 평생을 그에 대한 연구에 바쳤는데 그녀는 "셰익스피어의 생애에 대해서 확실히 알 수 있는 모든 것은 다음과 같다. 그는 스트래트포드 어펀 아본에서 태어났고, 결혼하고 자녀를 낳았다. 런던으로 가서 배우가 되고 시와 희곡을 썼다. 스트래트포드로 돌아와서, 유언장을 남기고, 죽었고 매장되었다"라고 4문장 밖에 확실한 것은 없다고 했다. 그런데 이 하찮은 사실을 기초로 일생동안 셰익스피어의 전기를 연구한 숀바움은 1993년에 600 페이지가 넘는 방대한 『셰익스피어 생애』라는 전기를 발표하지 않았던가.

내가 지금 읽고 있는 전공서적의 앞에 있는 화보 속의 해롤드 젠킨스도 나에게 주먹을 불끈 쥐게 한다. 젠킨스는 『햄릿』의 아덴(Arden)판을 편집하기 위해 꼬박 4년의 세월을 송두리째 바쳤다. 그래서 그가 편집한 1982년 『햄릿』이 모든 『햄릿』판의 초석(keystone)이 된다고 하여 영광스런 셰익스피어 상을 받게 된다. 하나의 업적을 이루고 어느 방면에 두각을 나타내기 위해서는 무한한 시간과 노력을 바쳐야하는 것이다.

미국의 특이한 철학가 쏘로우는 "아 그 많은 가을날과 또 겨울날들이 도시를 벗어나 이곳에서 바람 속에 무엇이 있는가를 듣고 그것을 어떻게 표현할까 하는 생각에 보내졌다"라고 술회(述懷)하는데 나도 쏘로우처럼 셰익스피어가 전하려는 뜻을 더욱 깊이 헤아려 보려고 수많은 밤을 지새우는 셰익스피어의 우매한 학도가 되려하였다.

어떻게 학문의 용광로 속에서 용출(溶出)하는 지적 탐욕과 흥분 및 감격을 체득(體得)하며, 그리고 영어의 험산준령(險山峻嶺)과 깊은 수렁에서 회한(悔恨)과 아둔함과 비재(菲才)의 자괴감(自愧感)을 떨치고 영롱한 아침 이슬처럼 셰익스피어의 세계에 들어설 수 있을까?

나를 채찍하고 통분(痛憤)히 여기며 학문에 진력(盡力)하려는 다짐으로 셰익스피어를 넓게 읽어보고자 하였다. 셰익스피어에게로 향한 흥분과 설레임을 다시 한번 초혼(招魂)하고자 옷깃을 여민다.

이제 다시 엄숙한 마음으로 초혼(招魂)하면서 『햄릿』을 통해 학문과 인생에 대한 나의 명상을 조탁(彫琢)하려한다.

지혜의 신 미네르바(Minerva)여!
펜이여, 정확하고 적절하고 멋지게 기술(記述)하도록.

2. 브래들리와 기타 학자들

셰익스피어 연구는 사실 브래들리(A. C. Bradley)가 1904년『셰익스피어 비극론』(Shakespearean Tragedy)를 출판하면서 본격적인 궤도에 오른다. 이 책은 낭만주의의 절정기에 성격분석을 기초로 한 것이며 소위 4대 비극인『햄릿』, 『리어왕』, 『오셀로』, 『맥베스』를 시적 구조, 상징성, 주제 등을 통합적으로 연구한 서적이고 지금까지 셰익스피어 연구의 고전으로 알려져 있고 특히 비극론에 관한 정리가 잘 된 것으로 정평이 나 있다.

19세기와 20세기 셰익스피어 연구의 분수령을 이루는 저서이며 이 책에서 특히 브래들리는 햄릿 복수지연의 원인을 '우울증'(melancholy)으로 해석하는 독특한 견해를 내어놓아 주목을 받았다. 브래들리의 비극론의 골자는 다음과 같다.

1. 비극의 스토리는 본질적으로 고난과 죽음으로 몰고 가는 재난에 대한 이야기이다. 그런데 이 고난과 재난은 특수한 것이며, 저명한 인물에 닥치는 것이다. (고난이 특수한 것이라고 하는 것이 문학의 위대성과 관계가 있다.) 우리는 갑자기 교통사고로 죽거나, 병에 걸려 죽거나 아니면 사고로 죽는 사람들을 본다. 그러나 그런 죽음에 대한 이야기가 셰익스피어적 비극은 아니라는 것이다.

2. 셰익스피어에 있어서 비극은 항상 '높은 신분'의 인물과 관계가 있다. 특히 4대 비극들은 왕이나 높은 지위의 장군에 관한 이야기이다. 그리고 이러한 높은 위치의 사람이 지상의 고지로부터 땅으로 갑자기 떨어질 때, 그의 몰락은 인간의 무력함과 운명의 여신 혹은 운명의 전능(全能: omnipotence) – 아마도 변덕일 것이다– 이라는 두 가지 대비의 느낌을 낳게 한다.

3. 그런데 이런 재난이 전혀 외부적으로 올 때는 셰익스피어 비극이라고 할 수 없다는 점이다. 성경의 욥도 말할 수 없는 대단한 재난을 겪지만, 그 원인이 욥과는 상관없는 역병, 화재, 황야의 거센 바람 같은 것이어서 셰익스피어적 비극이 아니라는 것이다. 그래서 셰익스피어적 재난들은 단순히 발생하는 것이 아니라, 인간의 액션(행동)에서 비롯된다는 것이 중요하다. 그러므로 주인공은 항상 어느 정도 자신의 몰락하는 재난의 원인이 된다는 것이다.

4. 그래서 셰익스피어 비극의 중심은 성격에서 발생하는 행동, 혹은 행동에서 유래하는 성격에 있다는 사실이다. 셰익스피어 비극의 대재난은 불가피하게 인간의 행동에서 유래하고, 이러한 행위의 주된 근원이 성격이라는 것이다. 그래서 셰익스피어에 있어서 '성격이 운명이다'(character is destiny)라는 말은 의심할 바 없는 사실이라는 것이다.

5. 셰익스피어 비극의 스토리나 주인공들의 행동에는 특수한 요소들이 있다. (이것에 대한 이해가 셰익스피어 비극을 이해하는데 중요한 요소이다) 첫째는 주인공의 비정상적인 정신 상태를 표현한다. 즉, 정신이상, 몽유병, 환각상태 등이다. 그러나 이런 것은 비극의 일부분은 되지만 결코 완전한 의미에서의 행위는 아니라는 점이다. 왜냐하면 이런 것들은 성격을 표현하는 행위가 아니라는 것이다. 둘째, 셰익스피어 비극에는 초자연적 것들이 도입되지만, 이것이 주인공의 내부에 깃든 요소 이상은 아니라는 점이다. 『햄릿』에서의 유령, 『맥베스』에서의 마녀들이 상당한 정도로 영향을 끼치지만 주인공의 행동 내부에 존재하는 유일한 동기의 힘은 아니라는 것이다. 셋째는 셰익스피어 비극 작품에 나타나는 '우연'(chance)이나 '돌발사건'(accident)이 비극을 가져오는 현저한 사실이지만, 이런 것들이 비극의 원인의 전부라고 생각할 수는 없다는 것이다. 데스데모나가 결정적인 순간에 손수건을 떨어뜨린다든지 해적선의 공격으로 인해 햄릿이 탄 배가 다시 덴마크로 돌아 올 수 있게 된다든지 로미오가 줄리엣이 수면상태에서 깨어나기 전에 도착하는 돌발적 사건들이 '비극적 원인'의 일부는 되지만 결코 주인공의 성격에서 온 행동은 아니기 때문에 과대평가해서는 곤란하다는 점이다. 그래서 셰익스피어는 이러한 우연이나 돌발사건을 매우 절약해서 사용했다는 것이 브래들리의 견해이다.

6. 그런데 셰익스피어 비극에서 이러한 특수한 요소들 보다 더 중요한 것은 '갈등'(conflict)의 개념이다. 갈등은 외부적으로는 두 등장인물 사이에 놓여있는 문제점이다. 가장 뚜렷한 예는 로미오와 줄리엣의 경우 두 가문의 증오에 의한 갈등이다. 부루터스는 줄리어스나 안토니오와 명분을 놓고 갈등하며 리처드 2세는 보링부룩과 권력을 놓고 갈등한다. 갈등은 이렇게 외부적인 것도 있지만 맥베스의 경우처럼 더욱 내적인 것도 있다. 햄릿은 클로디어스왕과 외부적으로 갈등하고 있지만 내부에 존재하는 갈등이 더 심각하고 독자의 흥미를 끌고 기억 속에 남는다. 이것을 내적 갈등이라 하며 정신적 힘(spiritual force)의 결과라 할 수 있다. 이것은 인간의 정신 속에 행동을 야기 시키는 의심, 욕망, 양심의 가책, 정신 등이라 볼 수 있다. 이것은 주인공의 정신과 영혼에 혼란을 불어 넣어 심각한 갈등을 야기 시킨다. 그래서 '갈등으로써의 비극개념'(the notion of tragedy as a conflict)이라는 용어를 쓸 수 있게 된다.

7. 셰익스피어 비극의 중심인물들은 어떤 특성을 갖는데 그 첫째는 '강렬성' (intensification)을 갖는다. 어떤 욕망, 열정, 의지 등이 보통 사람들과는 현저하게 다를 정도의 강렬함을 가지고 있다. 이러한 특성은 '한쪽으로 기울어짐' (one-sidedness)이라고 말 할 수 있다. 어떤 특수한 방향으로만 쏠리는 성향, 어떤 환경에서 이러한 방향으로 끌고 가는 힘에 저항하지 못하는 무능력, 자신의 전 존재를 단 한 가지 관심, 목적, 열정 혹은 정신적 습관과 동일시하려는 운명적 경향을 말하는데 이것이 셰익스피어에 있어서는 본질적인 비극적 특성이라 할 수 있다. 그리고 이러한 셰익스피어 비극의 주인공은 처참할 수도 있고 장엄할 수도 있지만 결코 비열하지는 않다. 그리고 이런 주인공은 결국 '소모의 인상'(impression of waste)을 남긴다. 강렬한 성격을 가지고 한 쪽으로만 치우쳐서 전 존재를 올인 한 결과는 모든 것이 소모되어 죽음만 남게 된다. 그러나 그들의 궁극적 힘은 질서의 회복인데 이 질서는 '도덕적 질서'(moral order)라는 점이다. (6-25)

브래들리는 '성격이 운명이다'라는 그의 이론에 따라 햄릿의 성격을 분석한다. 그래서 "부루터스(Brutus)와 햄릿은 둘 다 천성적으로 보아 고도의 지성인이며 습관에 있어 반성적인 인물"(66)로 본다. 햄릿은 본성이 선량한 인간이기 때문에 올바르게 행동하려는 민감성이 있으며 민감한 것이 때로는 불안을 가져온다는 것이다.

브래들리는 코울리지(Coleridge)를 비롯한 다른 학자들의 햄릿에 대한 명상적 정신습관이 복수지연의 원인이라는 것에 반대하고 소위 '우울증'론을 주장한다. 복수지연을 하게 된 원인에 대해 "그 직접적 원인은 아주 비정상적이며, 특수한 환경에 의해서 유발된 정신상태, 즉 심각한 우울증의 상태였다"(89)라고 설명한다. 이러한 우울증은 신경질적인 불안이며 얼마의 시간동안 특수한 환경하에서 햄릿을 사로잡는 기분과 감정이라는 것이다. 이런 정신 상태를 엘리자베스 시대의 사람들은 우울증이라 하였고 셰익스피어가 햄릿에게서 발견해낸 정신의 특징인 것이다. 이러한 우울증이 "햄릿의 모든 냉소주의, 야비함과 무자비가 우리에게 병적인 상태로 보이게 하며, 형용할 수 없이 매력적이고 애처로운 효과를 낳게 한다"(92)는 것이 브래들리의 주장이다. 그리고 우울증은 무기력을 설명하는데나 혐오감을 설명하는데 적합하며 "자아몰입, 부정함, 자신이 경멸하는 자들의 운명과 심지어는 자기가 사랑하는 사람들에 대한 감정에도 무감각하다는 점을 자세히 보여주는 빈번한 징조"(104)가 된다는 것이다. 햄릿을 우울증을 가진 사람으로 보고 복수지연의 원인이 우울증이라고 하는 독특한 이론을 주장한 것이 브래들리의 가장 큰 셰익스피어 연구의 공헌이라고 할 수 있다. 브래들리는 또한 모든 셰익스피어 비극의 결말에는 어느 정도의 '도덕적 질서'(moral order)의 회복이 있다고 보았고 이것이 비극의 궁극적 힘이라는 것을 언급하였다. 도덕과 윤리와 질서의 회복이 비극이 나타내고자하는 가장 주된 목적임을 브래들리는 강조하고 있는 것이다.

윌슨 나잇(Wilson Knight)은 1930년에 『불의 수레바퀴』(*The Wheel of Fire*)라는 책을 출판하여 셰익스피어 연구에 있어 19세기의 낭만비평에 반대하고 20세기 비평의 모양을 갖추게 하는 선구적 역할을 했다. 여기서 나잇은 우리는 셰익스피어에 대하여 '비평'(criticism)이란 말을 쓰지 말고 '해석'(interpretation)이라는 말을 사용할 것을 제안했다. 그도 그럴 것이 셰익스피어 같은 대문호의 작품을 우리가 비평한다는 것이 좀 어울리지 않는다는 생각이었을 것이다. 어찌보면 우리가 과거의 유산을 감상하고 이해하기도 부족한데 비평한다는 것은 좀 주제넘은 것인지도 모른다. 하기야 우리들의 얕은 생각을 가지고 따지고 비판하는 것 보다는 위대한 정신의 유산을 제대로 받아들이는 것이 더 중요하기도 하다. 하여튼 나잇은 제1장을 「셰익스피어 해석의 원리」라는 제목 하에 비평과 해석을 구분하고 셰익스피어의 경우에는 해석이라는 용어를 사용해야 한다고 주장한다.

나잇은 "비평은 능동적인 것이며 앞을 보는 것으로 예술의 미래의 기준과 정전을 세우는 재료로써 과거의 작품을 취급하는 것이고, 해석은 수평적이고 과거를 되돌아보는 것으로써 시적인 비전의 시급한 도전을 생각하는 것"(1)이라고 규정한다. 그리고 셰익스피어 작품을 하나하나로 보지 말고 전체성의 입장에서 보아야 한다면서 "우리의 치유의 상상적 경험을 논리와 지성으로 느리게 의식하는 것이 해석이며, 이러기 위해서는 극장에서 우리가 소유하거나 소유해야 할 어린이와 같은 믿음을 유지해야 한다"(3)라고 말한다. 이렇게 셰익스피어를 잘 이해하기 위해서는 서로 밀접하게 연결된 의인화, 분위기, 그리고 시적 상징이라는 세 가지 모드의 측면에서 각 작품을 전체적 비전의 시각으로 보아야한다고 주장한다. 그리고 각 작품의 '의도'(intention)에 관심을 기울여야하는데 이는 우리가 작품을 읽거나 관람할 때 '즐길 수 있는 시적경험'을 밝혀주기 때문이라는 것이다. 이런 여러 가지를 요약하여 나잇은 셰익스피어 해석의 4가지 원리를 다음과 같이 설명한다.

1. 작품의 결점에 대해 주의를 기울이기 전에 각 작품을, 그 작품 자체가 부과하는 법칙 이외에 다른 어떤 제약도 받지 않는 하나의 비전적 단위로 생각해야 한다. 이렇게 하기 위해 우리는 우리의 상상적인 반응을 가져오는 절대적 진리를 유지해야 한다. 비록 그것이 파라독스나 비이성으로 이끌고 간다 할지라도

2. 우리는 작품에서 시간적 요소와 공간적 요소를 인식해야 한다. 이 말은 극속의 어떤 사건이나 대사를 이야기의 시간적 순서와 연결시키든지 아니면 연극을 하나로 묶는 지적이거나 상상적인 특별한 분위기와 연결시켜야 한다. 이러한 새로운 요소를 인식하기 전에 인생의 완전한 박진성을 찾지 말고 오히려 각각의 작품을 확장된 인유(引喩)로 보아 그것에 의해 원래의 비전이 형태를 갖추게 하여 어느 정도 실재성과 일치케 하고 본성의 요구에 어느 정도 정확하게 일치하는지를 알아보도록 해야 한다. 그러면 자연히 많은 어려운 행동과 사건들이 일관성을 갖고 우주라는 범위 안에서 자연스럽다는 것이 밝혀질 것이다.

3. 우리는 직접적인 시적 상징의 용법과 의미를 분석해야 한다. 이것은 사건의 중요성은 실재 인생의 일반적인 과정과는 별로 관계가 없다는 말이다. 셰익스

피어에 있어서 상당히 일관성이 있는 조그마한 상징적 이미지도 세심히 살펴봐야 한다는 것이다. 이것은 어떤 이미지가 연상적인 관계 속에서 끊임없이 나타난다면, 그리고 이 연상적인 힘이 충분히 강하다고 믿는다면 비록 단독으로 일어나더라도 연상적인 가치가 있다고 보고 그 발생을 눈여겨보아야 한다. 또한 우리는 『햄릿』이나 『오셀로』에서 대포의 발사나 그 청각적인 효과나 또는 『이척보척』이나 『리어왕』의 트럼펫 소리의 상징적 가치를 소홀히 해서는 안된다.

4. 『줄리어스 시저』(1599)로부터 『폭풍』(1611)까지의 작품들을 잘 이해하려면 중요한 결론이 있다. 이것을 나는 '셰익스피어 진전'(進展)이라 부른다. 그러므로 어느 작품의 자세한 분석에 있어 전체적인 맥락 속에서 그것이 가지는 위치를 고려해보는 것이 매우 유익하다. 단지 이 경우 이 전체적 맥락에 비추어 왜곡되지 않고 이 작품을 분석함에 있어 더 잘 밝혀내야한다. 특별히 '증오-주제' – 이것은 대부분의 작품에서 소요를 일으키는 것인데 – 에 각별한 주의를 기울여야 한다. 이것은 또한 사랑에 대한 특별한 시니시즘의 모드이며, 육체적 신체에 대한 혐오이며, 죽음에 대한 실망이며 또한 특별히 시간에 의한 제한이라는 분명한 시각 때문에 발생하는 인간생명으로부터의 급변이다. (14-5)

이러한 원칙을 제안한 나잇은 그의 문학적 해석의 결론을 『신화와 기적』(*Myth andd Miracle*)에서 더 자세히 다루면서 셰익스피어 전 작품의 결론은 말기극에서 완성을 이룬다고 주장했다. 그래서 '셰익스피어 진전'의 종착역은 『폭풍』이라고 보고 여기에 셰익스피어의 모든 비전이 있다고 보았다. 이렇게 셰익스피어를 해석하고자 한 나잇은 "『햄릿』의 주제는 죽음"(31)이라고 보면서 이 주제를 따라가는 많은 시적 상징들을 추적하였다. 죽음의 주제를 나타내는 첫 번째 요소로 고통의 문제를 제기했다. 그리고 햄릿은 그런 고통의 표시로 상복을 입고 얼굴은 창백하며 내적 고민에 빠져있다. 그래서 "햄릿은 아버지의 죽음이라는 비참과 어머니의 성급한 잊음에 대한 고뇌로 고통 받는 사람"(18)이며 불안을 증가시켜주는 유령이 전해주는 사실 때문에 지니고 있던 고통이 가중된다. 그리고 유령에 의해 클로디어스의 극악무도한 죄와 어머니 거투르드의 성급한 결혼과 근친상간의 죄를 알고 있던 햄릿이 오필리어를 만나 그나마 고통에서 벗어날 수 있었던 조짐이 있었다는 것이다. 그래서 나잇은 삭막한 '마음의 사막'(20)에서 오필리어를 만나 한 송이 꽃이 필 수 있었는데 그녀가 그 사랑을 거절하여 모든 것은 망가지고 오히려 고통만 커졌다고 보는 것이다.

이때부터 햄릿은 "홀로 정신적 죽음의 감옥을 거닐었고"(21) 이러한 모습을 보고 폴로니어스는 오필리어에 대한 사랑에 미친 사람으로 햄릿을 폄하한다. 햄릿의 미친척함은 여기서부터 본격화된다. 그러므로 햄릿의 고통은 슬픔과 복합체가 되어 작용한다. 그리고 햄릿의 비정상적으로 보이는 행동이 나타난다. 나잇은 "오필리어가 말하는 햄릿의 미친 모습, 3막 1장에 햄릿이 오필리어를 만나는 것, 그리고 오필리어 장례식 때 레어티즈와 만나는 것"(22) 등에서 이런 비정상성은 극도의 우울증과 시니시즘의 형태로 표출된다고 본다. 특히 오필리어와 만나서 이야기하는 장면(3.1.103)에서 햄릿은 모든 낭만적 가치를 거부한다. 햄릿의 눈에 "사랑은 성과 동의어이고 성은 불결하다. 그러므로 아름다움도 위험하고 불결하다"(25)로 비치게 된다. 그래서 오필리어에게 잔인하게 굴고 그것은 결국 어머니 거투르드에게로 전염된다. 그런데 사실은 누구에 대한 잔인성이 먼저인지는 파악하기 어렵다. 햄릿의 마음속에 있던 정중하고 친절한 본성은 쓰라린 주위의 인물들 때문에 변질되어 잔인하고 악마적인 것으로 변하는데 이를 나잇은 다음과 같이 분석한다.

> 시니시즘(cynicism)과 그에 따른 잔인성은 햄릿 속에서 고통의 짐 때문에 생겨났는데 자발적인 부드러움에 파고 들어가 종종 부드러움을 질식시킨다. 햄릿의 마음속에는 끊임없는 자신을 살해하는 과정이 진행된다. 그는 오필리어와 어머니에게 잔인해진다. 곤자고의 살인을 통해 왕을 괴롭히는데 환호하며, 왕이 양심에 찔려 기도하는 것을 발견하고는 좀 더 저주스런 죽음을 위해 그의 목숨을 연장한다는 생각에 악마적인 즐거움을 취한다. (26)

이런 죽음에 대한 마비된 생각이 그의 두 친구도 죽음에 이르게 만든다. 그러므로 『햄릿』에는 죽음의 그림자가 드리워져 있고 "죽음은 이 작품의 진정한 주제"(28)이며 세상은 잡초만 무성한 정원이고 역병이 가득 찬 하늘이 뚜껑인 감옥이며 인간은 그저 죽음의 벌레가 기다리는 먼지뿐인 것이다. 재미있는 것은 나잇이 햄릿을 논하면서 클로디어스가 비인간적인 것만큼 "햄릿도 비인간적인 존재"(38)로 보는 것이다. 그 이유는 오필리어를 사랑하는 마음을 죽이고, 클로디어스를 괴롭히고 어머니의 심정을 쥐어 짜내는 잔인성을 가져 궁정의 건강한 부산함에 독약을 뿌리는 '초인간적'(superhuman)존재라는 것이다. 그래서 그가 악을 척결하는 데는 죽음의 사자처럼 잔인하다는 것이다. 그러나 나잇은 『불의 수레바퀴』 제 2장에서는 죽음과 잔인성에 초점을 맞추었으나 15장 「다시 생각한 『햄릿』」에서는 햄릿을 아버지의 원수를 갚고 악을 척결하고 덴마크를 질서가 회복된 국가로 만들고 자신은 "하늘나라에 들어간 것"(323)으로 상당히 너그러운 관점을 제시하였다.

1965년 폴랜드의 얀 코트(Yan Kott)는 공산주의의 공포와 폭력 속에서 서구인 영국의 작가 셰익스피어를 '우리와 동시대의 사람인 셰익스피어'(*Shakespeare Our Contemporary*)라고 생각하고 그런 이름의 책을 출판한다. 얀 코트가 바르샤바의 어느 나이트 클럽에서 경찰에 쫓기는 여학생을 보호하려는 장면에서 첫 대면을 한 유명한 연출가 피터 부룩(Peter Brook)은 얀 코트를 "시인은 진흙 속에 발을 묻고, 눈은 별들을 보며 손에는 단검을 쥐고 있는"(Kott x) 현재의 살아 있는 엘리자베스 시대의 사람이라고 논평했다. 나치정권의 공포와 스탈린 체제의 억압 속에서 살아야 했던 폴랜드의 연극 교수는 연극이 생이요, 공포와 억압과의 싸움이었기 때문에 셰익스피어를 보는 시각을 종전의 것에서 완전히 바꾸어 놓았다. 셰익스피어는 16세기의 영국을 대변하는 귀족작가가 아니고 시궁창 같은 폴랜드에서 우리 시대의 사람과 똑같은 육체(flesh)를 갖고 똑같은 공기를 호흡하는 정신(spirit)을 가진 동시대인으로 부각된다. 얀 코트에게 햄릿은 낭만적 사색가가 아니고 절망과 부조리에 도전하는 혁명가로 다가온다.

얀 코트는 1965년에 세계에서 연구된 햄릿의 서지모음집이 바르샤바 전화번호부 책의 두 배가 될 정도로 활발하고 많은 것에 놀라면서 셰익스피어는 그 자신과 텍스트로부터 분리되어 전 세계의 각 나라에서 그 나라의 처지에 맞게 우리 시대의 셰익스피어로 그 영역을 넓혀가고 있다고 말한다. 그러면서 셰익스피어는 당시의 시대만 비추어주는 거울이 아니고 우리 시대를 비추어주는 거울이며 우리 시대의 현대적 경험, 불안, 감수성을 얻게 해준다면서 『햄릿』은 "가족 드라마이면서 사랑의 비극이고, 정치적, 내세적 및 형이상학적 문제가 고려되는 글"(48)이라고 보았다. 그러면서 얀 코트는 대단한 '정치적 드라마'라는 관점에 초점을 두고 『햄릿』을 분석하였다. 덴마크는 썩어 있으며 감옥이며, 무덤 파는 자에 대한 강조가 1965년에 크라쿠(Cracow)극장에서의 공연의 주된 관심이었다고 결론짓는다.

이러한 시각에서 볼 때 '주시하는 것'(watch)과 '묻는 것'(inquire)이 무대 위에서 끊임없이 이루어지기 때문에 결혼이나 사랑, 그리고 우정까지도 계속 공포에 의해 침식되어서 모든 것이 무서움으로 오염된다는 것을 주장한다. 엘리자베스의 총애를 받던 에섹스경이 처형당하는 것을 경험한 셰익스피어는 거대한 메카니즘이 작동하는 것이 세상임을 배웠을 것이라고 보고 정치적 범죄의 드라마로 『햄릿』을 분석한다. 그래서 "햄릿은 미친척한다. 구테타를 실현시키려고 차디찬 피 속에서 '광기'라는 가면을 쓴다; 햄릿은 미친다. 왜냐하면 정치는 그 자체가 광기이고 모든 감정과 애정을 파괴 시킨다"(50)고 진단한다. 사색하는 것이 아니고 행동하는 것이 햄릿의 특징이라고 보고 이 세상에 진절머리가 난 햄릿은 오필리어의 사랑까지도 희생하고 구테타로부터 겁나 도망가지도 않는다. 비록 그가 구테타를 한다는 것이 어려운 일임을 알지만. 그래서 "햄릿은 모든 이로운 점과 해로운 점을 안다. 그는 타고난 공모자이다. '사느냐'(To be)는 아버지의 원수를 갚고 왕을 살해하는 것이며, 반면에 '죽느냐'(not to be)

는 이 싸움을 포기한다는 것을 의미 한다"(51)라고 분석한다.

얀 코트의 독특한 햄릿에 대한 시각은 폴란드에서 1956년부터 계속 공연된 『햄릿』의 시나리오에 대한 분석에서 표현된다. 원래의 셰익스피어 원작보다 폴란드의 시나리오에 나타나는 햄릿이 좀 더 복잡한 개성을 갖는다는 것이다. 햄릿과 주변인물, 그리고 역사의 메카니즘에 대한 얀 코트의 주장은 다음과 같다.

> 현대의 등장인물에 의해 공연된다는 것을 알고 어떤 부분을 시나리오가 포함하고 있는지의 관점에서 시나리오를 보자. 시나리오에 의해 모습이 갖추어지는 『햄릿』은 3명의 젊은 소년과 한 명의 소녀에 대한 이야기이다. 소년들은 동갑내기이다. 그들은 햄릿, 레어티즈, 포틴브라스 이다. 소녀는 젊고 이름은 오필리어이다. 그들은 모두 피로 물든 정치적인 그리고 가정 드라마에 묻혀있다. 그결과 3명은 죽는다, 다소간 우연이지만 네 번째 사람이 덴마크의 왕이 된다. 나는 그들이 드라마에 묻혀 있다고 고의적으로 썼다. 왜냐하면 그들 중 어느 누구도 자기 역할을 선택하지 못했다. 그들은 밖으로부터 그들에게 주어진 것이다. 시나리오에 적혀있는 대로, 이 시나리오는 누가 햄릿이고, 오필리어이며 다른 등장인물이든지간에 끝까지 연기되어야만 한다. 나는 현재로선 그 시나리오가 어떤 것이 되어야한다는 것에는 관심이 없다. 그것은 어떻게『햄릿』이 모습을 갖추어야하는가에 의존한 인간조건이나 운명 혹은 역사의 메카니즘이 될 수 있다는 점이다. 『햄릿』은 주어진 상황의 연극이요, 여기에 이 연극의 현대적 해석의 열쇠가 놓여 있다. (55)

햄릿은 상황을 선택하지 못하고 상황이 그에게 주어진 것이다. 햄릿은 그 상황을 받아들이며, 또한 동시에 그 상황에 저항한다. 부분을 수용하지만 그것 위에, 그 너머의 것을 받아들인다. 햄릿은 덴마크에만 머물러 있지 않고 정치적인 상황에 갇힌 폴랜드로 현 시대로 다가와서 세계가 좋아질 수 있는가에 대해 의심을 나타낸다고 본다. 그리고는 존재의 근본적인 부조리성을 생각하고 고뇌에 빠진다. 그의 주위의 모든 시간들 심지어 유령까지도 그를 현대의 정치 속에 가

둔다. 그는 행동을 통해 내적인 자유를 원한다. 그러나 현대의 햄릿은 연극적인 관점에서 보아야 한다. "『햄릿』은 철학적이지도 않고 도덕적이거나 심리적 논문이 아니고, 극장의 한 부분 다시 말해 여러 부분을 가진 하나의 시나리오"(57-8)로 보고 싶은 것이 얀 코트의 생각이다.

새로운 시대를 담고 그 시대를 선도할 여러 부분을 가진 하나의 시나리오로 볼 때 얀 코트는 포틴브라스가 왕이 되어 감옥 같은 덴마크는 없어지고 새로운 왕국에 질서를 회복시키는 것이 기적 같은 것이지만 현실적으로는 그러지 못한 부조리를 읽어낸다. 죽어서 실려 가는 햄릿을 보고 극장 안의 모든 사람들은 무엇을 생각하는가? 사람들은 "인생의 놀라운 일들과 죽음과 인간의 운명"(60)을 말할 것이다. 새로운 "젊은 왕은 미소 지으며 이 시체들을 치워라. 내가 새 왕이 될 것이다"(60)라는 다소 희망적인 말로 얀 코트는 『햄릿』에 대한 분석을 끝맺는다. 더 하고 싶은 말은 독자와 관객의 몫이 되겠는데 상황에 주어진 인간의 운명과 해야 할 일 역시 각자의 생각과 행동에 따를 수밖에 없다는 것이 얀 코트가 제안하는 『햄릿』 읽기의 방법이다.

3. 『햄릿』을 읽는 방법들

셰익스피어에 대한 주요한 비평과 『햄릿』 비평을 먼저 이야기하고 다음에 『햄릿』을 좀 더 구체적으로 읽는 비평적 시각을 살펴보겠다. 초등학교나 몇 년 다녔을 것으로 추측되는, 그러니 배운 것이 별로 없는 셰익스피어가 많은 작품을 쓰고 그런 작품이 런던에서 인기가 있고 박수갈채를 받으니 당시의 주위 사람들이 셰익스피어에 대해 고운 시선을 보낼 리 없었다. 그 선두에 선 사람이 로버트 그린(Robert Greene: 1558-1592)이다. 그린은 필(Peele), 말로우(Marlowe),

로지(Lodge)등 당시의 대학을 졸업한 유능한 극작가들에게 임종을 앞두고 경고의 말을 한다. 다른 사람들의 작품을 모방해서 인기를 끄는 셰익스피어를 '우리의 깃털로 장식한 벼락출세한 까마귀'(an upstart crow, beautified with our feathers)라고 비난했다. 그도 그럴 것이 공부를 많이 한 대학출신 극작가들이 호구 해결하기에도 급급한데 셰익스피어는 영광을 누리고 있음을 시기하고 질투하여 노골적으로 비난한 것이다.

그러나 반대한 사람들만 있던 것은 아니다. 프랜시스 미어즈(Francis Meres: 1565-1647)는 여러 시인들을 논하면서 셰익스피어에 대하여 '유창하고 꿀이 녹아내리는 혀를 가진 셰익스피어'(mellifluous and honeytongued Shakespeare)라고 하면서 고대 그리스나 희랍의 시에 비해 부족할 것이 없다고 하였다. 시간이 지날수록 셰익스피어에 대한 비난보다는 찬사가 많아지기 시작하고 그의 시적 업적은 불멸성이 있을 것이란 의견들이 많이 나타나는데 특히 그의 시집 『비너스와 아도니스』(*Venus and Adonis*)와 『루크리스의 겁탈』(*The Rape of Lucrece*)이 많은 영향을 끼친다. 이 시집들 속의 언어들은 '유창하고'(mellifluous), '달콤한'(sweet)이란 찬사를 받는데 이는 셰익스피어의 시들이 향기롭고 달콤하며 달변처럼 유창하다는 것이다. 이렇게 셰익스피어의 시가 유창하고 달콤하여 영원불멸성을 갖고 있음에 대해 리차드 반필드(Richard Barnfield: 1574-1627)는 다음과 같이 운문으로 멋지게 표현하였다.

> 그리고 셰익스피어 그대는 세상을 즐겁게 해주는
> 꿀이 흘러나오는 그대의 가락으로 예찬을 받고 있소
> 그대의 『비너스』와 『루크리스』는
> 그대의 이름을 영원불멸의 명작 속에 자리를 잡아놓았소
> 당신은 영원히 살고, 적어도 명성 속에서 영원히 살 것이오
> 육신은 죽을지라도 명성은 결코 죽지 않으리.

벤 존슨(Ben Jonson: 1572-1637)은 당시의 유명한 극작가이면서도 선배작가인 셰익스피어를 극찬하며 '그리스어는 말할 것도 없고 라틴어도 모르는'(small Latin, less Greek)사람이지만 '달콤한 아본 강의 백조! 그대가 우리의 강물에 다시 나타나 템즈 강둑 위를 웅비하는 것을 본다면 얼마나 장관이겠소'하면서 '그는 한 시대의 사람이 아니라, 모든 시대의 사람'(He was not of an age, but for all time)이라고 규정하고 셰익스피어는 '시대의 영혼이며 무대의 경이'(Soul of the Age, the wonder of the stage)라고 말했다. 또한 달콤하다는 것은 상상력의 결과라면서 밀턴(Milton: 1608-1674)은 '상상력의 자손인 달콤한 셰익스피어'(sweet Shakespeare, Fancy's child)라고 평하기도 하였다. 이 시대까지만 해도 극작에 있어 아리스토텔레스가 주장한 '삼일치 법칙'(the Three Unities: 시간, 장소, 행동의 일치)이 엄격히 지켜졌는데 셰익스피어는 삼일치를 지키지 않아 비난받기도 하였지만 드라이든(Dryden: 1631-1700)은 셰익스피어가 천재성으로 이런 얽매임을 뛰어넘어 하나님이 준 재능을 마음껏 구사한 작가로 보았다.

이러하듯 초창기에는 셰익스피어의 시적인 요소에 비평가들의 관심이 많았지만 점점 그의 전 작품에 대한 견해들이 여러 각도에서 논의 되어졌다. 이제 『햄릿』 작품에 대한 주요한 비평가들의 견해를 소개하면 다음과 같다.

기록상으로는 최초의 『햄릿』 비평은 하비(Gabriel Harvey)로서 1598년에 그는 『햄릿』이 공연되어 '지적인 호소력'(intellectual appeal)을 가지고 있다고 보았다. 1655년에 라잇(Abraham Wright)은 『햄릿』을 "미친 사람에 대한 그저 그런 하나의 작품"(an indifferent good part for a madman)(Vickers 29)으로 보았다. 1698년에 콜리어(Jeremy Collier)는 정숙성을 여성의 미덕으로 보고 『햄릿』의 오필리어가 이와 같은 점만 가지고 있었더라면 더 좋았을 것으로 평가했다. 1699년에 드레이크(James Drake)는 햄릿을 '존경할 만한 시적정의를 실현한 인물'로 보면서 콜리어가 비난한 오필리어도 정숙한 여인으로 햄릿의 사랑을 받았으며 특히 왕과 왕비의 지지를 얻고 있다고 주장했다.

앤쏘니(Anthony)는 햄릿의 '사색적인 면'(reflective)을 강조하여 후에 괴테, 찰스 램, 코울리지 등 소위 햄릿 성격비평의 선구적 역할을 한다. 1736년에 해머(Hammer)는 논란이 되는 햄릿의 복수지연에 대하여 '만약 일찍이 복수를 했더라면… 연극이 끝나고 말았을 것이다'라고 하여 복수가 지연되지 않았으면 연극이 유지 될 수 없다는 당위성을 논했다. 셰리던(Sheridan)은 햄릿이 '좋은 마음씨와 세련된 감정을 가지고 있어 아주 명상적이라서 예민하고 결심력이 약하다'고 보았다.

1774년 리차드슨(Richardson)은 '햄릿은 높은 도덕성과 감수성의 인물이어서 마음속의 도덕성과 복수의 욕망이 갈등을 일으켜 갈라져서 복수를 지연하게 되었다'라고 하여 인간의 내부에 있는 도덕과 비도덕의 갈등으로 『햄릿』의 복수지연과 행동을 간파했다.

1780년 매켄지(Mackenzie)는 햄릿에게서 '성격의 무결정성과 일관성'을 보면서 '우리는 햄릿의 태도의 부드러움, 말에 있어서의 위트, 즐기는 것의 취향 그리고 사색 속에서의 지혜'를 인식할 수 있다고 보았다.

1975년에 괴테(Goethe)의 햄릿에 대한 의견은 『윌레름 마이스터의 수업시대』에 잘 나타나 있다. 괴테가 『햄릿』 1막 5장에서 햄릿이 말하는 "이 세상은 관절이 빠져있다. 저주받은 영혼이여/ 내가 그것을 바로잡기 위해 태어나다니"(The time is out of joint: O cursed spite,/ That ever I was born to set it right)(1.5.189-90)에 대한 논평은 아주 유명한 것인데 그 내용은 다음과 같다.

> 생각하건대 「햄릿」의 열쇠는 이 한마디에 있습니다. 셰익스피어가 노린 것은 연약한 영혼에 지워 놓은 힘에 벅찬 대사업이라는 점이라는 것이 명백합니다. 전편을 통하여 이런 의미로 쓰여 있어요. 마치 귀여운 꽃이나 심을 값진 화분에 참나무를 심은 거와 같아 뿌리가 퍼지면 화분이 깨어질 수밖에 없지요.
> 영웅다운 강한 신경을 갖지 못한 순결하고 고귀한, 그리고 지극히 도덕적인 인물이 짊어질 수도 버릴 수도 없는 무거운 짐에 눌리어 파멸하여 가는 것입니다.

그에게는 모든 의무가 신성한 것이지만 이것만은 너무 너무 무거웠던 것입니다. 즉 불가능한 것이 요구되고 있습니다. 물론 그 자체가 불가능한 것이라는 게 아니라 햄릿에게 불가능하단 말입니다. 아무리 기를 써도 나가도 물러서도 자꾸만 생각나고 또 생각나 마침내 자기 목적을 잊어버리고 나서도 다시 쾌활해질 수 없었던 것입니다. (91)

괴테는 햄릿을 값비싼 도자기 같은 그릇에 비유하여 여기에는 가냘픈 꽃이나 심어져야하는데 커다란 오우크 나무라는 임무가 심어져 그 나무가 자람에 따라 그릇이 깨진 것처럼 햄릿도 파탄하게 되었다는 것이다.

1811년에 찰스 램(Charles Lamb)은 『햄릿』을 연극으로 보다는 독서를 통해 이해하여야 한다고 주장하였다. 찰스 램은 눈으로 보는 연극은 오히려 셰익스피어 작품의 예술적 및 서정적 효과를 손상시킨다고 보았다. 특히 『리어왕』을 무대에 올리는 것은 리어왕의 참된 이해에 오히려 역행하는 것이라고 보았다. 리어왕의 격정은 육체적인 것이 아니고 정신적인 차원에 있는 것이기 때문에 독서와 명상을 통해서 이해되고 감상되어지고 체험되어야지 무대 위의 재현으로는 불가능하다고 보았다. 그는 "무대에서 보는 것은 육체와 육체적 행동이지만, 독서에서 우리가 의식하는 것은 마음과 마음의 작용이다"(93)라고 말함으로써 독서가 관람보다 훨씬 더 이해를 높이고 감동을 줄 수 있다고 주장했다.

『햄릿』에 있어서도 연기로써는 도저히 표현되지 않는 것이 있으며 몸짓과는 관계가 없는 것이 많이 있다는 것이다. 햄릿이 쏟아내고 싶은 것은 "그 자신과 그의 도덕감 같은 임무요, 그가 궁정의 모퉁이들과 가장 고독한 곳으로 물러가 쏟아내는 그 단독의 고독한 묵상들의 분출이요, 그의 가슴이 분출해내는 독자를 위해 단어로 바뀐 묵상들이다. … 이 깊은 슬픔들, 혀가 감히 아무도 듣지 않는 귀먹은 벽이나 방에 내뱉을 수 없는 시끄럽고 몸서리나는 반추(反芻)들을 몸짓으로 배우가 연기해내는 것은 불가능하다"(93)라고 보았다. 찰스 램은 햄릿의 깊고 오묘한 마음과 그의 격정의 분출은 독서와 명상으로만 이해되는 것이라고 하며, 도덕감과 조용한 묵상의 대상으로『햄릿』을 보려한 것이다.

코울리지(Coleridge: 1772-1834)는 그의 독특한 성격답게『햄릿』에 대해서도 특이한 의견을 내놓는다. 코울리지는 셰익스피어를 '천신만혼'(千身萬魂)(myriad-minded)의 소유자라고 호칭하고 그의 작품세계를 분석했다. 천신만혼 - 즉 한 사람 속에 천개의 몸과 만개의 정신을 가진 사람이 셰익스피어라는 것이다. 코울리지의 천재적 발상에 머리가 숙여진다. 수많은 셰익스피어 비평가들 중에 놀라운 해석이나 의견을 제시한 천재들에게 경이와 감탄을 보내지 않을 수 없다. 그리고 그들의 놀라운 천재적 발상에 무릎을 치며 경탄하면서 동시에 내 자신의 비재(非才)에 한숨과 허탈을 느낀다. 저 사람들은 천재성으로 셰익스피어를 해설하고 논평하는 데 나는 그저 그런 것을 이해하는데도 땀을 뻘뻘 흘리니 얼마나 비참한가. 절망감 때문에 때로는 셰익스피어 연구가 중단되고 자괴감이 엄습해온다. 그러면서 언젠가는 나도 그런 천재적인 아이디어로 셰익스피어 연구의 한 장을 장식할 수 있으리라는 희망을 가져보기도 한다. 하여튼 셰익스피어에 대한 많은 간단한 논평가운데 코울리지의 '천신만혼'이란 말이 나에게는 신선한 충격이며 감동임을 고백하지 않을 수 없다.

코울리지는 햄릿을 사색형(thinking type)으로 규정하여 후세의 사람들이 인간을 돈키호테 같은 행동형과 햄릿 같은 사색형으로 구분하는데 결정적 역할을 한다. 그래서 햄릿은 '주저주저하는 사람'(hesitating soul)의 대명사이며 그러기 때문에 생각에 골몰하는 사람이며 지성인의 상징이 된다. 햄릿은 현대에 와서는 지성인의 원형(原型)(prototype)으로 제임스 조이스(Joyce)가 재해석하고 정신의 아버지 역할을 하게 된다. 이 문제는 이 책 뒷부분에서 자세히 다룰 것이다. 코울리지는 셰익스피어가 놀라운 분별력이란 천재성을 가지고 있어서 인간의 마음과 그것의 가장 세밀한 그리고 내밀한 작동들과 움직임을 잘 알고 있었고, 단어 하나하나, 생각 하나하나도 어울리지 않게 사용한 적이 없다고 보았다. 특히 햄릿 속에는 실재세계와 상상의 세계 사이에 적절한 균형이 존재하지 않고 그의 생각들, 심상들 및 상상이 지각(perception)보다 지나치게 많다고 생각했다. 그래서 햄릿을 "그는 명상 속에 사는 사람"(He is a man living in meditation)(94)이며 "주저주저함과 우유부단"(hesitating and irresolution)(94)으로 마음이 차 있어서 목표는 충분하나 그 목표를 성취할 마음의 자질은 갖지 못했다고 평가한다. 그래서 햄릿의 복수지연도 상상력과 감수성의 과도함 때문에 정신의 불균형이 나타나서 내적 명상에 치우쳐 행동할 수 있는 에너지가 낭비되었기 때문으로 본다.

해즐릿(William Hazlitt)은 햄릿의 사색적인 면 뿐 아니라 지적인 것에도 관심을 가져야 한다면서 햄릿을 통해 우리 자신을 알아 볼 수 있기 때문에 "햄릿은 사실은 우리 자신이다"(It is *we* who are Hamlet)(96)라고 말한다. 햄릿은 너무 사색적이라 행동을 하지 못한 것이 아니고 악과 선을 구별하며 이것저것을 철저히 따져보는 "철학적 명상의 왕자"(prince of philosophical speculators)(97)라는 점을 이해하여야 한다고 보았다.

여기까지는 역사적으로 훑어 본 『햄릿』에 관련된 단편적 견해들이다. 본격적인 셰익스피어 연구는 비평의 방법에 따라 다양하게 이루어지는데 다음에는 전통적 형식주의적 비평, 신화적 비평, 심리주의적 비평, 여권주의 비평, 구조주의 비평, 맑스주의 비평, 신역사주의적 비평, 문화유물론적 비평, 해체주의적 비평이라는 카테고리를 정하여 그러한 비평의 방법과 적용에 대해서 기술하고자 한다.

3-1. 전통적 비평 방법

전통적 연구방법은 『햄릿』이란 작품을 역사나 전기적인 것과 연관지어서 연구하는 것과 도덕 및 철학적인 것과 연관지어서 연구하는 상당히 총괄적인 연구방법이다. 어떤 문학작품도 작가의 사상이나 전기적 사실과 무관할 수 없으며 시대적 배경의 산물임을 부인할 수 없다는 점에서 전통적 연구 방법은 사실은 모든 문학연구의 기본적 방법이다. 그러나 문학연구가 좀 더 과학화되고 세분화됨에 따라 문학작품은 그 자체로서의 의미를 가지고 있는 것이지 작품 외적인 것을 도입시켜서는 안된다는 좀 더 구체적인 작품 분석이 시도되었다. 엘리엇의 '우리는 시인에게서 시로 우리의 시선을 옮겨야 한다'는 발언은 바로 문학외적인 것에서 문학 그 자체의 분석과 연구에 좀 더 관심을 갖고 강조점을 두어야 한다는 신비평의 선언이기도 하다. 하여튼 이러한 새로운 문학연구의 방법이 등장하는 것은 과거의 방법으로부터의 발전이고 또 어떤 의미에서는 과거의 방법에 대한 반대와 저항의 결과라고 할 수 있다.

『햄릿』 연구의 전통적 연구방법은 원문(text)에 대한 연구, 작품에 나타나는 여러 가지 시대 배경, 무대의 관습, 그 시대의 사상 및 종교적 배경 등을 고려해서 작품을 연구하는 것들을 말한다. 특히 셰익스피어는 자신의 작품을 직접 출판하지 않았다. 그의 작품이 출판된 것은 그가 죽은 해(1616년)로부터 7년 뒤 두 후배 배우들에 의해 1623년에 소위 『제 1 이절판』(The First Folio)이란 이름으로 세상에 빛을 본 것이다. 물론 최초의 셰익스피어 전집에는 『페리클리즈』(Pericles)란 작품이 제외된 36편의 작품이 실려 있다. 셰익스피어 연구 중에서 원문 연구가 중요한 것은 한 단어의 스펠링이나 커머(comma)의 위치 또는 어순의 변화 등이 그 문장 전체의 뜻에 상당한 차이점을 가져오기 때문이다.

『햄릿』에서 가장 논란이 되며 전체적 의미에 상당한 영향을 끼치는 것 중의 한 곳은 1막 2장 129줄의 "O that this too too solid flesh would melt"로써 『제 1 이절판』에는 이처럼 'solid'로 되어 있지만 『제 1 사절판』에는 'sallied'로 되어있고 이 말은 'sullied'의 의미를 갖는다. 'solid'로 읽으면 밥이나 먹고 잠이나 자는 이 가치 없는 단단한 살을 가진 육체가 용해되어서 없어졌으면 좋겠다는 뜻이다. 그러나 'sullied'로 읽으면 덴마크라는 국가는 찬탈자인 짐승과 같은 숙부가 다스리고 어머니는 근친상간을 한 불길하고 더러운 여자이므로 이런 곳에서 태어난 자신의 더럽혀진 육체가 사라지기를 바라는 것이다. 더군다나 '더럽혀진' 육체는 정신을 오염시키고 병들게 하여 햄릿의 어머니에 대한 혐오감이 오필리어에 대한 혐오감으로 전염되고 또다시 폴로니어스에게 까지 확대됨을 볼 수 있다. 그래서 이 문제는 후에 자기 딸까지 이용해서 정치적 목적을 달성하려는 폴로니어스에게 "자네는 fishmonger인가?"라고 말하는데 'fishmonger'는 단순한 '생선장수'라는 뜻보다 '뚜쟁이'라는 함축적 의미를 갖고 있어 폴로니어스를 격렬하게 비난하고 있는 것으로 나타난다. 오필리어에게도 'nunnery'나 가라고 말하는데 이는 '수녀원'의 뜻도 있지만 '창녀집'이라는 함축적 의미가 있어 여성에 대한 혐오감과 성적타락을 의중에 두고 하는 말이 된다. 전통적 연구는 이처럼 단어를 그 시대에 갖는 의미와 연관 짓는다.

또한 논란의 대상이 되는 "Since no man, of aught he leaves knows, aught, what is't to leave betimes? Let be"(5.2.195-6)의 말에서 커머의 위치이다. leaves 다음과 aught 다음에 있는 커머가 모두 없어진 경우 (이것은 2006년의 개정된 The Arden Shakespeare이다)이고 leaves 다음만 생략된 경우(이것은 A Norton Critical Edition)등 다양하며 그에 따른 해석도 각각 다르다. 그래서 2006년 개정된 The Arden Shakespeare에서는 에드워즈(Edwards)의 주석에 따라 "사람은 죽은 후의 인생에 대해서 아는 것이 없으므로 미리 죽는다고 무슨 문제가 되겠는가?"(448)라고 정리하고 있다. 그런데 이런 원문비평은 수많은 손으로 쓴 원고를 찾아내는 일, 수많은 판본(edition)을 비교하는 일, 그리고 그런 단어나 문장이 그 시대에 갖는 의미 등에 대한 해석등 상당한 노력이 필요한 것이다.

전통적 문학연구에 있어서 이러한 원문연구 못지않게 중요한 것은 역사적인 것과 개인의 전기적 고찰이다. 햄릿 등 소위 4대 비극작품이 쓰여 진 시대는 1600년에서 1606년 사이로 보여 지는데 이 시기는 셰익스피어를 암울하게 하던 때이다. 1596년은 셰익스피어의 장남 햄넷(Hamnet)이 11살에 죽는다. 그래서 셰익스피어는 슬픔과 의아심에 빠져있을 때이고 몇 년 뒤인 1603에는 엘리자베스 여왕까지 서거하여 셰익스피어는 깊은 절망과 죽음에 대한 강박관념에 빠졌을 것으로 보이며 이 시기에 그의 주요한 비극작품이 쓰여 진다. 이러한 개인의 전기적 사실과 역사적 사실 등이 『햄릿』 작품에 어떻게 반영되고 투영되어 있는가를 연구하는 것이 전통적 연구 방법 중 하나이기도 하다.

오필리어가 햄릿을 두고 다음과 같이 말하는데 이는 아마도 엘리자베스 여왕의 총애를 받았으나 반역죄로 체포되어 처형을 받은 에섹스(Essex) 백작의 모습과 비슷하여 역사적 인물을 『햄릿』 속에 투영한 것으로 보는 것이다.

> 조정의, 군인의, 학자의 안목이며 대변이며 검이요,
> 아름다운 나라의 기대이며 꽃이었고
> 품속의 거울이며, 예의범절의 귀감이었을 뿐만 아니라
> 만조백관이 우러러보던 분이 완전히 실성해버리셨구나

> The courtier's, soldier's, scholar's, eye, tongue, sword;
> The expectancy and rose of the fair state,
> The glass of fashion and the mould of form,
> The observed of all observers, quite, quite down! (3.1.145-8)

『햄릿』에서는 왕권 찬탈 문제, 왕위 계승권 문제도 중요한 것인데 이들 또한 엘리자베스 여왕과 관계가 깊은 사회 역사적인 문제이다. 엘리자베스 시대는 종교적으로는 로만 카톨릭에서 개신교로 옮겨가는 시기였고 신흥세력들이 정치·경제적으로 등극을 하였으며 외국과의 무역이 활발했고 이곳저곳에서 반란이 일어나던 시기였다. 특히 엘리자베스는 여자였고 45년간이나 여왕의 자리에 있었으니 그 사이에 얼마나 많은 반란과 권력투쟁이 일어났는지 가히 짐작할 수 있다. 셰익스피어가 이런 궁전의 모습에 좀 더 관심을 가져 『햄릿』을 집필하여 어느 정도 엘리자베스에 의한 영국의 왕통을 유지시키려는 의도를 가지고

있었으리라 짐작된다.

왕권 찬탈은 분명한 죄이고 죄에는 벌이 따라야 하기 때문에 클로디어스는 왕으로서의 영광을 누리지 못하고 죽게 만들었고 덴마크에 새로운 질서가 오도록 끝을 맺음으로 영원한 조국 영국은 질서를 갖는 국가로 만들고 싶은 잠재적 의식이 셰익스피어의 마음속에 자리하고 있었을 것이다. 그래서 햄릿이 폴로니어스를 죽이고 클로디어스를 죽일 때는 '정의의 실현'이라는 의무감에 사로잡혔지만, 한편 기독교적 영향을 받아 레어티즈를 용서하고 오필리어에게 장례식에서 진정한 애정을 표시하고 호레이쇼에게는 운명을 받아들이고 하늘의 뜻을 수용한다고 말하는 등 편안한 마음으로 죽음을 맞이한 것으로 보는 것 등은 모두 역사적·사상적 배경에서 작품을 해석하는 방법이다. 햄릿은 가장 많은 변화와 번영의 엘리자베스 여왕의 영국에서 자신의 희생을 통해 국가가 새로운 질서 속에서 번영하기를 바랬던 군인으로, 학자로, 정치가로서의 원형을 추구했던 진정한 인간임을 사회 및 역사적 사실과 결부지어 연구하는 것이 전통적 방법이다.

『햄릿』의 전통적 방법 중에 또 하나는 도덕적 및 철학적 연구를 하는 것이다. 『햄릿』은 복수극이다. 형을 죽여 왕위를 찬탈하고 형수와 사는 사악하고 부도덕한 클로디어스에게 복수해야 할 의무를 가진 햄릿의 모든 생각과 행동은 도덕적인 해명과 철학적 해석을 필요로 한다. 그러면서 자신을 낳아서 길러준 생모인 거투르드에 대한 아들로서의 애정과 고민은 깊은 명상을 요구하는 과제인 것이다. 오죽하면 햄릿이 "이 세상은 관절이 빠져있다. 저주받은 영혼이여/ 내가 그것을 바로잡기 위해 태어나다니"(The time is out of joint: O cursed spite,/That ever I was born to set it right)(1.5.189-90)라고 한탄했겠는가. 어쩌면 햄릿은 눈 딱 감고 책이나 읽고, 몸이나 건강하게 유지하고, 현재의 왕인 클로디어스의 말만 잘 듣고, 예·예하면서 지냈으면 다음 왕위는 따놓은 당상이었을런지도 모른다. 더군다나 어머니 거투르드가 왕비로서 자신을 잘 보호해주고 있을 터이니까. 그런데 이런 엄청난 불의와 부도덕함을 폭로하고 복수해 줄 것을 강력히 당부하는 유령의 부탁과 햄릿의 정신은 곧 '불의와 부도덕을 척결하는 양심의 인간이 되느냐?' 또는 '그저 눈 딱 감고 권력이나 승계하느냐?'의 갈림길에서 햄릿의 운명은 양심 쪽으로 기울어진다. '세상을 바로 잡는다'는 것은 도덕적인 삶을 선택하는 것이고 양심의 길을 따라 가는 것이다. 그런데 이 길은 너무 어렵고 고통스러우니까 '저주받은 영혼'이라고 스스로를 판단하는 것이다. 양심을 따르는 삶이 얼마나 고통스러운 것인가를 보여주는 것이 햄릿의 인생인데 이런 햄릿의 생애는 소포클레스의 비극인 『필록테테스』(Philoctetes)를 연상시킨다.

필록테테스는 아무도 이길 수 없는 활과 치명적 화살을 상속 받았는데 트로이 전쟁에서 승리를 거두기 위해 그리스 진영에 합류한다. 많은 군사들과 함께 트로이 정벌에 참여하던 필록테테스는 가던 길에 독사에게 물려 깊은 상처를 입어 그 고약한 냄새가 진동하게 되고 고통 때문에 너무 큰 소리를 지르니까 그리스 군인들은 그를 외딴 섬에 팽개치고 길을 떠난다. 필록테테스가 없는 상태에서 그리스군이 아무리 전쟁을 해도 트로이를 정벌할 수 없었다. 그리스군은 필록테테스 없이는 전쟁에서 이길 수 없다는 말을 전해 듣고 외딴 섬에 버려진 필록테테스를 설득하여 전쟁에 참가하도록 하여 승리를 거둔다. 이 이야기가 품고 있는 뜻은 외딴 섬에 버려져 고통과 불행을 통해서 더욱 큰 힘을 발휘한다는 인생의 진리를 말하는 것이다. 물론 소포클레스는 예술가는 고통에 비례해서 더욱 심오한 예술을 창조한다는 것을 비유적으로 말하고 있지만 햄릿은 그 고통을 통해서 세상을 바로잡는 지성인의 외로움을 말한다고 볼 수 있다.

이 외에도 '사느냐 죽느냐 그것이 문제로다'에 대한 도덕적 철학적 해석은 『햄릿』의 진수로 여겨진다. 인간의 여러 문제에 대한 항구적인 질문을 던지는 햄릿은 최고의 철학적 명상가이며 또한 '하늘의 뜻'을 따르려는 그는 희생적인 종교인으로 해석될 수도 있다.

『햄릿』이 문학의 '모나리자의 미소'라는 칭호를 듣는 이유는 무한한 해석이 가능하다는 것이며 영시대성(永時代性)을 갖는다는 뜻이다. 그 해석의 공간은 언제나 열려있으며 국가와 민족을 뛰어 넘어 계속 연구되고 공연되어지며 인구에 회자(膾炙)되는 그 자체가 바로 우리 시대의 도덕과 철학에 대한 질문과 답을 제시하는 텍스트로 언제나 새롭게 읽힐 수 있다는 것이다.

3-2. 형식주의적 연구

『햄릿』에 대한 형식주의적 연구는 전통적 방법이 작가의 생애와 사회역사적 방법 및 도덕, 철학 등을 중시하는 것에서부터 떠나 작품자체의 연구에 중점을 두는 것이다. 문학에서의 형식주의는 문학적 언어와 일상의 언어의 구분을 통하여 언어의 형식, 리듬, 음조, 다양성 등이 주제와 어떤 관계에 있는 가 등을 주로 연구한다. 한 작품속의 개별 단어를 숙지하고 그런 단어, 어귀, 은유, 비유, 이미지, 상징 등이 전체와 어떻게 유기적으로 연결되어 있는 가에 관심을 둔다. 이런 부분과 전체 사이의 상호 관계는 이미지와 상징 등에 의해서 더욱 구조적으로 연관이 있음을 탐구한다. 그러나 이런 부분과 전체는 반드시 유기체적 형식을 취한다는 것이 중요하다. 형식이 내용을 포함하고 있지만 형식이 탄탄하지 못하면 내용들은 흩어져 없어지거나 엉뚱한 데로 흘러 갈 수 있다. 또한 아무리 형식이 탄탄해도 내용들이 멋과 맛이 없다면 형식은 빈껍데기에 불과하다는 것이다. 좋은 형식 속에 훌륭한 내용이 가능하고 충실한 내용은 멋진 형식을 구축할 수 있다. 이런 형식주의 비평은 후에 신비평으로 이어져 아주 치밀한 언어분석과 구조의 엄격성의 연구로 이어진다. 특히 엘리엇이 주장한 '객관적 상관물'이란 용어는 형식주의가 발전하여 신비평이 되는 과정에 주요한 용어가 되었다. 객관적 상관물은 '언어의 등가물'이 필요함을 역설하며 '감정과 이성'을 통합하는 문학적 테크닉 또는 장치(device)의 필요를 강조한다. 어떤 문학작품이 '무엇'을 말하며 그것을 '어떻게' 말하는 가라고 하는 문학의 본질적 질문을 한다. 여러 가지 운율과 이미지와 상징 그리고 반복되는 패턴 등은 형식주의 비평에서는 아주 중요한 용어들이다. '객관적 상관물'에 따른 형식주의적 비평들은 다음에 잘 나타나있다.

끈끈이에 붙어있는 내 영혼이여, 빠져나오려고
몸부림칠수록 꼼짝달싹 못하겠구나!

Oh limed soul that struggling to be free
Art more engaged! (3.3. 67-8)

여기서 '끈끈이에 붙어있는'이라는 표현은 구체적인 객관적 상관물의 좋은 예로써 클로디어스의 마음의 상태, 정신의 절망을 아주 잘 표현하여주고 있다. 이러지도 저러지도 못하는 아니 어떻게 해서 빠져 나오려고 몸부림칠수록 오히려 더 깊이 질곡 속에 빠져드는 클로디어스의 모습을 마치 끈끈이에 붙는 파리가 살아나려고 발버둥 칠수록 더 끈끈이에 조여 죽음을 재촉하는 것과 같다는 것이다. 그리고 이러한 클로디어스의 독백은 자신의 형편과 처지에만 국한된 것이 아니고 햄릿에게도 그대로 적용되어 있어 『햄릿』 전체의 구조는 절망과 속박 그리고 부패한 상태 속에 있음을 상징하기도 한다.

전체적 구조와 유기적 관계를 가진 단어나 어귀들은 이 곳 저 곳에 산재해 있다. 1막 1장에서 보초를 서고 교대하면서 돌아가려는 프랜시스코가 "나는 마음속까지 아프다"(I am sick at heart)(1.1.8)라고 할 때 이 '병의 이미저리'(sickness imagery)는 단순한 일회성 발언이 아니라 『햄릿』 전체를 흐르는 정서를 대표하는 이미저리가 되며 "덴마크는 어딘가 가가 썩어있는 국가"(Something is rotten in the state of Denmark)(1.4.90)이기 때문에 햄릿에게 덴마크는 감옥일 수밖에 없고 "검은 상복"(inky cloak)(1.2.77)을 계속 입고 다녀야만

하는 이유가 된다. 이러한 서로 연관이 되는 단어들은 어둠을 함축하고 있으며 극 전체와 유기체를 이룬다. 그래서 『햄릿』은 어둠과 병과 죽음으로 뒤덮혀 있고 이는 또한 "햄릿의 새까만 겉옷은 부친을 애도하는 상복인 동시에, 우울증에 걸려있는 사람의 표시"(Mack 251)가 된다. 이러한 어둠과 병의 이미저리는 또 다른 주제인 복수지연으로 연결된다. 이러한 단어들의 이미저리 연구를 컴퓨터도 없는 시대에 스퍼전(Spurgeon)이란 비평가는 꼼꼼히 조사하여 1931년에 『셰익스피어의 이미지와 그것이 말하는 것』이란 책을 출판하다. 스퍼전에 의하면 병(disease) 또는 종기(ulcer)라는 주도적인 이미지들의 추악함이 전 작품에 퍼져 있다고 보았다. 특히 햄릿이 침실에서 거투르드와 설전을 벌일 때 육체적인 병과 더불어 반역하는 병(전 남편을 배반하고 육욕의 노예가 되는 병)이 전체의 구조와 연결되었음을 지적하면서 부패(corruption) 및 병듦(sickness)의 이미저리가 있음을 분석하였다.

스퍼전이 이미지 군들을 통계적으로 숫자로 연구한 것과는 좀 다르게 클리먼(Clemen)은 1951년에 『셰익스피어 이미저리의 발전』이란 저서를 통해 좀 더 이미지와 주제를 연결시키는 유기적 기능의 중요성이라는 형식주의 비평을 하였다. 클리먼은 "셰익스피어는 이미저리를 통해서 인식을 시각화하고 잘못된 것을 인식한다"(110)라고 하면서 햄릿은 "이 세상 사람이 아닌 철학가이며 꿈꾸는 자"(111)라고 보았다. 클리먼은 특히 이미저리의 '주된 모티브'(leitmotif)라는 말을 사용하여 "개별적인 단어들의 사용은 극의 중심적 문제의 상징으로 확장된다"(113)라고 풀이하면서 "이미저리와 행동은 끊임없이 서로 서로 상대방과 교환하면서 우리로 하여금 '극적 이미저리'라는 용어가 어떻게 새로운 의미를 갖게 해주는 가를 보여 준다"(113)라고 주장하였다.

개별적 이미지들은 그 자체로써는 커다란 의미가 없고 전체의 구조와 상호연관을 맺을 때 유기적 기능을 수행하여 극 전체의 심볼이 되며 의미의 생성을 가져온다는 것에 『햄릿』의 형식주의적 비평의 의미가 있다. 개별 이미지들이 모여서 전체적 의미의 상징으로 쓰인 대표적 예는 햄릿의 세상에 대한 역겨움의 표시이다. 햄릿의 부패에 대한 강박 관념은 클로디어스나 거투르드에서 비롯되었지만 이 부패는 세상 모든 것으로 퍼져나간다. 덴마크가 감옥이라고 생각한 햄릿은 고약한 꿈에 시달리고 있는 자신을 염탐하러온 두 친구에게 다음과 같이 말한다.

> 최근의 나는 어떻게 된 영문인지 모르지만 모든 기쁨을 잃고, 늘 하던 무술훈련도 포기했네.
> 그야말로 심기가 너무 우울해져서 이토록 수려한 산천, 대지도 내게는 바다로 불거져 나온 황량한 만(灣)처럼 보이고, 절묘하기 짝이 없는 천개도, 대기도, 여보게, 이 찬란하게 덮여 있는 천궁, 황금색 불빛으로 수놓인 이 장엄한 천장, 아니 그런 것도 내게는 추악하고 독기어린 증기의 덩어리로만 보인단 말일세.

> I have of late, but wherefore I know not, lost all my mirth, forgone
> all custom of exercises; and indeed it goes so heavily with my
> disposition that this goodly frame, the earth, seems to me a sterile
> promontory, this most excellent canopy, the air, look you, this brave o'erhanging
> firmament, this majestical roof fretted with golden
> fire – why, it appears no other thing to me than a foul and pestilent
> congregation of vapours. (2.2. 280-6)

이는 햄릿에게 클로디어스의 불의, 거투르드의 근친상간 뿐 아니라 초등학교 때부터의 절친한 친구까지 타락과 부패에 젖어있고 권력이나 이권만 챙기려는 세상이 그야 말로 역병처럼 느껴진다는 것이다. 햄릿의 우울증이 상당히 깊어져서 인간의 꼴은 보기도 싫게 된다는 것이다. 벌써 이러한 세상과 인생에 대한 부정적이고 염세적인 생각은 일찍이 싹트고 있어 이런 이미저리가 작품 전체를 뒤 덮고 있다고 보는 것이 형식주의적 견해이다.

3-3. 신화 및 원형적 비평

예술이라는 것이 장소와 시간과 사회적 관례들을 상징적으로 표현하는 수단 중에 하나라고 볼 때 신화는 가장 폭넓은 예술의 형태이다. 신화는 단지 흥미위주의 이야기가 아니라 신과 인간의 이야기, 자연 현상에 대한 오래된 인간의 지혜가 축적된 어떤 기술(narrative), 그리고 인간사회의 여러 가지 사회적 계급, 활동, 갖가지 의식에 대한 표현이다. 신화는 어떤 공동사회에서 가장 권위있는 영원한 신에 대한 이야기이다. 그러므로 모든 권력과 질서와 의식은 신화에 바탕을 둔다. 신화는 신과 인간과 사회의 현상에 대한 기술 이라는 것 때문에 문학과 밀접한 관계를 갖는다. 신화와 문학의 관계를 프라이는 여러 각도에서 연구했는데 "희극에는 상승운동이 있고 비극에는 하강운동"(Frye, 1973. 162)이 있음을 지적하고 이런 문학의 운동양상은 고대 신화에 뿌리를 두고 있다고 보았다. 신의 힘과 인간의 자만심 간의 분리에 대한 사회적 센스는 비극의 관례가 되었으며 특히 햄릿과 같은 영웅의 이야기는 영웅 신화에서 그 유래를 찾을 수 있다고 하였다.

신화에 공통된 것 중에 하나는 원형(原型)에 대한 개념이다. 원형은 핵심적인 인간경험의 기본적이고 오래된 반복되는 유형이고, 근본적인 이미지이며 집단적 무의식의 한 부분이며 무수한 경험에서 비롯된 공통된 어떤 것으로 정의된다. 이렇게 인간생활에서 반복적으로 얻는 공통적으로 발생하는 어떤 생활습관이 발전하여 제의가 되며 신화는 다른 말로하면 제의의 언어적 양상이 된다는 면에서 문학과 신화는 제의를 징검다리로 하여 더욱 밀접한 관계를 맺는다. 문학에 대한 유추적 구조가 신화라고 볼 때 신화는 또한 문학과 같이 의식과 무의식에 만족할 말한 조형적 미를 창조하려 한다. 그러나 신화는 "분리, 진입, 귀환이라는 통과의례를 결합하며 생명 및 계절의 주기를 반복한다"(Grebstein 316)는 면에서 특히 문학의 장르와 밀접한 관계를 갖는다.

「셰익스피어 비극에 대한 신화 및 제의적 접근」에서 바이징거(Weisinger)는 몇 가지 중요한 신화비평의 방법으로 셰익스피어의 작품들을 분석하는 방법을 제시한다. "나는 신화와 제의적 패턴을 비극의 기본이요 전제라고 생각한다"(323)라고 하면서 셰익스피어의 모든 작품에는 재생과 화해의 패턴이 있다고 보았다. 리어왕은 자신의 악한 본능을 극복하고 "용서와 참회로써 새로운 질서에 참여"(Weisinger 323)함을 대표적 신화 패턴으로 간주한다. 특히 고대 국동 지방의 신화와 제의 패턴을 연구한 그는 왕이 상징적으로 죽지만 재생하거나 부활하는 상징이 있다고 주장한다.

이런 신화 및 제의 패턴은 "탄생, 죽음, 재생의 커다란 싸이클"(Weisinger 325)이며 이것이 비극에 적용된다고 본다. 그래서 비극은 고통을 통해서 무지에서 이해로 가는 과정을 취급하는 것으로 정의한다. 비극적 영웅은 수모와 고통을 통해 "어둠과 악을 빛과 선으로 이기고, 국민의 복지와 국가의 안녕을 확인해주는 운명의 약속에 의해 성스럽게 확증되는 승리의 상징"(Weisinger 328-9) 위에 화려하게 나타난다고 보면서 이러한 전제하에 햄릿도 분석이 가능한데 "햄릿은 개인적 복수로 시작해서 사회적 정의의 추구로 끝난다"(329)라고 하였다.

머레이(Murray)가 「햄릿과 오레스테스」(1914)에서 두 주인공을 비교하여 문학 속에 원형적 공통점이 있음을 지적하고 여름과 겨울 및 생과 죽음의 패턴을 밝혀내서 『햄릿』의 원형적 비평을 하였다. 머레이는 주인공의 아버지들은 살해당했고, 그것은 아들에게 커다란 상처를 입혔다는 것, 주인공들이 어느 정도의 광증을 보인다는 것, 주인공들이 유령이나 장례식과 많이 연결되어 있다는 것 등의 공통점을 찾아냈다. 그러나 머레이는 이 두 작품이 갖는 공통점에 대한 원형적 또는 신화적 패턴을 찾아냈으나 그것의 문학적 근거를 일일이 제시하지는 안했다.

퍼거슨(Fergusson)은 『극장의 개념』(1949)에서 셰익스피어 극이 어떻게 그리스 비극의 제의적 패턴을 따르고 있는지, 그리고 『햄릿』의 신화적 의미가 무엇인지를 제시하였다. 퍼거슨은『햄릿』과『오이디푸스 왕』에서 두 주인공의 고통과 희생에 대해 다음과 같이 설명한다.

> 두 극에 있어서 고통당하는 왕족이 전체 사회질서의 그 근원으로 부터의 오염과 연관되어 있다. 두 극은 모두 위험에 빠진 국가의 안녕을 위한 기원으로 시작한다. 두 극에 있어서 개인의 그리고 사회의 운명은 밀접하게 짜여져 있고, 두 극에 있어서 정화와 재생이 성취되기 전에 왕족인 희생자가 겪는 고통이 필수적인 것으로 보인다. (118)

햄릿이 처한 상황과 그가 행동하는 것은 신화나 제의에서 반복되는 희생과 고통에 대한 공통된 패턴을 보여준다. 햄릿은 아버지를 죽인 클로디어스에게 복수해야하는 의무를 가지고 있다. 유령이 자신을 죽인 클로디어스를 '뱀'으로 규정하여 아담을 죽음으로 이끌고 카인과 같은 죄를 저질렀음을 폭로한다. 햄릿은 부정과 불의의 국가를 구해내야 할 공적인 의무까지 갖게 된다. 개인적인 복수와 국가를 불의로부터 구해 질서가 있는 상태로 되돌리는 일은 결코 쉬운 일이 아니다. 그는 목숨을 바쳐야하는 희생이 필수적임을 감지한다. 그가 싸워야 할 대상은 더군다나 현재의 왕이다. 햄릿은 또한 성격적으로 우유부단하며 사색적이다. 주위에는 폴로니어스 대신을 필두로 자신을 호시탐탐 노리는 두 명의 초등학교 친구가 있다. 그러나 이런 여러 가지 난관과 고통을 이기고 두 가지 목적을 완성한다. 그런데 그 목적 달성에는 햄릿이 희생당하는 댓가를 필요로 한다. 그런 결과 아리스토텔레스가 말하는 정화가 이루어진다.

희생당하는 속죄양이 개인과 국가를 구할 수 있는 유일한 것이며 이 과정에서 주인공은 수만은 고통과 시련을 겪어야한다. 햄릿은 거짓 미친 척 하면서 모든 것을 철저히 준비하여 복수의 일념에 빠져 삶을 영위한다. 검은 상복을 입고 유령의 부탁을 가슴에 안고 항상 위험에 직면해 있으면서도 때로는 과격한 행동을 한다. 그러면서도 자신의 행동이 마음에 들지 않아 자조하고 우울에 빠지기도 한다. 자살을 기도하지만 여의치 않고 세상만사가 더럽고 치사하고 지루함을 토론하면서 그래도 자신의 길을 간다. 복수지연의 원인은 또 다른 곳에서 설명하겠지만 복수가 지연되는 동안 그가 읊조리는 대사는 인간의 신비, 삶의 의미, 운명 등에 대한 깊은 명상을 표현하고 있다. 깊이 있고 신비하며 포착하기 힘든 햄릿의 탐색은 고대 영웅들이 걸어갔던 고독한 운명의 주인공들과 같다. 그것은 새로운 질서, 재생, 부활을 위해 희생양이 될 수밖에 없다는 것이다. 햄릿이 희생양이 되어 개인적으로는 가문이 요구하는 복수를 이루고 국가는 새롭게 탄생하게 되었다고 보는 것이 신화 및 원형비평의 방법이다.

3-4. 구조주의 비평

문학에 대한 구조주의적 비평은 언어학자들의 언어관에서부터 시작되었다. 소쉬르(Saussure)는 언어를 개인이 쓰는 말(language)과 파롤(parole)이라는 개인적 소통행위에 해당하는 발화(utterance)로 구분한다. 그러면서 언어연구의 중심 대상은 개인의 말이 아니라 어떤 사람이 말하고자 하는 실제의 의미 밑에 내재해 있는 체계라고 규정한다. 언어에 있어 기표(記標: signifier)와 기의(記意: signified)를 엄격히 구별하고 어떤 기표가 본질적으로 기의를 의미하는 것은 존재하지 않고 어디까지나 어떤 시스템 안에서 작용한다고 본다. 구조주의자들은 과거에 브래들리가 셰익스피어 연구에서 주로 사용했던 "언어의 투명성"(transparency in language)(Hawkes 288)을 부정한다. 언어는 투명한 유리가 아니고 우리가 세상을 보는데 형태와 색상과 모양을 갖도록 지배하는 스테인 글라스라는 것이다. 그럼으로 어떤 단어가 하나의 고정되고 불변하는 본질적인 의미를 갖고 있지 않다는 것이다. 혹스는 "개(dog)가 개를 의미하는 것은 그것이 개라서가 아니고 개가 아니기 때문이다. 왜냐하면 개(dog)는 신(god)이나 통나무(log)가 아니기 때문에 개라는 것이다"(Hawkes 289). 그러므로 단어의 의미는 그 단어 자체에 있는 것이 아니고 단에 사이에 언어가 가지고 있는 관계 속에 있다는 것이다. 그러므로 구조주의자들은 기표와 기의는 본질적인 것이 아니고 임의적인 관계라는 것을 주장하고 '변별성'을 강조한다. 그러므로 문학텍스트는 작가가 본질적인 의미를 가진 언어에 의한 형상화된 절대적 캐논(canon)이 아니고 어떤 시스템에서 구조화된 텍스트라서 '의미화 하는 체계'(signifying system)를 담고 있다고 보는 것이다.

햄릿에게는 모든 세상사가 무의미하고 언어에 의한 소통이 불가능함으로 자신의 역할을 '광증'(madness)이라는 정신적 위장을 통해 행할 수밖에 없다. 왕이란 거대한 세력에 대항해서 싸우는데 연약한 일개 이름뿐인 왕자가 무장할 수 있는 최고의 무기라고 볼 수도 있다. 폴로니어스에게는 사랑 때문에 진짜 미친 것처럼 보이게 하려니까 햄릿의 기표와 기의는 전혀 다르게 작용하게 된다. 그중의 대표적인 것이 햄릿과 폴로니어스의 다음 대화이다.

> 햄릿. 저기 낙타처럼 보이는 구름이 보이시나요?
> 폴로니어스 정말로 낙타같습니다.
> 햄릿. 족제비같기도 한데
> 폴로니어스 등이 족제비같습니다.
> 햄릿. 아니면 고래같기도 하고
> 폴로니어스 정말 고래같습니다. (3.2.367-)

> HAMLET. Do you see yonder cloud that's almost in shape of a camel?
> LORD POLONIUS. By the mass, and 'tis like a camel, indeed.
> HAMLET. Methinks it is like a weasel.
> LORD POLONIUS. It is backed like a weasel.
> HAMLET. Or like a whale?
> LORD POLONIUS. Very like a whale. (3.2.367-72)

거짓 미친 척 함으로써 상대방을 안심케 해놓고 자신의 뜻을 펼칠 수 있는 광증은 사실은 좀 더 상대방의 진실을 더 잘 알기위한 수단이 된다. 광증에 대해 푸코(Michel Foucault)는 다음과 같이 말한다.

> 광증은 가장 순수하고 총체적인 오인의 형태이다. 그것은 거짓을 진실로, 죽음을 삶으로, 남자를 여자로, 여인을 복수의 여신으로, 희생자를 미노스로 오인한다. 그러나 그것은 또한 극의 경제상 가장 엄격하게 필요한 오인의 형태인 바, 이는 진정한 해결에 도달하기 위한 그 어떤 외적인 요인도 필요로 하지 않기 때문이다. 그것은 단지 진리의 지점까지 그 진리의 환상을 날라야 할 뿐이다. (33-4)

햄릿의 거짓 광증은 진실을 덮고 있는 환상을 벗겨내기 위한 방법이다. 유령이 계시해 준 사악한 점을 밝혀내기 위한 그의 대응책은 일련의 역할놀이로 나타난다. 햄릿이 미쳐서 이랬다저랬다 헛소리를 한다고 생각한 폴로니어스는 그저 비위만 맞추고 있다. 오필리어 때문에 미쳐있으니 논리적으로 따질 필요가 없다고 생각하는 것은 폴로니어스이다. 그러나 자기 딸을 미끼삼아 뚜쟁이처럼 정치적 권력만 탐구하는 폴로니어스를 햄릿은 광증이란 가면을 통해 공격하는 것이다.

기표적 단어 낙타, 족제비, 고래는 그 자체를 의미하는 것이 아니라 구름처럼 마음대로 변하고 아무 신의도 윤리도 도덕도 없는 폴로니어스를 꼬집고 야유하는 말이다. 이런 경우 진실을 모르는 폴로니어스는 정신이 나간 사람, 즉 진짜 미친 사람이고 미친척하는 햄릿은 제 정신을 가진 사람이 되는 것이다. 그런 햄릿의 깊은 의도도 모르고 폴로니어스는 "무엇을 읽고 있느냐?"(What do you read my lord)(2.2.191)라는 물음에 햄릿은 그저 "단어, 단어, 단어들을"(Words, words, words)(2.2.192)이라고 대답한다. 여기서 햄릿은 폴로니어스가 알 수 있는 기의를 가진 기표의 말을 하는 것이 아니라 얼마든지 다른 뜻으로 해석되는 자유스럽고 유동적인 기표를 가지고 말장난을 하여 자신의 세계를 암시하고 있다. 그런 기표와 기의가 어긋나는 좋은 예는 다음의 햄릿과 클로디어스의 대화 장면에도 나타난다.

왕. 짐의 조카 햄릿, 요즘 어떻게 지내느냐?
햄릿. 그 카멜레온 요리는 정말 훌륭합니다. 저는 약속으로 꽉 찬 공기를 먹고 지냅니다. 거세한 수탉도 그렇게 먹일 수는 없습니다.
왕. 그 대답은 무슨 뜻인지 모르겠구나, 내 말의 뜻은 그것이 아니었잖느냐?
햄릿. 예, 이제는 제 말도 아닙니다.

CLAUDIUS. How fares our cousin Hamlet?
HAMLET. Excellent, i' faith; of the chameleon's dish: I eat the air, promise-
    crammed: you cannot feed capons so.
KING CLAUDIUS. I have nothing with this answer, Hamlet; these words are not
    mine.
HAMLET. No, nor mine now. (3.2.92-7)

왕은 'fare'라는 단어를 사용하여 '잘 지내느냐?'라는 기의를 기대하고 있지만 햄릿은 '먹다'(eat)라는 기표로 이해하여 클로디어스가 사용한 기의와 햄릿이 받아들이는 기표는 완전히 달라서 둘 사이의 대화가 단절된다. 왕의 생각과는 다르게 햄릿은 '먹다'라는 단어를 사용해 클로디어스를 공격한다. '카멜레온을 먹는다'는 것은 상황에 따라 수시로 변하는 인간의 마음과 행동을 암시하며 특히 'air'(공기)라는 말은 'heir'(상속인)와 동음이의어가 되어 은근히 클로디어스를 공격하고 있으며 'promise-crammed'(약속으로 꽉 짜여진)와 함께 왕위를 물려주겠다는 약속이 공기처럼 공허함을 암시한다. 동시에 'promise'라는 단어 속에는 유령이 부탁한 선왕에 대한 복수라는 자신의 약속을 상기시키기도 한다. 닭은 인간에게 가장 가까운 먹을거리를 제공해주는 데 여기에 나오는 'capon'이란 단어는 수탉을 의미한다. 그런데 이는 나중에 잡아먹기 위해 살을 찌우는 닭을 지목해서 하는 말이다. 왕은 결코 'capon'을 살찌울 수 없다는 말을 하지만 햄릿은 클로디어스의 감언이설에 넘어가서 잡혀 먹힐 어리석은 수탉 같은 존재가 아님을 은근히 말 속에서 암시하는 것이다. 이와 같이 화자가 말하는 기표와 받아들이는 사람의 기의가 달라 언어의 등가(等價)는 성립하지 못하고 끊임없는 텍스트의 의미화 작용이 일어나고 있는 것이 햄릿 대사의 특징이라고 보는 것이 구조주의적 비평의 방법이다.

이런 햄릿의 "터무니없고 빙빙 돌리는 말"(wild and whirling words)(1.5.139)은 부정확성, 무의미성, 엉뚱함 등을 가져와 상대방을 어리둥절하게 하고 사태를 정확히 파악하지 못하도록 한다. 햄릿은 '미친척'하면서 교묘하게 말장난을 하고 엉뚱한 말을 사용하여 사태를 호도하기도 하고 상대방의 의중을 떠보기도 한다. 그러므로 햄릿은 "자신의 마음속의 비밀을 캐내려고"(pluck out the heart of mystery)(3.2.356)하는 모든 주위 사람들을 당황케 만드는 "어휘와 그 어휘들의 통상적인 의미를 이간시키는 언어"(Ferguson 293)의 의미화 체계를 실천한다.

수수께끼 같은 보초병들의 대화, 초등학교 친구들과의 대화 등은 기의와 기표의 차이를 통한 셰익스피어의 의미화 체계의 또 다른 예들이다. 거투르드와 침실에서 대화할 때 기의와 기표 사이의 차이를 전혀 다르게 해석하는 거투르드의 이해력에 구체적으로 조목조목 기표를 설명하는 햄릿의 안타까운 심정은 마침내 햄릿으로 하여금 '거짓 미친 척 하는 것'이라고 자신의 의도까지 토로하게 만든다. 햄릿의 대사에 대한 구조주의적 분석은 개인과 개인 뿐 아니라 햄릿이라는 개인과 덴마크 국가라는 거대한 조직 사이의 의미화 체계에도 적용될 수 있다.

3-5. 정신분석학적인 비평

현대 심리학에 끼친 프로이드(Freud)의 공헌은 지대하며 그의 영향아래 많은 제자들이 이론을 발전시켜 나간다. 그 중에 중요한 것들이 융의 집단무의식 이론이나 라캉의 이론 등이다. 프로이드는 인간의 마음속에 있는 의식과 무의식 및 잠재의식에 대한 연구와 이들이 인간 행동에 끼치는 영향들을 연구했다. 프로이드는 인간의 정신을 이드(Id), 자아(Ego), 초자아(Super-ego)로 구분한다. 이드는 모든 정신 에너지의 원천인 생명력이 있는 곳이다. 그리고 이드는 모든 '쾌락원리'의 근원이며 본능적 욕구의 발원지이다. 이드는 '쾌락원리'의 근원이라서 사회의 관계, 어떤 윤리, 도덕적 자제 등을 고려치 않는다. 이드는 본능적 만족을 추구하기 때문에 방종이나 성욕의 근원이라 할 수 있다.

자아는 이드의 위험으로부터 개인을 보호하고 통제하는 기능을 한다. 자아는 그러므로 정신을 다스리는 합리적인 작용원리이며, 이성을 중시하고 신중하며 주로 '현실원리'에 의해 다스려진다. 자아는 그래서 내부세계와 외부세계를 조정한다. 초자아는 사회를 보호하기 위한 작용원리이다. 초자아는 '도덕원리'에 의해 지배되며 양심과 긍지의 저장소이다.

프로이드의 이론이 문학에 가장 큰 영향을 끼친 것은 꿈의 해석에 따른 이미저리와 성욕에 대한 해석이라 할 수 있다. 연못이나 꽃, 동굴이나 계곡은 여성의 자궁의 상징으로 보고 탑, 산봉우리, 칼 등은 남성이나 남근의 상징으로 보려는 태도이다. 그래서 인간의 발달단계도 성적 쾌감에 집중되는 신체부위에 따라 '구강시기·항문시기·생식시기' 등으로 분류하기도 했다.

프로이드는 어린이가 성장함에 따라 어머니를 사랑하는 마음이 어머니를 사랑하는 아버지와 무의식적으로 성적 경쟁을 하는 것으로 『오이디푸스 왕』을 분석해 소위 '오이디푸스 콤플렉스' 이론을 전개시키고 그 후 문학연구에 많은 영향을 끼친다. 도덕과 윤리를 무시하고 형을 죽이고 형수와 결혼한 클로디어스나 거투르드는 본능적 충동에 따랐으므로 '쾌락원리'에 지배되는 이드에 해당된다. 유령은 본능에 따른 비도덕적인 클로디어스를 죽이라고 부탁하며 거투르드의 근친상간적인 성적 충동을 질타하는 '도덕원리'에 기반을 둔 초자아로 역할을 한다. 한편 햄릿은 '도덕원리'로 작용하는 유령과 '쾌락원리'로 작용하는 클로디어스 사이에서 현실원리로 작용하는 자아로 볼 수 있다.

프로이드의 이론에 따르면 모든 아들은 아버지들을 죽이고 어머니와 결혼하고 싶은 욕망이 있는데 이것이 무의식속에 잠재해 있다가 여러 가지 모양으로 표출된다는 것이다. 햄릿이 클로디어스에게 복수를 하지 못하는 것은 '자신이 아버지를 죽이고 어머니와 결혼하고 싶은 잠재의식을 대신 행하여 주었기' 때문에 자신과 클로디어스가 동일시되어 "클로디어스를 죽이는 것은 자신을 죽이는 일"(Selden, 1988. 83)임으로 불가능하다는 것이다.

햄릿의 의식과 무의식 속에는 또한 돌아가신 아버지의 상과 현재의 왕 클로디어스에 대한 애정과 증오가 함께하고 있다. 이 '애증병존'(ambivalence)은 도덕원리를 따르는 돌아가신 왕과 '쾌락원리'를 따르는 현재의 왕 사이에서 갈등하는 햄릿의 정신 상태에 영향을 미친다. 햄릿이 추구하는 것이 돌아가신 아버지뿐이라면 복수도 쉬울 것이고 행동도 통일성이 있겠지만 햄릿자신이 '오이디푸스 컴플렉스'를 실천에 옮긴 '자신과 동일시'되는 클로디어스도 무시할 수 없는 처지가 두 세계를 완전히 분리하지 못하게 한다. '오이디푸스 컴플렉스'에 의한 클로디어스의 영향 때문에 햄릿은 이상화된 돌아가신 아버지와 어머니와 현재 같이 살고 있는 아버지인 클로디어스 사이의 무의식적 관점이 햄릿의 행동과 언어를 애매하게 만든다는 것이다.

또 하나는 어머니와 결혼하고 싶은 욕망이 억압되어 있다가 표면으로 올라오나 실천에 옮길 수 없는 자체 모순 때문에 어떤 행동을 하려는 햄릿의 능력을 붕괴시킨다는 것이다. 어떤 특별한 욕망이 실현되지 못하고 무의식 속에 잠재해 있어서 '광증'으로 나타나고 이 광증은 "불신, 의심, 무관심, 절망, 또는 외모상 격렬한 것이나 즐거운 것"(Selden, 1988. 84)으로 나타나기도 하고 야유나 거짓 웃음으로 나타난다. 이런 감정을 표현하는 언어는 애매하거나 이중성을 갖게 된다. 이런 것이 다 그의 무의식의 표현이어서 다양한 해석을 갖게 한다. 특히 농담이나 말장난, 또는 애매한 말은 모두 무의식의 표현으로 전통이나 정상적인 시민 사회의 제한 등의 검열을 벗어나 일시적으로 자연스럽게 떠돌아다니는 자유스런 행위이다. 이런 무의식의 언어들이 어떻게 표출되어 심리적 상태를 나타내주는가 하는 것은 다음 대사에 잘 반영되어 있다.

> 햄릿. 좋은 생각 – 처녀의 다리 사이에 눕는 것이지요
> 오필리어. 무슨 말씀을 왕자님!
> 햄릿. 아무 것도 아니야.

> HAMLET. That's a fair thought to lie between maids' legs.
> OPHELIA. What is, my lord?
> HAMLET. Nothing. (3.2.105-7)

여기서 '아무것도 아닌 것'(nothing)은 '남성적인 것의 결핍'(lack of the male thing)을 의미하거나 또는 여자의 다리 사이에 놓여 있는 '0'을 의미한다고 보는데 이는 클로디어스가 햄릿에게 플로니어스의 시체는 어디에 있느냐는 질문에 "시체는 왕과 함께 있으나, 왕은 시체와 함께 있지 않습니다./ 왕은 물건이니까"(The body is with the king, but the king is not with the body./The king is a thing)(4.2.24-5)라는 말과 연관이 있다. 다시 말하면 클로디어스는 거투르드를 지배하는 남근인 'a thing'을 가지고 있는데 이것을 햄릿이 어떻게든 거세해서 'nothing'으로 만들고자 하는 무의식의 표현인 것이다.

　햄릿의 말장난은 무의식의 표현이며 그의 애매한 말들의 근저에는 '오이디푸스 컴플렉스'의 트라우마가 잠재해 있음을 알 수 있다. 햄릿의 여성혐오도 '오이디푸스 컴플렉스'에서부터 온 것이다. 햄릿에게 아버지의 복수 못지않게

심각한 문제는 성공한 어머니의 재혼이다. 성적 욕망의 대상이었던 어머니가 근친상간에 의한 추잡한 성적 대상이어서 그야말로 '잡초만 무성한 정원'임을 생각할 때 햄릿의 어머니에 대한 증오와 혐오감은 커지고 침실 장면에서 이 혐오감은 절정에 달한다. 햄릿에게 '쾌락원리'인 이드에 따라 전 남편도 아들도 도덕도 윤리도 버리고 오로지 성욕의 노예가 된 어머니에 대한 증오는 클 수밖에 없다. 그런데 이 증오는 가질 수 없는 것에 대한 갈망의 역설적 상태이다. 그러니까 증오와 갈망은 동전의 앞뒷면과 같다. 갈망하기 때문에 증오하고, 증오하는 원인은 갈망 때문인 것이다. 갈망하고 동경하는 어머니가 성욕의 노예가 된 것에 대한 증오는 깊은 혐오감이 되어 햄릿은 어머니 거투르드 뿐 만 아니라 오필리어까지 혐오하게 된다. 거투르드의 성적 타락으로 인한 잘못된 여자에 대한 햄릿의 무의식적 환상은 오필리어에게 전염되어 "왜 그대는 죄 많은 인간을 낳고 싶어 하는가?"(Why wouldst thou be a breeder of sinners)(3.1.119)라고 말한다. 성적타락으로 인한 거투르드에 대한 햄릿의 무의식적 인식은 오필리어도 똑같은 여성의 몸으로 보기 때문에 전체 여성에 대한 증오와 혐오로 확대 된다. 이처럼 『햄릿』에 대한 정신분석학적인 비평은 복수문제, 언어문제, 여성문제의 전반에 대단한 영향을 끼쳤다.

3-6. 여권주의 비평

여권주의 비평의 기본 시각은 인류의 역사가 남성위주로 되고 여성은 종속적이었다는 것을 밝히고 여성과 남성을 동등하게 취급하려는 것이다. 여권주의자들에게 인간의 문명은 가부장적이요 남성 중심적이라고 보여 지는 것이다. 그 결과 남성은 능동적이고 지배적이고 창조적인 반면에 여성은 수동적이요 감정적이고 인습적이라는 인식이 인간의 마음에 자리 잡고 있다는 것이다. 그 결과 세상은 남성 중심적이고 여성들은 주변적이며 종속적인 것으로 취급되어져

왔다. 그래서 여권주의자들은 여성의 사회적 지위를 향상시켜 남성과 대등한 위치로 여성을 끌어올리는 일이었다. 맑스주의와 마찬가지로 여권주의는 뚜렷한 목적을 갖는데 그것은 복종과 주변적인 것을 미덕으로 취급하던 과거의 잘못된 고정관념을 깨고 창조적이며 적극적이고 합리적인 여성으로 제자리를 찾게 한다는 것이다. 이렇게 하다 보니 여권주의는 순수한 문학비평보다는 상당히 정치적으로 변하여 여성해방운동과 같은 사회적 운동에 치중하기도 하였다. 타자의 목소리라는 점에서 여권주의는 새로운 비평이다.

　초기 단계의 여권주의 비평은 주로 왜곡된 여성의 이미지를 연구하여 가부장제도의 편견을 비판하는 데 주력 했는데 그 선구적 비평가는 두진베르(Dusinberre)이다. 그녀는 특히 셰익스피어의 희극 속에 주도적으로 활약하는 여주인공들을 부각시켜 가부장제도를 공격하고 여성의 위치를 들어 올리는 데 상당한 공헌을 한 것으로 본다. 특히 『베니스의 상인』에서는 "포샤가 법률가로서의 총명과 여배우로서의 재능"(156)을 잘 담당했다고 보았다. 두진베르는 여성의 정치적 해방보다는 가부장제도의 틀 속에 갇힌 여성이 아닌 적극적이고 활발한 여성을 부각시켜 셰익스피어 작품속의 여성의 새로운 면을 부각시켰다. 여권주의는 사회의 발전과 더불어 더욱 발전하여 여성의 지위를 높이는데 장애물이 되는 '여성의 타자화'를 공격하고 남성위주의 정치, 사회적 이데올로기의 잘못을 타파하는 쪽으로 진행된다.

　『햄릿』에서 여권주의적 비평은 주로 오필리어와 거투르드에 대한 해석이지만 두 여성 때문에 나타나는 햄릿의 태도를 분석하는 주요 수단이 되기도 한다. 오필리어는 순종적인 여자로 나타나 있고 오빠 레어티즈의 말을 들어야하고 아버지 폴로니어스의 명령을 그대로 지킨다. 레어티즈는 햄릿의 오필리어에 대한 사랑을 "청춘의 유행이며 장난감"(A fashion, and a toy in blood)(1.3.6)이기 때문에 나이가 들면 '장난감'처럼 버리게 된다고 말한다. 여기서 레어티즈가 보는 여성관은 남자의 한 때의 심심풀이이고 장난감이라는 것으로 여성은 남성의 부속물에 불가하다는 전통적인 가부장제도의 표현이다. 폴로니어스는 오필리어를 불러서 햄릿이 어떻게 사랑을 고백 했는지를 묻는다. 오필리어는 아버지가 질문하는 대로 햄릿과의 사이에 있었던 상당이 은밀한 것까지도 말한다. 손목을 잡은 것이며 가슴을 풀어헤치고 얼굴을 뚫어지게 쳐다보는 등의 행위는 폴로나어스가 보기에는 완전히 "사랑에 미친것"(ecstasy of love)(2.1.101)으로 보일 수밖에 없다

폴로니어스는 오필리어에게 어떤 행위를 했느냐니까 오필리어는 "아버지가 명령한대로 편지를 돌려주고 저에게 접근하는 것을 거절했어요"(but as you did command, I did repel his letters, and denied His access to me)(2.1.106-7)라고 대답하여 순종하는 여성의 전형적 모습을 보인다. 커튼 뒤에서 오필리어와 햄릿의 만남을 엿보는 장면을 장치란 폴로니어스의 정치적 의도는 비록 빗나가지만 오필리어는 "숨어 있는 두 남자에 의해 완전히 조종되는 모습"(Jardine 72)을 보여 가부장제도의 희생물이 된다.

불란서 빠리에서 공부하는 레어티즈를 감시하라고 폴로니어스가 레이날도에게 돈을 주면서 심부름을 보낸다. 레어티즈는 오필리어에게는 엄격하게 정조를 지킬 것을 주장했는데 정작 본인은 오필리어의 말처럼 쾌락을 즐기고 마음대로 행동할 수 있음을 보여주어 남자는 여성에 비해 여러 모로 자기 중심적이며 여성을 변두리인 '타자'로 취급하고 있음을 보여준다. 햄릿이 후에 오필리어를 '수녀원'으로 가기나 하라고 한 것 역시 여자를 타자로 몰아 변두리로 보내는 남성위주 사회의 모습을 보여준다. 햄릿은 여성들이 화장하고 모양내는 것에 대해 "신께서 내려주신 얼굴에 분칠을 해서 전혀 딴 판으로 만들어놓는다"(God hath given you one face and you make yourselves another)(3.1.137-8)라고 비난하기도 하고 심지어 여자들이 결혼하는 것을 "죄인을 낳는 일"(a breeder of sinners)(3.1.119)로 치부한다. 이것은 아름다움과 생산이라는 중요한 여성의 두 기능을 완전히 무시하고 비난하는 여성 혐오의 전형적 표현이라 할 수 있다. 여

권주의적 비평은 햄릿과 거투르드 사이의 관계를 밝히는데 더욱 더 초점이 놓여진다. 여권주의자들은 햄릿이 숙부의 아버지 살해와 왕관 탈취보다도 거투르드의 타락한 근친상간이라는 성적본능에 더 민감한 반응을 보인다. "약한 자여 그대 이름은 여자로다"(frailty, thy name is woman)(1.2.146)에서 나타난 바와 같이 여자의 믿을 수 없는 마음과 흔들리는 마음은 욕정의 노예로 전락할 수밖에 없는 여자의 속성을 햄릿은 개탄하고 있다. 어머니를 차지하고 싶은 '오이디푸스 컴플렉스'가 햄릿 마음속에 억압되어 잠재해 있다가(이때는 소유의 갈망으로 숨어 있다) 클로디어스의 추악한 잠자리에서 성욕의 노예로 전락한 거투르드 때문에 극도의 혐오감으로 발전하고 이 혐오감은 오필리어에게까지 전염된다. 특히 여성의 약한 마음, 흔들리는 마음의 연장선상에 있는 것이 매춘부라는 단어로 요약된다.

초등학교 때의 두 친구가 자신을 염탐하러 왔을 때 햄릿은 "운명의 여신의 은밀한 부분 가운데서?"(In the secret parts of Fortune?)(2.2.226) 왔느냐라고 말하면서 운명의 여신은 어떤 기준이 있는 것도 아니고 아무 때나 아무렇게나 자기가 하고 싶은 대로 하기 때문에 매춘부와 같다고 꼬집는다.

우울한 햄릿의 기분전환을 위해 일당의 배우들이 와서 연극을 공연하려 한다. 배우 한명이 프라이엄 왕과 피러스 왕 사이의 전쟁을 말할 때 과거의 용맹했던 프라이엄이 피러스의 검에 목이 달아나고 피를 흘리게 되는 순간을 보고 "창녀같은 운명의 여신"(strumpet Fortune)(2.2.452)에 의해 비참하게 죽는 프라이엄 왕의 운명을 매춘부의 행위에 비유한다. 왜냐하면 운명과 매춘부는 아무 이유나 근거도 없이 제 멋대로 행동하기 때문이다. 클로디어스도 햄릿이 미친 것이 사랑 때문이라 하지만 햄릿의 말과 행동이 그렇지 않다는 것을 알고 난 후 양심의 가책을 느껴 자신의 행동이 "매춘부의 얼굴"(harlot's cheek)(3.1.51)에 덕지덕지 화장을 한 것과 같다고 자책한다. 앞뒤가 맞지 않고 속과 겉이 다른 믿을 수 없는 존재를 매춘부에 비유해 말하는 것이다. 햄릿은 거투르드의 침실에서 맹렬히 그녀를 공격할 때 염치나 수치심이 없고 욕정만 남은 것이 너무 야속하고 절망스러워 그런 모습을 "뚜쟁이"(pander)(3.4.86)라고 말한다.

『햄릿』에서 남성적 원리는 죽이는 능력을 말하며 이것은 용감무쌍, 육체적 용기, 확실성, 권위, 합법성등과 연결되어 있고 생산의 능력을 갖춘 것으로 기술되는 여성적 원리는 두 개로 나누어진다. 법에서 제외된 여성적 원리는 여성을 '어둠, 혼동, 육체, 불길함, 마술, 무엇보다 성적인 것'과 연관되어 있는 것으로, 법의 테두리 안에 있는 여성적 원리는 '감정, 자비, 신적인 것'과 연관되어 있는 것으로 본다. 그래서 여성은 성지나 여신과 같은 존재이거나 아니면 매춘부나 개새끼 같은 존재이다(French 75). 그런데 햄릿에게는 여성적 원리의 두 세계 사이의 갈등 속에 있기 때문에 인생에 대한 확실성이 없어 행동과 말에도 불확실성이 계속된다는 것이 여권주의자들의 주장이다. 여권주의자들은 햄릿과 여성과의 관계에서 『햄릿』을 해석하는데 그 골자는 햄릿의 말과 행동은 여성 혐오에서 나오는 것이며 여성의 두 가지 양상이 햄릿을 불확실성 속에 머물게 하여 그런 행동을 하게 만들었다는 것이다.

3-7. 맑스주의 비평

맑스주의자들은 인류의 정신사에서 두 가지 중요한 명제를 주장한다. 하나는 인간의 의식과 존재에 관한 것이며, 다른 하나는 정신과 물질에 관한 것이다. 서구 문화가 기독교를 중심한 정신문화라면 맑스주의는 물질의 중요성을 강조하여 사회주의 혁명의 이념적 초석이 된다. 인간의 의식이 인간의 존재를 결정하는 것이 아니라, 정반대로 인간의 사회적 존재가 의식을 결정한다고 맑스주의자들은 주장하며 의식보다는 사회적 존재가 더 중요함을 역설한다. 그래서 인간의 모든 정신적 체계는 실제 사회경제적 존재의 산물이라고 본다. 맑스주의자들은 법률제도 같은 것도 인간의 순수성 혹은 신성성을 표시한 것이 아니라 어떤 특정한 역사적 시기에서 지배계층의 이익을 반영한 산물로 보는 것이다. 그러하기 때문에 맑스주의자들에게 있어 "상부구조(이데올로기나 정치)는 하부구조(사회, 경제적 관계)에 의존 한다"(Selden, 1993. 71)라고 보면서 문화라는 것도 독립적인 실체가 아니고 인간들 자신의 유물론적 삶을 창조하는 역사적 상황과 분리할 수 없다고 본다. 그런 면에서 문학작품의 위대성은 그 자체로써 존재하는 보편적이고 불변적인 절대성에 있는 것이 아니라, 수세기 동안 내려오면서 사회 · 정치 · 경제적으로 재생산되어진 가치의 표현이라는 것이다.

맑스주의자들은 어떤 작가가 그가 속한 시대와 사회의 계급의식을 갖고 자신의 이념을 성취하려는 목적의식을 갖고 작품을 쓰므로 이를 중시해야한다고 주장한다. 그러하기 때문에 어떤 의식을 갖지 않고 쓴 순수한 문학작품을 맑스주의적 시각으로 분석하는 것은 부작용과 무리를 빚어내고 때로는 왜곡된 결과를 가져오기도 한다. 그래서 문학을 어떤 사상이나 체계를 찬양하는 선전물로 취급되는 경우가 있다. 그러나 맑스주의 비평을 하기 위해 작가의 사상, 작품의 배경이 되는 사회 · 경제 · 정치적 배경에 대한 연구는 작품이해에 도움이 된다는 점을 부인 할 수는 없다.

맑스주의는 자본주의의 부정적인 면을 시정하고 공격하고 상당히 혁명적인 면을 가지고 있으며 이를 통해 사회혁명에 의한 국가체제의 변화를 시도했고 성공을 거두기도 했다. 국제 공산당의 확장으로 맑스주의는 그 세력이 상당한 적도 있었으나 점차적으로 그 영향력은 쇠퇴하고 그 자리는 신역사주의나 문화유물론에 넘겨주고 있다고 보아야 한다.

문학에 대한 형식주의자들의 지나친 문학자체의 연구라는 틀을 맑스주의자들은 문학 외에 정치, 경제, 사회, 제도 등으로 확대시킨 것은 커다란 공헌이다. 문학작품이 어떻게 계층, 인종, 성의 문제 등을 억압과 해방이라는 측면에서 취급될 수 있는 가를 밝혀 인간의 의식세계를 넓혀준 공헌도 있다.

크리거(Kriger)는 『셰익스피어 희극의 맑스주의적 연구』(1979)에서 포샤나

허미아, 또는 로잘린드 같은 셰익스피어 희극의 여주인공들이 가부장제도와 권위주의적 사회 속에서 어떻게 변증법적 단계를 거쳐 "1차 세계를 초월하는 2차 세계"(Kriger 7)에 진입하는 가를 분석하여 맑스주의적 비평을 하였다. 맑스주의는 기존의 사회를 변화시켜 새로운 사회의 창조라는 목표를 가지고 있는데 이런 점에서 셰익스피어의 문학적 의의가 있다고 보았다.

스미르노프(Smirnov)도 『셰익스피어: 맑스주의적 해석』(1934)에서 어떻게 셰익스피어가 맑스주의적으로 해석될 수 있는가를 설명했다. 스미르노프는 셰익스피어가 계속해서 작품 속에서 봉건적이고 가부장적인 제도에 대해 공격적, 혁명적 항의를 표시했다는 것이다. 스미르노프는 셰익스피어가 종교나 봉건적 전통의 권위를 그대로 유지하는 것 보다 인간의 자유의지, 양심 또는 자신과 세계에 대한 책임을 강조했다고 보았다. 또한 세상과 인생 및 현실에 대하여 과학적 태도를 가지고 있어서 모든 현상에 대한 사회적, 심리적 방법으로 설명하려 했으며 마지막으로 셰익스피어는 비관주의보다는 낙관주의를 선호하였다고 보면서 『햄릿』의 경우도 포틴브라스가 덴마크의 다음 왕이 된다는 유언을 했는데 이는 낙관주의적 태도를 가지고 변증법적인 방법으로 새로운 왕이 탄생하도록 했다는 것이다.

거투르드는 전 남편이 죽자마자 클로디어스인 현재의 왕과 결혼하여 햄릿의 여성혐오의 대상이 되고 근친상간에 의한 성욕의 범법자로 인식되지만 맑스주의적 관점에서 보면 남편이 죽었기 때문에 궁전에서 폐출될 위기에서 다시 권력을 잡고 왕비의 위치를 유지하는 민첩성을 나타내 준다고 보는 것이다. 클로디어스와 공모하여 전 남편을 죽였는지는 알 수 없지만 권력의 이동시기에 의식이 존재를 좌우하는 것이 아니라 존재가 의식을 좌우한다는 맑스주의의 신조를 따라 거투르드는 목숨을 부지하고 왕비의 자리를 유지했다는 것이다.

햄릿도 복수과정에서 맑스주의적 관점을 보여준다. 유령으로부터 덴마크의 현실에 대해 알게 되었지만 햄릿은 섣불리 동요하지 않고 광증이라는 가면을 쓰고 좀 현실에서 떨어져서 용의주도하게 자신의 길을 간다. 클로디어스가 정말 전 왕의 살해범인가를 알기 위해 연극을 이용하는 치밀함을 보인다. 이 과정에서 미친척하며 오필리어의 무릎을 베고 연극을 관람하나 클로디어스의 심증을 정확히 알아 보기위해 호레이쇼까지 동원한다. 복수를 하기위하여 조정의 상황, 클로디어스의 마음 속, 그리고 친구의 의견 등을 종합하여 대처하는 방법은 전형적인 맑스주의적 태도라는 것이다. 배에 실려 영국으로 가던 중 왕의 칙서(자신을 죽이라는)를 두 친구를 죽이라는 내용으로 바꿔치는 햄릿의 행동 그리고 다시 궁전으로 들어오는 햄릿은 최대한으로 주위환경을 자신의 목적을 달성하기 위한 방법으로 이용한다. 레어티즈와의 칼싸움에 승산이 별로 없지만 당당하게 칼싸움에 임하는 햄릿의 자세는 도덕이요 의무요 운명이지만 맑스주의적 관점에서 보면 칼싸움이라는 사회적 상황이 복수라는 본질을 좌우하도록 선택하는 행위이다.

맑스주의적 관점에서 보면 왜 햄릿이 클로디어스에게 복수하는데 시간이 걸렸으며, 클로디어스는 어떻게 찬탈해서 얻은 왕위를 지키려 했는가를 기존의 밥법과는 다른 차원에서 접근해 볼 수 있다. 전쟁의 위험이 있고 온 국민이 전 왕의 죽음으로 슬픔에 빠져있어 잘 못하면 국가가 위기에 빠질 수 있어서 클로디어스는 "지난날에는 과인의 형수였던 현 왕비를 상무의 기개가 넘치는 이 나라를 함께 다스릴 반려자로 삼게 되었으니"(Therefore our sometime sister, now our queen, The imperial jointress to this warlike state, Have we)(1.2.8-9)라고 말한다. 이는 찬탈의 행위는 뒤에 숨겨둔 채 사회적, 국가적 책임을 다하기 위해 형수와 결혼함으로 개인의 사회적 지위 향상과 동시에 국가의 안녕을 꽤하고 국가를 잘 다스리겠다는 것으로 맑스주의적 관점에서 보면 그 목표를 잘 수행하고 있는 것이다. 왕위를 빼앗긴 햄릿이 위협이 되므로 클로디어스는 심리적 접근을 해 조카인 햄릿에게 "나의 조카인 동시에 아들이기도 한 햄릿아"(But now, my cousin Hamlet, and my son,)(1.2.64)라고 하여 마음이 넓으며 미래에 왕권을 물려줄 것을 암시하는 발언을 한다. 그렇게 겉으로는 국가의 안녕을 유지하고 햄릿을 아들로 생각한다고 하면서 속으로는 햄릿의 두 친구를 보내 염탐해오도록 한다. 햄릿이 폴로니어스를 죽여 조정에 대 혼란이 오고 의심해 오던 대로 클로디어스 자신에게 커다란 위험이 되었을 때에도, 클로디어스는 "사리를 판단해서가 아니라 눈으로 판단하는 정신 빠진 대중들의 사랑을 받고 있어서"(He's loved of the distracted multitude, Who like not in their judgment, but their eyes;)(4.3.4-5) 햄릿을 함부로 죽이지 못하고 영국으로 보내서 죽음을 맞이하도록 계략을 쓴다.

맑스주의적 관점에서 보면 클로디어스는 자신은 숨기고 조정과 국가와 자신에게 위험이 되는 햄릿을 제 3의 인물이 살해토록 하는 변증법적 방법을 채택하고 있는데 이는 나중에 구사일생으로 바다로부터 살아 돌아온 햄릿을 레어티즈와 칼 싸움하도록 상황을 만들어 내는 장면에서도 그대로 나타난다. 클로디어스는 본인에게 돌아올 비난과 위험을 교묘히 감추고 제 3자가 햄릿을 죽이도록 하여 자신의 명분은 살리고 적대자를 죽이려는 계략을 쓰지만 성공하지는 못한다.

벨지(Belsey)는 햄릿에서 개인이 복수하는 것은 과도한 정의심의 발로라고 본다. 왜냐하면 성경에 "내 사랑하는 자들아 너희가 친히 원수를 갚지 말고 진노하심에 맡기라 기록되었으되 원수 갚는 것이 내게 있으니 내가 갚으리라"(로마서 12: 19)라는 말처럼 복수는 신의 영역인데 인간 개인이 복수하는 것은 도덕의 문제가 아니라 정치적인 문제라는 것이다. 그러므로 도덕적으로『햄릿』을 접근하면 "복수는 정의가 아니며"(Belsey 154) 복수지연은 당연한 것이므로 맑스주의적 관점으로 볼 때만이 "윤리적이고 정치적인 위치로부터 사회적이고 정치적인 약점이 완화"(158)되는 비극작품이 된다고 보았다. 이런 의미에서『햄릿』을 도덕적이나 윤리적인 면에서의 복수극으로 보아서는 안되고 국가가 바로서는 사회적 변화의 측면에서 보아야한다는 것이다. 햄릿의 복수가 개인적인 것이 아니고 사회와 국가를 변화시키는 요소라는 점을 강조하는 것이 맑스주의 비평의 핵심이라 할 수 있다.

3-8. 신역사주의적 비평

신역사주의 비평도 어떤 문학 텍스트의 의미가 역사적, 사회적 컨텍스트와 관련이 있다는 역사주의 비평과 마찬가지다. 문제는 역사주의는 문학텍스트가 역사적, 사회적 사실의 반영이며 그런 텍스트는 안정된 세계이며 그 자체가 통일과 질서를 가지고 있다고 보아 문학은 역사적 실재를 반영한다고 본다. 역사가와 문학 비평가는 그러기 때문에 역사적 사실을 객관적으로 진술할 수 있다고 본다. 반면에 신역사주의는 이러한 역사주의와 반대 입장을 보인다. 신역사주의는 역사주의가 주장하는 단일한 정치적 비전 같은 획일적 접근 방식을 근본적으로 반대한다. 역사에 대한 관점에서 역사주의와 신역사주의는 차이를 보이는데 다음은 셀던(Selden, 1993)의 설명을 쉽게 요약한 것이다.

1. 역사는 '과거의 사건'이냐 아니면 '과거의 사건을 이야기'하는 것이냐 라고 하여 역사에 대한 두 가지 의미가 있는데 신역사주의는 역사는 언제나 다시 '기술된다'는 것을 주장한다. 신역사주의는 역사는 '순수한 형태'로 존재하지 않고 '재현'의 형태로 나타난다. 그러기 때문에 역사는 텍스트화 된다.
2. 역사적 시기는 통일된 실체가 아니다. 단순한 하나의 '역사'는 존재하지 않고 불연속적이며 모순된 '역사들'이 있다. 단순한 엘리자베스 시대의 세계관은 없다. 하나의 조화가 이루어진 문화가 있다는 것은 자기들의 이익에 따라 지배계층에 의해 만들어진 역사에 부과된 하나의 신화이다.
3. 과거는 객관적으로 떨어져서 존재하지 않고 역사적인 상황을 초월 할 수도 없다. 과거는 물질적 대상으로 우리에게 다가오는 그 무엇이 아니고 특별한 역사적 관심에 따라 뿌리가 구성하는 이미 쓰여진 텍스트로부터 만들어내는 그 무엇이다.

4. 그러므로 문학과 역사관계도 재정립되어야 한다. 문학을 전경화하는 것에 반대되는 후경화로 취급되었던 고정되거나 안정된 '역사'는 없다. 모든 역사는 전경화된다. '역사'는 언제나 다른 텍스트를 우리의 텍스트로 이용하는 과거에 대한 이야기를 하는 방식의 문제이다. 그리고 어떠한 문학 작품도 인간정신의 고상하고도 초월적인 표현은 아니다. 여러 텍스트들 중의 하나이며 위대한 작가의 특권적인 내적세계는 인정될 수 없다. (188-9)

신역사주의자들은 문화 또한 시공을 초월하여 존재하는 것이 아니고 일정한 상황 안에서만 의미를 드러내는 구조물로 생각한다. 특히 알튀세는 '인간경험'이란 사회적 제도나 이데올로기의 담화에 의해 형성되고 특징 지위 진다고 주장한다. 특히 몬트로즈(Montrose)는 글쓰기와 역사의 상호작용을 중요시 하여 '텍스트의 역사성과 역사의 텍스트성'(the historicity of texts and the textuality of history)를 주장한다. 텍스트의 역사성이란 어떠한 문학작품도 시간과 공간을 초월하여 역사나 문화와 독립하여 존재하지 못하고 늘 역사성을 가진다는 것이며 역사의 텍스트성이란 문화와 역사의 해석자는 텍스트에 나타난 흔적들을 통해서만 역사를 접근 할 수 있다는 것이다. 이렇게 볼 때 문학텍스트는 사회 및 역사 그리고 문화의 담론이라는 그물망 안에서만 그 의미가 형성된다고 보는 것이다.

신역사주의는 그러기 때문에 문학텍스트는 지배계층의 담론을 강화하는 쪽으로 그 내용을 포함하는 것에 관심을 가진다. 그래서 신역사주의는 지배담론에 반대되는 야만성과 타자를 봉쇄하려한다. 야만성이나 타자를 봉쇄하여 지배권력을 강화하는 쪽에 기울어지면 신역사주의적이고 '타자'에 중점을 두고 '전복의 가능성'을 강조하면 문화유물론에 가깝게 된다. 신역사주의와 문화유물론은 문학텍스트를 콘텍스트와의 연관성에서 취급하는 공통점이 있지만 목적하는 바는 서로 다르다.

테넌하우스(Tennenhouse)는 「『햄릿』에서의 권력」이라는 논문에서 신역사주의에 입각해서 햄릿의 행위와 클로디어스의 방어를 권력에 대한 정치적 아이디어의 관점에서 설명한다. 그의 요지는 햄릿과 클로디어스 두 사람은 권력의 행사에 있어 실패한다고 주장한다. 중세 봉건 시대에 권력의 획득은 혈통에 의해서든지 아니면 힘에 의해서인데 햄릿은 혈통은 있으나 힘이 부족했고, 클로디어스는 힘은 있으나 혈통이 없어 각각 실패자가 되었다고 보는 것이다. 햄릿이 권력을 얻을 수 있는 것은 돌아가신 선왕의 아들이며 또 클로디어스가 말한 대로 '정신빠진 대중들의 사랑을 받기' 때문이지만 그에게는 권력을 획득할 만한 타고난 행동하는 능력이 부족하고 늘 생각만 하는 정신적 상태에 머문다. 클로디어스는 거투르드와 결혼하여 권위를 얻는다. 부계혈통으로 볼 때 클로디어스는 햄릿보다 못하지만, 여왕의 남편이요 햄릿의 숙부가 되어 모계혈통으로 보면 더 권한이 있는 남성의 위치를 차지한다. 하여튼 클로디어스는 위치를 확보한 셈이다. 테넌하우스에 의하면 셰익스피어는 힘을 사용하든, 혈통이든 간에 서로 반대되는 권력을 향한 두 주장이 『햄릿』에 설정되어 있다고 보았다. 그러나 둘 다 권력의 행사에는 실패했다는 것이다. 혈통이 있는 햄릿은 힘을 사용할 능력의 결여로, 힘을 가진 클로디어스는 혈통의 정당성 결여로 권력 행사에는 실패했다고 테넌하우스는 해석한다. 그렇기 때문에 셰익스피어는 클로디어스가 형을 살해하고 권력을 유지하려는 것이나 햄릿이 클로디어스를 정죄하려고 복수하려는 것이나 똑같이 실패한 것으로 본다.

이 두 가지 폭력이라는 행위는 그 주민들 위에 귀족체제의 절대 권력을 확립하기 위한 것이라기보다 왕권체제를 공격했다고 보는 것이 신역사주의의 관점이다. 단지 포틴브라스만이 권력을 행사할 수 있는 능력과 혈통을 통한 정당성을 갖추고 있어서 권력을 가질 수 있다고 테넌하우스는 설명한다. 이렇게 권력과의 관계에서 『햄릿』을 분석한 테넌하우스는 권력을 향한 잡다한 세력이 이해관계에 따라 대립하고 투쟁하는 텍스트로 『햄릿』을 보았고 극장은 엘리자베스 시대의 그런 사회 및 정치의 투쟁장소로 가장 적합하다고 해석하였다.

이런 면에서 코돈(Coddon)도 "정치가 작동하는 형태가 극장"(376)이라고 보았다. 예술과 사회는 서로 분리해서는 이해할 수 없는데 그 이유는 한 문화의 이데올로기가 재현되고 강화되어지는 서로 다른 형태이기 때문이라는 것이다. 그러면서 역사적인 사건이라 할 수 있는 에식스(Essex)백작의 '광증'과 햄릿의 '광증'의 유사성을 가지고 『햄릿』세계를 신역사주의적으로 조명한다.

에섹스 백작은 처형전의 고상한 연설을 통해 죄를 고백하고 자신을 죽음으로 몰고 간 권위를 인정했지만 이 연설은 극장의 이데올로기적 기능을 수행한 것으로 볼 수 있다. 에섹스는 고상한 연설에서 자신과 모든 사람들을 용서 해 달라고 간구하면서 특히 엘리자베스 여왕과 국가와 교회를 축복해줄 것과 귀족들과 높은 위치의 사람들에게 축복해 줄 것을 기도하고 자신은 엘리자베스 여왕에게 폭력을 의미하지 않았다고 주장한다. 그러나 이것을 시련으로 생각하고 벌을 달게 받겠으며 세상이 자신을 용서해 줄 것을 바란다고 하였다.

이렇게 볼 때 고상한 반역의 죄나 보통의 죄나 똑같이 벌 받는 것은 바로 극장에 참여하는 정신과 일치하는 것이다. 이것은 굉장한 평등의 원리에 기초한 것이며 가치를 강화해주는 방편이 된다. 이러한 여러 종류의 슬픈 죽음을 의식화(儀式化)하는 극장적 요소를 통해 권력의 정당성을 확보하는데 도움을 준다는 것이다. 『햄릿』의 신역사주의적 비평을 요약해보면, 에섹스 백작이 미쳐서 이성을 잃고 엘리자베스 여왕에게 반란을 일으켰다는 죄로 죽지만 이를 통해 자신의 '주체성'을 되찾고 영국의 왕권을 재확인한 것처럼 햄릿의 미친 듯한 행위는 클로디어스를 죽이고 자신도 죽지만 결국 덴마크 국가와 사회에 새로운 질서와 안녕을 회복시켰다고 보는 것이다.

3-9. 문화유물론적 비판

소위 후기구조주의자들은 문학비평을 여러 면에서 앞선 비평방법에 대한 저항 또는 반대 입장을 표명한다. 후기구조주의는 문학에 대한 구조주의적 접근에 대한 또 다른 이견이다. 구조주의자들이 기표와 기의의 의미화 작용에 관심을 가지고 있다면 후기구조주의자들은 이런 언어 시스템이 다른 시스템과 연관이 있거나 언어는 담론과의 관계에서 취급되어야 한다고 주장한다. 그러므로 후기구조주의 혹은 포스트모더니즘이라는 커다란 우산아래 맑스주의, 여권주의, 신역사주의, 문화유물론 등이 존재한다. 맑스주의는 이전의 의식이나 정신 중심의 사고를 존재나 상황 중심으로 문학을 보며, 여권주의는 남성위주나 가부장제도 중심의 관심을 여성중심이나 적어도 여성과 남성을 동등하게 취급되어야 한다는 주장이다. 신역사주의는 구역사주의의 고정된 사회 반영적 역사에서 지배 권력을 유지하고 창출하는 쪽으로 역사를 보고 문학작품의 큰 텍스트안에서의 텍스트성에 관심을 둔다. 문화유물론도 신역사주의처럼 역사를 사건의 기록이 아닌 이야기하는 방식으로 보지만 그리고 형식주의나 맑스주의와 차별성을 가지면서 권력의 유지나 봉쇄보다는 '전복'이나 '타자성'에 강조점을 둔다는 점에서 다르다.

문화유물론은 지금 까지 세계를 주도해 온 세력에 대해 반감을 가지고 있어서 "지배이데올로기에 대항하는 역사"(Selden, 1993. 191)를 문학텍스트로부터 끌어내려한다. 한 시대정신에 대한 틸야드(tillyard)식의 단일정신 보다는 윌리엄즈(Williams)가 주장하는 문화에 대한 좀 더 다이네믹한 모델을 중요시하면서 특히 르네쌍스 사회에서의 '전복적'이고 '변두리적' 요소에 관심을 갖는다. 문화유물론자들은 문학텍스트의 의미는 보편타당한 기준에 의해 전적으로 고정된 것으로 보지 않고 언제나 놀이중이며 특별한 전유가 된다고 보았다. 특히 벨지(Belsey)같은 비평가는 "변화, 문화적 차이, 진리의 상대성에 대한 전망을 채택하는 새로운 역사"(Selden, 1993. 192)를 주장하며 대안적 지식을 생산하는데 우선권을 주어야 한다고 설명한다.

이러한 새로운 역사를 문학텍스트에서 찾아내려는 노력은 윌리엄즈에게서 좀 더 구체화된다. 18세기 이후에 들어와서 문화에 대한 연구는 다양하지만 문화의 사회화 과정을 중시하며 사회의 질서가 전달되고 재생산되고 경험화되는 것을 밝히려한다. 그래서 예술을 문화적 실천과 생산양식의 수단으로 보고 예술의 사회적, 경제적 및 정치적 조건과의 관계성을 관심의 대상으로 삼는다. 그래서 윌리엄즈는 "문화를 지배적인 것, 잔여적인 것, 새로 떠오르는 것"(Selden, 1993. 191)으로 구분하여 지배문화에 대항하여 잔여문화의 가능성이나 새로 떠오르는 문화의 저항성을 중요하게 여긴다. 문학텍스트 속에는 신역사주의자들이 주장하는 권력의 유지나 봉쇄의 태도도 있지만 그 안에 동시에 저항의 양식을 포함하기 마련이라는 것이다. 신역사주의는 '타자'를 봉쇄하고 권력을 유지하려하지만 타자들은 또한 끊임없이 타자의 설움을 벗어나기 위해 저항하고 전복을 시도하여 변두리에서 벗어나려 한다는 것이다. 이렇게 타자와 전복성에 중점을 두는 것이 문화유물론의 특징이다.

문화유물론이 주장하는 저항 또는 전복성은 '카니발'(carnival)에 대한 관심을 가져온다. 바흐찐(Bakhtin)은 언어의 '이어성'(heteroglossia) '카니발화' (carnivaliation)라는 용어로 문화유물론의 지평을 문학텍스트 속에 적용한다. 이어성은 언어의 단일화를 거부하며 언어의 중심언어와 원심언어가 언제나 충돌함을 주시하여 원심언어에 해당하는 언어의 비공식적 목소리를 중요하게 생각한다. 카니발을 지배세력이 아닌 민중에 의해 이루어진 문화로 보며 이런 "비결정적이고 미 종결적인 것"(Selden, 1993. 193)을 특징으로 하는 카니발 문화가 공식적인 구조 속에 편입될 수 있도록 하는 것이 카니발의 기능이라고 주장한다. 신역사주의는 카니발이 조롱하고 비판하는 권력의 정당성을 확인시켜주는 방식 안에서만 허용되고, 통제된다고 보는 반면에 문화유물론은 지배 권력에 저항하고 그래서 지배문화를 전복하여 민중문화의 승리라는 카니발화를 실현시키려한다.

브리스톨(Bristol)은 "『햄릿』은 셰익스피어가 카니발을 극적기교의 기초를 사용한 대표적 연극"(350)이라고 전제하고 클로디어스를 '잘못된 지배자'로 보고 얼마나 그로테스크하게 카니발을 이용하는 가와 무덤 파는 자 들의 말을 카니발화의 현상으로 보고 이 극을 분석한다. 물론 『햄릿』이 비극 이라 이 속에는 죽음과 공포가 있지마는 재미있는 장면도 많이 있다. 특히 햄릿과 클로디어스가 적대적의 상태에서 대치하지만 이들의 언어는 상대방을 제압하기위한 것들이 있다. 클로디어스는 "전통적인 거룩함, 민속적 지혜, 축제적 방일이라는 가면을 쓰고 자신의 공격성을 감추기 위한 방법으로 대중적이고 카니발적인 태도"(Bristol 350)를 채택한다고 보는 것이다. 햄릿의 '거짓 미친척 하는 것'도 카니발적 가장이나 자기위장에 해당된다는 것이다. 그렇지만 햄릿은 클로디어스 보다는 좀 더 대중적 축제 모습을 가지며 특히 웃음의 힘을 잘 이용한다는 것이 차이점이라고 보는 것이다. 이런 카니발적 요소는 무덤 파는 자들의 장면에서 잘 나타나는데 그것을 공식적 문화, 지리 정치적 갈등, 왕의 계략의 세계를 왕관을 벗기듯 벗기고 있다고 보는 것이다. 클로디어스가 자신의 왕위 축하를 위해 밤마다 연회를 베푸는 소동은 그로테스크하여 햄릿이 지적한 대로 "지키는 것보다 없애는 것"(more honoured in the breach than the observance)(1.4.16)이 좋다는 말은 결국 클로디어스의 통치체제가 부당하며 잘못된 것이라는 점을 내포 하고 있다. 또한 클로디어스는 자신의 결혼식에 대해 "결혼식 중에 장송곡이라 할까, 장례식 중에 축가라고나 할까"(With mirth in funeral and with dirge in marriage)(1.2.12)라는 말을 사용하는데 이는 왕권이라는 지배세력이 중심을 갖지 못하고 이것도 저것도 아닌 것에 대한 그로테스크한 표현이며, 이로 인한 클로디어스의 전유는 자기 자신의 의심스런 권위를 합법화하려는 어리석은 시도여서 오히려 잘못된 지도자의 모습을 보였지 참다운 대중문화의 챔피언은 되지 못한다는 것이다. 적어도 카니발화가 의도하는 것은 대중문화의 그로테스크한 면이 지배세력을 꼬집고 공격하여 전복성을 유도해야 하는데 클로디어스는 실패했다는 것이다.

무덤 파는 자들의 상스런 소리나 시저의 죽음이나 해골 등에 대한 카니발적 요소들은 상당히 저급문화를 대변하지만 『햄릿』에서 커다란 비중을 차지하지 못한다. 죽음과 장례식에 대한 무덤 파는 자들의 언급은 사실은 우울하고 슬픈 것이어야 하는데 그와는 반대로 술꾼의 주정이나 잠꼬대 정도 밖에 되지 못한다. 무덤 파는 자들이 해골이나 뼈다귀 등을 캐내면서 주고받는 생명과 죽음에 대한 그로테스크한 대화를 통해서 사회적 불평등을 뒤엎는 카니발의 승리가 있어야하는데 그저 무대 위에서 허튼 소리처럼 공허하게 제시만 될 뿐이라는 것이다.

　　햄릿의 카니발적 이의 제기는 오필리어가 극중극을 보기 전에 "이것은 무엇을 의미하나요?, 왕자님"(What means this lord?)(3.2.122)이라는 질문에 "저것으로 말하자면 남모르는 비행, 그저 장난이지"(Marry this is *miching mallecho*, it means mischief)(3.2.123)라는 대화에 잘 나타나 있다. 순진한 오필리어는 연극 자체가 무엇을 의미하는지에 골몰하지만 햄릿은 카니발이론에서 주장하는 언어의 다성성을 사용해 조롱을 하면서 여러 가지 상황을 그려보고 있는 것이다. 'Marry'라는 단어는 장광설의 시작인지, 연극을 시작하려는 동사인지, 아니면 무언극을 염두에 두고 어머니의 재혼에 대해 말을 꺼내려는 것인지 도무지 알 수 없다. 이런 카니발적인 요소를 통해 지금까지 통용되었던 것과는 정 반대의 언어사용을 통해 일상성과 관습을 타파하려한다.

　　『햄릿』은 우리가 살고 있는 세상을 어떻게 인식하고 대응할 것인가를 도와주어 주변이 중심부에 들어오도록 해준다는 것이다. 그러므로 해체주의자들은 중심적 이데올로기를 없애려고 중심부보다 주변의 카니발성에 더 많은 애정과 중요성을 갖게 된다. 햄릿은 무언극을 '곤자고의 살인'이라는 연극으로 만들고 이것을 '쥐덫'으로 사용해 클로디어스의 '양심을 낚아채는 도구'로 삼아서 전복의 계기를 만들고 전복성을 실현시킨다고 보는 것이 문화유물론이 주장하는 것이다.

3-10. 해체주의 비평

구조주의가 질서나 의미를 중시한다면 해체주의는 무질서에 동조하고 명백한 의미를 거부한다. 그러기 때문에 중심원리 즉 존재, 핵심, 본질, 진리, 목적, 의식 등을 거부하고 구조주의에서 말하는 육체/영혼, 선/악, 의식/무의식 등 소위 이항대립을 부정한다. 해체주의자들은 "모든 텍스트는 열려진 결말을 가진 구조물이며, 기호와 의미화는 임의적인 관계"(Guerin 255)일 뿐이라고 주장한다. 데리다(Derrida)의『문법학』(*Of Grammatology*)은 성서의 '태초에 말씀이 있었다'에 기초하여 '로고스'(Logos)를 중시해서 말과 글의 차이를 말한다. 데리다는 글보다 말에 우선권을 주는 "음성중심주의는, 글을 말의 오염된 형태도 취급한다. 말은 순수한 완성적인 사고에 더 가까워 보인다"(Selden, 1993. 121)라고 주장한다.

그래서 글은 작가의 현존이 필요 없지만 말은 항상 순간적인 현존을 내포한다는 것이다. 그래서 데리다는 언어의 초월적 의미를 부정하고 언어의 무한한 생명력을 얻기 위해 '차연'(differance)이라는 용어를 사용한다. 언어의 특징은 다른 것과의 '차이'(differ)와 그 말을 끊임없이 '연기하는'(defer)이라는 두 의미의 합성어인 '차연'이라는 것이다. 그러므로 "언어는 확정적인 의미의 고정적 집합체라기보다 '차이놀이'의 끝없는 연쇄"(Guerin 257)라는 특성을 갖는 다고 보는 것이다. 모든 문학텍스트는 열려진 결말을 가진 구조물이며 기호와 의미화는 임의적인 관계일 뿐이라서 문학 작품속의 언어는 "우리가 의미를 생성해내기 위해 그 언어를 사용 한다"(Hawkes 3)라고 말할 수 있는 것이다. 이러한 데리다의 언어관에 입각해 문학텍스트를 분석할 때 텍스트는 자체 내에서 파괴되고 자체 내의 모순이라는 불가피한 씨앗이 생겨 언어의 끊임없는 자유 활동이 일어난다는 사실이다. 그 결과 서구의 권위, 언어 중심적 기록, 불변의 의미나 가치는 있을 수 없다는 결론에 다다른다. 텍스트의 뒤집기, 공격, 훼손과 끊임없는 거부가 일어나 문학의 비신비화가 일어나고 문학이 그동안 누려온 특권은 거부되고 따라서 절대 진리도 거부되고 권력체계는 훼손되어진다. 그 결과 데리다의 주장에 따르면 '있음은 없음으로 증명되고 없음은 있음으로 증명'되는 "현전으로서의 부재"(absence of presence)(Derrida, 1974. xvii)가 언제나 상정된다. 해체주의자들은 그래서 『햄릿』에 "명확한 기준이 없기 때문에, 객관적 가치판단이 불가능하다"(Margolies 45-6)고 보는 것이다. 이런 해체적 사고는 햄릿이 오필리어에게 하는 다음 말에 잘 나타나 있다.

나로, 말하자면 몹시 오만하고, 복수심이 강하고, 야심에 들떠있을 뿐 아니라, 내 등에는 내가 생각해 보았거나, 그 모습을 상상해 보았거나, 또는 그 실행기회만 엿보았던 것보다도 더 많은 되를 젊어지고 있소 무엇 때문에 나 같은 미물이 천지간을 기어다녀야 한단 말이오? 우리는 너나 할 것 없이 모두가 악당, 아무도 믿지 마시오

I am very proud, revengeful, ambitious, with more offences at my beck than I have thoughts to put them in, imagination to give them shape, or time to act them in. What should such fellows as I do crawling between earth and heaven? We are arrant knave all, believe none of us. (3.1.122-6)

중심이 없는 말은 "사느냐, 죽느냐 그것이 문제로다"(To be, or not to be, that is the Question)(3.1.56)에도 있는데 이는 이것도 저것도 아닌 해체주의의적 표현이다. 심지어 날씨에 대해서도 햄릿과 오즈릭이 나누는 대화는 다음과 같이 해체적 모습을 갖고 있다.

오즈릭. 왕자님, 정말 더운데요
햄릿. 아니야, 내말을 믿게. 북풍이라서 아주 춥다고
오즈릭. 왕자님, 정말로 무척 추운데요
햄릿. 그런데 내 체질로 봐서는 몹시도 찌는 듯이 더운데

OSRIC. I thank your lordship, it is very hot.

HAMLET. No, believe me, 'tis very cold; the wind is northerly.

OSRIC. It is indifferent cold, my lord, indeed.

HAMLET. But yet methinks it is very sultry and hot for my complexion.

(5.2.92-5)

콜더우드(Calderwood)는 극중극을 이용해 클로디어스의 마음을 읽어보려는 의도가 자기 반영적이며 메타트라마가 된다고 보았다 그러면서 햄릿이 끊임없이 추구하는 부정을 통한 질문을 통해 텍스트의 최종적이고 고정된 의미가 없음을 해체주의적으로 분석한다. 콜더우드는 버크(Burke)가 말하는 "여기에 존재하지 않는 것은 그것이 무엇이든지 다른 어떤 곳에 반드시 존재한다"(Whatever is not here is positively somewhere else)(Calderwood, 1992. 70)라는 말을 인용하여 유령에 대해서 설명한다. 그래서 거투르드 침실에서 유령이 햄릿에게 말할 때 햄릿은 "아무것도 보지 못하십니까?"(Do you see nothing there?)(3.4.131)라고 할 때 거투르드는 "전혀 아무것도, 실재하는 것은 다 보이는데"(Nothing at all, yet all that is I see)(3.4.131)라고 대답하는 장면에 대해서 콜더우드는 "만약 유령이 거투르드를 위하여 거기에 존재하지 않는다면, 그렇다면 다른 것이 그것이 존재하지 않는 공간을 차지하고 있다"(Calderwood, 1992. 70)라고 말함으로써 부정을 통한 언어의 위력을 피력한다. 이것이 곧 개념적인 부재의 언어적 현존이라는 것이다. 그리고 "언어는 부정 없이는 살아남지 못한다"(Calderwood, 1992. 71)라고 하여 '이름을 붙이는 대상이 곧 사물이 아니다'라는 것을 말한다. 그래서 살아 있음은 죽음 속에서 다시 발견될 수 있다고 보면서 콜더우드는 "존재하지 않는 것이 필연적으로 존재하는 것에 수반 된다"('Not to Be' inevitably entails 'To Be')(73)라는 언어의 파라독스를 사용하는 시인이 셰익스피어라고 보았다. 그래서 "이것이 아닌 것이 그럼에도 불구하고 이것이다"(Not This But Nevertheless This)(73)라는 말을 사용해 모순들, 애매한 것들, 다양성

등이 언어의 특성이며 특권이고 라이센스(license)라고 주장한다. 침실에 나타난 유령에 대한 상반된 반응을 통해 거투르드에게는 악들을 제거하는 계기로 삼게 하고 햄릿 자신에게는 선을 행하려 했으나 악으로 가득 찬 자신을 되돌아보는 시점으로 설정했다는 것이 콜더우드의 설명이다. 이런 해체를 통해 셰익스피어는 『햄릿』 속에서 '있음/ 없음'의 데리다적 해석이 가능하다고 콜더우드는 다음과 같이 주장한다.

> 없는 것은 있는 것이 되고, 거절된 것이 확인되고, 부정 그 자체의 언어적 행위 속에서 금지된 것은 소멸된다. 만약에 존재와 비존재 사이의 극한적 경계선이 없어졌다면, 어떻게 그보다 못한 경계선이 견딜 수 있겠는가? 어떤 것의 분별점도 보장될 수 없다. 아이덴티티도 차이점 없음의 바다에 용해되고, 그리고 불확실성의 원리만이 남게 된다. (1992. 75)

이런 원리로 콜더우드는 클로디어스의 '결혼식 – 장례식'이라는 그로테스크한 잡종이 질서와 축하의 흔적을 가지고 있다고 보았으며 햄릿이 클로디어스를 살해한 것은 차이점을 분해함으로써 '복구시키는 파괴'라고 해체적 관점으로 햄릿을 풀이하였다.

가버(Garber)는 『햄릿』을 해체주의자들이 주장하는 '결정할 수 없음' (undecidability)의 관점에서 설명하면서 유령은 '가려진 남근'(veiled phallus)으로써 끝없는 기표로 작용한다고 보았다. 유령을 통해 햄릿은 어떤 구체적인 결정적 목표를 향해 가고 있는 것이 아니라 "떠다니는 기표로써 검은 상복이 애도의 표시이며, 부정의 표시이고, 부재의 표시이며, 욕망과 욕망의 억압 사이의 차이점을 말하는 불가능한 욕망의 표시"(Garber 305)로 존재한다는 것이다. 유령은 '그것'(It)으로 불릴 때도 있는데 이것은 질문되어야 할 추측의 공간이어서 작품이 진행됨에 따라 햄릿이 '아버지, 덴마크의 왕' 중에서 어느 것을 결정해야할 대상이기도 하다. 유령에 의해 끊임없이 '기억하라'를 가슴에 안고 있어야

할 운명이 햄릿이기 때문에 "『햄릿』은 기억과 잊음에 압도적으로 관여된 연극" (Garber 310)일 수밖에 없다고 보는 것이다. 유령은 부재하는 아버지로써 햄릿에게 부정적 해체를 통해 "잃어야하며, 그것과 함께 살아야 할 잃음(loss)" (Garber 312)으로 가야 하는 계속되는 그래서 떠다니는 기표가 된다는 것이다.

제 2 장

『햄릿』을 읽는 주요 단서들

1. 『햄릿』과 비극론

브래들리의 비극론에서 중요한 용어로 중심인물들에 대한 성격의 '강렬성'과 '한쪽으로 기울어짐'(one-sidedness)이라는 것이 있다. 햄릿은 과격한 욕망이나 열정보다는 한쪽으로 너무 기울어지는 성격적 특성을 가지고 있다. 햄릿은 슬픔의 옷을 입고 모든 것이 썩었다고 생각하고 죽음에 사로잡힌 듯하다. 햄릿이 복수심에 빠져드는 것은 그의 성격이 '한쪽으로 기울어짐'을 뜻하는 것이고, 이 복수과정에서 햄릿은 살고 다른 사람들은 죽어야하는데 다 같이 죽게 된다. 그러니 이런 '한쪽으로 기울어짐'이라는 특성은 비극적 인물의 전형적 모습이라고 브래들리는 보는 것이다.

그런데 이 또한 '한쪽으로 기울어짐'은 인생의 모든 생각과 행동을 한 곳으로 모으는 특성을 의미하기도 한다. 위대한 비극의 인물은 한 곳으로 생각과 행동을 모아 집중시켜 어떤 목적을 향해 나가다가 비참한 죽음에 이르지만 이것이 특징이다. 이 세상의 대부분의 위대한 인물들 역시 '한쪽으로 기울어짐'의 특성을 잘 유지시키는 능력을 가지고 있다. 한 우물을 판다는 것이 이런 특징을 잘 표현한 말이다. 성공한 사람들의 가장 큰 정신적 특성이 바로 이렇게 한 곳으로 모든 생각과 행동을 모으고 목표를 향해 전진하는 것임을 알 수 있다.

비극적 인물의 특징 중 하나가 이렇게 한쪽으로 기울어지는 것인데 니체는 『비극의 탄생』에서 디오니소스적인 것의 의미로 예술을 설명한다. 그는 디오니소스적인 것만이 새로운 비극의 주인공이 된다면서 다음과 같이 말한다.

> 디오니소스적인 것의 마력 하에서는 인간과 인간 사이에 결합이 다시 이루어질 뿐만 아니라 소외되고, 대립되고, 억압된 자연이 자기의 잃어버린 탕아인 인간과 다시금 화해의 계절을 축하하게 된다. 대지는 자기의 선물들을 보내고 암벽과 황야의 맹수들은 온순히 다가온다. 디오니소스의 수레는 꽃과 꽃다발로 지붕을 엮고 그 멍에를 끼고 표범과 호랑이가 걸어간다. 베토벤의 『환희의 송가』를 한 폭의 그림으로 바꾸어 보라. 수백만의 사람들이 두려움에 가득 차 먼지 속에 엎드릴 때, 상상력을 버리지 말고 움츠러들지 말아보라. 그러면 디오니소스적인 것이 싹터 나올 것이다. 이제 노예는 자유민이다. 이제 곤궁과 자의와 뻔뻔한 작태들이 인간들 사이에 심어놓은, 완강한 적대적 거리를 모두가 청산해 버린다. 이제 우주조화의 복음 속에서 각자는 자기 이웃과 결합되고 화해하며 융합되어 있는 것을 느끼는 것뿐만 아니라, 마치 마야의 면사포가 갈래갈래 찢어져 신비로운 근원적 일체 앞에서 펄럭이고 있는 것 같은 모습을 보게 되는 것이다. 노래하고 춤추며 인간은 스스로가 보다 높은 공동체의 일원임을 표명하고, 걷는 것도 말하는 법도 잊어버린 채 춤추며 허공으로 날아오르려 한다. 그가 마법에 감염된 것이 그의 몸짓에 나타난다. 이제 짐승이 말을 하고 대지는 젖과 꿀을 흘리는 것처럼 인간으로부터도 초자연적인 것의 소리가 울려 퍼진다. 그는 자기의 신을 느끼며, 그가 꿈속에서 신들이 산책하는 것을 본 것처럼 그도 스스로 감격하여 황홀하게 헤매 다닌다. 인간은 더 이상 예술가가 아니며, 그는 예술품이 되어 버린다. 근원적 일체의 최고의 환희의 만족을 주기 위하여, 전체 자연의 예술적 힘은 도취의 소나기 아래에 자신의 모습을 계시한다. 가장 값진 대리석이 이제 끝에 쪼여 세워지고 디오니소스적 우주 예술가의 끝 소리에 맞추어 가장 고귀한 음조가 울려 퍼진다. 인간은 엘레우시스의 밀의의 외침을 발하는 것이다. 「수백만의 사람들이여, 그대들은 무릎을 꿇는가? 세계여, 너는 창조주를 예감하는가?」 (41-2)

이러한 디오니소스적인 것의 표출이 참다운 비극적 인물이 되며 그 대표적 예로 니체는 햄릿의 '거짓 미친척하는 것'에 대해 다음과 같이 심도 있게 분석한다.

마음 깊이 괴로워하는 사람의 정신적 구토감과 거만함 – 이것은 한 사람이 얼마나 깊이 고통을 받아낼 수 있는가 하는 등급을 거의 대부분 규정한다. 그의 몸에 스며들어 배어버린 몸서리나는 확신은 그에게, 가장 영리한 자와 가장 현명한 자가 알 수 있는 것보다 더 많이 자기의 고통에 있을 수 있게 만들어 준다. 이 세계에 관해서 「<너희들은>모르고 있다」고 그는 생각한다. 이 침묵의 정신적 자만심, 인식에 있어서의 선택받고, 자기의 희생에 우월감을 느끼는 이 통달한 자가 주제넘은 동정의 손길이 자기 몸에 닿는 것과, 그가 느끼는 것과는 질이 다른 모든 종류의 고통들로부터 자신을 보호하기 위해서는 온갖 종류의 위장이 필요하게 된다. 깊은 고통은 사람을 점잖게 만든다. 그것은 사람을 타인으로부터 분리시킨다. 가장 교묘한 위장 형태는 쾌락주의이며 외면적으로 보여주는, 감성의 용감성인 것이다. 이 용감성은 고통을 쉽사리 받아들임으로써 모든 비극적인 것과 모든 깊이 있는 것에 대하여 자기를 보호하는 행위이다. 자기를 위해서 자기를 타인에게 오해시키기 위하여 명랑성을 이용하는 <명랑한 인간>이 있다. – 그들은 오해시키기를 <원하는> 것이다. 명랑한 외면을 보여주기 위하여, 그리고 학문성을 통하여 인간이란 외면적 존재이다라고 결론을 내리게 하기위하여 학문을 이용하는 <학문적 인간>이 있다. 그들은 그릇된 추론을 유도해내기를 <원하는> 것이다. 자기가 근본적으로 파괴되어서 회복 불가능한 존재임을 은폐하고 부정하는 뻔뻔한 자유정신이 있다. – 이것은 햄릿의 경우이다. 이런 사람들을 보건대, 결국 백치성이라는 것은 너무도 명확하고 불행한 어떤 지식을 감추는 가면일 수도 있다고 할 수 있을 것이다. (222)

니체는 디오니소스적인 것만이 마음을 흔드는 음조의 힘, 멜로디의 통일적 흐름, 그리고 비길 데 없는 화음의 세계 등을 표출한다고 보고 이것이 '인간의 모든 상상능력을 최고로 발휘하도록 자극 받게 한다'고 보았다. 이런 표현에는 광란이 발생하며 입술과, 얼굴과, 말의 상징뿐만 아니라 신체의 모든 부분을 율동적으로 움직이는 춤추는 몸짓까지를 포함한, 온몸을 사용하는 상상력이 합체하여 강약과 화음을 통한 음악의 형태로 급격히 솟구쳐 오른다고 말한다.

아리스토텔레스가 고전 비극의 이론을 확립시켰지만 셰익스피어는 르네상스 시대의 비극에 대한 이론을 작품 속에 구현한 셈이다. 현대는 비극에 대한 개념이 고대나 중세 또는 르네상스시대와 결코 같을 수는 없다. 윌리엄즈는 "운명에 대한 논쟁, 그리고 숙명(Fate), 운수(Destiny), 우연(Chance), 섭리(Providence) 등을 포함하는, 그와 관련된 복잡한 개념들에 대한 논쟁이 고전 세계로부터 중세 세계까지 오랜 세기 동안 중요한 관건이었다"(20)라고 정리한다.

르네쌍스 시대에 와서는 시대정신의 반영이 두드러져서 인간을 운명과의 대립에서만 보지 않고 시대정신인 인간의 자유의지가 운명과 어떻게 맞닥뜨리는 가를 이야기한다. 이 시기는 복잡하고 상호 모순적인 새로운 도덕적이고 형이상학적인 사상들이 비극에 영향을 끼친 시기이다. 현대비극은 철학적 사고의 변화와 맥을 같이 한다고 볼 수 있다. 그러기 때문에 주인공의 도덕적 오류 혹은 일반적인 삶에 나타나는 변혁성이 비극적 고통과 어떤 관계에 있는가 등을 주된 관심으로 삼았다. 르네상스시대의 비극적 관점을 완성시켰다고 보는 셰익스피어의 경우 그래서 '성격이 운명이다'라는 새로운 운명관이 나타난 것이다. 인간이 고대 시대처럼 운명의 노리개처럼 거대한 비극적 파도에 휩쓸리는 피동적인 존재가 아니라는 것이다. 르네쌍스 시대는 비극에 있어서도 인간의 감정, 자유의지, 성격, 생의 태도 등이 좀 더 비극의 원인으로 해석되는 시기였다.

특히 헤겔의 합리주의는 문화전반에 영향을 끼쳐 결국 비극의 개념에 있어서도 새로운 면을 보여준다. 헤겔에 의하면 비극은 고통을 능동적 인물들 자신의 행동의 결과로 보았고 아리스토텔레스가 말하는 연민도 단순한 감정의 표출이 아닌 윤리적 요구에 부응하는 감정으로 정의 내린다. 비극적 액션도 그렇기 때문에 개인의 윤리적 목적과 외부의 문제 사이에 어떤 조화를 이루는 행동으로 나타난다고 보았다.

헤겔이 현대비극의 특성으로 강조한 것 중의 하나는 주인공의 고립도 하나의 결정적인 정신적 과정으로 보았다는 것이다. 즉 어떤 비극의 핵심에는 개인 내부의 것 – 윤리적 태도, 심리적 상황 – 이 존재한다는 것이다.

또 한명의 현대비극에 영향을 끼친 사람은 마르크스이다. 헤겔이 윤리적이고 객관적인 정신적 태도를 중요시 했다면 마르크스는 사회적이고 역사적인 관점에 치중하였다. 인간의 삶이나 정신을 사회적 맥락과 역사적 관점에서 보아야 한다는 것이다. 그렇기 때문에 헤겔이 '조화'에 관심을 갖는 것은 당연하지만 마르크스는 그런 접근이 현대비극을 해석하는 데는 불합리하다는 것이다. 마르크스는 사회의 결정적 변혁과 역사의 일반적 움직임이 비극의 본질적 내용과 비극적 태도에 영향을 끼치는 것으로 보고 있다.

비극을 사회적 맥락과 역사적 관점에서 볼 때, 윌리엄즈가 말하는 비극과 혁명의 관계에 관심을 가질 필요가 있다. 특히 현대사회에 있어 각종 압제와 제도 속에서 개인들은 불행과 고통을 느낀다. 그러나 그런 억압과 고통 속에서도 사람들은 의식은 있기 때문에 각종 잔인한 진압과 대량의 세뇌교육에 대하여 저항을 하게 되고, 이 저항이 좀 더 조직적으로 이루어질 때, 이는 혁명의 형태를 갖게 된다는 것이다. 그래서 윌리엄즈는 이렇게 말한다.

> 가난에 대한 투쟁, 그리고 많은 형태의 식민지배, 신 식민지배에 대한 투쟁이 결정적으로 나타나는 세계에서, 혁명은 계속해서 어쩔 수 없이, 그러한 심각한 지역에서 우리가 해야 할 역할의 형태로 나타날 수밖에 없다. (79)

그런데 이러한 여러 가지 혁명 가운데 "인간의 소외에 대항하는 장구한 혁명"이 중요함을 강조하면서 윌리엄즈는 혁명이 진정한 의미를 가지려면 소외를 이해하기 위한 투쟁이 있어야 하며, 소외를 반드시 극복하는 것이 혁명의 비극적 측면이 다루어야 할 최우선 과제라고 주장한다.

어찌 보면 햄릿의 비극은 자신의 고립과 국가의 소외(질서정연하고 법적인 정통성을 지니지 못한)를 극복하는 혁명적 비극의 양상도 가진다고 볼 수 있다. 개인의 고립과 국가의 소외를 극복하고 조화를 이루는 것이 비극을 극복하는 진정한 혁명이라고 볼 때 헤겔의 유명한 '꽃의 변증법'이 빛을 발한다.

헤겔에 의하면 꽃은 꽃 봉오리가 없어져야(꽃 봉오리를 부정함으로) 탄생되지만 꽃 봉오리와 꽃은 연속성을 가지며 유기적이며 통일된 조화의 관계에 있다는 것이다. 꽃 봉오리가 소멸되어야 꽃이 생성되지만 그렇다고 꽃 봉오리의 소멸이 완전한 희생은 아니다. 헤겔이 모색하는 더 큰 가치, 절대적 가치는 꽃 봉오리와 꽃이 유기적이며 연속적인 일체와 통일의 관계에 있다는 개념인 것이다. 꽃 봉오리와 꽃과 같이 현실과 본질, 집단과 개인, 인간과 사회, 사회와 우주가 서로 유기적이고 일체화되는 것을 '영원한 정의'(eternal justice)라고 헤겔은 명명하였다. 그리고 이러한 비극의 효과는 양 쪽의 극단을 제거하고 조화를 통한 화해(reconciliation)가 중요하다고 보는 것이다. 그러므로 시련과 고통이 가치 창조의 힘이 된다는 역설이 헤겔 비극론의 요체이다. 그 중에 하나가 주인공의 고통과 고립이 새로운 정신적 개안의 과정이라는 것이다. 이런 의미에서 햄릿의 고립과 복수를 해야 하는 사명이라는 고통이 자신과 국가를 이해하고 새로운 질서를 오게 하여 개인 및 국가가 조화를 이루는 과정에 필수적 요소로 작용했다는 것이다.

2. 『햄릿』과 연극론

셰익스피어는 탁월한 시인이며 동시에 극작가이다. 그래서 그의 연극을 '시적(詩的)인 극'(poetic drama)이라고 한다. 셰익스피어 희곡들은 드라마이지만 대사들 중에는 완벽한 한 편의 시가 될 정도로 운율이 딱 맞아 떨어지는 것들이 많이 있다. 극은 극이지만 시로 이루어진 아름다운 극이다. 최근의 뮤지컬 바람이 연극계를 휩쓰는 것을 볼 때 『햄릿』의 대사들은 뮤지컬에 아주 적합한 것이 하나 둘이 아니다. 또한 대사들이 표현하는 내용의 깊이와 넓이가 어느 작품보다 우수함을 알 수 있다. 햄릿의 모든 독백이 음악으로 표출될 수 있다. 가장 높은 음과 가장 낮은 음을 가지고 최고의 효과를 가져 오도록 대사들이 이루어졌다는 것이다.

햄릿이 두 친구에게 식상해 있고, 세상이 지리멸렬하고 먼지뿐이라고 외치며 극도의 절망감과 고독감에 빠져 있을 때 일단의 배우들이 찾아온다. 두 친구들도 폴로니어스도 우울증에 빠져 있는 햄릿의 기분을 전환하기에 괜찮을 것이라고 배우의 방문을 알려준다. 햄릿은 기대 이상으로 배우들을 환영하고 연극에 대해서 적극적이다. 연극배우들과 연극에 대해서 이야기를 하고 "배우들이야 말로 시대의 축도 또는 연대기라고 할 수 있으니까"(they are the abstract and brief chronicles of the time)(2.2.481)라고 치켜 올린다. 그리고는 배우 한명에게 「곤자고의 살인」(The Murder of Gonzago)을 상연해 줄 것을 부탁한다. 물론 햄릿이 "삽입하고 싶은 대사 열 대 여섯 줄"(a speech of some dozen or sixteen lines)(2.2.494)도 같이 공연해 줄 것을 잊지 않는다.

그 사이 햄릿은 배우의 열정적 연기는 자신의 무능함과 비교해 얼마나 위대한 지를 웅변조로 강조한다.

> 방금 여기에 있던 그 배우는 기껏해야 꾸며낸 이야기,
> 생각에 공감케 하여 그 결과로 안색은 온통 창백해지고,
> 두 눈에는 눈물, 시선에서는 실성기가 깃들며, 목이
> 메어서 말을 있지 못할 뿐만 아니라, 그가 해 보이는
> 연기 하나하나가 생각 속의 형상들을 그대로 나타내니 놀랍지

않은가? 그것도 현실 속에는 있지도 않는 것 때문에!
헤큐버 때문에! 그에게 헤큐버는 무엇이고,
그는 헤큐버에게 무엇이란 말인가,
그가 그 여자 때문에 울다니? 그는 어떻게 했을까,
그가 나와 같이 원통한 동기와 대사의 실마리를 가지고 있다면?

Is it not monstrous that this player here,
But in a fiction, in a dream of passion,
Could force his soul so to his own conceit
That from her working all his visage wann'd,
Tears in his eyes, distraction in's aspect,
A broken voice, and his whole function suiting
With forms to his conceit? and all for nothing!
For Hecuba!
What's Hecuba to him, or he to Hecuba,
That he should weep for her? What would he do,
Had he the motive and the cue for passion
That I have? (2.2.503-14)

그리고는 "연극이야말로 국왕의 양심을 낚아채는 덫"(The play is the thing that catch the conscience of the king)(3.2.600-1)이라고 다짐한다. 물론 폴로니어스의 잘못된 판단에 대하여 그 허상을 알게 하고 야유하기 위해 햄릿이 오필리어의 사랑에 대해 경멸조로 말을 하여 오필리어를 절망에 빠뜨린다. 이어서 일단의 배우들을 만나 본격적으로 햄릿은 연극론과 연기론을 주장한다.

연극은 "거울을 들어 자연을 비추어 보는 것"(the mirror up to nature)(3.2.23)이다. 연극은 인생을 비추어 보는 것이라고 하니까 자연 대신에 인생을 넣어서 생각하면 된다. 우리는 아침에 학교를 가거나 출근할 때 반드시 거울을 본다. 머리는 잘 빗겨져 있는지, 입가에 무엇이 붙어 있지는 않은지, 아니면 옷

색깔은 날씨와 잘 어울리는지 등을 점검하기 위해 거울에 비추어 보는 것이 필요하다. 우리는 지금 각자의 인생을 살고 있는데, 이 인생이 어떻게 흘러가고 있는지, 잘못된 점은 없는지, 어느 쪽으로 가야 하는지 점검하기가 쉽지 않다. 그래서 극장에 가서 연극을 본다. 그 연극을 통해 자기 자신을 되돌아 볼 수 있기 때문이다. 소설문학이 단선적이라면 연극은 다선적 액션으로 이루어진 문학이기도 하다. 에슬린(Esslin)은 "연극은 인간들 사이의 의사소통의 기술"(12)이라고 말하면서 연극을 통해 사람들은 추상적 개념을 구체적 인간의 용어로 풀어보는 행위라고 했다. 유령으로부터 복수해 달라는 부탁을 받았지만 이 추상적 개념에 대한 구체적 증거를 낚아채기 위해 햄릿은 연극을 왕 앞에서 직접 공연하도록 하는 것이다. 그래서 "그 시대 그 시절의 양상을 고스란히 드러내는 일"(the very age and body of the time his form and and pressure)(3.2.20)을 해보는 것이다. 『햄릿』이라는 연극 속에 있는 「곤자고의 살인」이라는 또 하나의 연극은 바로 '연극 속의 연극'(play within the play)으로써 다중성을 갖는다. 이런 극적 방법을 '상자 속의 상자 구조'(box-in-a box structure)라고도 한다.

셰익스피어라는 상자 속에 『햄릿』이라는 상자가 있다. 『햄릿』이라는 상자 안에는 또 극중극인 「곤자고의 살인」이 있다. 「곤자고의 살인」이라는 상자 속에는 「무언극」이 있다. 「무언극」이라는 상자 속에는 왕과 왕비, 그리고 살인자라는 상자가 있다. 이제 햄릿의 주위로 시선을 돌려보자. 클로디어스 왕은 폴로니어스라는 상자를 감시한다. 폴로니우스의 상자 안에는 오필리어라는 또 하나의 상자가 있다. 오필리어라는 상자 안에 햄릿이 있다. 햄릿이라는 상자를 알기 위해서는 몇 겹의 상자를 걷어내고 걷어내야 한다. 그렇다고 몇 개의 상자가 있는 지도 정확히 모르며 그 상자들을 모두 걷어 냈다고 햄릿의 본 모습을 알 수 있느냐면 그렇지도 않다. 거꾸로 생각해보면 햄릿의 마음을 알아보려는 주위의 사람들과 햄릿은 서로 속이고 속으며 쫓고 쫓기는 관계 속에 있기도 하다.

「곤자고의 살인」이라는 극에 몇 줄 첨가하기는 곧 햄릿의 놀라운 책략이다.

이런 것을 문화유물론의 입장에서는 기존 세력을 뒤엎는 카니발적 방법이라고
도 한다. 햄릿은 계속해서 아주 다양한 방법으로 폴로니어스와 오필리어에게
언어의 그물을 치더니 이번에는 연극이란 낚시 줄에 떡밥을 놓아 클로디어스의
양심을 낚아채려는 것이다. 햄릿은 호레이쇼에게 이렇게 부탁한다.

오늘 저녁에 왕 앞에서 연극이 있을 걸세. 한 장면은 그 때의 상황과 흡사하네.
내 자네에게 부탁일세. 그 장면이 상연되는 것을 보거든 자네의 영혼 속에 깃들
어 있는 판단력을 모조리 동원해서 숙부의 일거일동을 살펴 주게. 만일 그의 숨
겨진 죄가 내가 특별히 써넣은 한 대목에서 그 모습을 드러내지 않는다면, 우리
가 보았던 것은 악마임이 분명하니, 나의 심안이라는 것도 대장장이 신 벌칸의
대장간처럼 더러운 셈일세. 그자를 주도면밀하게 살펴주게. 나도 두 눈을 그자
의 얼굴에 못 박아 두고 떼지 않을 테니. 후에 우리 두 사람의 의견을 종합해서
그의 태도를 판단해 보도록 하세.

There is a play to-night before the king;
One scene of it comes near the circumstance
Which I have told thee of my father's death:
I prithee, when thou seest that act afoot,
Even with the very comment of thy soul
Observe mine uncle: if his occulted guilt
Do not itself unkennel in one speech,
It is a damned ghost that we have seen,
And my imaginations are as foul
As Vulcan's stithy. Give him heedful note;
For I mine eyes will rivet to his face,
And after we will both our judgments join
In censure of his seeming. (3.2. 65-77)

이러한 햄릿의 태도는 잔혹한 것처럼 보이지만 그것이 연극을 통한 삶의 방

법이다. 아르또의 잔혹연극의 전략과 비슷한 점이 있다. 아르또는 집단적인 방법을 이야기했지만 햄릿은 단독으로 그런 연극의 책략을 이용하고 있는 것이다.

둘째는 폴로니어스를 한 번 더 골탕 먹이는 것이다. 지난번에 왕에게 햄릿이 미친 것이 상사병이라고 자신 있게 거들먹거리고 커튼 뒤에 숨어서 햄릿과 오필리어의 사랑을 증명하려던 폴로니어스가 무참하게 패배토록 오필리어 와의 사랑을 '수녀원'으로나 가라고 몰아부쳤던 것인데 이번엔 오필리어의 무릎에 눕겠다고 한다. 폴로니어스는 아직도 햄릿이 상사병 때문에 미쳤다고 믿고 있다. 정치적 목적을 달성하려는 폴로니어스는 여기서 다시 한 번 속임을 당한다.

셋째는 이 극중극을 통해 거투르드 왕비의 양심을 찔러 보려는 것이다. 왕비와 현재의 왕이 실생활에서 했던 것과 거의 일치하는 극중극의 내용에서 왕은 여자의 사랑에 대해 계속 다짐을 한다. 배우 왕이 자기의 처지를 이렇게 말한다.

> 진정, 사랑하는 왕비여, 이제 곧 그대를 남겨두고 떠나야할
> 운명, 내 기력이 쇠진하여 기동할 힘을 잃었나니,
> 그대는 이 아름다운 세상에 살아남아서
> 세상의 경애를 받으시오. 그리고 다행히 나만큼 친절한
> 사람을 낭군으로 맞아
>
> Faith, I must leave thee, love, and shortly too;
> My operant powers their functions leave to do:
> And thou shalt live in this fair world behind,
> Honour'd, beloved; and haply one as kind
> For husband shalt thou. (3.2.154-8)

이런 배우 왕의 말에 대해 조금도 지체 없이 배우 왕비는 자신의 결심을 청산유수처럼 말한다.

아, 대왕께서 하시려는 말씀에 저주가.
그런 사랑이라면 소첩의 가슴 속에서는 기필코 역적.
두 번째 낭군을 얻는다면 소첩에게는 저주가 될 터인 즉, 첫 낭군을
살해한 계집이 아니고서야 개가를 할 여인은 없을 것이옵니다.

O, confound the rest!
Such love must needs be treason in my breast:
In second husband let me be accurst!
None wed the second but who kill'd the first. (3.2.158-62)

얼마 후면 지키지도 않을 약속을 뻔뻔스럽게하는 배우 왕비의 말은 곧 거투르드를 연상시키니까 이에 대해 햄릿은 "쓰다, 써"(That's wormwood, wormword) (3.2.167)라고 혼자 중얼거리며 개탄한다. 거투르드는 자기의 상황과 꼭 같은 내용의 연극을 보면서 양심의 가책을 몹시 받았을 것이지만 겉으로 표현된 것은 없다.

햄릿의 전략은 적중한다. 극중극에서 잠자는 왕의 귀에 독약을 넣는 장면에서 클로디어스 왕은 자리를 박차고 일어나 성급히 자리를 떠난다. 이제 남은 것은 햄릿과 호레이쇼 뿐이다. 햄릿은 결정적 증거를 낚아챘다고 보고 배우처럼 신나서 외친다.

그래, 화살 맞은 사람은 물러가려므나.
성한 놈은 뛰어놀 터이니,
밤새며 지키는 놈, 밤새껏 자는 놈,
세상만사 다 그렇게 굴러가는 것.

Why, let the stricken deer go weep,
The hart ungalled play;
For some must watch, while some must sleep:
So runs the world away. (3.2.246-9)

연극에서 더 큰 영향을 주는 것은 모두가 잔혹성이다. 연극이 새로워지려면 극단적이고 철저하게 액션을 내몰고 간다는 생각에 근거를 두어야 한다. 잔혹 연극은 무엇보다도 먼저 관객이 자신의 감각을 통해 사고한다는 점을 중시한다. 그것은 통속적인 심리극에서처럼 판단력에 호소하는 것을 부조리하다고 간주하는 것이다. 잔혹 연극은 스펙터클을 총체적으로 이용할 것을 제안한다. 가령 어떤 것이 다른 어떤 것을 향해 발산되거나 경련을 일으키거나 하는 식의 중요한 집단적 감흥 속에서 탐구할 것을 제안한다. 그러한 특성은 어느 정도 시적인 것으로 오늘날에는 보기 드물지만 거리로 뛰쳐나온 사람들, 모여 있는 군중들, 축제에 참가한 사람들 속에서 찾아볼 수 있다. 아르또는 이런 연극의 특성을 이렇게 말한다.

> 연극이 연극의 필연성을 회복하려면 사랑과 범죄와 전쟁과 광기 속에 있는 모든 특성을 우리에게 되돌려주어야만 한다. 일상적인 사랑, 개인적인 야망, 매일 반복되는 걱정들은 어떤 무시무시한 서정성과 함께 반응할 때 비로소 그 가치를 띨 것이다. 무서운 서정성은 신화 속에 있으며, 집단적인 총체가 그 신화에게 동의했던 것이다. 그것은 왜 우리가 옛 신화들의 죽은 이미지들을 이용하지 않고 이름난 등장인물이나 끔찍한 범죄와 초인적인 희생의 주변에서 그들 내부로부터 작동하는 힘을 이끌어내는 스펙터클의 표현에 몰두하는가 하는 이유이다. (124)

연극은 자신을 비추어 보는 거울이 되어 클로디어스와 거투르드는 양심에 가책을 느껴서 인지 하여튼 끝까지 연극을 보지 못하고 성급히 자리를 떠야 했으며 햄릿은 결정적 증거를 갖게 되어 앞으로 해야 할 일을 가슴에 새긴다. 영 (Young)이 말한 대로 "자기 반영적 예술"(39)인 연극의 효과를 햄릿은 확실하게 보고 연극의 목적을 달성하게 된다.

여기서부터 햄릿은 코울리지가 말한 나약한 사색적 인물이거나 괴테가 말한 너무 고귀해서 임무를 수행하지 못하는 깨지기 쉬운 고급 도자기가 아니라 돌다리도 두들겨 보며 완전한 복수를 하는 행동인의 모습을 보여주기 시작한다. 결정적 증거를 갖기까지 심각한 회의를 하며 고통 속에 괴로워하고 혼동의 와중에 빠졌던 햄릿은 이제 주도면밀한 행동인의 모습을 보여준다. 좋은 친구 호레이쇼에게는 극찬의 말을 하고, 나쁜 친구 로젠크란츠와 길덴스턴에게는 조롱조의 훈계를 하고, 폴로니어스에게는 말재롱으로 그 가슴에 야릇한 감정의 말을 하고 마침내 어머니 거투르드에게는 비수를 꽂는 말을 한다. 이러한 일련의 극적 행동들은 '쥐덫' 연극이 시발점이며 연극과 인생의 관계를 접목시킨다.

3. 『햄릿』에서의 유령

『햄릿』에서의 유령(ghost)은 중요한 역할을 한다. 유령에 대해서는 대체적으로 세 가지 관점에서 이야기할 수 있다. 첫째는 개신교적 관점이고 둘째는 카톨릭교적 관점이며 마지막은 이교도적 관점이다. 『햄릿』에 출현하는 유령은 카톨릭교적 역할이 중요하게 작용하기 때문에 개신교의 관점부터 살펴보려한다. 이런 유령에 대해서는 대체적으로 세 가지 관점을 캠벨(Campbell)은 아주 간단하게 다음과 같이 구분한다.

> 인간에게 유령으로 나타나는 이상한 것들은 일시적으로 지상에 되돌아오는 죽은 자의 풀려남이거나 아니면 악마에 의해 사용되는 거짓모습이거나 아니면 우울증이나 어떤 열정 때문에 사람의 마음에 나타나는 환상적인 위조다. (92)

이것을 좀 더 설명하면 죽은 자가 잠시 풀려난다는 것은 카톨릭교적 유령관이며 악마에 의해 사용된다면 개신교적인 입장이고 어떤 환상적인 주조물이라고 보는 것은 미신적이고 이교도적인 관점이라 할 수 있다. 『햄릿』에서는 유령이 직접 나타나서 햄릿에게 복수하라는 명령을 내리고, 그 후 햄릿의 행동에 결정적 영향을 끼치며 다른 작품에 있어서의 유령들과는 다르게 작용하기 때문에 "하나의 등장인물"(Wilson 59)로 취급되기도 하다.

그레그가 유령을 단지 햄릿의 과민한 성격에서 나타나는 일종의 환상적 착각(hallucination)이라고 한 것에 대해 윌슨은 발끈하면서 유령에 대한 그의 이론을 전개시킨다. 윌슨은 유령에 대한 세 가지 견해를 좀 더 진지하게 밝혀나간다. 영국에서 종교개혁이 일어나 개신교가 발전하기 전에는 카톨릭교를 사람들이 믿고 있었다. 카톨릭교에서는 천국과 지옥 사이에 연옥이 있다고 믿는다. 그러니 셰익스피어 당시 카톨릭교도들은 죽은 자의 영혼이 특별한 목적이 있어서 연옥으로부터 이 세상으로 돌아오도록 허락을 받았다고 믿었다는 것이 윌슨의 주장중 하나이다. 연옥에서 떠돌던 영혼이 휴식을 취할 수 있도록 이 세상에서 이루지 못한 것을 이룰 수 있도록 이 세상에 잠시 돌아오는 영혼이 유령이라는 것이다. 반면에 개신교도들은 그런 유령의 존재를 대부분 믿지만 연옥을 믿지 않는데서 유령에 대한 해석이 다르다. 개신교에서는 사람이 죽으면 곧 천국에 가거나 지옥에 가기 때문에 연옥에서 떠돈다는 것을 믿을 수 없다. 그러기 때문에 개신교도들에게 유령은 죽은 사람이나 친척의 모습을 지니고 나타나는 악마일 뿐이며, 이 악마는 나타난 사람에게 육체적 또는 정신적 해를 끼친다는 것이다. 세 번째의 주장은 이 유령은 죽은 사람의 육체를 가장한 악마인데 연옥설에 나타나는 유령 못지않게 게으르고 불경한데 한 마디로 말해서 우울증에 걸린 사람이나 아첨하는 사기꾼들의 환영(illusion)과 같은 것이라고 보는 것이다. 이런 유령에 대한 관점은 이교도적인 것인데 영국에서 전승해 내려온 이야기 속에 많이 등장하며 공포감을 불러일으키는 무서운 두려움의 존재이다. 호레이쇼가 유령을 믿지 않는다고 장담하다가 눈앞에 나타난 유령을 보고 놀라는 것은 유령에 대한 이교도적 관점을 잘 반영한다고 볼 수 있다.

유령은 처음부터 햄릿에게 나타나는 것이 아니고 보초를 서고 있는 마셀러스와 버나도에게 먼저 나타난다. 마셀러스는 이 유령을 처음에는 '무서운 광경'이니 '허깨비'니 '그것'이라고 말하며 자신은 무식하니 유식한 호레이쇼를 데려와 유령에게 말을 걸어보도록 하려 한다. 왜냐하면 호레이쇼는 유식해서 라틴어를 알기 때문에 유령과 대화를 할 수 있다고 본 것이다. 셰익스피어 당시의 사람들은 유령과의 대화는 라틴어로만 할 수 있다고 믿었기 때문이다. 호레이쇼도 마셀러스의 부탁을 받고는 "쳇, 당치 않은 소리, 그런 것이 나타날 리 없소"(Tush, tush, 't will not appear)(1.1.29)라고 큰소리치다가 막상 유령을 보고는 "두렵고 놀라워서 몸이 으스러질 듯이 떨리는구나"(It harrows me with fear and wonder)(1.1.44)라고 실토한다. 그래도 용기를 내어 말을 걸어보지만 유령은 대답이 없고 그러는 사이 새벽이 온다. 사라진 유령에 대해 마셀러스는 이렇게 말한다.

> 닭이 우는 순간 그것은 자취를 감추어 버렸소
> 구세주 탄신을 축하하는 계절이 찾아오기 직전이 되면
> 새벽을 알리는 닭이 밤새 노래를 불렀다고 말하는 사람도 있소
> 그때는 어떤 혼령도 제자리를 떠나서 방황하지 못하니

> It faded on the crowing of the cock.
> Some say that ever 'gainst that season comes
> Wherein our Saviour's birth is celebrated,
> The bird of dawning singeth all night long:
> And then, they say, no spirit dares stir abroad; (1.2.157-61)

이렇게 새벽닭이 울면 자취를 감추어 버린다고 볼 때 이 유령은 개신교에서 주장하는 악마의 변장이다. 악마는 예수 앞에서는 맥을 추지 못하는 것이며 "낮의 빛을 피하려는 영은 반드시 악마"(Prosser 108)인 것이다. 비록 그 유령이 사람의 모습이나 심지어는 사랑하는 사람의 모습으로 나타나더라도 빛을 피한다면

악마에 해당한다는 것이 프로서의 주장이다. 그러니까 두려움과 놀램을 주고 새벽빛을 피해 도망갔으니 이때까지의 유령은 개신교에서 말하는 선왕의 갑옷으로 변장한 악마로 인식된다.

호레이쇼나 마셀러스에게는 말을 하지 않았지만 돌아가신 햄릿대왕의 살아생전의 모습으로 갑옷까지 갖추어 입은 근엄한 모습은 틀림없이 무엇인가 불길한 징조이며 무엇인가를 말 할 것 같다. 그래서 그들은 햄릿에게 이 사실을 말하기로 한다. 유령이 등장했다고 호레이쇼가 말을 하자 햄릿은 "그대가 천상의 영기를 전해주는 성령이든, 또는 지옥의 독기를 몰고 오는 악령이든"(Be thou a spirit of health or goblin dam'd)(1.4.40)이라고 말하며 유령이 악마의 변장이 아닐까하는 의심을 갖게 해준다. 세 명이 같이 있으니까 유령은 아무리 햄릿이 말을 하라고 해도 하지 않고 손짓으로 따라오라고 말한다. 햄릿은 "또 다시 오라고 손짓하고 있으니 따라갈 수 밖에"(It waves me forth again. I'll follow it)(1.4.68)라고 하면서 따라가려 한다. 호레이쇼는 왕자의 신변이 걱정이 되어 저 유령이 바다나 혹은 절벽꼭대기로 유인하여 "거기에서 어떤 다른 무시무시한 모습으로 변신하여/ 왕자님의 이성적 판단력을 박탈하고 미치게 한다면 어찌하시겠습니까?"(And there assume some other horrible form/ which might deprive your sovereignty of reason,/ And draw you into madness)(1.4.72-4)라고 하면서 말리려 한다.

새벽닭이 우니까 도망치는 유령은 독기를 몰고 오는 악령이어서 햄릿을 어느 막다른 장소로 유인하여 이성을 빼앗고 미치게 하는 악마의 모습으로 나타나지만 햄릿은 셰익스피어의 아버지가 카톨릭교 신자여서 그를 개신교를 가르치는 교회에 보내지 않았다는 말처럼 유령에 대해 이런 개신교적 태도를 버리고 카톨릭교적 관점을 가지고 당당히 만나기로 결심한 것이 아닌가 하는 전기적 추측을 할 수 있다. 유령은 햄릿에게 듣고 나서는 "반드시 복수를 해야한다"(So art thou to revenge, when thou shalt hear)(1.5.7)라는 전제를 하고 이렇게 말한다.

나는 너의 아버지의 유령,
밤이면 한동안 나다니지만, 낮에는 연옥의 업화
가운데에서 이 세상에서 살아 있던 시절에 죄의
흔적을 모조리 불태워 이 몸이 깨끗해 질
때까지 갇혀 있는 것이 내 운명이다.
내가 갇혀 있는 연옥의 비밀을 말하는 것이 금지돼 있지만 않다면,

I am thy father's spirit,
Doom'd for a certain term to walk the night,
And for the day confined to fast in fires,
Till the foul crimes done in my days of nature
Are burnt and purged away. But that I am forbid
To tell the secrets of my prison-house, (1.5.9-14)

이러한 유령의 말은 카톨릭교의 유령관과 정확히 일치하는 것으로 비록 셰익스
피어 당시 연극에 종교개혁이 일어나 개신교의 새로운 바람이 일고 있었지만
셰익스피어 마음 속에는 카톨릭교의 사상이 있었음을 나타내준다. 유령은 더군
다나 자신이 동생 클로디어스의 독약에 의해 목숨을 잃을 때에 "죄가 한창 만
발하고 있던 시기에 성찬식도, 고해성사도, 도유성사도 받지 못하고, 참회도 하
지 못한 채"(in the blossom of my sin,/Unhousel'd, disappointed, unaneled;/ No
reckoning made,)(1.5.76-8)였다고 하며 연옥에서 돌아 왔음과 돌아온 이유를 분
명히 밝힌다. 카톨릭교의 관점에서 보았을 때 유령은 살아생전에 이루지 못한
참회를 하여 도유성사를 받아서 깨끗하게 정죄되어 천국으로 가기 위해 연옥에
서 지상으로 돌아온 것이다. 그래서 햄릿에게 복수의 임무를 부과하는 것이다.
유령의 말에 의하면 자신은 '화염의 불길' 속에 있으며 카톨릭교에 의한 고해성
사를 받아서 천국에 가려하는 것이다. 그러나 햄릿이 유령의 말을 듣고 "그대의
명령만을 내 뇌수라는 장부 한 가운데 기록해두고"(And thy commandment all

alone shall live/ Within the book and volume of my brain,)(1.5.102-3)라고 단단히 결심만 한다. 클로디어스의 실체를 시험하고 확실한 증거를 잡기위해 험난한 길을 걷는다.

여기서 우리는 셰익스피어가 당시 사람들의 유령에 대한 이교도적 관점에 주의를 기울일 필요가 있다. 유령이 무서운 존재, 초자연적 존재 그리고 신비감을 가지고 있다는 것은 전승되어 오는 이야기 속에 남아있는 데 이제 셰익스피어는 햄릿을 통해 유령에 대해서 처음에는 개신교적 입장을 보여 혹 악마가 가장하여 나쁜 짓을 하려는 것이 아닌가에서 카톨릭교적 관점을 취해 연옥에서부터 이 세상에서 정리하지 못한 것을 해결하기 위해 지상에 왔음을 밝혔다.

그럼에도 불구하고 햄릿은 유령의 말을 완전히 믿고 그대로 실천에 옮기지 않고 클로디어스의 실체를 여러 방법으로 시험하려고 거짓 미친척 하는 행동들을 보여 유령에 대한 이교도적 관점인 유령의 초자연성, 상징성, 신비성 등을 첨가시켜 비밀스럽고 수수께끼 같은 극적구조를 엮어나가고 있다. 이렇듯 셰익스피어는 유령에 대한 전략적 장치를 여러 겹으로 하고 있어 "유령에 대해 무지한 상태에서 『햄릿』을 읽으면 셰익스피어의 예술을 잘못 아는 위험에 빠진다"(Wilson 86)는 것 뿐 아니라 예술성의 정교함을 맛보지 못하게 된다는 점을 보여주었다고 하겠다.

4. 『햄릿』과 양광설(Antic Disposition)

양광설(佯狂說) 즉 '거짓 미친 척 하는 것'은 『햄릿』 이해에 있어 유령의 문제만큼이나 예민하고 중요한 문제이다. 우리는 일상생활 가운데서도 '거짓 미친 척' 하는 경우를 많이 보고 이것이 위기를 극복하거나 자기 합리화를 할 수 있는 적당한 방법임을 잘 알고 있다. 숙제를 해오지 않은 학생이 갑자기 배가 아프다고 양호실에 가서 그 위기를 모면하는 경우도 있고 기말고사 시험을 제대로 준비하지 못한 학생이 시험 30분 전 쯤 전화를 걸어 버스를 놓쳤으니 2시간 후 쯤 와서 시험을 치르겠다는 등 황당한 제안을 하는 것도 '거짓 미친 척' 하는 행위로 볼 수 있다. 햄릿은 유령을 만나 복수해 달라는 부탁을 받고 호레이쇼에게 "거짓 미친 척 할거야"(To put an antic disposition)(1.5.172)라고 말하면서 자신은 검은 상복을 입고 미친 척 할 것임을 천명한다.

이런 경우 햄릿의 '거짓 미친 척 하는 것'은 어떤 일을 회피하거나 자기 합리화를 위한 것이 아니다. '미친 척' 또는 '광증', '광기'라는 가면을 쓰고 현실을 좀 더 직시하고 자신이 취할 정확한 행동을 위한 '거리두기' 혹은 '마스크 쓰기'(masking)로 보아야 할 것이다. 그것도 그럴 것이 어린 왕자 햄릿이 하여야 할 임무는 절대 권력을 가진 클로어디스 왕을 죽이는 엄청난 일이다. 클로디어스는 삼엄한 경계 속에 보호를 받고 있으며 거투르드 어머니는 현재 왕의 왕비이다. 클로디어스 옆에는 항상 지략이 뛰어난 폴로니어스가 있고 초등학교시절부터의 두 친구 로젠크란츠 와 길덴스턴도 적군에 가담해 있으니 혼자 몸인 햄릿은 정상적인 방법으로 문제에 접근할 방도가 없는 것이다. 그래서 거짓 미친 척 할 수밖에 없는 것이다. 햄릿이 정말로 미쳤는가 아니면 미친 척 한 것인가에 대한 논란이 있지만, 햄릿이 진짜 미친 것은 아니라 미친 척 하면서 자신이 해야 할 일을 상당히 주도면밀하게 한다고 보아야한다. 단지 미친 척함으로 주위의 경계를 누그러뜨려, 상대방이 좀 방심하게 하여 자신의 길을 가는 데 용이하게 이용했을 뿐이다.

그런데 거짓 미친 척하다 보니까 어떤 장면에서는 정말 미친 사람인 것처럼 행동하는 경우도 있다. 오필리어 방에 들어가 완전히 실성한 사람처럼 행동한다든가, 거투르드와 이야기하는 중에 커튼 뒤에 숨어 있는 폴로니어스를 살해한다든가, 폴로니어스와 세상이야기를 할 때 횡설수설한다든가, 오필리어의 장레식에서 레어티즈와 몸싸움을 하는 경우 등은 정말 미친 사람의 행동이라고 볼 수 있다. 그러나 이러한 행동들은 좀 과다하기는 하지만 들뢰즈(Deleuze)가 말하는 '탈영토화된 욕망기계'(deterritorialized desiring machine)의 관점에서 보면 복수라는 거대한 의무를 수행하기 위한 욕망기계가 작용하는 어쩔 수 없는 방법으로 볼 수 있다.

물론 햄릿이 사색적인 면이 많고 브래들리가 말하는 대로 우울증 환자이기 때문에 복수를 지연한다고 볼 수도 있으며 정신 분석학자들의 주장처럼 '오이디푸스적 편집증'에 빠져있어 나약하고 사색적인 인물로 나타낼 때도 있다. 하지만 전체적으로 보면 모든 과정을 통해 햄릿은 복수라는 의무를 철저히 수행하기 위해 '광기'라는 가면 뒤에 숨어 사악한 클로디어스를 없애고 국가를 새롭게 세워 탈영토화시킨 '세상을 바로잡은' 인물로 보아야 할 것이다.

햄릿이 광기를 나타내게 되는 것은 유령을 만나서부터 이다. 유령은 살아생전의 햄릿대왕의 모습을 아주 근엄하게 갖추고 엄격하게 "추악하고 가장 부도덕한 살인에 대해 복수하라"(Revenge his foul and most unnatural murder)(1.5.25)고 명령하며 "너의 아버지의 생명을 독살시킨 그 뱀이 지금 왕관을 쓰고 있다"(The serpent that did sting thy father's life/ now wears his crown)(1.5.39-40)라고 폭로한다. 단지 "너의 어머니에 대해서는 네 마음을 더럽히거나 영혼에 흠이 가는 일을 하지 말고, 어머니는 하늘에 맡기라"(Taint not thy mind nor let thy soul continue against thy mother aught. Leave her to heaven)(1.5.85-6)고 당부한다. 유령의 부탁은 두 가지라고 말 할 수 있다. 첫째는 현재의 왕 클로디어스에게 복수하라는 것과 어머니 거투르드는 하늘에 맡기라는 것이다.

이 유령의 말을 듣고 햄릿은 "내 예언적 영혼"(O my prophetic soul)(1.5.41)이라고 외친다. 갑자기 아버지가 돌아가시고 어머니는 시동생인 현재의 클로디어스와 '너무 빠른 속도로' 결혼하고 자신에게 와야 할 왕관은 숙부에게 돌아간 현재의 덴마크의 상황을 도저히 이해할 수 없고 무언가 의심적은 것이 있다고 무의식 속에서 생각했던 의문들이 유령을 만나 작동하기 시작한 것이다. 햄릿이 검은 상복을 오래 입고 다닌다면서 어머니가 그 슬픔이 어찌 햄릿에게만 특별한 것처럼 '보이려고' 하느냐라는 질문에 다음과 같이 대답한다.

보인다고요, 어머님? 아니, 그렇습니다. '보인다'는 것을
소자는 이해하지 못하옵니다, 어머님. 유독 시커먼 제
외투만으로도, 습관상 입는 엄숙한 상복으로도, 억지로
지어 보이는 꺼질 듯한 탄식으로도, 아니, 넘치는 강물과도
같은 눈물로도, 얼굴에 나타나 있는 비탄에 젖은 표정으로도,
이와 함께 온갖 애도의 격식, 표정, 모습들로도 아니옵니다,
진정 저의 심정을 나타낼 수 있는 것은. 그런 것이야 말로
그럴싸하게 꾸며 보이는 것, 누구나 해보일 수 있는
연기이지요. 그러나 소자는 이 가슴 속에 겉치레로는
들어내 보일 수 없는 것을 품고 있어서 그것들은 슬픔의
장식품이나 의상으로는 나타낼 수 없는 것이옵니다.

Seems, madam! nay it is; I know not 'seems.'
'Tis not alone my inky cloak, good mother,
Nor customary suits of solemn black,
Nor windy suspiration of forced breath,
No, nor the fruitful river in the eye,
Nor the dejected 'havior of the visage,
Together with all forms, moods, shapes of grief,
That can denote me truly: these indeed seem,
For they are actions that a man might play:
But I have that within which passeth show;
These but the trappings and the suits of woe. (1.2.76-86)

여기서 햄릿은 자기의 검은 상복이라는 겉모습과 내부의 갈등을 결코 같은

것이 아니라며 상복으로는 도저히 표현할 수 없는 깊은 슬픔이 있다고 말하면서 앞으로 연기할 것을 암시한다. 고스(Ghose)는 이 장면에 대해 "언어는 결코 측량할 수 없는 실체를 표현할 수 없고, 감정의 깊은 곳에 뿌리내리고 있는 것은 계속 괴롭히고 억압하는 현존으로 남아있다"(11)고 분석한다. 그런데 여기서 햄릿이 하려고 하는 연극은 왕을 죽이는 일과 국가를 뒤엎는 엄청난 일이기 때문에 조금치의 겉모습도 보이지 말아야 하며 은밀히 진행되는 고도의 연기 기술이 요구되는 것이다. 아르또가 "연극의 목적은 은밀한 진실을 객관적으로 표현하는 것이며, 생성되는 것과 충돌하면서 형태 속에 파묻혀 있던 진실을 광적인 제스쳐를 통해 탄생 시키는 것"(103)이란 말은 햄릿의 입장을 대변하는 셈이다. 그래서 햄릿은 목적을 달성하기 위해 두 가지 방법인 잔인한 연기를 할 것과 광적인 제스처를 쓰겠다고 천명한다. 진실을 캐내기 위해 잔혹한 행동을 '광기'로 헤쳐 나가야 한다. 그래서 햄릿은 '곤자고의 살인'을 과감하게 클로디어스 앞에서 공연시키고 미친 사람처럼 오필리어의 무릎을 베고 연극 구경을 한다.

햄릿은 이 세상이 감옥이라고 생각하면서도 절망하거나 좌절하지 않고 '사느냐 죽느냐, 그것이 문제로다'라고 고민하고 처절하게 자신의 입장을 성찰한 후 그런 감옥과 같은 곳, 생의 질곡에서 "나는 호두 껍질 속에서도 무한한 공간의 왕으로 나 자신을 계산 한다"(I could be bounded in a nutshell and count myself a king of infinite space)(2.2.254-5)라고 역설적으로 말하면서 앞길을 헤쳐 나간다. 이는 그가 죽어 없어지고 싶은 세상이지만 양심과 판단력을 가진 지성인이기 때문에 이런 영토를 벗어나려는 의지를 가지고 있다는 뜻이다. 광기에 사로잡혀 잔혹한 연기를 통해 탈공간화, 탈영토화하려는 욕망기계임을 밝히는 것이다.

햄릿이 오필리어에게 연애편지를 아주 열렬하게 페트라르카 풍으로 쓴 말미에 "그대는 영원히, 이 몸에 이 기계가 있는 한, 나의 가장 고귀한 여인이여"

(Thine evermore, more than lady, while this machine is to him)(2.2.122-3)라고 쓰고 있어 햄릿은 자기를 하나의 기계라고 말한다. 이 '기계'에 대해 톰슨은 주석에서 '육체적 형체'로 보았지만 젠킨스는 '여러 부분으로 이루어진 복잡한 구조물'로 해석하고 브라이트(Bright)는 기계를 몸(body)으로 보고 이 몸은 영혼으로 작동되는 '엔진'이라고 설명한다. 몸이라는 기계는 영혼으로 움직이고 작용하여 어떤 것을 성취하는 '욕망기계'라는 들뢰즈의 이론과 부합되는 것이다. 이런 엔진을 가동시키는 힘은 결국 욕망이기 때문이다. 일찍부터 햄릿은 '광기'를 품고 잔혹한 연극놀이를 통해 자신의 복수라는 의무ㅡ이것은 크나큰 욕망이다ㅡ를 수행하기 위해 끊임없이 작동하고 있는 것이다.

햄릿이 '광기'를 통해 자기 영토를 벗어나 새 영토를 추구하는 행동가운데 거투르드에게 독설을 퍼붓는 장면과 폴로니어스를 죽이는 장면은 잔혹연극의 기법으로 자기역할을 아주 잘 수행한 부분이다. 거투르드에게 돌아가신 햄릿대왕은 하이퍼리언(Hyperian)이나 조우브(Jove)나 머큐리(Mercury)와 같은 위대하고 빛나는 신과 같은데 클로디어스는 "온전한 형을 시들어버리게 한 깜부기병에 전염된 보리이삭"(a mildew'd ear/ Blasting his wholesome brother)(3.4.64-5)과 같다며 그렇게 된 것은 어머니가 염치도 수치심도 없는 욕정 때문이라고 독설을 퍼붓는다. 미친 것처럼 흥분해서 말하지만 그 속에는 햄릿의 끓어오르는 감정이 어떻게든 병든 어머니를 돌이켜 보고자하는 깊은 욕망이 작동하고 있는 것이다.

> 아, 염치여, 너의
> 수치심은 어디 있느냐? 역심을 품은 욕정아,
> 네 놈이 중년여인의 뼈 속에서도 반란을 일으킬 수 있다면
> 열정이 불타는 청춘에게서는 미덕이 양초가 되어 그 자체의
> 불길 속에서 녹아내려도 당연한 일. 찬 서리에 정욕을 식힐
> 나이의 여인이 뜨거운 정욕에 불타고, 이성이 정욕을 조장하는

뚜장이 짓을 하는 판이니, 청춘의 욕정이 치밀어 올라와도
부끄러운 일이라고 부를 것도 없다.

O shame! where is thy blush? Rebellious hell,
If thou canst mutine in a matron's bones,
To flaming youth let virtue be as wax,
And melt in her own fire: proclaim no shame
When the compulsive ardour gives the charge,
Since frost itself as actively doth burn
And reason panders will. (3.4.82-8)

그 때 유령이 나타나서 흥분한 햄릿에게 "무디어진 결심의 칼날을 갈아주되"(to whet thy almost blunted purpose)(3.4.110), "네 어머니의 괴로워하는 영혼을 보살펴 주도록 하여라"(O step between her and her fighting soul)(3.4.112)라고 말한다. 햄릿 눈에는 유령이 보이나 거투르드 눈에는 아무것도 보이지 않는다. 거투르드는 허공에 대고 말을 하는 햄릿을 완전히 미친 것으로 보아 "광증은 참으로 교묘하게도 이런 허망한 환상을 그려낸다고 하더라"(This bodiless creation ecstasy is very cunning in)(3.4.138-9)라고 속단한다. 하지만 햄릿은 "제가 한 말은 광증에서 나온 것이 아닙니다. 나를 시험해 보십시오. 그 말을 어김없이 다시 옮겨 놓을 테니"(It is not madness that I have utterd, Bring me to the test, and I the matter will re-word)(3.4.142-5)라고 응답하여 광기를 통한 욕망 기계의 교묘한 작동임을 밝힌다. 어머니 거투르드는 변명할 여지가 없고 햄릿 앞에서 자신이 할 일이 무엇이냐고 물을 수밖에 없다. 햄릿은 "이렇게 잔인한 것도 어머님을 위한 충정일 뿐"(I must be cruel only to be kind)(3.4.179)이라고 말하여 새로운 세계의 창조를 위해 잔인한 연기를 할 수 밖에 없다고 말한다. 그리고 방금 전에 커튼 뒤에 숨어 있다가 햄릿의 단검에 죽은 폴로니어스의 시체를 끌고 나가면서 "이 수다장이 영감도, 살아생전에는 말 꽤나 많던 어리석은 영감이더

니, 이제는 과묵해져 비밀도 지키고 조용히 있겠지요"(This counsellor is now most still, most secret, and most grave, who was in life a foolish prating knave)(3.4.214-6)라고 말해 하나씩 하나씩 문제를 정리하고 있음을 볼 수 있다.

햄릿은 사랑도 '광기'를 통해 잔인한 연극 – 그래서 오필리어를 수녀원으로 가라고까지 말하는 – 으로 보여주지만 그녀의 장례식에서는 레어티즈와 심한 다툼을 하면서 다음과 같이 말하여 자신이 모든 과정을 마치고 이제는 자기 사랑 – 그것이 들뢰즈가 말하는 탈영토인데 – 을 말한다.

> 나는 오필리어를 사랑했었다.
> 사만명의 오라비가 그들의 사랑을 모조리 합쳐가지고
> 덤벼도 내 사랑에는 당하지 못하리라.

> I loved Ophelia: forty thousand brothers
> Could not, with all their quantity of love,
> Make up my sum. What wilt thou do for her? (5.1.236-8)

레어티즈와의 칼 싸움은 죽음이 전제된 최후의 결단이다. 레어티즈는 불란서 빠리에서 대학을 다니면서 정식으로 펜싱을 배웠고 햄릿은 검은 상복이나 입고 우왕좌왕 하면서 지냈으니 이 칼싸움은 누가 봐도 레어티즈가 이기게 되어 있다. 더군다나 클로디어스가 만약을 대비해서 포도주 잔에 독을 타 놓았으며 레어티즈의 칼끝에도 독이 묻어 있으니 이중삼중의 장치가 되어 있는 막다른 골목에 햄릿이 갇히게 된 것이다. 그럼에도 불구하고 햄릿은 호레이쇼의 만류에도 불구하고 "하늘의 뜻"(providence)(5.2.192)을 믿고 또한 호레이쇼에게 격분한 것에 대해 그것은 모두 "광증 때문이었네"(I here proclaim was madness)(5.2.214)라고 말하면서 용서를 빌어 화해를 한 후 칼싸움에 임한다.

전후 사정을 다 알아 햄릿은 마지막으로 클로디어스를 죽여 복수라는 임무를 완성하고 무질서와 부패의 덴마크를 포틴브라스가 맡을 것을 유언으로 남기고 "이제는 침묵이 있을 뿐"(The rest is silence)(5.2.337)이라고 말하고 평온히 잠든다. '광기' 속에서 잔혹한 연기를 통해 햄릿은 '단순한 존재'(being)의 영토를 극복하고 '형성되는 존재'(becoming, fashioning)로 변모하는 새 역사를 창조하는 지성인이라고 할 수 있다.

5. 『햄릿』과 영화

햄릿 텍스트를 읽는 것은 어려운 일이다. 단어의 뜻이 오늘날 우리가 사용하는 것과 다르고 문장의 구조가 현재의 영어와 다르다. 그래서 텍스트를 읽을 때는 주석이 필수적이다. 판(edition)이 여러 개 있어 어떤 것이 정전(canon)인지 구분하기도 어렵다. 그러나 많은 학자들의 도움으로 대부분의 셰익스피어 텍스트는 읽기에 알맞도록 편집되고 주석도 잘 되어 있다. 그렇더라도 읽기가 생각처럼 쉽지가 않다. 대학 영문과에서 『햄릿』 수업을 수강하는 학생들이나 학점을 받기 위해 억지로 읽거나 아니면 강의시간에 교수님이 자세하게 설명하면서 시험에 나올 것이니 밑줄 쳐가며 읽으라고 할 때나 텍스트에 관심을 갖는다.

『햄릿』뿐이 아니라 시나 소설 등 읽는 것을 소홀히 하는 것이 요즈음 학생들의 일반적 경향이다. 젊은이들만 그런가. 어른들, 어린이들 할 것 없이 읽는 것 보다는 화면을 더 좋아한다. 그래서 영화가 책보다 훨씬 인기가 있다. 『햄릿』도 예외가 아니어서 지난 400여 년 동안 수많은 영화, 연극, 뮤지컬, 만화 등이 리메이크되었다. 그중에 유명한 몇 개의 영화에 대하여 살펴보고 『햄릿』 영화의 여러 차이점 및 문제점 등을 알아보도록 한다. 『햄릿』의 영화화에 대하여 설명하려니 『사랑에 빠진 셰익스피어』(*Shakespeare in Love*)라는 영화에 대하여 이야기하지 않을 수 없다.

아마도 셰익스피어와 관련된 영화중에서 가장 유명하고 흥행을 거둔 것은 『사랑에 빠진 셰익스피어』일 것이다. 『햄릿』이나 『로미오와 줄리엣』 또는 『베니스의 상인』 같은 널리 알려진 작품들이 수 없이 영화화되었지만 『사랑에 빠진 셰익스피어』만큼 재미있고 유익하며 영화로서의 완결미를 가진 것은 당분간 나타나기 어려울 것 같다.

『사랑에 빠진 셰익스피어』는 사실과 허구를 교묘히 짜 맞춘 또 하나의 상상의 산물이다. 셰익스피어에게 『로미오와 줄리엣』의 줄리엣, 『베니스의 상인』의 포샤, 『당신좋으실대로』의 로질린드, 『열두번째 밤』의 바이올라와 같은 불멸의 아름다운 여인을 창조하게 한 모델이 될만한 여인은 과연 누구일까라는 가정과 그런 여인에 대한 추적을 바탕으로 탄생한 것이 『사랑에 빠진 셰익스피어』라는 영화이다.

스트래트포드 어펀 아본이라는 저 시골에서 처와 자식을 내팽개쳐 놓고 런던의 옥탑 방에서 바로 넘겨주어야 할 연극의 대본을 쓰지 못해서 전전긍긍하는 셰익스피어. 아마 끼니도 제대로 채우지 못하고 원고지에 엉뚱한 몇 자를 긁적이다가 구겨서 휴지통에 던지기를 반복하는 초라하고 신경질적인 셰익스피어. 시도 쓸 수 없고 사랑도 할 수 없는 절망에 빠져있는 이런 셰익스피어에게 펜을 다시 들어 영감에 취해서 줄줄 글을 쓰게 하고 심장의 박동이 방을 흔들게 할 그야말로 셰익스피어의 온 몸과 마음을 사로잡은 한 여인이 나타난다. 이 여인으로부터 셰익스피어의 펜은 영감을 얻어 실타래를 풀어내듯 시와 각본을 쓰게 하고, 셰익스피어는 온전히 미친 듯이 사랑에 빠지는 황홀하고도 그래서 더욱 위험한 모험의 세계가 시작된다.

극장에서 새로운 연극에 참여할 지원자들의 오디션이 열리는 곳에 셰익스피어가 나타난다. 토마스 켄트(Kent)라는 배우에게 눈길이 끌린 셰익스피어는 그 지원자가 누구인지 쫓아가지만 놀란 켄트는 도망간다. 끝까지 추적하는 세익스피어는 그 지원자가 강(아마도 아본 강을 상징하겠지만)의 나룻배를 타고 급히 대 저택으로 들어간다. 마침 이곳에는 『로미오와 줄리엣』에서와 같이 한참 파티가 벌어지고 있다. 이 파티에 로미오처럼 위험을 무릅쓰고 몰래 숨어 들어간 셰익스피어는 한 여자와 단번에 사랑에 빠진다. 그러나 이 여자가 켄트라는 남자로 변장해서 오디션에 참석했던 바이올라라는 사실이 밝혀지고 또한 웨섹스 백작과 약혼한 여자임이 알려진다.

켄트와 바이올라는 같은 사람인데 변장을 했다는 점, 웨섹스 백작의 분노 때문에 크리스토퍼 말로우가 살해된다는 점, 웨섹스 백작의 결혼은 엘리자베스 여왕의 허락을 받아야한다는 점, 당시에는 여성배우가 무대에 설 수 없다는 점 등이 복합적으로 작용하여 『사랑에 빠진 셰익스피어』는 흥미와 긴장감을 더해 준다. 그러나 주요한 플롯은 역시 사랑의 신비, 사랑의 힘, 사랑의 마력이라 할 수 있다. 셰익스피어는 끼니도 제대로 채우지 못하는 곤궁에 빠져있다. 약속시간이 지났는데도 각본을 넘겨주지 못한다. 이런 궁지에서 사랑하는 여인을 만났다는 것은 시적 상상력이 날개를 다는 순간이다. 사랑은 시적 창조의 근원이며 여성의 사랑의 힘이 작용할 때 남자의 펜은 영감을 얻고 그 여인을 '영원한 여인으로, 미의 화신'으로 바꾸어 놓는다. '사랑에 빠진 셰익스피어'는 시적 영감을 되찾고, 그 펜에 의해 바이올라는 셰익스피어의 불멸의 사랑과 여인으로 형상화된다.

또한 『사랑에 빠진 셰익스피어』는 연극의 위대한 힘을 보여주기도 한다. '연극이 정말로 진실한 사랑을 보여줄 수 있는가?'라는 문제를 놓고 엘리자베스 여왕은 수많은 관중들 앞에서 내기 시합을 제안한다. 이때 바이올라의 여종으로 변장해있던 셰익스피어는 '연극이 진실한 사랑을 표현할 수 있다'는 쪽에 50파운드의 내기를 건다. 셰익스피어 당시에 치안판사의 연간 수입이 20파운드였다니 50파운드라면 현재의 한국 돈으로 대충 환산하면 2억원의 돈이 될 듯하다. 이 거액의 내기는 이 영화 마지막에 멋지게 공연되는 『로미오와 줄리엣』을 통해 셰익스피어의 승리로 돌아간다. 50파운드의 돈이 셰익스피어에게 결국 돌아간다는 것은 사랑과 연극의 승리를 상징한다.

이 영화에는 크리스토퍼 말로우를 중심으로 한 많은 실제 인물들이 등장하여 사실과 허구가 교묘한 융합을 이루고 있다. 그 중에 엘리자베스 여왕의 등장은 사실적인 면과 더불어 절대군주의 위엄을 나타내주며 동시에 재치와 자신감 넘치는 엘리자베스의 역할을 통해 바이올라로 상징되는 여성의 발랄하고 자유스러운 기지를 나타내주기도 한다. 이런 여러 가지 면을 고려해 볼 때『사랑에 빠진 셰익스피어』는 사랑과 연극의 힘이 얼마나 큰 것인가를 실감나게 보여주며 특히 남자에게 있어 여성은 시적 상상력의 원천이며 삶의 원동력임을 부각시켜준다. 이 영화는 400년 전의 셰익스피어를 그 전기적 사실이 별로 없는 죽은 나무 등걸에다가 사랑의 잎을 무성하게 피워 현대인의 가슴 속에 희망과 꿈과 사랑의 상상력을 마음껏 발휘하도록 하여 문학을 통한 인간 인식의 영역 확장을 극대화한 것으로 볼 수 있다.

『사랑에 빠진 셰익스피어』는 사실과 허구를 교묘히 결합시켜 상상력을 자극시켜 400여 년 전의 셰익스피어를 오늘의 시각에서 다시 꽃피운 명작이다. 이러한 셰익스피어 개인의 전기를 바탕으로 영화가 성공적으로 이루어졌는데, 그의 최고의 명작이라는『햄릿』은 더욱 다양하고 풍성하게 영화로 재생산되는 것은 너무도 당연한 것이다. 『사랑에 빠진 셰익스피어』는 하나의 여인의 사랑에 빠졌지만 햄릿은 무수한 시각의 그물에 빠진다. 낭만적 그물, 심리적 그물, 부조리적 그물, 해체적 그물 등 그 그물은 수없이 많았고 앞으로도 많을 것인데 그물은 언어를 통해, 장면의 뒤바뀜을 통해, 배우의 교체를 통해, 카메라 앵글을 통해 수없이 우리에게 다가올 것이다.

지금까지『햄릿』에 대한 영화는 대략 100편 이상 만들어진 것으로 알려져 있다. 전 세계에서 여러 모양으로『햄릿』이 영화화되기 때문에 정확한 숫자는 알 수 없으나 'The Internet Movie Database'에 따르면 그렇다는 말이다. 물론 이 많은 영화중에는 셰익스피어의 원전에 가까운 것들도 있고 이름만 『햄릿』을 빌려왔을 정도로 원전을 삭제하고 또는 다른 말로 바꾸고 하여 완전히 새로운 『햄릿』만들기로 바뀐 것들도 있다. 셰익스피어 당시의 복장과 언어를 사용하는 전통적인 것도 있지만 『햄릿 2000』이나 『햄릿2, 2008』같이 완전히 현대 옷을 입혔거나, 내용과 언어를 바꿔치기한 것들도 있다. 그런가 하면 어린이들을 위한 『만화 햄릿』(The Animated Hamlet)도 있다. 여기서는 로렌스 올리비에 감독, 주연의 『햄릿』(1948), 제피렐리 감독, 멜 깁슨 주연의 1990년 출시된 『햄릿』, 브래너 감독의 1996년 『햄릿』, 그리고 1980년 BBC의 『햄릿』, 『햄릿 2000』, 『햄릿2, 2008』과 『만화햄릿』에 한정하여 설명하고자 한다,

원작에 대한 충실성과 삭제의 관점에서 보면 올리비에의 『햄릿』과 브래너의 『햄릿』이 대표적인 영화이다. 올리비에는 많은 장면을 삭제하여 『햄릿』을 2시간 30분짜리 영화로 만들어 자신이 생각하기에 군더더기 부분은 없애고 영화의 목적에 맞는 부분을 강조하였다. 반면에 브래너는 원작 『햄릿』에서 단 한 줄도 삭제하지 않을 정도로 원전을 그대로 보여주자는 뜻에서 상영시간 3시간 58분짜리 영화를 만들었다. 영화감독에 따라 원전을 얼마만큼 다룰 것인가와 어느 장면을 어떻게 배열할 것인가가 결정되며 어떤 배우에게 배역을 맡길 것인가에 따라 영화는 커다란 차이점을 보인다. 그런 의미에서 올리비에의 『햄릿』은 영화 가운데 시대적으로 보나 내용적인 면에서 보나 선구적이라 할 수 있다.

올리비에는 자신이 햄릿 역을 했던 연극적 체험과 개인의 뜻을 이 영화에 담아 독특한 『햄릿』을 만들어냈다. 원전에서 많은 부분을 삭제하여 적당한 길이로 만들어서 어찌 보면 정치적인 극을 가족의 극으로 알뜰하게 축약하여 햄릿 개인의 심리적 내면에 초점을 맞추었다고 볼 수 있다. 햄릿 내면에 초점을 맞춘 것도 올리비에 자신이 주연이고 감독이었기 때문에 훨씬 더 효과를 볼 수 있었던 작업이고 그 원인은 순전히 올리비에 자신의 어린 시절의 경험이 기억을 통해 재창조되었다고 하겠다. 유난히 이 영화는 거투르드와 햄릿의 관계가

어필되는 것은 그러니까 올리비에 자신의 어린 시절의 성적학대 경험이 '오이디푸스 컴플렉스'로 작용하여 좀 더 강하게 작동하였기 때문일 것이다. 이 영화에서는 햄릿의 초등학교때부터의 두 친구 로젠크란츠와 길덴스턴을 비롯 레이날도, 볼티먼드, 포틴브라스는 등장하지 않고 햄릿과 클로디어스 및 거투르드라는 가족과 폴로니어스와 레어티즈및 오필리어라는 두 가족의 갈등에 더 많은 초점이 맞추어져 있다. 그리고 이 영화에는 '자기 마음을 결정하지 못한 한 남자의 비극'이라는 자막으로 시작하는 것처럼 햄릿의 마음과 행동이 주축이 된다. 햄릿 주인공의 심리적 상태는 전개되는 장면의 생략이나 재배열로 상징적 효과를 보여준다. 이 영화의 가장 큰 특징은 성적 억압과 가정의 비극 속에 짓눌려 있는 햄릿의 고뇌의 과정을 카메라 앵글을 통해 상징적으로 표현했다는 점이다. 컴컴한 엘시노 성과 그곳의 꼬불꼬불한 복도, 텅 빈 커다란 방, 주인 없는 긴 의자들, 그런데도 다른 것과 비교할 때 유난히 커다란 침대 등은 이 엘시노 성이 삭막하고 으슥하며 무언가 썩은 듯한 인상을 주어 햄릿 자신의 내면세계와 깊은 연관성을 갖게 했다는 점이다.

그리고 '오이디푸스 컴플렉스'를 상징하는 것들은 성벽에 배치된 거대한 대포의 포신이 클로디어스의 남근을 상징하고 자주 나타나는 침대의 천정천이 넓고 둥글어서 여성을 상징하여 햄릿 자신의 심리적 상태와 연관성을 갖는다는 점이다. 이 영화의 가장 큰 특징은 아마도 거투르드의 침실장면일 것이다. 원작에서도 그렇고 다른 영화에서는 침실장면에서 햄릿이 거투르드에게 너무 심하게 독설을 퍼부어 거투르드가 거의 기절할 정도이고 햄릿은 무서 우리만치의 광기를 불러일으킨다. 그러나 이 영화에서는 선왕의 유령이 나타나 어머니에게 너무 심하게 굴지 말라고 한 뒤부터 햄릿의 어머니에 대한 태도는 누그러지다 못해 다정한 연인이나 어머니 품에 안기는 어린 아기처럼 변한다는 것이다. 이렇게 아주 공격적인 태도에서 갑자기 소극적이고 성적으로 후퇴하는 모습은 오필리어에게도 마찬가지다. 오필리어에게 '수녀원'으로 가라고 열을 올리던 공격적 태도는 갑자기 에로티시즘으로 변한다. 그러니까 이 영화에서 올리비에는 햄릿을 빌어 그 내면에 흐르는 욕망과 회귀라는 오이디푸스적 감정을 짙게 반영하고 있다고 볼 수 있다. 다른 영화에서 중요하게 여기는 질서의 회복과 왕권의 회복을 상징하는 포틴브라스를 아예 배역에서 빼버린 것은 의아한 일이기는하나 햄릿 중심의 가정비극을 표현하려거나 햄릿의 내면적 심리 세계에 초점을 맞추려는 올리비에에게는 포틴브라스로 인하여 햄릿의 모습에 부정적 영향이 끼칠 것을 차단하려는 방법이었을 것이다.

　　필요한 부분만 취사선택하고 장면을 바꿔치기한 올리비에의 영화에 비해 브래너의 1996년 작『햄릿』은 그야말로 원전의 충실화 작업 이라고 할 수 있다. 되도록 완벽하게 전 대사를 영화에 담는다는 것은 브래너의 독특한 방법이다. 올리비에가 관심도 갖지 않았던 부분 – 예를 들면 폴로니어스가 하인 레이날도에게 사생활을 알아보는 구체적 방법까지를 지시하는 장면 – 까지도 엄청난 배우들을 투입시켜 영화화한다. 그 유명한 찰턴 헤스틴이 햄릿이나 적어도 레어티즈같은 역도 배정받지 못하고 몇 마디 대사나 하는 배우 1번으로 등장한다. 이러한 브래너의 의도는 과연 무엇이었을까? 아마도 브래너는 하나의 목적을 가진『햄릿』을 햄릿의 전부라고 생각지 않은 것 같다.『햄릿』은 사색에 빠져있는 우유부단하며 복수를 지연하는 것으로만 해석될 수 없다고 본 것이다.『햄릿』은 우유부단한 사색가의 고민의 극이기도 하며, 철저히 복수해야할 복수극이며, 배신을 다룬 사랑의 극이기도 하고, 죽느냐 사느냐로 심각한 고민을 하는 존재론을 다룬 철학적 연극이며, 거대한 조직 속에 개인이 발버둥치는 부조리극이며, 동시에 모든 것을 주도면밀하게 준비하고 실천하여 복수로 마무리 짓고 질서를 창조하며 햄릿 자신은 종교적인 편안함에 이른 도덕극이기도 한 점을 브래너는 염두에 두었을 것이다. 셰익스피어가 쓴 내용을 거의 완벽하게 무대에 올려놓음으로 브래너는 더욱 다양하게 영화의 효용성을 나타내려한 것이다. 그러나 문제는 있다. 이 긴 내용을 영화에 담자니 적당한 수법이 있어야 했다. 그래서 브래너는 스펙터클한 구성을 염두에 두었고 긴 대사를 다 포함하기 위해 대사를 빠르게 진행시키고 배우들의 특색 있고 풍부한 연기와 영화 속에 각종 현대적 작업을 시도했다.

이 영화는 스펙터클을 위해 와이드 스크린을 사용하고 화려한 세트를 차려 놓음으로 관객을 사로잡게 하였다. 그런 것 중의 하나는 엘시노 성의 방안에 수 없이 박혀있는 거울의 사용법이다. 햄릿이 유명한 '사느냐 죽느냐'의 대사를 할 때에는 햄릿이 거울에 반영된 자기 얼굴을 응시하면서 독백하게 하여 '자아'와의 내면적 대면을 상징적으로 보여준다. 반면에 햄릿을 감시하는 클로디어스와 폴로니어스는 회전문의 거울을 이용함으로써 비밀의 통로가 된다. 거울이 한 가지 목적으로만 쓰이지 않고 맡은 역에 따라 서로 다르게 사용되어져서 감시하는 자와 감시받는 자에게 똑같이 쓰여 지는 음모의 도구가 되기도 한다. 대사를 빠르게 한 것은 작품의 전 내용을 담기위해 불가피한데 이것의 효과를 위해 유명배우의 명연기에 의존한 점이 또한 이 영화의 특징이다. 현대적 작업을 시도했다는 것은 엘시노 성을 '잡초만 우거진 악취 나는 정원'으로 하기위해 클로디어스의 음모와 거투르드의 근친상간과 불륜을 오우버랩으로 처리하고 이런 상황 속에서 삶의 의미까지 심각하게 질문케 하여 궁정이 중세적 덴마크가 아닌 현대에 더 어울리는 '생각하게 하고 벗어나야할 곳'으로 설정하였다는 점이다. 이 영화에는 햄릿과 오필리어가 침대에 누워있는 장면이 나오게 하고 실성한 오필리어가 호스에 의한 물세례를 받는 정신병동의 장면을 설정한 것도 특이하다. 그리고 마지막 장면에서 햄릿과 레어티즈가 칼싸움하는 도중에 난데없이 포틴브라스의 군대가 기습하는 장면이 있는데 이는 포틴브라스를 정당한 왕위의 계승자가 아닌 파시스트적 군사지도자로 보려는 의도가 된다.

브래너가 셰익스피어 원전의 모든 것을 담으려는 것에 비해 프랑코 제피렐리(Franco Zeffirelli)의 의도는 대중성과 상업성을 복합한 것이라고 볼 수 있다. 이태리의 영화감독이며 또한 영화 제작자였던 제피렐리는 인기몰이의 천재였다. 그가 제작한 『끝없는 사랑』(*Endless Love*)은 1981년에 출시되어 상당한 인기와 부를 안겨다 준 작품이다. 다른 영화들은 흥행에 있어 성공과 실패를 늘 넘나들었다. 제피렐리는 멜 깁슨(Mel Gibson)이란 배우를 햄릿으로 캐스팅한 『햄릿』 영화를 1990년 출시함으로 셰익스피어 영화에 있어 젊은이들에게 '현대에 맞는 햄릿'을 창조하는 데 성공하였다. 제피렐리가 생각하는 영화 제작의 근본 목적은 대중화였다. 아무리 좋은 문학작품이라도 도서관에서 잠자고 있다면 소용없고 또 어떤 고전도 고전 내용을 그대로 영화로 재현하는 것은 의미가 없다는 것이 제피렐리의 주장이다. 그 시대 사람들의 요구와 취향에 따라 영화를 만들어 좀 더 많은 인기를 모아야한다는 것이 그의 영화제작 목적이다. 그러니 자연히 대중성과 상업성이 함께 할 수밖에 없다. 대중성이 있다면 사람들이 많이 모여 수입이 늘어나고 수입이 늘어나 더 많은 제작비를 투입하면 더 대중성이 있는 영화가 만들어진다는 것이 제피렐리의 기본적인 경영방법이었다. 그는 영화가 성공하기 위해서는 '잘 만들어진 연극'이 되어야하며 이러기 위해 스토리텔링이 매끄럽고 장면의 변화에 무리가 없고 필요 없는 부분이나 목적에 부합하지 않는 부분은 과감히 삭제해야한다고 생각하여 『햄릿』도 원전의 3분의 2는 잘라버렸다. 그래서 영화의 상영시간은 2시간 9분이 된다. 제피렐리는 과감히 원전을 삭제할 뿐만 아니라 장면의 재배치와 대사의 일부를 다른 곳으로 옮겨서 영화의 목적에 맞게 효과적인 손질을 했다. 제피렐리는 이 영화에서 1막 1장을 없애기도 하고 햄릿이 배우들을 맞이하는 장면도 짧게 처리하고 바로 '극중극'으로 넘어가 과연 햄릿이 '쥐덫'장면을 연기하라고 부탁했는지를 알 수 없게 하기도 하였다.

제피렐리의 『햄릿』 영화성공에는 그의 과감한 캐스팅에 있다고 보아야 한다. 제피렐리가 '영화는 매일 매일의 발견이고, 새로운 것이 언제나 가장 좋은 것'이라고 말한 것처럼 멜 깁슨이란 배우의 캐스팅으로 『햄릿』 영화는 새로운 국면을 맞이한다. 당시의 이름 있는 베테랑 배우들을 제쳐두고 깁슨을 캐스팅

하여 제피렐리는 젊은이들의 취향에 맞는 햄릿을 창조하였다. 전문 비평가들에게는 그리 호평을 받지 못한 깁슨의 햄릿은 대학생들에게는 인기가 있고 지금도 강의 전에 보여주는 제1영화는 제피렐리의 『햄릿』이다.

많은 『햄릿』 영화 가운데 우리가 보통 사색하고 고민에 빠진 지성인의 모습을 가장 잘 표현하는 배우가 깁슨 같다. 그의 조금은 수척한 얼굴과 이마의 주름들, 그리고 좀 쓸쓸하고 외로워 보이는 눈과 눈썹, 그러면서도 의심 많고 무엇인가를 거꾸로 만들려는 저항기 있는 모습이 원전의 햄릿을 가장 많이 닮은 듯하다. 재미있는 스토리텔링에 기초하면서 대중성을 염두에 두고 만든 『햄릿』 영화지만 제피렐리는 여기에서 과감하고 다양하면서도 유령에 쫓기는 우수의 모습을 지닌 깁슨을 통해 좀 더 원전에 새롭게 다가갈 수 있는 햄릿을 만들어 냈다.

『햄릿』 영화화에서 빼놓을 수 없는 것이 BBC에서 제작한 『햄릿』이다. BBC는 1970년대 말부터 1980년대 초에 걸쳐 막대한 제작비를 들여 셰익스피어의 전 희곡 37편을 영화로 만드는 기획을 실행한다. 그 중에 하나가 1980년에 제작된 BBC의 『햄릿』이다. 햄릿 역으로 나오는 데렉 야코비(Derek Jacobi)는 쓰라린 모습을 가진 복합적 지성인의 역을 잘 연기하였다. 그는 사랑과 믿음과 분노를 갑자기 바꾸어 지친 의심으로 바꾸는 역을 잘 감당했다. 그는 가장 가깝고 사랑하는 사람들에게 열정과 아이러니를 동시에 보여 주어야하는 딜레마에 빠지는 역을 잘 소화해냈다. 그리고 그는 해체적 요소를 가진 햄릿으로 포스트 모던 시대의 인물임을 인식케 하였다. 즉 겉으로는 매력적이고, 감수성이 예민하며 높은 마음을 가진 인물 같지만 그 밑바닥에는 그의 분별성과 고상한 의도는 궁극적으로 믿을 수 없는 것임을 보여주었다. 이 영화의 유령은 거짓말하는 저주 받은자 같고 햄릿의 환상처럼 처리된다. 햄릿은 유령을 수호신보다 저주하는 자로 인식하는 것 같고 자신은 '정말 미친 것' 같은 인상을 준다. 그래도 우리는 이러한 햄릿을 용서하게 된다.

클로디어스 역을 담당한 스튜위트(Patrick Stewart)는 햄릿의 복수계획의 도전을 완전히 막는 모습으로 나타난다. 그는 술취한 근친상간자가 아니다. 위기에 처한 덴마크를 새로 건설할 능력있는 CEO로 보이며 왕비 거투르드와 국정에 대해 구애하는 멋진 목소리를 가진 것처럼 보인다. 블룸(Claire Bloom)은 이 영화에서 가장 아름답고 당당하며 동정심을 불러일으키는 거투르드로 그려져 있어서 햄릿이 쉽사리 늙은 왕비로 볼 수 없게 만들었다. 폴로니어스 역을 하는 포터(Eric Porter)는 궁정의 일을 아주 잘 처리하는 교활한 인물로 그려져 있으며 엘리자베스 시대의 버글리(Burghley)경을 가장 많이 닮은 것으로 비추어 진다. 단지 이 BBC『햄릿』에서 오필리어 역을 맡은 워드(Lalla Ward)는 여러 장면을 연기할 때 좀 바보 같은 모습을 보인다.

BBC『햄릿』은 엘리자베스 당시의 사회상을 잘 표현하고 있으며 등장하는 배우들의 화려한 의상, 좀 과장적인 대사들은 관람하는 자들을 15세기나 16세기로 끌고 가는듯한 느낌을 주어 대단한 스펙타클의 위용을 보여준다.

영화『햄릿 2000』은 2000년에 제작된 현대판 햄릿이다. 알머레이다(Michael Almereyda)가 뉴욕을 배경으로 만든 이 영화는 칼 대신 총을 사용하고 덴마크라는 국가를 거대한 덴마크주식회사로 바꾸고 클로디어스왕을 CEO로 설정하여, 형을 죽이고 회사를 강탈한 사람으로 바꾸어 놓았다. 엘시노어 성은 엘시노어 호텔로 변하고 오필리어가 빠져 죽은 개울물은 호텔 앞 분수대의 물로 대치되었다. 그 유명한 '사느냐 죽느냐'의 독백도 햄릿이 직접 말하는 것이 아니고 수도승 닉나한이 설교하는 것으로 처리된다. '쥐덫'장면은 햄릿이 스스로 만든 비디오 몽타주로 대치된다. 오필리어가 실성하여 꽃을 주는 장면은 꽃을 찍은 폴라로이드 사진으로 대치된다. 포틴브라스의 군대는 변호사의 집단으로 바뀌고 레어티즈와 햄릿의 칼싸움 장면은 레어티즈가 피스톨 총을 발사하여 햄릿에게 상처를 주고 자신의 자살로 끝내며 햄릿은 그 총으로 클로디어스를 쏴 죽이는 것으로 처리된다. 특히 햄릿은 실로 짠 모자를 쓰고 마치 정치적 보도자처럼 행동하며 어린아이의 세계에 갇혀 있는 듯하다. 그의 내적독백은 충분히 그의 겉모습을 나타내지는 못한다. 이 영화에서는 폴로니어스 역을 하는 머레이(Bill Murray)가 약간지친 중년의 남자로 나타나 오랫동안 집을 잘 지킨 사람 같은 역을 담당한다. 이 영화에서는 불신과 뜻이 불소통 되는 것이 전화내용을 엿듣는 것처럼 여러 가지 것을 통해 표현된다. 또 유령은 비디오 스크린을 통해 나타나는 등 여러 가지 기술이 이 영화에 소개된다. 현대의 대표적 상업도시 뉴욕을 배경으로 다양한 시도를 하지만 그 근처에는 햄릿의 구조와 정신이 배어있음을 알 수 있다.

플레밍(Andrew Fleming)감독의『햄릿2』는 2008년에 출시된 영화로 '햄릿2'를 창작해서 무대에 올리려는 고등학교 연극반 교사인 대나(Dana)의 이야기로 꾸며진다.『햄릿2』는 이름 없는 가난한 연출가와 배우들이 온갖 난관을 잘 헤치고『햄릿2』를 공연하는데 따르는 여러 가지 사회적 문제점이 노출되고 이것이 논쟁의 대상이 된다. 그래서『햄릿2』는 문화의 갈등과 변화의 장소로써의 모습을 소개한다.『햄릿』은 오랫동안 고급문화의 정전으로 취급되었지만 이『햄릿2』에서는 코믹한 락 뮤지컬로써 과거의 가치와 기준을 무너뜨리고 있다. 학생이라야 백인 2명밖에 없는 대나가 가르치는 연극반에 갑자기 라틴계 학생들이 몰려와 햄릿을 연기하려는 내용은 그 발상 자체가 전통적 햄릿을 무너뜨리는 것이다. 제대로 영어 발음도 못하는 라틴계 학생들에 의해『햄릿』은 점령되어 분화의 새로운 모습을 보여준다. 이제 셰익스피어는 영국이나 미국의 고급문화가 아니라 외국인, 라틴계사람들 같은 이방인이나 야만스런 평민의 몫으로 돌아간다. 또 이 영화에는 햄릿과 칼싸움하는 레어티즈를 동성애자로 그린다. 그리고 이것을 돋보이게 하기 위해 뮤지컬의 하이라이트는 이 지역의 동성연애자들이 합창단원이 되어 무대를 장악하는 것으로 처리된다. 또한 복수하라는 명령을 내리는 유령은 희미하게 스크린에 비치는 영상으로만 처리되어 아들 햄릿이 '아버지를 용서하겠어요'라고 말한다. 아버지라는 이름이 권위를 상징한 것이었는데 이 영화에서는 대니가 실패한 인생을 살아온 자신에게 한번도 고운 시선을 보내거나 인정해주지 않는 아버지에게 던지는 대사로 오히려 그런 불쌍한 아버지를 용서한다고 말하는 것이다.

『햄릿2』는 지금까지 서구문화를 오랫동안 지배해온 권위와 가치 등을 흔들고 새로운 시대의 새문화 표현으로 나타난다. 이것은 새로운 문화의 현상인데 이러한 새로운 『햄릿』은 원전과 어떤 관계에 있으며 또 어떠한 영향을 끼칠 것인가라는 문제점을 던진다.

만화로 제작된 『햄릿』은 30분짜리로 아주 간결하고 분명하다. 셰익스피어의 작품이 깊은 세계를 시대적으로 잘 표현하고 있지만 어린이들이 즐기기에는 어려운 문장, 긴 내용, 복잡한 플롯 같은 것 때문에 어려웠다. 메어리 램(Marry Lamb)은 독신으로 평생을 살면서 찰스 램과 함께 셰익스피어를 어린이들에게 쉽게 접할 수 있도록 '셰익스피어 다시 쓰기'라는 작업에 몰두해 마침내 『셰익스피어 이야기』(Tales from Shakespeare)라는 책을 출간했다. 이 책은 셰익스피어 작품을 어린이들에게 어떻게 가르칠 것인가라는 교육적 질문을 던져주게 하며 또한 셰익스피어를 어떻게 재구성해야하는가라는 문제를 제기해 주었다. 메어리 램은 '스토리텔링'의 형식으로 셰익스피어 원전을 쉬운 영어로 잘 다듬어 보통 사람들 뿐 아니라 어린이들이 읽을 수 있도록 하였다. 이러한 노력은 다른 사람들에 의해 더욱 발전되어 슈트(Marchette Chute)도 『셰익스피어 이야기들』(Stories from Shakespeare)이라는 책을 출판하게 된다. 이 후에도 셰익스피어의 좀 더 잘 알려진 작품들이 동화로 어린이용 대본으로 많이 출판되어 셰익스피어 문학이 어른들 뿐 아니라 어린이 및 청소년을 위한 좋은 읽을거리로 확산된다. 그러한 연장선상에 있는 것이 만화 『햄릿』이다.

만화 『햄릿』의 제작자들은 두 가지 의도를 가지고 있었다. 첫째는 어린이들에게 어떤 방식으로 셰익스피어를 보여줄 수 있는 가이며 둘째는 어린이들에게 가장 좋은 효과적인 방법으로 만화(애니메이션)를 채택했다는 점이다. 셰익스피어의 재미있는 이야기와 시적 대사들을 어떻게 영상으로 처리하느냐가 이 만화 『햄릿』의 주된 처리 방법이었다. 그리고 어린이용 만화 『햄릿』에서 이들이 강조한 것은 문학의 가치를 어떻게 어린이들에게 전달하느냐하는 것이며 이때에 셰익스피어를 선택하여 도덕 및 윤리나 문화교육의 자료로 사용했다는 점이다. 만화로 된 『햄릿』은 어려운 고전을 재미있고 간략한 만화로 만들어 어린이들에게 쉽고 친숙하게 고전을 가르친다는 교육적 가치가 있으며 시적대사를 영상으로 느낄 수 있도록 했다는 점이다. 이런 아름답고 신기한 영상으로 처리된 만화 『햄릿』을 통해 어린이들이 연극을 더욱 가까이 접하게 하여 문학으로 『햄릿』을 읽고 생각하게 하는 계기를 마련했다는 점이 중요하다. 영상시대에 어린이들이 셰익스피어에 대한 더 많은 만화영화를 접하여 그들의 시야를 넓히고 문화적 소양을 갖출 수 있다면 이보다 더 좋은 교육이 없을 듯하다.

6. 『햄릿』의 현대성

서구 문학에서 가장 중요한 드라마 작품으로 간주되는 『햄릿』은 이것이 쓰여진 연도를 1600년으로 볼 때 410여년이 지난 오늘날까지도 무대에서 가장 많이 공연되어지고 여러 가지 영화로 재생산되며 무수한 문학적 연구의 대상이 되고 있다. 심리적 분석에서부터 해체주의에 이르기까지 모든 문학 분석의 대상이 되었다.

햄릿의 현대성은 1800년대 그가 낭만극의 시기에 본격적인 연구의 대상이 된 후 오늘날까지 다양하게 해석되어온 그 역사가 바로 현대성이라고 볼 수 있다. 코울리지가 '한 시대의 작가가 아니라 전시대의 작가'라고 그를 치켜세운 이래 시대의 특징에 가장 부합하는 인물이 햄릿이요, 또한 햄릿은 언제나 얀 코트가 말한 대로 '지금 바로 우리 시대의 인물'로 존재한다. 그래서 햄릿은 우리와 멀리 있는 타인이 아니라 "당신도 아니고 나도 아니다. 그는 우리 중의 각자 개인이다. 햄릿은 한명의 남자가 아니고, 그는 인류를 대표한다"(Hamlet is not you or I. He is even one of us. Hamlet is not a man; he is man) (http://www.leithart.com/archives/001749.php) 라는 말처럼 우리 자신이고 모든 인간을 대변하는 신비한 인물이다. 햄릿은 아주 사색적이며 동시에 비관주의자이면서 예리한 비판자이고 과감한 행동가이며 지략이 뛰어난 경영인이기도 하다. 어느 각도에서 어떻게 보느냐에 따라 그 빛깔을 달리하는 빛나는 스펙트럼이며 수없이 나누기가 가능한 나노의 성질을 가지고 있다. 그가 읊조리는 대사 하나 하나는 절망의 표현이면서 동시에 깊이 있는 인생의 철학성을 담고 있으며 때로는 인생을 달관한 고귀한 인물의 내면을 보여주기도 한다.

햄릿 주위는 죽음의 그림자가 언제나 어른거리고 야비함과 조야함과 굽신거림과 엿듣고 망보는 그물들이 드리워져 있다. 그래서 햄릿은 '광기'를 가장하고 우스꽝스러운 짓을 하면서 주위를 경계하기도 한다. 그는 한없는 절망에 빠져 자살을 시도하기도 하지만 자신의 영토를 벗어나 불의가 없고 질서가 있는 멋진 나라를 세우고자하는 욕망기계의 모습을 보이기도 한다. 카톨릭교의 엄격함에서 벗어나 좀 더 자유롭고 부드러운 개신교의 분위기에 익숙해지려하지만 뿌리 깊은 카톨릭교의 정신이 이곳저곳에서 그를 서성이게 한다.

현대인이 일찍이 자기중심적 상황 속에 갇혀 있듯이 햄릿은 지겹고 지루하고 재미없는 덴마크를 감옥으로 인식할 정도로 탁월한 통찰력을 가지고 있어 몇백 년 전에 벌써 현대인의 모습을 읽고 있었다. 햄릿의 이러한 모습을 인간이 처할 수 있는 특수하고도 보편타당한 상황 속에서 어떻게 행동해야하는가를 코울리지는 이렇게 말한다.

햄릿은 왕관을 물려받을 확실한 상속인이다. 그의 아버지는 의심스럽게 돌아가셨다. 그의 어머니는 숙부와 결혼함으로써 그가 왕관을 물려받는 것에서 그를 제외시켰다. 이것만도 충분한데 돌아가신 아버지의 유령은 자기 동생에게 죽게 되었다는 것을 확실히 말한다. 아들에게 끼치는 영향은 무엇이겠는가? 즉각적 인 행동 아니면 복수의 추구? 아니다. 끝없는 생각과 주저주저함이 있을 뿐이 다. (http://www.leithart.com/archives/001749.php)

이러한 관점을 해즐릿(Hazlitt)도 말하였다. 햄릿 속에 셰익스피어는 누구에게나 공통되는 인간경험을 극화했으며, 그러므로 우리는 우리 자신의 얼굴을 어떻게 기술할지 모르는 것처럼 이 연극을 비판할 수 없다는 것이다. 그러므로 이 연극 은 선지자적 진실을 가지고 있는데 이는 역사성을 뛰어 넘는 것으로 취급된다. 자기 자신이나 아니면 다른 사람의 불행을 통해서 생각이 깊어지거나 우울증을 가지는 어떤 사람도, 자기 속에 반추의 깊은 마음을 가지고 태어난 어느 누구도, 자기 가슴 속에 의심의 안개로 흐려졌다가 황금빛을 본 사람도 자기 앞에 나타 난 세상은 그저 특별한 것이 남아있지 않은 무의미한 허공임을 알게 될 뿐이라 는 것을 햄릿은 보여준다. 그 행동이 사색에 의해 막혀진 사람, 악령처럼 악들 이 주위를 온통 지배한다고 생각하는 사람, 우주는 무한하고 자신은 아무것도 아닌 곳에서 영혼의 쓰라림을 느끼는 사람, 이 세상 모든 것들을 아무것도 아니 라고 생각하는 사람, 이 모든 것을 내포한 사람이 햄릿이라고 할 때 그는 현대 성을 갖고 있는 것이다.

　이런 모순되고 불가사의한 햄릿은 그 후 수많은 작가들에게 영향을 끼친다. 독일의 괴테(Goethe)는 햄릿을 재생산하려했고, 엘리엇은 프르프록(Prufrock)과 황무지에서, 카프카(Kafka)와 말라르메(Mallarme)는 그들의 작품에서 햄릿의 성 격을 이용했다. 그리고 스토파드(Stoppard)는 자기의 작품명을 아예 『로젠크란 츠와 길덴스턴은 죽었다』(*Rosencrants and Guildenstern are Dead*)라고 했고 업 다이크(Updike)는 『거투르드와 클로디어스』(*Gertrude and Claudius*)라는 작품을 발표했다. 가장 영향력 있는 햄릿에 대한 현대적 기술(記述)은 조이스(Joyce)의

『율리시즈』(*Ulysses*)일 것이다. 이 책의 뒷부분에서 자세히 논하겠지만 조이스는 아예 햄릿을 '지성인의 원형(原型)'(The prototype of intellect)으로 보고 율리시즈의 제 9장 '스킬라와 카립디스'(Scylla and Charybdis)를 온통 햄릿 이야기로 채운다. 율리시즈가 소설 속에서 밝힌 햄릿은 한마디로 지성인이었기 때문에 겪는 온갖 인간의 시련이며, 바로 잡아야겠다는 의식이 그대로 현대인의 상징인 디덜러스(Daedalus)에게 전수된다. 객관적 평가가 아닌 주관적 평가, 사유하는 인간, 의식이 깨어있는 인간으로 햄릿은 현대에 다시 부활되는 영원한 인간상의 표본인 것이다.

　햄릿이 현대성을 갖는다는 것은 어떤 시대의 시대적 사상에 비추어 봐도 언제나 새롭게 해석되고 인식되어진다는 것이다. 프로이드로 시작해서 라캉에 이르기까지 심리학의 조명을 받은 햄릿은 인간의 욕망에 대한 깊은 심리적 해명을 가져온다. 문학비평에 있어서 스핑크스의 질문과 같은 햄릿 복수지연의 문제에 대하여 '억압된 오이디푸스적 감정' 때문이라는 것이 심리학의 성과라고 볼 수 있다. 코울리지나 괴테 등이 햄릿이 복수를 지연한 것은 행동보다는 과도한 사색에 빠지고 지성 때문이라는 것에 반대하는 것이 심리학자들의 주장이다. 만약 너무 생각만하는 사색가가 햄릿이라면 거투르드 침실 커튼 뒤에 숨어 있던 폴로니어스를 단검으로 찔러 죽이고 영국으로 가는 배에 탔던 초등학교 때의 두 친구 로젠크란츠와 길덴스턴을 죽음으로 몰고 가는 햄릿을 설명할 길이 없다는 것이다. 대신에 심리학자들은 오히려 어린 시절의 억압된 감정을 실현시키는 햄릿을 부각시키려 한다. 복수를 하려는 햄릿의 마음에 의식적인 망설임이 첨가되어 싫증이 자책감으로 변하고, 이 자책감은 자신에게 본인이 벌을 주기 위해 살해하려고 하는 자보다 나을 것이 없다라고 생각하게 한다. 결국 햄릿의 마음속에 무의식적으로 남아있던 것이 의식으로 나왔다고 볼 수밖에 없다. 어머니의 애정에 대한 억압된 욕망이 햄릿의 무의식에 자리 잡고 있어 행동에 주저함이 생길 수밖에 없다는 점에서 심리학의 관점을 유지하는 사람에게는 햄릿이 계속 현대인으로 인식된다.

철학자들도 햄릿의 복수지연에 많은 관심을 나타내는데 특히 니체는 '햄릿을 역사의 조심성 없는 불의에 대한 적합한 반응을 구체화한 것'으로 풀이한다. 니체는 햄릿이 바로 디오니소스적인 인간이라고 본다. 햄릿의 특성은 사물의 본질을 보고 지식을 얻었으나, 역겨움이 행동을 하지 못하게 한다. 왜냐하면 어떠한 행동도 사물의 영원한 본성을 바꾸지 못하기 때문이다. 오히려 관절이 빠져있는 세상을 바로잡으라고 요청당하는 그 자체가 우스꽝스럽고 굴욕적인 일이기 때문이다. 햄릿이나 디오니소스적인 인간에게는 사색이 아니라 무서운 진리에 대한 지식이나 통찰력이 행동을 하기 위한 어떤 동기보다 더 우위를 차지하고 있기 때문이다.

데리다같은 철학자는 있음과 없음이라는 용어로 어떤 현상이나 존재를 규명하는데 특히 유령에 대해 '유령이 있음은 아버지의 없음'을 표시한다고 본다. 즉 햄릿 아버지의 부재는 유령의 존재로 알 수 있고 유령의 부재는 아버지의 존재를 나타낸다는 것이다. 덴마크라는 썩어빠진 부정의 궁정에 합법적인 햄릿대왕이 부재하는 것은 유령이 존재함으로 알 수 있다는 것이다. 합법적인 아버지가 지금 궁정에 존재한다면 유령은 존재할 수 없는 것이다. 유령의 출현 자체가 덴마크 궁전의 합당한 왕이 없는 그래서 썩고 부패한 클로디어스와 근친상간의 죄인인 거투르드만 존재하는 것이다. 그렇게 일깨워주고 복수를 하여 이 더럽혀진 궁전과 거투르드의 마음을 깨끗이 하라고 명령하는 것이 유령의 존재 이유이며, 이것은 햄릿을 복수로 이끌어간다.

헤겔은 소포클레스의 비극이 외부적 원인이나 원리 때문에 주인공의 불행이 있는 것으로 본 것에 반해, 햄릿은 내적인 원인, 즉 햄릿의 예언적 영혼, 또는 자기 자신 속에 전염된 핏빛의 씨앗 때문에 비극이 발생한다고 보았다. 헤겔은 햄릿이 무의식의 정신을 변증법적으로 작동하여 자기인식에 이르는 과정의 알레고리로 연극을 설명한다. 햄릿을 서구사회에서 끊임없이 발전해온 변증법적 경로로 보았고 이런 헤겔의 주장은 데카르트, 스피노자, 칸트 등을 거쳐 계속 이어온 정신이며 햄릿은 어둠의 긴 터널을 통해 빛으로 나와 절대적인 자기 결정의 자유에 이르렀다고 보는 것이 철학적으로 본 햄릿의 현대성이다.

아도르노(Adorno)같은 비평가는 예술은 과학처럼 지식의 경험적 형태로 측정될 수 없다고 보았으며, 내적인 독백이 현대인의 소외된 감정을 반영한다고 보았다. 아도르노는 현대는 자기 반영과 자기 독립의 시대인데 햄릿이 통찰력과 행동을 통해 전통적 권위나 의식으로부터 일탈하는 면을 보여준다고 보았다. 유태인 출신인 아도르노는 독일의 나치시대의 권위와 전통에 저항하는 대중음악을 이끌어가기도 하였다. 대중음악 중의 록큰롤, 재즈, 랩 등의 상징적 중요성을 강조한 아도르노는 햄릿의 '광기'에 의한 빗나가고 가끔은 엉뚱한 말이나 행동 등으로 일탈적 면모를 보이는 데 이런 것들이 현대성을 갖는다고 보았다. 로시터(Rossiter)는 햄릿을 "자신이 통제할 수 없는 상황 때문에 내부에서 분열되는 인간의 모습"(179)을 보여준다고 하였는데 아마도 아도르노는 이런 햄릿의 분열의 원인을 외부적인 것으로 보는 해체주의 비평가들의 견해를 따른다고 볼 수 있다.

후기구조주의나 해체주의자들은 다 같이 햄릿이 언어의 유희를 통해서 다양성, 변화성을 추구했으며 '광기'라는 마스크 속에서 부패한 조정을 바로잡고 클로디어스를 제거하여 악을 뿌리 뽑고 근친상간이라는 성적 죄악에 물든 거투르드를 회개시켜 새로운 시대를 창조하는 현대인의 선구적 인물로 본다. 그래서 "햄릿은 언제나 이미 벌써 포스트모던적인 인물"(Joughin 59)이다. 햄릿은 어떤 시대 어떤 관점에도 부합되는 다양성을 가진 인물이란 것이 바로 현대성이요, 미래에도 그럴 것이라는 점에서 현대의 미래성도 가지고 있다고 할 수 있다.

『햄릿』의 현대성은 이렇듯 텍스트에 대한 여러 가지 비평적 시각에서만 나타나지 않고 문학 이외의 장르로 확대 생산된다. 『햄릿』은 "문화적 갈등과 변화의 장"(Sinfield 131)이 되어 연극, 오페라, 소설, 영화, 교육 등 다양한 매체로 현대시대에 끊임없이 새롭게 다가온다. 세계 곳곳의 연극에서 그 나라와 환경에 걸맞게 리메이크되고 오페라로 재생산된다. 어느 경우는 상당히 스토리가 비슷하게 어느 경우는 제목만 있을 정도로 그 내용이 각색되어 공연되거나 소설로 쓰여 지기도 한다. 햄릿이라는 이름만으로도 현대에 얼마든지 영향력을 끼칠 수 있는 것이다. 그 내용과 관계없이 햄릿이라는 이름만 붙이면 문화로 전위된다는 그 자체가 햄릿의 현대성이다. 현대는 햄릿을 부르고 햄릿은 현대성을 확장해가고 있다.

제 3 장
줄거리 따라 읽기

1막: 거 누구냐?(Who's there?)

『햄릿』의 1막은 5개의 장면으로 구성되어 있다. 4막이 7개의 장면으로 구성되어 있고 나머지 막들은 2개 내지 4개로 구성되어 있으며 총 장면은 20개로 이루어져 있으니까 1막은 적당한 장면들로 구성되어 있다고 볼 수 있다. 1막에는 추운 겨울날 보초병들의 이야기, 호레이쇼와 햄릿이 유령을 보러오는 이야기, 엘시노어 성에서 클로디어스가 왕으로 즉위하는 모습, 검은 상복을 계속 입고 다니는 것에 대한 거투르드 어머니의 질책, 햄릿의 이 세상에 대한 짙은 회의와 허무감, 폴로니어스와 레어티즈 및 오필리어의 이야기, 햄릿대왕의 유령이 햄릿에게 복수해 달라는 분부, 그리고 햄릿이 호레이쇼를 비롯한 보초병들과 비밀을 지켜 달라는 부탁과 함께 '복수를 향한' 결심과 '광기'의 방법을 사용할 것을 천명하는 등 다소 복잡한 줄거리의 도입부분이라 할 수 있다.

1막 1장

1장은 "거 누구냐?"(Who's there?)(1.1.1)라는 질문으로 시작한다. 이 물음은

『햄릿』전체를 통해 각종 의문과 신비감의 단초를 제공한다. 둘째 유령의 출현이다. 유령은 왜 나타나며 어떠한 특성을 갖는가라는 문제를 제기한다. 셋째 유령의 현 덴마크의 상황에 대한 폭로가 어떻게 햄릿의 인생에 대한 태도 및 극의 전개에 영향을 주는가이다. 그러면 신비한 개막장면인 "거 누구냐?"에 대해서 좀 더 알아보자.

셰익스피어의 모든 드라마 중에『햄릿』의 개막 장면처럼 신비하며 충격적이고 철학적인 것은 없다. 관객들은 일상의 잡다한 것으로부터 온전히 벗어나 작고 컴컴한 극장에 와서 연극을 보려한다. 먹고 살기도 어렵고 문화가 조금은 사치스런 상황에서 극장을 찾아온 관객에게 셰익스피어는 무언가 색다른 것을 보여 주고 싶었을 것이다. 일어나서는 안될 엄청난 사건과 사색 깊은 한 사람에게 초점이 맞추어진『햄릿』은 그래서 '거 누구냐?'라는 자문(自問)을 하도록 한다. 한밤중의 어둠 속에서 보초들이 주고받는 말이라서 신비하고, 자신에게 중요한 질문을 해보라는 뜻이 담겨 있어 충격적이며, 인간에게 가장 근원적이면서도 그 해답이 쉽지 않다는 의미에서 철학적이라고 볼 수 있다.

개막장면은 극 전체의 분위기를 전달해주며 극의 주제를 암시하는 것이다. 이런 의미에서『맥베스』의 개막장면을 먼저 생각해보자. 맥베스의 운명이 어떻게 전개되며 맥베스 자신의 행동에 어떤 것들이 닥쳐오는가를 마녀들이 예언한다. 어찌보면 고대 비극에서 보는 운명과 인간의 한 판 대결을 미리 보여주는 듯한 것이『맥베스』의 개막장면인데 신비감과 상징성이『햄릿』과 상당히 유사하다.『맥베스』의 개막장면을 주제와 연결 지어 최재서는 다음과 같이 설명한다.

『맥베스』의 막이 열리면, 스코트랜드의 광야 암담한 천지에 천둥번개가 치는 가운데 세 명의 마녀가 괴이한 모습으로 나타나 "길한 것은 흉하고 흉한 것은 길하고"라는 수수께끼를 지껄인다. 호기심을 가지고 무대를 주시하던 관객은

이 비상한 개막장면에서 과거의 자기 자신을 잊어버리고, 자기도 모르는 사이에 완전히 셰익스피어 예술세계로 끌려 들어간다. 셰익스피어의 작품 삼십 육편 중에서도 이만큼 희한한 개막장면을 가지는 것은 또 없다. 그것은 하이든 교향악 제 십일 번의 시초만큼이나 돌발적이며 인상적이다.

현대의 리얼리즘에서는 비상한 개막장면을 피하고 되도록 현실적 생활을 강하게 연상시키는 장면으로써 시작되는 경향이 있다. 그 실예로서는 입센의 각본들을 지적할 수 있다. 그러나 현실적인 장면일지라도 특별히 선명한 인상을 주도록 배려되어 있다는 점에서는 변동이 없다. 가령 『인형의 집』을 보면 개막장면에 크리스마스이브라는 특별한 날이 선택되어 있다.

행동의 시초와 중간과 끝에 대해서 아리스토틀은 다음과 같은 말로써 해설하고 있다. "시초는 그 자체가 필연적으로 다른 사물 뒤에는 오지 않고 또 자연적으로 자기 뒤에 다른 어떤 사물을 가진다. 끝은 필연적으로 혹은 자연적 결과로서 다른 사물 뒤에 오며, 또 자기 뒤에는 아무런 사물도 갖지 않는다. 중간은 자연적으로 한 사물 뒤에 오며, 또 자기 뒤에 다른 사물을 가진다." 이것은 일정한 원인에서 출발하여 일정한 변화를 일으키면서 일정한 결과에 도달하는 필연적 혹은 자연적인 행동의 전 과정을 말한다. (200)

개막장면은 극 전체의 분위기를 조성해서 주제를 암시하고 특히 관객에게 호기심, 신비감, 충격적 효과를 가져 오며 극 전체를 연결시키는 단초가 되어야 하는데 이런 면에서 '거 누구냐?'라는 버나도의 첫 발언은 아주 적절한 것이다. 뉴배리오럼판(A New Variorum)의 주석에는 버나도가 막 보초를 서기 위해 오고 있으며 보초를 서는 사람은 프랜시스코이기 때문에, 프랜시스코가 물어봐야 할 말을 버나도가 먼저 물어본 것은 놀라고 있으며 유령을 혼자 만나지 않을까라는 두려움의 표시라고 본다. 그리고 프랜시스코에게 호레이쇼와 마셀러스도 빨리 오도록 해달라는 긴박함이 표출된 것이라고 설명한다. 이렇듯 '거 누구냐?'는 본인이 해야 할 질문이 아니고 받아야할 질문이며, 자신의 고독에 대한 구원의 요청이며 더군다나 군사적인 용어를 잊은 '심리적 동기'의 표현인 것이다. 또 이어지는 스타카토(staccato)의 대화들은 '긴박하고 불길한 분위기의 표현'이기도 하다.

　이 개막장면의 '거 누구냐?'는 단순히 버나도와 프랜시스코의 보초 교대 근무를 위한 암호에 그치지 않는다. 햄릿은 이후 유령을 만나고 호레이쇼와 둘 만의 비밀스런 대화를 나누고 현재의 왕 클로디어스와 어머니 거트루드와 대화를 나누고 시시비비를 가리고자 할 때 '거 누구냐?'의 심정으로 말을 한다. 그리고 단독으로 독백을 할 때도 그 언어 감정은 햄릿의 가슴 깊은 곳에 언제나 도사리고 있다. '거 누구냐?'라는 질문은 자신의 삶과 죽음, 행동의 방향과 목적 등 모든 것의 핵심에 도사리고 있는 물음이다. 나라는 존재의 의미와 삶의 과정은 결국 '거 누구냐'에 대한 끝없는 탐구이기 때문이다. 이렇듯 개막장면의 한 마디 말 '거 누구냐?'는 호기심과 신비감을 주며 충격적 효과로 삶에 질문을 던지는 깊은 철학적 의미를 가지며 이는 곧 햄릿의 사고와 행동의 중심에 깊이 자리 잡고 있는 핵심어인 셈이다.

　이런 면에서 현대문학에 상당한 파문을 일으킨 까뮈의 『이방인』의 개막장면(물론 소설이니까 처음 시작하는 부분이지만)도 상당히 충격적이며 효과적이다.

　　　오늘 어머니가 세상을 떠나셨다.
　　　어쩌면 어제였는지도 모른다. 양로원에서 전보가 온 것이다.
　　　'모친 사망, 내일 장례식'
　　　그것만으로는 알 수가 없다. 아마 어제였는지도 모른다.

　까뮈는 이 세상에서 가장 충격적인 어머니의 죽음으로 『이방인』을 시작한다. 어렸을 때부터 병과 가난에 끊임없이 시달려 왔고 죽음이라는 강박관념 속에 살았던 까뮈에게 삶은 죽음과 직결되어 있었다. 현대를 살아가는 인간에게 모순과 부조리는 까뮈의 일생의 관심이고 작업이었다. 그래서 그의 대표적 작품 『이방인』이 어머니의 죽음이었고, 그 날짜도 확실히 모른다는 것이 절망과 부조리의 암시며 상징이다. 담담하게 죽음에서 시작하여 어쩔 수 없는 운명과 모순, 그리고 부조리성을 기술해 나간 까뮤 역시 개막장면으로 소설의 호기심과 신비감 그리고 문학적 효과를 나타내고 있다.

문학적 효과를 극대화하기 위해서 많은 작가들은 처음을 아주 잘 시작하려 한다. 독자나 관객에게 호기심을 불러일으키고 신비감을 주며 때에 따라서는 아주 충격적인 것으로 시작한다. 호주 아들레이드에서 2007년에 열렸던 '세계 청소년 연극 축제'에서는 이러한 개막장면이 여러 개 있었다. 거의 나체의 남자 배우가 위에서 쏟아지는 소낙비를 잔뜩 맞으면서 등장하는 연극이 있었는가 하면 호주 토속의 거대한 괴물이 소리를 지르며 무대에 등장하는 경우도 있었다. 한국의 대표적 연출가 이윤택은 『햄릿』의 개막장면을 원전과는 아주 다르게 시작했다. 막이 열리면 무대 전체를 누런 삼베 천으로 깔아 놓았다가 바람결에 거대한 천이 서서히 움직이게 했다. 그리고 중앙부분이 삼각형의 꼭지점처럼 치솟아 오르고, 천이 찢어짐과 동시에 중앙에서 검은 오필리어의 시신이 드러나는 연출을 하였다. 한국에서의 삼베의 상징, 그리고 검은 오필리어의 시신이 극 전체의 분위기를 압도적으로 장악한 셈이다.

연극에서 뿐 아니라 모든 것에서 시작은 아주 중요하다. 그래서 '천리 길도 한 걸음부터'라는 속담이 있는가 하면 첫 인상이 그 사람의 전체를 좌우한다고 하며 첫 단추를 잘 꺼야 한다고 이야기한다.

'거 누구냐?'로 시작하는 『햄릿』의 분위기는 질문과 의혹, 그리고 불확실성과 회의가 끊임없이 전개된다는 신호탄이다. 어찌 보면 인생도 모든 것이 불확실하다. 그래서 『햄릿』의 전체적 주제는 '질문하는 것', '회의하는 것', '고민하는 것', '생각하는 것', 그리고 '주저주저하는 것'이라고 볼 수 있다. 그러한 과정을 통해 햄릿은 정체성을 인식해가려는 것이다.

레브렌즈(Leverenz)는 '거 누구냐?'가 "햄릿의 정체성에 대한 근본적 질문"(132)을 야기시킨다고 보면서 햄릿의 세 가지 역할 즉 "의무를 다하는 아들, 야심 있는 반항자, 사랑에 미친 상속인"(132)으로서의 질문을 하고 있는 것으로 분석한다. 이것은 이 극 전체에 흐르고 있는 혼동이며 "자신과 역할 사이를 분리하고, 이성과 감정, 그리고 의무와 사랑을 분리하는 혼합된 표시"(133)를 나타낸다고 레브렌즈는 보았다. 이러한 표시를 통해 우리는 "역할과 자신, 이성과 자연, 마음과 육체, 남성성과 여성성, 감정의 언어와 권력의 언어, 그 어느 것이라 부르든 우리 세계와 우리 자신 안에 있는 이중성을 인식"(149)하게 되며 그러한 관문을 통해 자아를 모색할 수 있다고 레브렌즈는 주장한다.

이렇게 보초병들의 불안감과 의구심으로 시작하는 첫 장면은 곧 나타나게 되는 유령으로 말미암아 더 큰 의심과 신비감을 나타내준다. 특히, 유령은 라틴어로 질문해야 대답한다는 셰익스피어 당시의 믿음에 의해 학자인 호레이쇼를 보초병들이 대동해서 왔다. 호레이쇼는 '무엇인가 말할 것이 있다면 말해달라고 부탁'하지만 유령은 답이 없다가 새벽 닭 울음소리에 깜짝 놀라 떠나가 버린다. 개막장면이 '거 누구냐?'라는 질문으로 시작했으며 마셀러스가 '오늘 밤에도 유령이 출현했느냐'고 물으며 호레이쇼가 이 나라에 계속되는 경계태세에 대해서 설명하고, 유령에 대해서도 아무래도 '왕자에게 보고하고 물어보는 것'이 어떠냐라고 하는 등 질문이 끊임없이 제기된다. 이런 질문은 조그만 것에서부터 시작하여 커다란 문제에까지 확대되므로『햄릿』은 질문에 대한 연극이라 해도 좋다. 그래서 "『햄릿』의 세계는 뛰어나게 질문하는 분위기에 젖어 있다. 고뇌에 차고 생각에 잠기고 놀라움에 떠는 질문들이 울려 퍼지는 세계"(Mack 88)라고 볼 수 있다.

이런 유령에 대한 질문은 장차 햄릿에게 어떠한 운명이 다가오는가? 그리고 이후 덴마크의 조정은 어떠한가? 거투르드와 오필리어의 미래는 어떠한가? 라는 등의 무수한 질문을 야기시킨다. 보초병들과 호레이쇼가 햄릿 왕자를 만나서 돌아가신 햄릿대왕이 살아계셨을 때와 똑같은 갑옷을 입고 위풍당당한 모습으로 나타난 것에 대해 말하려 한다.

1막 2장

2장은 장면이 완전히 변하여 1장의 어둡고 추우며 신비하고 불안한 유령 같은 분위기에서 갑자기 덴마크 궁전의 겉으로 보기에는 화려한 장면으로 바뀐다. 현재의 왕 클로디어스는 선왕의 죽음으로 국란의 위기에 있던 덴마크가 형수인 거투르드와의 결혼으로 어느 정도 평온을 얻게 됨을 선포한다. 신하들이 자신의 결혼에 동의했음을 치하하고 국경을 침범하는 노르웨이 왕자 포틴브라스의 군사행동에 대해 외교적 조치를 취하여 어느 정도 국가가 안정되었음을 알린다. 그러나 겉으로는 그럴 듯하게 말하고 있지만 이런 객관적 사실 뒤에는 형수를 아내로 삼은 자신의 '근친상간'을 정당화 하는데 신경을 곤두세우고 정치적 목적을 달성하려는 데 목적을 두고 있다.

클로디어스가 자신을 옹호하는 이런 연설에는 몇 가지 특징이 있다. 그의 수사법은 연설조로써 선왕의 죽음에 대해 깊은 애도를 하는 척 하는 것이며 둘째는 자신이 왕비와 결혼하게 된 것에 대해 교묘한 '모순어법'(oxymoron)의 방법으로 말하는 것이다. 마지막은 자신을 'royal we'라고 함으로써 왕이 단독으로 모든 것을 결정한 것이 아니고 신하들과 뜻이 같음을 은근히 내포하는 것이다. 특히 '패배속의 기쁨'이며 '슬픔과 기쁨을 꼭 같이 저울질'하며 '장례식의 찬송가라 할까, 결혼식 가운데 장송곡'이라 할까라는 등의 '모순어법'은 자신의 내부에 있는 악을 뒤덮고 겉의 뻔지름한 점을 나타내려는 클로디어스의 본심을 드러내준다. 그러나 클로디어스와 햄릿 사이에는 벌써부터 "긴장상태인데 둘 다 간접적이고 우회적인 방법"(Brennan 131)을 쓰고 있다. 나쁜 짓을 하는 사람이 나쁜 짓을 한다고 내놓고 하겠는가. 아주 나쁜 짓을 하면서도 겉으로는 선한 일을 하는 것처럼 말하는 것은 옛날이나 지금이나 마찬가지다. 형을 죽이고 형수와 사는 파렴치한 행동을 하고서도 겉으로는 신하들의 동의가 있었고 나라가 어느 정도 평안을 되찾았으니 '장례식 가운데 찬송가' 쯤으로 치부하는 것이다.

요즈음 정치적 거물들이 뇌물사건에 걸려들어 검찰의 소환을 받을 때 보면 심지어 '성경'에 손을 얹고 맹세코 그런 일이 없는 순결함과 결백성을 다짐하지만 몇 달 아니 되어 구속되고 실형을 받는 경우를 보게 된다. 차라리 정치하다 보면 정치자금에 문제가 발생할 수 있다고 하지 뻔한 거짓말을 하다가 감옥에 가는 모습을 보면 파렴치하기 짝이 없다. 그리고 더 치사한 것은 감옥에 가면서도 결백을 주장하는 추한 모습을 보인다. 언제까지나 그런 거짓이 버틸 수 있을까. 클로디어스의 이 긴 대사는 자기를 감추려는 구차한 변명이며 동시에 자기 무덤을 파는 행위인 가소로운 외침이다. 이렇게 양의 가죽을 한, 또는 양의 탈을 쓴 여우들이 도처에서 겉모습이 화려한 잔치를 벌이고 있지 아니한가. 학자들이 표절논문을 쓰고도 창피해하거나 반성 없이 버젓이 공적활동을 하고 종교인들이 거짓을 감추고 신의 대행자인 듯이 선언들을 하고 있는 것들을 보면, 이런 것들이 모두 클로디어스의 '장례식 가운데 찬송가'를 부르는 표리부동한 짓의 반증이라 생각되며 이런 현상은 예나 지금이나 똑같다는 느낌이 들어 왠지 서글프다. 그래서 바로 이어지는 햄릿의 제1독백에서 이 세상을 '잡초만 무성한 정원'으로 보고 자살하고 싶은 생각이 들었던 것이었을까?

하여튼 클로디어스는 자신을 잘 위장하고 처세에 밝은 왕이 되어 당당하게 햄릿에게 "내 조카이며, 이제는 내 아들인 햄릿"(But now my cousin Hamlet, and my son-)(1.2.64)이라고 친밀하게 다가오려 한다. 여기에 대한 햄릿의 대답은 "조카보다야 가깝지만 부자는 결코 아니지"(A little more than kin, and less than kind)(1.2.65)라고 방백한다. 여기에 표현되는 'kin'과 'kind'은 셰익스피어 당시에는 똑같이 /kin/으로 발음되어 동음이의어의 펀닝(punning)이 된다. 'kind'에 대해 젠킨스는 감정이 서로 통하고 친밀한 부자관계를 나타내는 것으로 본다. 그래서 햄릿은 자기를 말로만 아들이라 부르는 클로디어스에 대한 분개한 감정의 표현으로 보고 있다. 조카니까 친척은 되겠지만 결코 진짜 친아버지는 아니라는 강력한 햄릿의 감정의 표시이며 동시에 'natural' 즉 객관적인 관계가 아닌 자연적, 혈통적 관계에 있어 클로디어스의 근친상간적 결혼에 대한 비판이기도 하다. 그리고 이 대사는 독백으로 처리되어 햄릿의 보다 깊은 마음의 표현임도 알 수 있다.

햄릿의 말에는 별 신경을 쓰지 않고 클로디어스는 햄릿이 검은 상복을 입고 얼굴에 구름이 잔뜩 낀 수심에 대해 묻는다. 다른 신하들이야 빨리 변신해서 새로운 권력자에게 아부하여야 하겠지만 햄릿은 그럴 수가 없다. 아버지는 갑자기 죽고 숙부가 왕이 되고 더군다나 어머니가 그 숙부에게 재빨리 재혼을 한 상황에서 햄릿이 다른 신하들처럼 웃고 다닐 수는 없는 노릇 그래도 속마음을 드러내놓고 말할 수 없으니 햄릿은 "천만에요, 햇빛에 너무 많이 노출되어서 그러지요"(Not so, my lord, I am too much in the son)(1.2.67)라고 응수한다. 여기서 'sun'은 'son'과 펀닝(punning)을 이룬다. 햇빛을 덜 받기위해 검은 옷을 입고 다닌다는 것은 너무 아들 노릇하기에 눈이 부셔서 그렇다는 역설적 표현인 것이다. 벌써부터 클로디어스는 햄릿의 마음속을 알아보려고 하며 햄릿은 교묘한 말장난을 통해 자신을 숨기고 있다. 이런 광경을 보고 있던 거투르드는 "모든 살아있는 자는 죽는 법"(all that lives must die)(1.2.73)이거늘 유독 햄릿 너만이 특별한 것처럼 "보이느냐"(seems)라고 따질 때 햄릿은 '보인다'(seems)를 가지고 어머니에게 강렬하게 저항한다.

이 장면은 겉모습만 보고 실재인 그 내용을 모르는 어머니에 대한 분개의 표현이다. 그래서 햄릿대왕은 돌아가시고 왕관은 숙부에 의해 찬탈되었는데 다른 사람도 아닌 친 어머니가 시동생과 결혼하고 지금 시시덕거리며 아무렇지도 않은 듯이 아니 그 결혼을 즐기고 있으니 햄릿의 울분이 터져나올 수밖에 없다. 겉모양은 결코 속의 깊은 모습을 보여줄 수 없다는 이 햄릿의 대사 속에는 연극적 용어들이 포함되어 있다. 클로디어스는 '장례식 가운데서도 찬송가'를 부르는 연기(play)를 함으로써 자신을 아주 잘 위장하고 있지만 그것은 겉으로만 보이는(show) 것이며 속에는 무엇인가 의심쩍은 것이 있음을 나타내고 있다고 햄릿은 느끼는 것이다. 주위의 신하들은 새로운 권력에 아부하면서도 겉으로는 돌아가신 햄릿대왕에 대해 슬퍼하는 척 연기(act)만 하는 이 궁정의 상황에 햄릿은 '검은 상복'으로 위장하고 있는 것이다. 이런 관점에서 보면 각자는 모두 배우가 되어 자신의 연기를 하고 있으니 '연극 속의 연극'인 메타드라마(metadrama)인 셈이어서 연기자들의 겉모습과 실재는 파악하기 어려워진다. 그러나 한편 그런 연극 속의 연극을 통해 클로디어스는 자신의 죄를 감추고 햄릿을 감시하고 통제하는 방법을 강구하고 있으며 햄릿 역시 현재는 알 수 없는 모든 물음에 대한 해답을 찾으려 자신의 역을 감당하고 있는 것이다.

클로디어스는 계속해서 햄릿의 마음을 사려고 비텐베르크 대학으로 돌아가지 말고 궁정에 남아 달라고 하면서 다시 한번 더 "나의 가장 귀한 신하이며, 사촌이고 아들인"(Our chiefest courtier, cousin, and a son)(1.2.117)이라고 미끼를 던진다. 햄릿은 클로디어스가 아니라 거투르드의 부탁을 받아들여 궁정에 남겠다고 말한다. 겉으로 보기에는 문제가 수습된 것 같아 클로디어스는 만족해하면서 축포를 터뜨리며 궁정을 축하의 분위기로 바꾼다. 그런 궁정의 모습을 보고 햄릿도 소위 첫 번째 독백을 한다.

> 아, 너무도 추잡스러운 이 육신, 녹고 녹아
> 한 방울의 이슬로 화해 버렸으면 좋으련만,
> 아니면 하나님께서 자살을 금하는 계율이라도
> 제정하시지 않았더라면 좋았으련만, 아, 하나님! 하나님!
> 세상만사 돌아가는 꼴이 나에게는 하나 같이
> 권태롭고, 진부하고, 무미건조하고, 쓸모없는 것으로 보일 뿐이로구나!
> 더럽다, 더러워. 이야말로 무엇이든 제멋대로 자라
> 열매 맺는 잡초만 무성한 정원, 대자연 가운데서는
> 추악하고 더러운 잡초만이 판을 치고 있다.
> 만사가 더럽고 천박하다. 이런 꼴로 되다니

> O, that this too too solid flesh would melt

Thaw and resolve itself into a dew!
Or that the Everlasting had not fix'd
His canon 'gainst self-slaughter! O God! God!
How weary, stale, flat and unprofitable,
Seem to me all the uses of this world!
Fie on't! ah fie! 'tis an unweeded garden,
That grows to seed; things rank and gross in nature
Possess it merely. That it should come to this! (1.2.129-37)

햄릿은 자신의 깊은 고뇌를 언제나 독백으로 표현하는데 "독백의 사용은 극의 가장 훌륭한 특성 중에 하나"(Wells, 1995. 204)이며 이 독백을 통해 자기 모색도 도모한다. 이 독백은 크게 두 가지 내용이다. 첫째는 이 세상에 대한 회의이고 둘째는 어머니의 너무나 갑작스런 결혼에 대한 것이다. 그래서 햄릿은 허무주의자가 되고 자살까지를 생각하는 극단의 절망감을 표현한다. 그리고 그러한 이유는 아버지의 갑작스런 죽음과 도저히 이해할 수 없는 어머니의 성급한 결혼이다. 그리고 어머니의 결혼의 상대가 바로 아버지의 동생인 클로디어스라는 사실이 너무 충격적이다. 햄릿은 여기서 극심한 자기 혐오감을 'solid'(굳어버린)라는 단어로 표현하고 있다. 위에 인용한 캠브리지 판은 'solid'이지만 다른 판들은 'sullied'(더럽혀진)라는 단어로 표현되어 있다. '더럽혀진'이란 햄릿의 육체가 더럽고 추악하다는 것이다. 그래서 뉴 배리오럼판의 주석에는 'solid'하다는 것은 "신이 창조할 당시의 신선함과 고상함이 감추어진 상태"(42)라고 되어 있다. 그러한 추악해진 햄릿으로서는 죽는 것이 최상인데 성경에는 자살을 금지했으니 죽는 일이 그렇게 쉽지도 않다. 이것이 햄릿의 고민이요, 햄릿의 성격이요, 또한 햄릿의 운명이 되어 가고 있는 것이다. 그 다음에 '이 세상은 잡초만 무성한 정원'이라는 표현에서 햄릿의 세계관은 더욱 염세적이고 허무주의적이다.

좋은 꽃들과 나무들로 잘 가꾸어져야 할 정원이 썩고 악취나는 것들로 채워져 있으니 얼마나 분개할 일이며 더러운 세상인가. 그래서 햄릿은 다른 사람들에게 멋있는 이 세상 모든 것이 '지루하고 썩었고, 밋밋하며 아무 유익이 없는 것'으로 비추어져 "존재의 근본적인 부조리성 때문에 괴로워하고 있는 것"(Kott 56)이다. 지루하다는 말은 참으로 인생의 무의미성에 대한 적절한 말이다. 강의가 지루하다, 사는 것이 지루하다, 하다못해 데이트하던 커플이 지루하다 이렇게 말하면 그것은 끝장난 것이다. 신나고 재미있어야 할 모든 일들이 지루하다는 것은 의미가 없다는 것이다. 또는 의미가 없으니 지루할 수밖에 없다. 왜냐하면 사람은 의미를 먹고 사는 동물이 아닌가. 아무리 고되고 어려워도 의미 있다고 생각하면 신이 나고 육체가 으스러져도 그 일에 전념하게 된다. 의미 있다 또는 가치 있다는 것이 삶의 원동력이 되고 그 일을 신나게 하는 근원이다. 그러므로 의미 있다는 것이 곧 신나는 삶이요 인생인데 햄릿은 지금 지루하여 인생의 의미를 상실하고 있는 것이다. 그러니 세상일이 밋밋하고 아무 유익이 없으며 썩어 있으니 한 방울 이슬로 사라지고 싶은 것이다.

햄릿은 또한 이 세상을 '잡초만 무성한 정원'으로 보고 있다. 햄릿대왕의 죽음은 잊고 새로운 실력자에게 모두 굽신거리는 궁전의 신하들을 볼 때 너무 어이가 없다. 자기를 낳아 길러준 생모마저도 햄릿이 보기에는 짐승 같은 클로디어스와 그렇게도 빠른 속도로 재혼하여 시시덕거리는 모습이 역겹다 못해 저주스럽다. 그래서 3막에 가서 오필리어와 거투르드에게 극심한 혐오감을 보이기도 하지만 말이다.

햄릿이 보는 '잡초만 무성한 정원'은 덴마크의 궁정 뿐만은 아닐 것이다. 우리 자신을 성찰해 보자. 시간이 없다면서 하루에 8시간 이상씩 잠을 자는 대학생들이 온전한 실력을 갖추고 경쟁력을 가질 수 있을까. 고등학교 시절에 4당 5락(하루에 4시간 자면 대학에 합격하고 5시간 자면 떨어진다)하던 마음은 어디 가고 1교시 강의에 지각하는 학생이 꼭 있으니 그 마음에 '잡초만 무성한 정원'

이다. 잠자는 시간뿐만이 아니다. 깨어있는 시간을 잘 관리하고 사용할 줄도 모른다. 학생들은 웬 핸드폰을 그리 많이 사용하는지 도무지 이해가 안가고, 이것은 국가적 차원에서 교육시킬 문제라고 본다. 특히 대학생들의 핸드폰 통화 내용을 보면 한심하기 그지없다. 어제 늦게까지 술을 마셨다느니 어느 집 커피 맛이 어떠하다느니, 컴퓨터 게임하다가 수입도 늘었다느니, 아침은 빵도 없어 그냥 우유 한컵만 마셨다느니, 학교 갈 때 어느 길로 가다가 누구를 만났는데, 이런 것들이다. 이제 핸드폰 통화는 초등학교 어린이부터 성인에 이르기까지 철부지들의 '잡초만 무성한 정원'이 된 것을 개탄하지 않을 수 없다.

그런 시간을 좀 더 귀하고 생산적인 일에 쓰지 않으면 '핸드폰의 잡초만 무성한 정원'으로 우리 사회가 빠져들 것만 같다. 우리나라가 경제적으로 급속히 발전하면서 쌍스런 말들의 홍수, 저질문화의 범람, 포퓰리즘의 만연이란 '잡초만 무성한 정원'이 되어가고 있다. 햄릿이 한국을 방문하면 '속도만 무성한 정원'이나 '저질만 무성한 정원'이라고 고쳐 쓰지 않을까 걱정된다.

"약한자여, 그대 이름은 여자로다"(Frailty, thy name is woman)(1.2.146)라는 이 말은 어릴 적에 많이 들었다. 남자보다 힘이 약하고 연약하여 약한 것이 여자라고 느꼈는데 햄릿이 여기서 말하는 것은 육체적인 것이 아니고 정서적 및 정신적 연약함을 질타하는 것이다. 최근의 한국 연극에서는 '여자란 다 그런거야'라고 표현하여 꾸준히 어떤 일에 매진하지도 못하고, 특히 남자와의 관계에서 바람에 흔들리는 갈대처럼 쉽사리 마음을 바꾸는 여자에 대한 압축된 표현이 '여자란 다 그런거야'라고 하여 약간은 조소적이고 포기하는 듯한 감정을 나타내준다. 하기야 여자만 그럴까. 특히 정치하는 남자들은 정당을 수시로 옮기고 어제 했던 말을 오늘 뒤집는 것을 보면 여자뿐이 아니라 '사람은 다 그런거야'라고 해야 할 것 같다. 그래서 요즘 유행어가 '그 때 그 때 달라요'라는 말로 모든 상황을 종료하는 버릇이 생긴 모양이다. 이유를 따지거나 소신이 무엇이냐를 물을 수도 없는 것이 요즈음 세태이다. 왜냐하면 '그때그때 달라요'라고 하면 더 이상 할 말이 없기 때문이다. 참으로 '잡초도 고약한 잡초로 빽빽이 우거진 정원'이라 비집고 들어갈 틈조차 없게 된 것이 지금의 세태인 것 같다.

햄릿의 독백이 끝난 후 호레이쇼와 일행이 무대에 나타나서 햄릿대왕의 모습을 한 유령에 대해 햄릿에게 이야기한다. 유령에 대해 이야기를 들은 햄릿의 마음은 단호하고 신속하며 직관적이기도 하여 "아버지 유령이 갑옷을 입었다고! 모든 것이 잘못 됐구나. 무언가가 잘못된 거야"(My Father's spirit in arms! All is not well. I doubt some Foul)(1.2.254-5)라고 말한다. 이제 유령을 향하여 극은 숨 가쁘게 진행될 것임을 예고하고 있다. 여기서 햄릿이 무엇인가 잘못된 것이 있다는 말은 이 극의 처음 부분에서 프란시스코가 밤에 보초를 서다가 교대병이 와서 이제 쉬러 가기 전에 '너무 춥다'고 하면서 'sick'이란 말을 사용했는데 그것과 깊은 연관이 있다. 물론 표면적으로는 가슴 속까지 춥다는 뜻이지만 'sick'은 분명히 '병들었다'의 의미를 내포한다. 그래서 윌슨은 프란시스코의 이 말은 햄릿의 심정을 미리 표현하고 있다고 주장한다. 이 병과 관련된 이미지들은『햄릿』전체에 많이 나타나고 이것은 작품의 주제와 연결되어 있다. 스퍼전(Spurgeon)은 병의 이미저리는 '썩음'(rottenness)이나 '부패'(corruption)와 연결되어 있어 그 악취가 하늘에까지 다다른다고 보았다(79).

'종기'(ulcer)가 되기도 하고 병(disease)이 되기도 하며 육체의 허물(blemish)이 되는데 특히 덴마크가 도덕적으로 전체적으로 처한 상태를 기술해 주는 지배적인 이미지가 된다. 프란시스코가 처음 말했지만 마셀러스도 자기에게는 스쳐 지나가고 햄릿에게 손짓하는 유령을 보고 "덴마크 국가에는 무엇인가가 썩어있다"(Something is rotten in the State of Denmark)(1.4.90)라고 말한다. 이러한 병의 이미저리는 햄릿에게 전염되어 '검은 상복'을 입고 다니게 하고 '광기'에 사로잡히게 하며 클로디어스의 숨겨진 죄를 말하는 조정의 부패의 이미저리가 되고 거투르드의 근친상간적 죄악으로 종기처럼 전신을 뒤덮듯이 국가전체를 뒤덮는 주도적 이미저리가 된다. 그래서 이런 썩고 부패한 병은 "온 국민들의 마음이 동요한 나머지 온갖 억측과 소문으로 혼탁해지고 의심으로 진흙에 덮힌 듯"(the people muddied,/ Thick and unwholesome in their thought and whispers) (4.5.82-3)이라고 표현된 것처럼 전 국민을 진흙탕에 끌어넣는 이미지로 확대된다.

그래서 이런 병의 이미지는 햄릿 자신과 다른 사람을 소멸시키고 죄 있는 자와 순진한 자를 꼭 같이 소멸시켜 결국 인생의 비극적 신비를 나타내는 비극이 된다. 병이 전염되어 죽음으로 끝나는 것은 가장 시적 이미지로 표현되는데 그것은 오필리어의 죽음장면에서 강물에 빠져 흥겨운 노래를 부르다가 전신이 물에 흠뻑 젖어들어 마침내 "진흙에 빠져 죽는"(muddy death)(4.7.184) 것으로 나타난다. 햄릿에서 적당한 이미지들이 이렇게 사용되는 것을 가지고 클리먼 (Clemen)은 "햄릿은 결코 추상적 사색가나 꿈꾸는 자가 아니다"(108)라고 보고 이런 이미지들은 주인공의 넓은 교육적 배경과 다양성과 경험의 특별한 범위를 나타내주는 것으로 분석한다. 햄릿은 인간과 사물을 꿰뚫어 보며 이미저리를 통해서 자신이 인식한 것을 시각화하고 잘못된 것을 인식한다. 클리먼은 이미 저리를 단순히 표면적으로 보지 않고 더 근원적으로 해석하여 눈길을 끈다. 생각이 과도하여 행동을 재빨리 하지 못하는 이유를 햄릿은 나중에 이렇게 독백한다.

> 이래서 심사숙고하다 보면 우리는 모두가 겁쟁이가 되는 것이니,
> 결의의 그 타고난 혈색에는 우울한 사색의
> 파리한 병색이 그 그늘을 드리우고,
> 하늘을 찌를 듯한 기개를 품고 싸웠던 중대한 계획도
> 생각이 이렇게 흘러가면 그 진로를 벗어나서,
> 행동이라는 것은 그 이름조차도 잃어버린다.
>
> Thus conscience does make cowards of us all;
> And thus the native hue of resolution

Is sicklied o'er with the pale cast of thought,
And enterprises of great pith and moment
With this regard their currents turn awry,
And lose the name of action. (3.1.84-8)

여기서 '생각은 행동을 방해한다'라고 보아 햄릿이 너무 생각이 많아 행동을 하지 못한다는 전통적인 해석을 순전히 도덕적 덕망에서만 해석하는 잘못이라고 지적하면서 클리먼은 행동과 생각을 서로 반대되는 개념으로 보지 말고 "인간 본성의 피할 수 없는 조건"(112)으로 보아야 한다고 주장한다. 그러기 때문에 하나의 이미저리는 다른 이미저리와 손을 잡고 작용하여 마침내 전체적 이미저리를 형성하여 새로운 의미를 준다고 보았다. 그래서 개별 이미지가 중요한 것이 아니고 이것들이 연극 전체에 퍼져나가는 방식을 보면 셰익스피어가 어떻게 정교하게 성격과 상황에 맞게 이미지들을 작동시키고 변화시키는가를 알 수 있다고 클리먼은 주장한다.(117)

1막 3장

3장은 2장의 무시무시한 오밤중에서 갑자기 폴로니어스의 집안이야기로 분위기가 바뀐다. 작용-반작용의 원리라고 볼 수 있다. 재미있는 연극, 감동적인 연극, 다시 말해 극적구성이 탄탄한 연극일수록 작용-반작용의 원리는 극작가에 의해 적절히 사용된다. 어떤 연극이 너무 긴장된 부분만 계속되면 효과가 없다. 그렇다고 또 느슨한 것들만 계속되어도 문제다. 어떻게 긴장과 느슨함을 적절히 엮어나가느냐 하는 것이 극적 플롯의 중요한 과제인데 셰익스피어는 『햄릿』에서 이런 작용-반작용의 원리를 적합하게 사용하고 있다. 긴장된 한밤중의 유령에 대한 이야기에서 폴로니어스의 평범한 가정이야기로의 변화는 적절히 느순함과 여유를 가져다준다. 3장은 폴로니어스와 레어티즈 그리고 오필리어를 중심한 가정에 대한 이야기이다. 그러면서 폴로니어스와 아들 레어티즈의 관계는 햄릿대왕과 햄릿, 햄릿과 클로디어스라는 아버지와 아들에 대한 관계에 있어 대조를 보여준다. 특히 폴로니어스가 아들에게 타이르는 여러 가지 교훈은 레어티즈가 오필리어에게 주는 충고와 마찬가지로 클로디어스가 자신의 죄를 감추고 겉으로 국가를 위하는 체 늘어놓는 말과 좋은 대조를 이룬다.

레어티즈는 오필리어에 대한 햄릿의 사랑은 한 때의 유행이며, 장난감 같은 것이라고 충고한다. 그러면서 오필리어에게 "정숙한 여성은 달빛에 그 아름다움을 보여주어도 이미 타락한 것"(The chariest maid is prodigal enough/ If she unmask beauty to the moon)(1.3.36-7)이라고 까지 말한다. 이 말은 순수한 오빠의 여동생에 대한 훈계이지만 다분히 가부장제도에서의 여성의 행동에 대한 경고이기도 하다.

다음 장면은 폴로니어스가 멀리 불란서 빠리까지 가서 공부하려는 레어티즈에게 훈계를 하는 것이다. 그 내용은 생각한 것을 말하지 말라고 한다든지, 굳게 사귄 사람은 쇠사슬로 묶어 헤어지지 말게 할 것이며, 싸움에는 끼여들지 말 것이고, 옷은 남루하지 않게 잘 입고 다니고 특히 돈을 꾸거나 꾸어주지 말라는 등의 것이다. 이들 말은 다 금과옥조처럼 귀중한 말이지만 여기에도 폴로니어스의 일반적 태도를 몰아 부치는 식이다. 레어티즈나 폴로니어스 두 사람 다 오필리어에게 명령조로 말한다.

특히 오필리어가 햄릿이 자기에게 애정을 표시했다고 하니까 폴로니어스는 "풋내기 같은 애"(a green girl)(1.3.101)라고 딸을 나무라면서 햄릿의 애정의 표시를 '도요새를 잡는 덫'으로 이용할 궁리를 하면서 앞으로는 햄릿과 말도하지 말라고 명령하는 데 오필리어는 또 그렇게 하겠다고 순응한다. 폴로니어스는 자신이 햄릿의 심중을 알아차리기 위해 딸을 덫으로 이용하는 셈이며 자신의 이익을 위해서라면 딸까지를 희생시키려는 정치적 야심가의 술책과 비정함을 엿볼 수 있다. 일상생활에 영민하고 모든 것을 정치적 목적을 위해 사용하려는 폴로니어스의 태도는 비통에 젖어있고 양심의 고백을 따르려는 햄릿과는 뚜렷한 차이점을 보인다. 그런데 극적 진행과정에서 재미있는 것은 그런 덫에 걸린 것은 햄릿이 아니고 오히려 폴로니어스라는 사실이다.

1막 4장

4장과 5장은 유령에 관한 것으로 같은 장면이며 장소만 이동된다. 4장은 햄릿이 호레이쇼와 일당에게 덴마크의 현실에 대해 설명한다. 성안에서 야단법석을 떨고 잔치를 베푸는 관습은 지키는 것보다 지키지 않는 것이 좋다고 말하며 인간에게 있어 한 가지 결점이 다른 모든 성취와 성품을 깎아내린다고 햄릿은 말한다. 햄릿의 말 가운데 "명예의 대궁과 등뼈"(The pith and marrow of our attribute)(1.4.22)라는 단어가 있는데 '대궁'(pith)은 꽃이나 풀의 중심 줄기를 말하며 '등뼈'(marrow)는 동물의 등뼈를 지칭하는 것으로 어떤 것의 핵심, 중심, 필수적인 것을 좀 더 시각적으로 강조하는 적절한 언어이다. 예를 들어 '한국경제의 핵심'을 영어로 'the essence of Korean economy'라고 할 수 있겠는데 'essence'대신에 'core'라는 단어도 쓸 수 있지만 'the pith and marrow of Korean economy'라고 하면 훨씬 더 고급스런 표현이 된다.

이렇게 덴마크의 현실과 인간에 대한 일반적 견해를 말하는 중에 유령이 나타난다. 이때 햄릿의 반응은 불분명 하여 유령에 대해 애매한 생각을 갖고 있으나 무엇인가 말해 줄 것을 요구하지만 유령은 손짓만 하고 사라진다.

1막 5장

5장에서 햄릿은 유령과 단독으로 만나서 햄릿이 유령의 명령을 듣고 앞으로 어떤 길을 걸어야 하는 가를 결심하는 장면이다. 유령은 햄릿에게 "나는 너의 아버지의 유령이다"(I am thy Father's spirit)(1.5.9)라고 자신의 정체를 밝힌 후 이렇게 찾아온 분명한 목적을 말한다. 세상에 알려지기는 햄릿대왕이 정원에서 잠을 잘 때 독사에 물려 죽었다고 되었지만 유령의 말은 "네 아비를 죽인 그 독사는 지금 머리에 왕관을 쓰고 있다"(The serpent that did sting thy father's life/Now wears his crown)(1.5.38-9)라는 것이어서 햄릿자신이 "아 어쩐지 예감이 들더라니/ 역시 숙부지?"(O my prophetic soul!/ my uncle?)(1.5.40-1)라고 외친다. 그리고 이어지는 긴 대사는 몇 가지로 요약할 수 있다. 첫째는 복수를 해달라는 것이며, 둘째는 어머니는 하늘의 뜻에 맡기라는 것이다. 셋째는 복수함에 있어 "마음까지 병들면 안된다"(Taint not thy mind)(1.5.85)는 것이다. 유령에 대해서는 제 2장에서 자세히 밝혔으니 참고하면 될 것이다. 어머니에 대해서는 하늘의 뜻에 맡기라는 것은 햄릿에 대한 기독교적 해석에서 말할 것이니 제 6장을 참고하면 될 것이다. 하여튼 유령의 말은 자신이 고해성사를 하지 못했다는 점과 인간의 근친상간적 성욕에 대한 것이다. 물론 성욕의 주범은 극악무도한 클로디어스 이겠지만 거투르드의 성욕으로 대표되는 여성의 성욕을 이렇게 말한다.

> 성욕이란 비록 그것이 빛나는 천사와 연결된것 같아도
> 천상의 잠자리에서 실컷 즐기고도 싫증나
> 쓰레기 더미를 뒤지고 다니는 법이란다.
>
> So lust, though to a radiant angel linked,
> will sate it self in a celestial bed,
> and prey on garbage. (1.5.55-7)

이를 좀 더 부연설명하자면 거투르드는 빛나는 천사처럼 보이는데, 왕비로서

햄릿 대왕과 천상의 침대에서 밤새도록 만족하게 실컷 성욕을 즐기고서도 그러고도 부족하여 새벽에 쓰레기통을 뒤지는 고양이나 개처럼 형편없는 존재라는 것이다. 밤 동안에 성욕을 만족시키지 못했어도 새벽에 쓰레기통을 뒤지는 것은 못할 짓인데 밤새도록 실컷 성욕을 즐기고도 쓰레기통을 뒤지는 성욕의 더러움을 아주 통렬하게 비난하는 것이다. 이성으로 통제치 못하는 불륜의 근친상간에 대한 분노의 감정을 짐승의 짓에 비유하며 한 말이다.

다음은 유령이 햄릿대왕이 죽을 당시 충분한 고해성사나 도유성사를 하지 못해 천국에 가지 못하고 죽어서도 연옥에서 시련을 받고 있어 이를 정화하기 위해 지상에 다시 오게 되었다는 것으로 이는 카톨릭교적 입장을 전해준다. 복수가 이루어지고 적당한 고해성사가 이루어져야 유령은 평안히 잠들 수 있는 것이다. 이런 말을 듣고 햄릿은 정신을 바짝 차리고 앞으로 해야 할 일에 대한 다짐을 한다.

햄릿은 호레이쇼와 마셀러스를 만나 자신이 유령을 만난 것을 절대 발설하지 말라고 당부하고는 앞으로 "거짓 미친체"(antic disposition)(1.5.172) 할 것을 표방한다. 진실을 알고 복수를 하기위해 햄릿은 '광기'라는 가면을 쓰겠다는 것이다. 그리고 자신의 처지를 이렇게 말한다.

> 지금 세상은 관절이 빠져있다. 저주받은 영혼이여
> 내가 그것을 바로잡기 위해 태어나다니
>
> The Time is out of joint, O cursed spite,
> That ever I was born to set it right. (1.5.189-90)

햄릿의 정신적 특징 혹은 햄릿의 정체성은 '바로잡음의 의식'(consciousness of set-it-right)이라고 생각한다. 이 두 줄의 대사는 젊은 시절에 얼마나 나에게 신선하고 심각한 충격을 주었던지 이 말을 책상 앞 벽에 붙여놓고 자나 깨나 외우고 중얼거리고 때로는 주먹을 불끈 쥐고 때로는 격분하며 지냈다. 더군다나 '저주받은 영혼이여'라는 말은 얼마나 어울리는 단어인가? 출세를 위해, 돈을 벌기 위해, 자신을 내세우기 위해서가 아니라 세상을 바로 잡기위해, 진리를 알기위해, 이 세상을 살아갈 때 인생은 비참할 수밖에 없다. 온갖 고초를 겪고 때로는 쥐도 새도 모르게 죽음을 당할 수도 있는 일이다. 그러니 '저주받은 영혼'인 것이다. 진리를 전파하다 독배를 마시고 죽음을 당했던 소크라테스도 '저주받은 영혼'이 아니었던가. 지동설이라는 진리를 주장하다 죽음을 당한 갈릴레오도 '저주받은 영혼'이 아니었을까? 얼마나 많은 양심의 사람들, 진리의 사람들이, 종교적 신념의 사람들이, 정치적 이단자들이 단두대의 이슬로 사라졌는가. 햄릿도 이제 '저주받은 영혼'으로 이 세상을 바로잡기 위해 단두대의 이슬이 아니라 스스로의 결투를 통해 지상에서 사라지려는 결심을 하면서 1 막은 끝난다.

2막: 그림의 떡?(Caviary to the general?)

2막은 폴로니어스가 아들의 유학생활에 대해서 알아보려고 하인 레이날도를 빠리로 보내기 전 여러 가지 훈계장면으로 시작한다. 이윽고 오필리어가 아버지에게 자신의 사랑에 대한 내용을 털어 놓는다. 폴로니어스는 햄릿이 사랑 때문에 미쳤다고 단언한다. 햄릿의 초등학교 때 친구 로젠크란츠와 길덴스턴이 햄릿의 마음을 떠보려고 나타난다. 우울해 하는 햄릿을 위해 일당의 배우들이 도착하고 햄릿은 이 배우들을 이용해 왕의 양심을 낚아채려는 계획을 세운다.

2막 1장

1장은 폴로니어스가 불란서 빠리에서 공부하고 있는 레어티즈에게 돈과 편지를 전하는 심부름꾼 레이날도에게 레어티즈의 학교생활에 대해 알아보라는 내용과 햄릿이 오필리어에 대한 사랑의 표현(물론 이것은 햄릿이 폴로니어스가 오해하도록 꾸민 것이지만)으로 되어있다. 폴로니어스와 레이날도의 대화는 대단히 희극적이며 아버지로서 나타내줄 수 있는 교훈이 스며있다. 그리고 폴로니어스의 방법은 대단히 우회적인데 이는 그의 정치 또는 삶에 대한 기본적 태도라 할 수 있다. 이 우회적인 방법은 염탐이라고 볼 수 있다.

햄릿이 오필리아와의 사랑 때문에 미쳤다고 판단하여 클로디어스와 함께 햄릿을 염탐하는 것이나 빠리에서 공부하고 있는 레어티즈를 염탐하는 것이나 모두 폴로니어스의 우회적 방법이다. 레어티즈를 아는 사람들에게 맞장구를 치면서 레어티즈의 약점을 계속 말하다보면 적의 적은 친구인 것처럼 레어티즈를 비방하는 공통분모 때문에 서로 죽이 맞아 레어티즈의 사생활이나 학교생활의 경황을 알 수 있다는 것이다. 레어티즈가 어떻게 생활하는지 알기위해 "음주, 칼싸움, 욕설, 싸움, 갈보집 출입"(drinking, fencing, swearing, quarrelling, drabbing)(2.1.24-5)같은 말로 레어티즈의 행동을 얘기하라는 것이다. 이에 대해 하인 레이날도는 왜 그런 방법을 써야 하는지를 질문한다. 폴로니어스는 이렇게 대답한다.

> 네가 그 속을 떠보려고 대화를 나누고 있는 상대는,
> 네가 말하는 그 젊은이가 앞서 말한 바 있는 그런
> 실수를 범하는 것을 목격한 적이 있다면,
> 틀림 없이 이렇게 말하며 네 말에 맞장구를 칠 터인즉,
> '댁'이라든가, '노형'이라든가, '이 양반'이라든가,
> 여하튼 그 사람과 나라에 따라서 적절한 어귀나
> 호칭으로 부르겠지만,

Your party in converse, him you would sound,
Having ever seen in the prenominate crimes
The youth you breathe of guilty, be assured
He closes with you in this consequence;
'Good sir,' or so, or 'friend,' or 'gentleman,'
According to the phrase or the addition
Of man and country. (2.1.42-8)

이렇게 아들에 대한 정보까지도 철저한 염탐의 방법을 쓰고 있는데 이는 곧 "거짓이라는 미끼를 던져 진실이라는 잉어를 낚는"(your bait of falsehood takes this carp of truth)(2.1.61)수법으로써 후에 햄릿의 본심이라는 잉어를 낚기 위해 딸 오필리어를 미끼로 던지는 것과 같다. 그런데 아이로닉한 것은 미끼를 사용하여 햄릿의 본심을 알아채는 데 폴로니어스는 실패한 반면에, 햄릿은 '극중극'이란 미끼를 사용해 클로디어스의 본심을 낚아채는데 성공한다. 하여튼 폴로니어스의 정략적인 염탐의 방법은 "이렇게 우리처럼 지혜와 재능을 겸비한 사람은 옆길로/ 빠져서 빙빙 돌며 간접적인 수단을 동원하더라도 곧장 진실에 이르는 지름길을 찾아내는 법"(And thus do we of wisdom and of reach,/With windlasses and with assays of bias,/By indirections find directions out)(2.1.62-4)이라고 자신 있게 말하지만 그 결과가 의도한 대로 되기가 쉽지 않다. 정략적으로 세상을 살아가는 폴로니어스는 일시적으로는 성공할지 모르지만 결국 중도에 그것도 거투르드의 침실 뒤의 커튼에 숨어 염탐하다가 햄릿의 단검에 죽음을 당한다. 진실이 없는 세속적 지혜는 언뜻 보기에는 그럴듯하나 그 진부함과 상투적 수법 때문에 성공을 거두지 못한다. 더군다나 그것이 햄릿의 본성을 알아보려는 것과 같은 복잡하고 깊은 문제에 있어서는 더욱 그러하다. 여기서 폴로니어스는 잉어를 잡는 거짓의 미끼를 주장하여 이 세상의 낮은 수준의 사람들이 살아가는 방식을 보여주었을 따름이다.

장면이 바뀌어 이번에는 오필리어가 폴로니어스에게 햄릿 왕자에 대하여 말한다. 오늘 날 같으면 있을 수 없는 일이겠지만 가부장제도의 엄격한 규율이 지켜지던 시대나 또는 오필리어와 같은 성격의 사람에게나 있을 수 있겠지만 하여튼 햄릿의 행동에 대해 오필리어는 아버지에게 소상하게 밝힌다.

> 아버님, 소녀는 제 방에서 바느질을 하고 있었사온데,
> 햄릿 왕자님께서 저고리 앞자락을 풀어 헤치시고,
> 머리에는 모자도 쓰지 않으시고, 더러워진 양말은
> 대님도 매지 않은 채 발목에 족쇄처럼 걸쳐가지고,
> 자신의 속옷처럼 창백한 안색으로 두 무릎을
> 와들와들 떨면서 마치 소름끼치는 이야기를
> 들려주기 위해 지옥에서 빠져나오신 듯, 보기에도
> 가련한 모습으로 소녀 앞에 나타나셨사옵니다.

> My lord, as I was sewing in my closet,
> Lord Hamlet, with his doublet all unbraced;
> No hat upon his head; his stockings foul'd,
> Ungarter'd, and down-gyved to his ancle;
> Pale as his shirt; his knees knocking each other;
> And with a look so piteous in purport
> As if he had been loosed out of hell
> To speak of horrors, — he comes before me. (2.1.76-82)

이 대목에서 햄릿은 미치광이 흉내를 아주 성공적으로 연기해내어 폴로니어스로 하여금 '거짓의 미끼로 진실의 잉어'를 낚는 것이 아니라 '진실한 미침의 미끼로 오해라는 거짓의 잉어'를 낚아 대 실패로 끝이 나도록 유인한다. 그러한 깊은 햄릿의 '욕망기계'의 수법도 모르고 폴로니어스는 이런 햄릿의 미침은 바로 상사병이라고 결론을 내린다. 햄릿과 오필리어의 사랑은 뒤에서 다루기로하

고 여기서는 생략한다. 햄릿의 진짜 미친 것 같은 행동은 고도의 전략이지만 오필리어에게는 너무나 큰 상처를 남긴다.

햄릿의 행동은 자신이 바로 유령이 된 것과 같다. 유령이 햄릿을 복수를 향해 달려가도록 했다면 햄릿이 보여주는 유령과 같은 행동은 오필리어를 정말로 미치게 하였으며 폴로니어스는 햄릿의 상사병이라고 오판하도록 이끌었다. 폴로니어스는 오히려 햄릿이 미친 원인을 빨리 왕에게 알려 자신의 정치적 위치를 확고히 하려는 저급한 세속적 민첩성을 보여준다. 그것이 오판이었으며 그 결과 죽음을 초래하리라고는 꿈에도 생각 못 했을 것이다.

2막 2장

2장은 복잡하고 긴 대사를 가지고 있다. 앞 장에서 폴로니어스가 염탐꾼을 보내듯 이번에는 왕과 왕비가 햄릿의 초등학교 때의 두 친구 로젠크란츠와 길덴스턴을 염탐꾼으로 보낸다. 그리고 부탁하는 것은 햄릿이 옛날과는 딴판으로 변했는데 그 원인이 무엇인지를 알아오라는 것이다.

> 이제 그대들 양인에게
> 부탁하는 바, 그대들은 어린 시절부터 그와 함께 자라
> 왔으니, 그 이후 그의 젊은 기질과 태도를 익히 알고
> 있을 터인즉, 얼마 동안만이라도 그를 즐겁게 해주는
> 동시에 가능한 한 기회를 엿보아서 우리가 알지
> 못하고 있는 어떤 일이 그를 괴롭히고 있는지를
> 알아 봐 주기 바란다. 원인이 밝혀지고 보면
> 치료도 가능할 터이니 말이다.

> I entreat you both,
> That, being of so young days brought up with him,

And sith so neighbour'd to his youth and havior,

That you vouchsafe your rest here in our court

Some little time: so by your companies

To draw him on to pleasures, and to gather,

So much as from occasion you may glean,

Whether aught to us unknown afflicts him thus,

That, open'd, lies within our remedy. (2.2.10-8)

여기에 덧붙여 왕비는 이 임무를 잘 수행하면 "왕의 보상"(King's remembrance) (2.2.26)이 있을 것이라고 말하여 이들 역시 미끼에 걸려들 것임을 예고해준다. 폴로니어스도 나중에 햄릿에게 죽고 로젠크란츠와 길덴스턴도 결국은 햄릿이 바꿔치기한 편지에 의해 죽게되니까 염탐을 하려는 두 부류의 사람들은 모두 죽는다. 이렇게 상황이 역전되어 죽을 자는 살고 오히려 죽으려고 하던 자들이 죽임을 당하는 극적 아이러니가 이루어진다.

　　로젠크란츠와 길덴스턴이 퇴장하자마자 폴로니어스는 급하게 클로디어스에게 햄릿이 실성한 이유를 알아냈다고 좋아하지만 언제나 국가의 위기를 가져오는 노르웨이에 갔다 온 사신인 볼티먼드(Voltemand)와 코넬리어스(Cornelius)의 보고를 먼저 들으라고 한다. 노르웨이 왕의 조카 포틴브라스가 모병한 군대는 이제 덴마크를 공격하기 위해서가 아니고 폴란드를 공격하기로 교섭하여 군사 분규는 마무리됐다는 반가운 소식이다. 포틴브라스는 극의 몇 곳에서 간단히 언급되지만 햄릿과의 유사성과 동기부여에 상당한 영향을 끼친다.

　　폴로니어스는 거투르드 왕비에게 햄릿의 '미친' 원인을 알아냈다고 보고하는 장면에서 자신은 어떤 문제를 장황하게 설명하는 것을 제일 싫어하기 때문에 간결성을 좋아한다면서 "간결성이 기지의 핵심이다"(Brevity is the soul of wit)(2.2.90)라고 주장한다. 그런데 이 둘 사이의 대화에서 폴로니어스는 사실은 장황한 설명을 하는 자체 모순을 나타낸다. 이것은 폴로니어스의 본성이 말이 많기도 하지만 다른 한편 햄릿이 '미친 것'의 정체를 제대로 파악하지 못한 것을 우회적으로 표현한 것으로 볼 수 있다. 비록 자신은 수식어를 쓰며 장황하게 떠들어 대지만 폴로니어스의 말 '간결성이 기지의 핵심'이라는 지적은 금언처럼 들린다.

과학기술이 발달할수록 간결하고 명료한 것이 얼마나 중요한 기술인가하는 점은 IT산업이나 나노기술에서 증명되고 있다. 한국이 나노기술을 세계최고 수준으로 끌어 올려 놀라움을 주고 있다. 전자 칩 하나에 수십 만 권을 저장할 수 있다니 놀라운 일이 아닐 수 없으며 스마트폰 하나를 가지고 전화, 주식은 말할 것도 없이 인터넷을 검색 할 수 있는 등 손바닥 속에서 세계 정보를 다 알 수 있으니 이 '간결성'의 위력을 실감한다.

강의에 있어서도 마찬가지다. 제대로 내용을 파악하지 못했거나 방향을 모르는 사람일수록 중언부언하고 말이 많고 길어진다. '중요한 내용을 말씀드리자면'이라고 해 놓고 엉뚱한 이야기로 시간을 다 보낸다. 핵심을 모르는 것이다. 또 핵심을 모를수록 장황하게 엉뚱한 말을 많이 하게 되어 있다. 학생들도 마찬가지다. 제대로 과제를 준비하지 못한 학생일수록 이유가 많다. 개인적으로 친구를 도와주느라 뭐가 어떠했다든지, 과제 준비하는데 컴퓨터가 문제를 일으켰다느니 등으로 몇 분을 허비한다. 그리고 과제의 중심과는 관계가 없는 것에 시간을 많이 낭비한다. 핵심을 모르니 핵심 아닌 것에 시간을 보내는 것이다. 어떤 것을 설명하거나 가르치려는 사람은 언제나 '간결성'을 보여주어야 한다. 잘 아는 사람, 재주가 있는 사람은 무엇이든지 간결하게 설명한다. 그러니까 간결하게 설명하는 사람은 재주가 있는 사람이고 길고 장황하게 설명하는 사람은 멍청하다고 보아도 크게 빗나간 말이 아닐 것이다.

1960년대 한국이 아주 가난하고 물자나 장비가 턱없이 부족한 시절에 어떤 분이 학교를 지으려고 하는데 부르도자로 산을 정비할 일이 생겼다. 당시에는 부르도자를 가진 곳은 군대 밖에 없었다. 교육에 대한 큰 뜻을 가지고 있던 이

분은 여러 궁리 끝에 부르도자를 소유하고 있는 군대의 장군을 만나기로 결심했다. 여러 번 만나려다 실패하고 8번째인가 출근하는 장군의 얼굴을 뵈었다. 그 장군의 부하가 '저 사람이 장군님께 부탁이 있다고 여러 번 장군님 출근하는 대문 앞에서 기다린 사람입니다'라고 했다. 장군은 그 사람에게 무엇 때문에 그러느냐 하면서 짚차 옆 자리에 앉으라고 했다. 장군은 바쁘니까 짚차를 타고 가면서 부탁하려는 내용이 무엇인가를 들어보려는 것이었다. 이 교육 사업을 하려는 사람은 열심히 성심을 다해 자신의 교육에 대한 신념과 열의를 설명하고 기초 작업으로 산을 정비하는데 부르도자 10대 정도의 지원을 간곡히 부탁했다. 모든 설명을 들은 장군은 그러면 몇 월 며칠 몇 시에 어느 장소로 부르도자를 보내겠다고 약속했다. 그런데 짚차가 달리고 있는데 이 부르도자를 부탁한 교육자가 내릴 생각이 없었다. 너무 고마워서 함께 부대까지 가서 점심이라도 대접할 생각이었다.

그런데 1분정도 짚차가 달렸을 때 이 장군은 정색을 하고 이 교육자에게 말했다. "빨리 내리시오. 용건은 끝났잖아요. 부르도자는 정확히 갑니다. 그럼 내리십시오"라는 것이었다. 이 사건을 계기로 평상시 군대에 대해서 별로 호감이 없었던 이 교육자는 세 가지를 크게 느꼈다고 한다. 첫째는 효율성이고, 둘째는 간결성이고, 셋째는 과감성이라는 것이다. 당시만 해도 군대는 '하라면 하는 곳'이다. 이유가 필요 없다. 그러니 효율성이야 군대보다 더 빠른 곳이 어디 있겠는가. 학생들에게 영어를 가르쳐 봐도 그렇다. 단어를 외우라면 외우는 거지 무슨 핑계가 필요한가. 그래서 스파르타식 교육이 과거에 커다란 효과를 나타냈던 것이다. 하루에 단어시험을 10개씩 보고 틀리는 개수만큼 회초리로 손바닥을 때리던 때가 기억난다. 틀리는 것에 대한 이유도 회초리로 손바닥을 맞는 것에 대한 이의도 없었던 시절이다. 일사천리로 나갔던 영어수업은 큰 효과를 보았다. 지금은 교육현장에서 시도도 못하는 모양이다. 영어를 공부하거나 역사적 자료를 암기하는 것 등은 스파르타식 교육이 효과가 있는 데 오늘 날은 말을 꺼내는 것조차 어렵게 되었다.

둘째 이 교육자가 장군에게서 배운 것은 간결성이다. 부르도자 10대가 필요하다. 그러면 언제 보내주겠다 그러면 용건은 끝난 것이다. 더 이상의 불필요한 사족이 따를 이유가 없다는 것이 장군의 결론이다. 그리고 부탁할 용건이 이루어졌으니 짚차에서 내리라는 것이다. 문제를 이렇게 간결하게 처리하니 효율성이 있고 일이 추진되는 것이다.

셋째는 군대의 과감성이다. 이 교육자의 설명을 듣고 보니 그런 지원을 해주는 것은 국가발전에 도움이 되는 일이다. 그러면 과감하게 실천에 옮기는 것이다. 물론 이 경우는 그 군대의 전권을 장군이 가지고 있던 시절이라 가능한 이야기다. 요즈음 같으면 특혜니 뭐니 해서 난리법석이 일어날 일이지만 그 당시에는 그러한 과감성 없이는 아무 것도 이루어낼 수 없던 시절이다. 사막에서 물이 나오게 하라면 해야 하고 맨손으로 밤을 까라면 까야할 시대의 과감성이다.

시대가 발전하고 기술이 고도화 될수록 간결성, 명료성은 더욱 필요한 것이 되었다. 폴로니어스는 점차적으로 민감하고 중요한 문제를 해결해야할 대신으로써 '간결성'의 중요성을 말로는 했지만 실천에 옮기지 못한 정치인이었다. 폴로니어스의 불행은 불의에 가담한 원천적 잘못이 크지만 자신의 생각을 실천에 옮기지 못한 그의 내부적 모순에도 있음을 이 대사는 강조하고 있는 것이 아니겠는가?

워낙 자신 있게 폴로니어스는 햄릿의 광기의 원인이 상사병이라니까 왕도 수긍할 수밖에 없는데 이를 증명하기 위해 햄릿이 복도를 걸어갈 때에 오필리어를 그 앞에 풀어 놓고 왕과 폴로니어스는 커튼 뒤에 숨어서 그들의 행동을 살펴보자고 제안한다. 여기서 또 한번 폴로니어스는 염탐을 제안하여 왕으로서는 로젠크란츠와 길덴스턴 뿐만이 아니라 폴로니어스까지를 이용하여 햄릿의 정체를 알아내려 한다.

폴로니어스는 햄릿이 상사병 때문에 미쳤다는 것의 증거로 오필리어가 받

은 편지(이 내용과 사랑의 전개과정은 뒤에 따로 설명됨)를 공개하는데 그 중에
는 "나는 그대를 최고로 사랑하니 믿어주오"(I love thee best, O most best,
believe it)(2.2.120)라는 곳이 있는데 이는 아주 고전적이고 페트라르카식 사랑
의 표현인데 'O most best'라는 곳에 눈길이 간다. 'best'자체가 최상급인데 그
앞에 또 'most'를 붙여 영어의 문법상으로는 틀린 것이지만 셰익스피어가 사용
했기 때문에 'best'를 더 강조하는 부사적 기능을 갖는다. 강의시간에 나는 남학
생들에게 여자 친구에게 편지에 'O most best'라는 말을 써 보내서 그것이 문법
적으로 틀렸다고 하면 셰익스피어를 모르는 사람이니 사귀지 말라고 하여 웃음
을 자아낸 적이 한 두 번이 아니다. 그러면서 폴로니어스는 햄릿이 상사병으로
인하여 미치게 된 단계를 설명한다. 오필리어는 순진하고 아버지 말에 절대 복
종하는 아가씨여서 그동안 받은 선물도 햄릿에게 되돌려주고 만나는 것조차 거
절했다는 것이다. 그러니까 자연히 햄릿은 슬픔에 빠지고 미치게 되었다는 것
이다. 폴로니어스의 설명은 그럴듯하고 또한 이것을 확신하기 위해 염탐하는
방법도 동원한다.

　햄릿이 책을 읽으면서 복도에서 폴로니어스와 마주친다. 햄릿에게 폴로니어
스가 자기를 알아보겠느냐는 질문에 햄릿은 "아주 잘 알지, 생선장수 아닌가"
(Excellent well, you are a fishmonger)(2.2.172)라고 응수한다. 일국의 대신, 그것
도 클로디어스 왕의 오른 팔에게 '생선장수'라니 얼마나 파격적인 말인가. 더군
다나 '생선장수'(fishmonger)에는 '뚜쟁이'라는 뜻이 있다는 것을 생각해보면 미
친척하면서 햄릿이 정확하게 폴로니어스를 마음 속에 비수를 꽂는 것이다. 젠
킨스의 주석에 의하면 생선 장수의 아내는 남자와의 성행위 없이 소금을 핥아
먹기만 해도 임신이 된다는 것을 햄릿이 생각한다고 보고 여자는 '아름다우면
바람쟁이다'라고 판단하여 '생선장수→딸→임신'이 머리에서 지워지지 않고 있
다고 본다. 겉으로는 우스개 소리로 썩은 생선을 신선하다고 속여 파는 생선장
수 아니냐라고 하지만 속 뜻은 오필리어라는 여자를 풀어 놓고 팔아서 '햄릿의

정체'를 알아내서 정치적 목적만 달성하려는 뚜쟁이라는 것이다. 그러면서 햄릿
은 또한 미친척하면서 딸이 있다면 절대로 "햇빛 속에 돌아다니지 못하게 하라.
세상을 인식하는 것은 좋지만 임신했다간 큰일이지"(Let her not walk i' the sun:
conception is a blessing: but not as your daughter may conceive.)(2.2.182-3)라고
둘러댄다. 여기서 햄릿은 그냥 중얼거리듯이 말하지만 'conceive'에는 '생각하
다'는 것과 '임신하다'라는 뜻이 있어 묘한 상징성을 표현한다.

　　알듯 모를 듯한 애매한 말을 하는 햄릿은 분명 미쳐있는데 하는 말 속에는
뼈가 있다. 그래서 폴로니어스는 자기를 생선장수라고까지 말하는 햄릿이 "미
쳤어. 미쳤어도 한참 미쳤지"(-a is far/ gone, far gone)(2.2.185-6)라고 하지만 속
으로는 "그는 미쳤지만, 그 말 속에는 조리가 있단 말야"(Though this be
madness, yet there is method/ in't.)(2.2.200-1)라고 중얼거리면서 고개를 갸우뚱
할 수밖에 없다.

　　그 다음은 초등학교 때의 두 친구 로젠크란츠와 길덴스턴과의 만남이다. 요
즈음 어떻게 지내느냐는 두 친구의 질문에 햄릿은 "덴마크는 감옥이다"
(Denmark's a prison)(2.2.234)라고 말한다. 햄릿은 이 세상을 더군다나 왕자의
신분임에도 불구하고 감옥이라고 생각할 수밖에 없다. 의심되는 점은 많은데
알 길은 없고 왕과 왕비가 염탐하고 감시하고 있지, 폴로니어스라는 특출한 전
략을 가진 권력자가 감시하지, 거기에다가 가장 친한 초등학교 때의 두 친구마
저 자신을 감시하러 온 것을 빤히 알고 있는 햄릿은 덴마크를 '감옥'이라고 표
현할 수밖에 없다. 그런데 이 감옥이란 말은 자신을 가두어 꼼짝 못하게 하는
형벌이지만 동시에 이 감옥에 자신을 가두어 놓아 밖의 세상을, 이 세상의 진리
를 더 잘 알 수 있는 공간이기도 하다. 햄릿은 세상을 더 파악하고 알기 위해 덴
마크를 감옥으로 인식하고 있는 것이다. 겉으로 보이는 창살 있는 감옥이 아니
라 의식의 감옥이라 할 수 있다. 여기서 내 글 '나를 구속시키는 이유'를 덧붙이
고 싶다.

'나를 구속시키는 이유'

창문을 열면 9월의 따가운 햇살이 눈부시고 시원한 바람이 가슴을 파고들며 하늘은 더 없이 드높고 맑다. 이런 날은 집안에 있는 일이 고통스러울 정도다. 들로 산으로 마음껏 쏘다니고 싶은 날이다. 더군다나 들판에는 오곡들이 황금물결을 이루며 익어가고 있지 않은가. 거리와 산자락의 단풍들은 수많은 수채화를 그려 놓은 듯하다. 그러나 오늘은 이 강력한 가을의 유혹을 접어두고 내면의 세계를 추구해야한다. 책상에 앉아 쓴 커피로 우선 마음을 적셔본다. 오늘은 혼자 집에 있으면서 자신의 시간을 갖고 나와의 만남을 통해 내면의 소리를 들어보기로 하자.

일부러 어려운 전공서적을 꺼내어 읽는다. 과연 몇 페이지를 읽을 것이며 얼마나 내용이 잘 파악될까. 나는 또 몇 시간이나 잘 버틸 것인가. 내 자신을 가혹하게 시험해 보는 것이다. 정신이 흐트러지려하면 커피를 마신다. 이런 경우 커피는 참으로 격에 어울린다. 우선 그 쓴맛이 좋다. 달면 이내 싫증이 날텐데. 모든 것은 써야만 오래 가는 모양이다. 쓴 맛 때문에 자꾸 혀를 움직여본다. 인생도 이렇게 쓴 것이겠지. 정말로 쓰라린 인생을 반추하듯이 다시 쓴 커피를 훌쩍여 본다. 쓰다는 것은 점점 생각을 깊게 해 줄 테니까.

책을 읽다가 잠시 생각에 젖어본다. 나 자신이 지금 숨을 쉬고 있다는 것, 책상에 앉아 읽고 생각하고 쓸 수 있다는 것이 얼마나 고마운 일인가. 또 이렇게 고요한 시간을 가질 수 있다는 것이 얼마나 소중한 일인가. 지금 나는 정말 우주공간에서 혼자 있는 것이다. 나에게 전화 올 곳도 없다. 나를 방문할 사람도 없다. 나만 움직이지 않는다면 나는 몇 시간이고 이 고요 속에 파묻혀 지낼 수 있다.

문제는 나와의 싸움이다. 나를 구속시켜 되도록 오랫동안 독서에 몰두하거나 아니면 한가지 생각에 매달려 보는 것이다. 육체적인 필요까지도 최대한 절제해 보자. 3시간쯤은 책상을 떠나지 않고 앉아 있을 수 있을 것이다. 몸이 좀 불편하거나 목이 좀 마를 것이다. 인도의 수행자들은 온몸을 강가의 모래에 파묻고 머리만 내 놓은 상태로 2～3일을 지낸다고 하는데 하루에 2～3시간 버티는 정도야 그렇게 어려울 것 같지 않다. 몸을 움직이지 않고 깊은 명상에 몰입하는 것이 본래 수양하는 사람들의 방법이지만 현재의 나로서는 어려운 영어 책을 읽는 방법을 택하는 것이 좋겠다. 영어 책을 읽으면서 2～3시간을 보낸다면 영어실력도 늘고 육체적 수양도 되고 또한 정신력이 증강될 터이니 일석삼조의 효과가 있을 것이다. 그러다가 피곤이 몰려와 더 이상 버티기가 어려우면 잠시 눈을 감고 생각에 잠기는 것이다.

명상의 세계에 이르면 몇 몇 사람들이 떠오른다. 코울리지, 콘래드, 와일드, 조이스 같은 고독했던 작가들 그들은 외롭고 슬픈 시간들을 어떻게 지냈을까. 바닷가에 앉아 하염없이 생각에 잠겼거나 쓸쓸한 골방에 박혀 원고지와 씨름했겠지. 그들이라고 이 세상의 화려한 유혹 없었겠는가. 피를 말리는 작업들이 그들을 노쇠케 만들고 육체적 정신적 고통을 참지 못해 아편에, 담배에, 술에 때로는 중독되기도 했겠지. 조이스는 글쓰기에 전념하다가 눈을 몹시 버리게 되었다. 보통 안경을 쓰고 그 위에 돋보기를 걸쳐놓고 그것도 부족하여 손으로 커다란 확대 돋보기를 사용해야 글을 읽고 쓸 수 있었다. 이런 처절한 글과의 싸움이 불후의 문학으로 잉태되기까지 조이스의 투혼은 불꽃같았을 것이다.

나의 명상 속에서 그 분들이 속삭이는 듯하고 나에게 잔잔한 마음의 파문을 일으키기도 한다. 내가 지금 읽고 있는 전공서적의 앞에 있는 화보 속의 해롤드 젠킨스(Harold Jenkins)도 나에게 주먹을 불끈 쥐게 해준다. 젠킨스는 햄릿의 아덴(Arden)판을 편집하기 위해 꼬박 4년의 세월을 송두리째 바쳤다. 그래서 그가 편집한 1982년 햄릿 아덴판이 모든 햄릿 판의 초석(keystone)이 된다고 하여 영광스런 셰익스피어 상(Shakespeare Prize)을 받게 된다. 하나의 업적을 이루고 어느 방면에 두각을 나타내기 위해서는 무한한 시간과 노력을 바쳐야하는 것이다.

옛날에 수도자들이나 선승들은 어떤 경지에 이르기 위해서 몇 달 며칠을 금식하면서 깊은 산 속에서 명상에 빠져들었다. 그들은 온갖 세상의 잡다한 일들을 모두 잊어버리고 오로지 신의 음성을 듣기 위해 전적으로 몸과 마음을 바치는 수행을 계속했던 것이다. 그들이 깨달음으로의 구속을 했듯이 나도 그 정도에는 못 미치지만 학문의 정진을 위해 하루에 3~4시간 정도 나를 구속시키는 연습을 한다. 참다운 마음의 평화와 자유는 나의 온갖 세상적, 개인적 자유를 구속시킴으로 얻을 수 있을 테니까. 그렇다고 내가 전적으로 고행자들과 같은 수행을 현재 할 수는 없다.

아직 나는 눈을 감으면 히말라야의 영봉이 보이고 고요한 호수 같은 마음이 되는 것이 아니고 잡다한 생각이 꼬리에 꼬리를 문다. 그래서 현재 나에게 있어

가장 효과적인 수행의 방법은 영어 책을 읽는 것이다. 그것도 어려운 전공 영어를 읽는 것이다. 그 뜻을 파악하고 조금이라도 더 읽으려 하는데서 정신 집중이 가능할 것이기 때문이다. 그리고 그 뜻을 이해하는 것을 신의 음성을 듣는 것으로 간주하면 된다. 그밖에는 다른 방법이 없다. 그저 눈을 감고 깊은 명상의 세계에 잠입하면 내 영혼이 자유로이 깨달음의 세계에 다다른다면 얼마나 좋을까마는 그것은 현재로선 불가능하다. 또 환상 같은 것이다. 지금의 상태에서는. 지나친 사념을 버리고 모든 조건을 감사하게 생각하고 한 시간이라도 더 오래 책상에 붙어 앉아 책을 읽고 내용을 파악하는 일이 나의 수행이라고 생각하자. 그러면 세상의 괴롭고 슬픈 일들도 잊혀질 것이고 내 인식도 더 깊어지고 머리도 더 투명해져 이해력이 깊어질 것이 아니겠는가. 이 정도 읽었으면 오늘 하루 양으로 괜찮다 싶으면 커튼을 걷고 창문을 여는 거다. 그리고 햇살의 눈부심에 놀라고 높은 가을 하늘에 마음을 띄워도 보는 것이다. 그렇게 잠시 마음의 환기를 마치고 다시 방안을 컴컴하게 해 놓고 영어문장을 추적해보든지 아니면 명상의 세계에 잠입하는 것이다. 밖으로 나가고 싶은 충동과 이리저리 움직이고 싶은 조그마한 육체적 욕망을 죽이는 연습을 하는 것이다. 그리고는 지루하고 어려운 영어문장을 다시 읽는 것이다. 오늘은 4시간만 나를 구속시켜보자. 내일은 한시간 더 연장해보자. 이렇게 매일 조금씩 연장하다보면 언젠가는 하루에 12시간 정도 구속된 상태에 있지 않겠는가. 그리고 그때쯤에는 구속된 시간이 오히려 편안해지리라.

이제 나는 스스로를 구속시키는 시간의 양과 구속되는 밀도에 의해 내 스스로를 시험해보고 평가도 하는 가장 치열한 자신과의 싸움을 하는 거다. 철저한 자기 구속만이 가장 귀한 인생이라고 다짐하면서.

이런 의식의 감옥에서 지혜를 얻은 햄릿은 르네쌍스 시대의 대표적 인본주의 사상에 근거를 둔 인간예찬을 한다. 그러면서 그러한 통속적인 인간관을 또한 뒤엎는 햄릿 특유의 역설적 발상과 행동을 한다. 먼저 햄릿의 유명한 인간관을 들어보자.

인간이란 참으로 기막힌 걸작품, 이성은 숭고하고,

지능은 무한하며, 자태와 거동은 그 얼마나 빈틈없고 경탄스러우며,
그 행위에 있어서는 천사, 이해력에 있어선 가히 신과 같으니,
그야말로 세계의 아름다움이요, 만물의 영장이라고 할 수 있다
이 말일세.

What a piece of work is a man! how noble in reason!
how infinite in faculty! in form and moving how
express and admirable! in action how like an angel!
in apprehension how like a god! the beauty of the
world! the paragon of animals! (2.2.286-9)

이렇게 인간을 극찬해 놓고서는 "자신에게는 인간은 그저 먼지일 따름이 아니냐?"(And yet, to me, what is this quintessence of dust?)(2.2.290)라고 한탄하여 허무주의에 빠져있음을 고백한다. 이렇게 생각이 깊어지는 것이 햄릿의 "약점이며 이 약점과 치열하게 투쟁하는 것이 그의 비극의 초석이 된다"(Wilson 218)고 볼 수 있으며 그 원인들은 여러 가지이다. 하기야 생모 – 나를 낳아서 길러준 그래서 내가 최고로 신뢰할 수 있고 사랑하는 – 가 배신을 했고, 유령의 충격적인 명령이 있었고, 사랑하는 오필리어 (아직 이별은 하지 않았지만)의 아버지는 왕의 오른 팔이어서 원수 중 원수이고 옛 초등학교 친구마저 자기에게서 필요한 정보를 꺼내가려는 이 세상이 얼마나 원망스럽고 저주스러웠겠는가? 여기서부터 햄릿의 고민은 깊어지고 인생은 어둠과 환멸로 비치기 시작한다.

그런 그에게 일단의 배우들이 방문한다는 것은 큰 즐거움이며 그의 계획을 실천에 옮길 절호의 찬스이다. 햄릿이 이 배우들이 어떤 연극을 할 수 있느냐니까 폴로니어스는 다음과 같이 말한다.

비극, 희극, 사극, 전원극, 전원희극, 역사적 전원극, 비극적
역사극, 비극적 희극적 역사극적 전원극은 물론 어떤 극이든

종류를 가리지 않고 무제한 상영할 수 있는 천하 명배우들,
세네카의 극을 상연해도 너무 심각하지 않고, 플로터스의
극을 상연해도 너무 경박해지는 일이 없으니, 규칙에 따라
쓰여진 극이든, 자유분방한 즉흥극이든 이만한 배우들이
달리 없는 줄로 아옵나이다.

The best actors in the world, either for tragedy,
comedy, history, pastoral, pastoral-comical,
historical-pastoral, tragical-historical, tragical-
comical-historical-pastoral, scene individable, or
poem unlimited: Seneca cannot be too heavy, nor
Plautus too light. For the law of writ and the
liberty, these are the only men. (2.2.363-8)

폴로니어스의 이 대사는 셰익스피어가 말하는 연극의 모든 종류가 나열되어 있으며 동시에 여러 연극을 혼합하는 연극에 대한 풍자도 깃들여 있다. 이런 연극의 전통으로부터 오늘날 우리가 보게 되는 부조리극, 잔혹극 같은 것들이 덧붙여 발전한 것이 아닌가. 거기다가 음악적 요소를 더욱 강조한 뮤지컬이 유행하게 된 것이고 요즈음은 한국에서나 셰익스피어의 원 고장인 영국에서조차 오리지널한 셰익스피어 연극보다 각색한 뮤지컬이 더 유행한다. 어떤 경우는 아예 이름만 셰익스피어 작품명이지 내용은 몇 개의 대사만 그것도 상당히 내용을 바꾸어 처리하고 춤이나 노래, 그리고 아크로버트로 꾸민 뮤지컬이 주종을 이룬다. 어느 극단의 『햄릿』 뮤지컬은 난장판 춤과 기계체조 그리고 정치적 고함 같기만 하였다. 폴로니어스가 풍자적으로 연극의 종류에 대해서 선견지명적으로 말했는데 최근에는 나라와 처지에 따라 연극을 마음대로 확장하고 개조하여 '햄릿 만들기'가 많이 이루어지고 있는데 이것이 정말 '햄릿 만들기'인지 '햄릿 무너뜨리기'인지 나로서는 이해가 가지 않는 것이 너무 많다.

햄릿은 배우를 만나 반갑게 인사하고 연극에 대한 자신의 견해를 피력한다. 그 중에 하나가 "일반사람에게는 그림의 떡"(caviar to the general)(2.2.397)이다. 일반인에게는 철갑상어의 알이란 말은 그림의 떡 또는 돼지에게 진주라는 뜻이다. 내 소유를 다 팔아서 얻어도 아깝지 않은 가장 귀하고 소중한 것을 의미한다. 일반인에게는 '철갑상어의 알'이란 이 말은 햄릿이 우울하고 괴로운 심정에 휩싸여 있을 때 기분전환을 하기 위해 연극을 공연하려고 찾아온 배우들과의 대화에서 자신이 생각하는 연극을 지칭하는 말인데 이 속에는 햄릿의 외로움과 지성과 세계관이 스며있다. 일반적으로 철갑상어는 수만 마리 상어 중에 몇 마리이며 그 몇 마리의 상어 중에 극소수만이 알을 낳는다고 하니 철갑상어의 알은 아주 귀하고 비싼 것이다. 그래서 일반사람들은 보지도 듣지도 못한 아주 귀한 것으로 그림의 떡과 같은 것이다. 아주 귀한 것이지만 일반사람들은 아무것도 아닌 것처럼 취급하는 것이다. 그래서 돼지에게 진주와 같은 것이다. 진주는 귀하고 비싼 것이지만 돼지에게는 아무 쓸모가 없어 진주가 돼지우리에 들어가면 돼지가 밟아서 그저 없어지는 배설물에 불과한 것이다. 이때 셰익스피어는 햄릿을 통해 통속적이고 일반대중에 영합하는 보잘 것 없는 두 친구와 폴로니어스를 비난하는 의도도 가지고 있는 것이다. 그러면서 '관절이 빠져있는' 모든 세상 사람들의 생각과 존재의 가벼움을 질타하고 있는 것이다. 일반사람들은 돼지가 진주를 밟아 버리듯이 그저 거들떠보지도 않는 것, 그러나 생각하는 사람, 양심이 있는 사람, 지성인에게는 아주 귀한 것이 철갑상어의 알인 것이다. 우리에게 철갑상어의 알은 무엇인가. 지금 햄릿에게 철갑상어의 알은 진실을 아는 것, 즉 정말로 현재의 왕 클로디어스가 전의 햄릿대왕을 독살하고 형수와 함께 사는 극악무도한 악한인가를 알아내는 것이다. 그래서 햄릿은 철갑상어의 알이라는 말을 하지만 내심으로는 '곤자고의 살인'을 공연해줄 것을 부탁하려는 것이다. 뉴 배리오럼 주석에 의하면 러시아와 영국사이의 중요한 무역물품 중에 철갑상어가 있었으며 보통사람들은 소유할 수도 맛볼 수도 없는 새로 유행하는 미 식품이며 이해하기 어려운 어떤 것을 의미한다고 되어 있다.

그렇게 소중한 것이 '철갑상어의 알'인 것이다. 이 '철갑상어의 알' 같은 것이 현대에서는 '백지수표'라고 할 수 있다. 한국에서 백지수표라 함은 돈 많은 재벌정도 되는 사람이 필요한 물건을 사고자 할 때 물건의 소유자가 무한정한 값을 요구할 때 제시할 수 있는 방법이다.

우리나라에서는 물건과 관련된 백지수표보다는 사람과 관련된 백지수표에 대한 이야기가 몇 개 있다. 한국의 유명한 이모 여사는 세계적인 '당과암 연구소'를 설립하고 의료진을 구하러 다녔다. 미국에는 세계적인 권위를 가진 한국인 의사들이 있다. 이 여사가 미국의 암센터에서 잘 근무하고 있는 김모 의사를 모셔오기 위해 여러 방법을 동원했다. 그러나 신통치 않아 처음에는 몇 억 원의 돈으로 스카우트 제안을 했다. 쉽지 않음을 안 이모 여사는 김모 의사에게 백지수표를 주고 몇 명의 의사들과 함께 한국에 오도록 제안했다. 마침내 김모 의사는 그 백지수표를 받고 귀국했다. 김모 의사가 백지수표에 몇 십 억 원을 썼는지 아니면 몇 백 억원을 썼는지는 본인 이외는 아무도 모른다. 일반인은 상상도 못하는 듣기만 했지 보지도 못한 '철갑상어의 알'이 백지수표인 것이다.

백지수표에 관련된 가장 감동적인 이야기는 세계적인 마라톤 감독인 정모 감독의 경우이다. 훌륭한 선수를 많이 길러내어 세계를 재패한 마라톤 선수를 몇 명씩이나 훈련해 낸 정모 감독은 개인적으로는 상당히 고달픈 생활을 하고 있었다. 돈 보다는 마라톤이라는 스포츠에만 전념하는, 학자로 말하자면 바보 같은 꽁생원이었기 때문이다. 화려한 그의 이력에도 불구하고 그는 24평형짜리 아파트에서 가족과 가난하게 살고 있었으며 혈당이 높았고 암으로 투병생활을 하는 중이었다. 세계올림픽을 이삼년 앞둔 일본육상연맹의 간부가 그를 찾아와서 5억의 돈을 스카우트 비용으로 제안했다. 정 감독은 일언지하에 거절했다. 일본육상연맹 간부도 세계적인 감독이 5억 원에 스카우트되지 않을 것을 예상하고 더 이상 말을 하지 않았다. 일본육상연맹측은 '그러면 그렇지 그것 가지고는 안 될 것이지'라고 생각하고 이번에는 10억 원의 스카우트 비용을 가지고 정 감독을 방문했다. 결과는 마찬가지 거절이었다. 일본육상연맹측은 다시 20억 원을 가지고 찾아왔다. 결과는 역시 거절이었다. 여러 가지를 궁리한 끝에 일본육상연맹은 '백지수표' 카드를 꺼내 들었다. 가난하고 병들고 대한민국에서는 별로 대우를 못 받는 정 감독이 백지수표 앞에서는 손을 들 것으로 예상하고 의기양양하게 정 감독에게 백지수표를 내 놓았다. 아마 속으로는 '그래 이 백지수표면 충분하겠지?'라고 일본육상연맹측은 생각했을 것이다. 그러나 정 감독은 이번에도 정중히 거절했다. 의외의 대답에 일본육상연맹측은 그 거절의 이유를 물었다. 정 감독은 담담한 표정으로 '내 영혼을 일본이나 돈에 팔고 싶지 않다'라고 말했다는 것이다.

백지수표 그것은 몇 십억을 또는 몇 백억을 쓸 수 있는 정말로 햄릿이 말한 '철갑상어의 알'과 같은 것이다. 양심을 위해 영혼을 위해 백지수표를 거절한 정 감독은 위대한 정신의 소유자요 '철갑상어의 알'이 무엇인지를 알았던 이 시대의 진정한 현인(賢人)이었다.

백지수표에 얽힌 또 하나의 이야기는 우리나라의 대표적인 재벌 중 한 분이 마음에 드는 한 여인과 하룻밤을 자기 위해 백지수표를 건넸다는 것이다. 평생을 사력을 다해 번 돈이며, 그에게도 그 돈은 매우 힘들게 번 귀한 돈이었을 것이다. 그러나 선뜻 하룻밤을 위해 '백지수표'를 건넨 그 배포와 낭만이 대단하다. 그 여인이 누구인지, 또 백지수표에 얼마를 썼는지는 알려지지 않고 있다. 그 재벌과 그 여인에게 있어 '철갑상어의 알'은 과연 무엇이었을까. 대개의 일반사람들은 '철갑상어의 알'을 알지 못하고 돈만 벌면서 저속하게 그럭저럭 살다가 세상을 떠난다. 이와 같이 저속하고 비양심적인 것을 비난했던 외롭고 의로운 나의 스승이 한 말 '모두 다 문어대가리'라는 제목으로 내가 쓴 수필을 소개한다.

'모두 다 문어 대가리'

나의 영어 선생님 중에 이런 분이 한분 계셨다. 그 분은 당시에 결혼도 하지 않고 오로지 영어 가르치는 데 전심전력했다. 타자기가 귀했던 그 시절에 그 분은 꼭 가르칠 내용을 타자해서 등사한 인쇄물로 수업을 하셨다. 한 페이지 내지 두 페이지의 교재는 내 마음을 사로잡기에 충분했다. 소위 일류대학을 가정형편상 중퇴하고 독학으로 영어교사 자격시험에 합격하여 몇 년째 영어를 가르치시는 분이었다. 그 분은 영어를 가르치면서 호구문제도 해결하고 인생의 뜻을 실현하고 있음을 나는 어린 나이에도 충분히 느낄 수 있었다.

천막 교실에서 물이 줄줄 새는 날이면 영어공부보다도 4월은 잔인한 달이라는 내용의 「황무지」라는 엘리엇의 시를 열강했다. 어린 나이에 그 뜻이 무엇인지는 몰라도 그 분이 문학의 지고한 뜻을 알아듣지도 못하는 우리들에게 말함으로써 교사의 자부심도 느끼고 인생의 시름도 달래지 않았나 하는 생각이었다. 하여튼 나는 영어시간을 기다리는 간절함으로 하루하루를 살아갈 정도로 그분에게 경도되기 시작했다. 첫사랑에 미친 소년이 여자에게는 말 한 마디 건네지도 못하고 설레는 심정으로 기다리는 것과 마찬가지였다. 나는 키가 작아서 둘째 줄에 앉았는데 그 분이 필기하는 것 하나하나 말씀하는 것 하나 하나를 절대로 놓치지 않았다. 그 때 당시에 영어라는 과목은 서구문화의 창문이며 출세의 기초이며 소위 지성의 심벌로 다가왔을 때이다. 영어선생님이라는 그 직 하나만으로도 나의 마음을 사로잡기에 충분한데 그 수업시간에 펼쳐지는 문학과 세계에 대한 그 분의 설명과 논평은 정말 가슴을 파고들었다. 수업시간에 다루어지는 유인물 첫줄이나 서너 줄은 언제나 유명한 사람들의 명언(名言)을 영어로 쓴 것이었다. 나는 아예 그 명언이나 명문(名文)들을 영어로 외웠다. 문법이니 독해니 하는 것은 대학을 가기 위해 필수적이라 의무감으로 공부했지만 명언이나 문학에 관한 이야기들은 정말로 내 인생에 피가 되고 살이 되는 것이라고 생각했다.

나는 이렇게 영어시간과 영어선생님께 빠져들어 가고 있는데 수업시간에 가끔은 충격적인 일이 발생하기도 했다. 그 영어선생님은 깡마르다 못해 바람만 불어도 날아갈 듯한 체구였다. 눈도 아주 나빠서 도수가 상당히 높은 안경을 쓰셨으므로 눈동자는 잘 보이지 않았다. 폐병환자 같기도 했다. 어떤 문제를 한참 설명하다 창 밖을 가끔 물끄러미 응시하기도 했다.

나는 그 때 잘은 몰랐지만 '햄릿'이 저런 모습을 하고 있었겠지 그렇게 생각하고 지성인(知性人)은 그런가보다라고 생각했다. 그리고 그때부터 내 가슴속에는 '지성(知性)=intellect'이라는 말이 비수처럼 꽂혔다. 그 때는 마침 '젊은 베르테르의 슬픔'이 학생들 사이에 회자되던 시절이었다. 젊은이들은 적어도 멋있고 패기 있는 젊은이라면 지성이 무엇인지를 고민하고 사랑을 위해서는 목숨조차 버리는 그런 낭만적 기질이 팽배해 있었다. 그러니까 나의 이상적 인간은 영어선생님과 같은 지성인이 되는 것이었다. 나약하고 소심하나 세상적 출세와는 관계없이 날카로운 지성을 가지고 정신으로 세계를 지배하는 그런 인물에 대한 무한한 동경이 자연스럽게 마음에 파고들기 시작했다.

하여튼 나는 그런 심정을 가지고 영어시간을 학수고대하는데 학급의 뒤쪽에 앉은 소위 깡패그룹에 속하는 녀석들 가운데 몇 명은 수업시간에 아예 수업을 듣지도 않을 뿐만 아니라 떠들기도 했다. 그런 어수선한 수업이 끝나고 선생님께서 기분 나쁘게 교실 밖으로 나가면 나는 가슴이 아팠다. 그러는데 어떤 학생은 그 깡패기질을 발휘하여 영어선생님을 은근히 비난하기도하고 악평을 하기도하였다.

나는 마음속으로 열심히 태권도나 권투를 배워 저런 소리하는 놈들을 보기 좋게 때려 눕혀야지 그런 생각을 하고 몰래 권투 도장에 가서 한 3개월 운동을 배운 적도 있다. 그러나 나도 그런 지성인 그룹에 속하는지 운동에는 진전이 없었고 그 깡패 같은 놈들을 보기 좋게 처치하는 복수도 못한 채 그저 대학에 가기 위해 공부하는 데 전전긍긍 할 수밖에 없었다.

그 선생님께서는 가끔 일본 얘기를 하셨다. 일본사람들은 무엇이든지 철저하다든지 혹은 어떤 일본의 영미문학 학자는 세계적 명성을 얻고 있다든지 그런 말씀이었다. 그 때 처음으로 나는 '나쯔메 소세끼'라는 일본의 영문학자가 유명한 소설도 썼다는 말도 들었다. 그 선생님은 가끔 장정이 잘된 일본 책을 보여주면서 그 내용이 좋다는 등 자랑이 대단했었다. 책도 책이려니와 내용에 대한 호기심과 감수성이 예민한 당시에는 나도 빨리 성장하여 저런 세계를 접해야지 하고 혼자 흥분하곤 했었다. 그 후 대학에서 1년간 일본어를 공부하면서 일본의 영문학을 깊이 알고 싶었지만 '나쯔메 소세끼'의 『나는 고양이로다』를 번역으로 읽는 것으로 나의 일본어 공부는 막을 내려야했다. 그 영어선생님 덕분에 영미 문학과 외국에 대한 호기심은 점점 깊어지고 내가 대학 영문학과에 지망하는 데 결정적 영향을 주었다. 저 분은 어떤 집에서 어떤 생각을 가지고 어떻게 살고 계실까가 늘 궁금했지만 말 한 마디도 건네 보지도 못하고 세월은 흘러가고 있었다.

10월쯤 되어서 낙엽이 흩날리고 가을비가 칙칙하게 내리던 어느 날, 선생님은 수업을 하고 계셨다. 뒤쪽의 몇 명 학생은 떠들고 있었다. 약간 화가나신 선생님은 여러 번 망설인 후 그 특유의 독설로 본인의 인생관 중 몇 개를 말씀하셨다. 그 중에 하나가 '모두 다 문어대가리'라는 표현이었다. 선생님께서 마음이 심란하고 책이 손에 잡히지 않으시면 종종 대전역에서 도청사이를 걸으신다는 거다. 그러다 보면 옆에는 큰 빌딩들이 있고 아마 그 주인들은 어마어마한 부자들일 것이다. 또 인산인해를 이루는 데 그 중에는 출세한 사람, 돈 많은 사람, 잘 생긴 사람들이 있을 텐데 선생님이 보기에는 '모두 다 문어대가리'로 보인다는 것이다. 그 이유인 즉 저 많은 사람들이 돈이 있네, 출세했네, 잘났네 어쩌고 하면서 지나가고 있을지 모르지만 선생님처럼 '햄릿'을 읽고 '키에르케고르'를 알며 영어 책을 읽는 놈은 하나도 없으니 그야말로 '모두 다 문어대가리'들의 행진에 불과하다는 것이다.

아마 선생님의 그런 태도를 '지성인의 자존심' 혹은 '학자의 오만'이라고 할 수 있을 것이다. 가난해도 좋고 세상에서 출세하지 않아도 좋고 남들이 인정해 주지 않아도 좋다. 그저 자기 정신의 고귀성, 정신의 만족, 정신의 자만심 속에 사는 지성인의 자위라 해도 좋을 것이다. 그러나 그런 지적 자만심은 인간을 위대하게 하고 인간의 문명을 고상하게 이끌어 가는 정신의 지주라 할 수 있다.

그 선생님께서 수업시간에 어떤 예를 들며 무슨 말씀을 하셨는지는 잘 기억나지 않지만 나 이외의 모든 사람들이 '문어대가리'라고 하신 그 말씀은 지금도 나의 마음에 그대로 각인되어 있다. 양 주동 선생님께서 영어공부 할 때 삼인칭 단수에 's'나 'es'를 붙이는 것에 대하여 알 길이 없었다가 "나와 너 이외의 모든 우수마발(牛溲馬勃)이 다 삼인칭야(三人稱也)라"하신 것처럼 "나 이외의 모든 사람들이 다 문어대가리야라"의 정신은 지성인과 학자에게는 대단히 중요한 것이다.

세상의 출세에 혈안이 된다든지, 돈에 마음이 가 있다든지, 더 경계할 것은 보통 사람으로서 편안하게 산다는 등의 게으름 속에 빠진다면 지성인과 학자로서의 인생은 끝이 난 셈이다. 죽는 날까지 지적 호기심과 자부심을 갖고 끊임없이 생각하고 연구하며 비판하는 것이 지성인의 사명이라고 규정해 볼 때 "나 이외의 모든 사람들이 다 문어대가리야"라는 말은 양심의 소리요 하늘의 소리라고 보아야 할 것이다.

다음에 전개되는 장면은 그리스의 왕 피러스(Pyrrhus)가 어떻게 트로이의 늙은 왕 프라이엄(Priam)을 무참히 살해하였고 그 비참한 광경을 목도한 왕비 헤큐바(Hecuba)가 눈물 흘렸는지를 배우가 연기하는 것을 보고 햄릿은 심한 자책감과 연극에 대한 자신의 견해를 피력하고 새로운 결심을 한다.

처음에 햄릿은 "자신은 단독자"(Now I am alone)(2.2.501)라고 외친다. 햄릿의 고민과 고통은 단독자라는 의식에서부터 시작된다. 햄릿은 돌아가신 아버지의 유령으로부터 덴마크 조정의 부패와 불의를 전해 듣고 분개한다. 그리고 '복수'라는 명령을 가슴에 품고 고민하고 절규한다. 그러나 유령의 말의 진위 때문에 고심한다. 있을 수 없는 일, 믿을 수 없는 엄청난 사건 앞에 햄릿은 절규하지 않을 수 없다. 더군다나 자기를 낳아 길러준 최고의 은인이요, 가장 가까운 핏줄인 어머니에게서 느끼는 배신감과 비애는 말로 형언할 수 없는 것이다. 어머니를 그런 근친상간의 구렁텅이에 처넣고 형을 죽이고 자신에게 마땅히 내려와야 할 왕위를 찬탈한 클로디어스에 대한 원한과 복수심은 절정에 달한다. 흥분하기로 말하면 곧장 달려가 클로디어스의 가슴에 비수를 꽂고 싶지만 햄릿은 신중한 마음의 소유자이기 때문에 그렇게 성급하게 일을 저지를 수 없다. 그러한 때에 배우들이 찾아온다. 배우들에게 클로디어스가 한 행위와 비슷한 '곤자고의 살인'이라는 연극을 왕 앞에서 공연해 줄 것을 부탁하고 햄릿은 홀로 남는다.

혼자라는 사실이 얼마나 인간을 외롭게 만들고 비참하게 만드는가. 햄릿은 자기 자신을 불한당이요 비열한 자라고 자학한다. 저 배우들은 현실이 아닌 꾸며낸 이야기 때문에도 "눈에는 눈물이 가득하고, 안색은 창백해지고, 시선에는 실성기가 가득하고, 목이 메어서 말을 잇지 못하는"(Tears in his eyes, distraction in's aspect,/A broken voice, and his whole function suiting/With forms to his conceit?)(2.2.507-9) 놀라운 모습을 보여주는데 햄릿 자신은 멍하니 서 있다. 그래서 햄릿은 "자신의 행동과 생각의 불일치 및 도덕적 혼동의 강렬한 경험" (Rossiter 172)을 자학의 형태로 나타낸다.

> 나는 비열한 인간이란 말인가!
> 나를 악한이라 부르고 내 머리통을 때려 부수고,
> 내 수염을 뽑아 내 면상에 내동댕이치고 내 코를 잡아 비틀고 내 복장까지 시커먼 거짓말쟁이라고 말할 자-
> 나에게 그렇게 할 자 도대체 누구냐?

> Am I a coward?
> Who calls me villain? breaks my pate across?
> Plucks off my beard, and blows it in my face?
> Tweaks me by the nose? gives me the lie i' the throat,
> As deep as to the lungs? who does me this? (2.2.523-7)

이 외침은 자신에 대한 철저한 진단이요 새로운 결심의 시작이요, 완벽하고 확실한 행동을 위한 다짐의 순간이다. 그래서 햄릿은 자신을 비둘기 간에 쓸개마저 빠진 얼빠진 놈이요 빌어먹을 놈이라고 자학한다. 여기서 벗어나 자신의 마음에 새로운 활기를 불러일으키는 방법 중 하나가 왕 앞에서 연극을 공연하여 왕의 양심을 사로잡아 앞으로 해야 할 일을 확실히 하자는 것이다.

　이 대목에서 우리는 철저한 자기 부정을 통해서 자기 긍정으로 가는 햄릿의 모습을 본다. 햄릿의 고독은 몇 가지로 요약해 볼 수 있다. 첫째는 아버지의 갑작스런 죽음이다. 그것도 알려지기는 점심 식사 후 늘 그랬듯이 정원에서 오수(午睡)를 즐기다가 독사에 물려 독이 전신에 퍼져 갑자기 돌아가셨다는 것이다.

아버지인 왕이 갑자기 돌아가셨다는 것은 개인적으로는 가장 기둥이 되는 가장이 돌아가셨다는 것이고 공적으로는 한 나라의 기둥이며 중심인 왕이 돌아가셔서 국가가 위기에 빠졌다는 것이다. 가까운 사람의 죽음은 언제나 제일 크게 가슴에 슬픔과 상처를 남기고 인간이 홀로 존재함을 피부로 느끼게 하는 것이다. 이러한 슬픔과 고독을 그래도 위로해주는 것이 남은 가족일 텐데, 그 중에서도 어머니의 역할은 지대한 것인데 그 어머니가 곧바로 재혼을 한다. 이것이 햄릿을 고독하게 만드는 두 번째 원인일 것이다. 그것도 시동생과 말이다. 햄릿은 심한 좌절감과 분노를 느꼈을 것이다. 그래서 "약한 자여, 그대 이름은 여자로다"(1.2.146)라고 외치는 것이다. 'Frailty, thy name is woman'이라는 말은 그래서 인구에 회자되고 어리석고, 말도 안 되는 천방지축의 지조 없는 여자들에 대한 탄식이며 혹평으로 인용되곤 하는데 현대 뮤지컬 대사에서는 '그래 여자는 다 그래'라고 번역해서 사용한다. 그러니까 여자는 약속을 지키지 않으며 바람 부는 대로 마음이 변한다는 말이다. 남편이 죽으면 한 달도 못되어 재혼하는 것은 너무 흔한 일이며 거투르드는 사실은 햄릿대왕 살아생전에도 시동생과 불륜의 관계에 있었다는 것이다.

자기를 어려운 과정을 통해서 낳고 고이 길러주는 생모는 혈육에 있어서는 어떤 관계보다 짙고 깊은 관계이다. 다른 모든 사람이 배반해도 어머니는 아들을 배반하는 일이 거의 없다. 남편이 죽어도 그 아내 되는 어머니는 그저 아들만을 위해 모든 것을 희생하는 것이 여자의 길이요 숙명이었다. 그런데 햄릿의 어머니는 그렇지 않았다. 재빨리 재혼함으로 눈치 빠르게 정당을 바꿔 타는 철새 정치인의 형태를 보여주었다. 아버지가 돌아가신 공허하고 슬픈 마음에 절실히 요구되는 것이 어머니의 부드럽고 깊은 사랑이었는데 오히려 그 어머니가 가슴에 더 큰 상처를 안겨준 것이다. 아마 그래서 3막 4장에서 어머니에게 그토록 신랄하게 성토를 했는지도 모른다.

햄릿을 고독하게 만든 세 번째 원인은 연인 오필리어 때문일 것이다. 아버지는 죽고 어머니는 재빨리 재혼하여, 그나마 마음을 의지할 수 있는 것이 연인인 오필리어였는데 오필리어의 아버지 폴로니어스는 원수 클로디어스의 국무총리이니까 분신과 마찬가지다. 연인의 아버지는 곧 원수라 이것이 햄릿을 더욱 고독하게 만들고 극도의 감정의 노예가 되게 했을 것이다. 여기서 햄릿은 또한 폴로니어스에게서 정치적 배신을 깊이 느꼈을 것이다

인간을 말하는 정의 중에 '인간은 정치적 동물'이라는 말이 있다. 정치란 무엇인가? 국어사전에는 정치란 '국가의 주권자가 그 영토 및 국민을 통치함'이라 되어 있지만 우리의 일상생활에서 '정치적'이라함은 권력 지향적이거나, 이권에 개입하거나, 어느 유리한 쪽에 기울어지는 태도를 말한다. 그런 의미에서 『햄릿』에서 인간의 정치적 태도를 읽어내는 일 또한 주요한 관건 중 하나이다. 클로디어스는 누구인가? 바로 햄릿대왕의 친 동생이다. 그가 정치적 야심을 발휘하여 형을 독살하고 형수와 결혼하고 조카에게 돌아갈 왕권을 찬탈한 극악무도한 악한이다. 그러고도 자신의 결단으로 국가는 바로 세워지고 새로운 왕비를 맞아 "마침내 과인은 지혜롭게 슬픔을 극복하고 그분을 추모하는 동시에 우리가 당면한 일도 함께 염두에 두게 되었소."(Yet so far hath discretion fought with nature/ That we with wisest sorrow think on him,/Together with remembrance of ourselves)(1.2.5-7)라고 말한다.

이는 형의 죽음을 '정원에서 낮잠을 자다가 독사에게 물린' 어쩔 수 없는 사고사로 국민을 호도하고, 그런 슬픔과 난관 속에서도 왕비가 자신과 결혼하여 잘못하면 도탄에 빠질 수 있는 국가를 다시 일으켜 세웠으며 또한 이런 국가의 중차대한 문제 때문에 적국의 침입이 있을지 모르니 경계태세를 강화할 수밖에 없다는 것으로 자신을 방어하는 것이다.

정치적 배신, 그것은 자신의 정치적 욕망을 달성하기 위하여 신의를 저버리고 한 순간에 돌변하는 짐승의 태도와 같은 것이다. 우리는 살아가는 동안에 몇 번의 쓰라린 배신을 경험하게 된다. 굳게 믿던 친구로부터의 배신, 제자로부터

의 배신, 애인으로부터의 배신, 사업 동업자로부터의 배신 같은 것이 아마도 삶을 황폐케 하고 마음의 상처를 깊게 하는 배신일 것이다. 그래서 셰익스피어는 작품 곳곳에서 배신에 대해 말하고 있는데 그 중에 몇 개는 다음과 같다.

오셀로가 "너는 죽어야 한다. 그런지 않으면 더 많은 사람들을 배신할 거야"라고 데스데모나의 배신에 대해 응징할 것을 결심한다. 『맥베스』는 맥베스 장군의 덩컨 왕에 대한 배신을 다룬 작품이기도 하다. 멕베스 장군은 전쟁터에서 승승장구하여 덩컨 왕의 걱정을 없애주고 국가를 튼튼한 반석 위에 올려놓는다. 그리고 스스로 덩컨 왕에게 충성을 다할 것을 이렇게 맹세한다.

> 충군(忠君)은 소신의 의무로서,
> 이를 다하는 것이 곧 보수인가 합니다.
> 폐하께서는 신들의 의무를 가납하실 따름입니다.
> 신들은 국왕이 겨례, 국가의 충복, 오직 폐하의
> 은총과 명예를 명심하여 마땅히 만사에
> 충성을 다할 따름입니다.

> The service and the loyalty I owe,
> In doing it, pays itself. Your highness' part
> Is to receive our duties; and our duties
> Are to your throne and state children and servants,
> Which do but what they should, by doing every thing
> Safe toward your love and honour. (1.4.22-7)

그러한 맥베스 장군을 축하하기 위해 덩컨 왕은 직접 멕베스 장군 집에 간다. 그리고는 "이 성문 좋은 곳에 자리를 잡고 있군. 공기는 맑고 상쾌하며 기분이 참 좋구려"(This castle hath a pleasant seat; the air/Nimbly and sweetly recommends itself/Unto our gentle senses)(1.6.1-3)라고 말한다. 이 장면은 『맥베스』 전체에 흐르는 "좋은 것은 나쁘고, 나쁜 것은 좋다"(Fair is foul, foul is fair)(1.1.12)라는 주제와도 잘 어울리는 장면이다. 왜냐하면 맥베스 장군이 점점 승진하는 좋은 일은 후에 멸망을 가져오는 일이 되고, 지금 덩컨 왕처럼 좋은 곳이라고 생각하며 하룻밤을 지내려는 이 충신의 집이 죽음의 집이 되니까 말이다. 결국 맥베스 장군은 '여성의 피는 한 방울도 없다'는 부인의 부추김과 자신의 야망 때문에 커다란 정치적 배신, 인간적 배신을 한다. 잠자고 있는 늙고 인자한 덩컨 왕을 단도로 찔러 죽이고 자신이 왕의 자리를 차지 하려한다. 그러나 맥베스의 이 꿈은 오히려 비참한 전쟁터의 죽음으로 돌변한다. 맥베스의 정치적 배신은 조금치의 영광도 보지 못하고 '죄의식'에 사로잡혀 '바닷물로도 피 묻은 이 손을 다 씻지 못한다'라는 의식에 사로잡혀 제대로 적대세력과 싸움 한 번 하지 못하고 죽게 된다.

　　정치적 배신으로 왕위를 찬탈하고 상당한 정도의 권력을 유지한 것은 『헨리 4세』에도 잘 나타나 있다. 헨리 4세 왕은 왕이 되기 전에는 헨리 볼링브로크(Henry Bolingbroke)로서 리차드 2세의 왕권을 찬탈하고 스스로 왕위에 오르는 정치적 배신의 이권을 제대로 구사한 사람이다. 당시 영국 사람들은 왕권신수설(王權神授說)을 믿고 있었다. 엘리자베스 시대의 사람들은 모든 것에 있어 급수론(degree)를 믿었는데 그 연장 선상에 왕권신수설도 있다. 꽃 중에 일급은 장미이며, 나무는 참나무이고 새 중에는 독수리가 일급이고 동물 중에는 사자가 일급이며 사람들 중에는 왕이 일급으로 여겨졌다. 이런 왕은 '신의 대행자'(God's deputy)로서 그의 통치권은 신권(divine right)인 것이다. 그렇기 때문에 왕에게 반란을 일으키는 것은 하나님에게 반란을 일으키는 것과 같아 있을 수 없는 일이다. 왕권신수설에 의하면, 왕은 국가를 통치할 수 있는 신권을 받았고, 그래서 백성들은 왕에게 순종하여야 하고, 왕이 사악하더라도 백성은 왕에게 폭력을 행사할 수 없으며, 반역을 한 사람이 있으면 그 위에 전능하신 하나님의 심판이 반드시 있다는 것이다.

이러함에도 불구하고 볼링브로크는 왕권을 찬탈하는 정치적 배신을 감행한다. 물론 그 원인 제공은 리차드 2세에게 있었다. 리처드 2세는 왕으로서의 자질이 부족했다. 첫째는 괴팍하고 변덕스런 비정상적으로 삐뚤어진 성격의 소유자이다. 둘째는 비능률적인 행정력의 소유자라서 국가의 통치를 제대로 행사하지 못했다. 셋째는 민심에 귀를 기울이고 그들의 요구조건을 들어주지 못하는 왕이었다. 이 모든 것이 어쩌면 리차드 2세의 신중하고 사려 깊지 못한 변덕스런 성격에서 비롯되었다고도 볼 수 있다. 원인을 제공한 것은 리차드 2세 자신이었지만 당시의 사람들 마음속에는 '왕권신수설'이 자리하고 있었기에 왕위를 찬탈하는 것은 대단히 어려운 일이며 이를 실천에 옮기는 것은 완전한 반역이었다.

볼링브로크는 그래서 왕권을 찬탈하고 스스로 헨리 4세라는 왕으로 등극한다. 그래도 볼링브로크는 반역을 감행하는 데는 상당한 이유가 있지만 클로디어스의 경우는 적어도 작품상에는 뚜렷한 이유가 전혀 없다. 그저 왕권을 갖고자 하는 욕망이 간접적으로 제시되었을 따름이다. 그러나 문제는 이유가 뚜렷하게 있느냐 없느냐의 문제가 아니고 정치적 배신이 엄연히 존재한다는 사실이다. 정치적 배신은 그것으로 끝나지 않고 반드시 보복이 뒤따르게 마련이다. 클로디어스의 정치적 배신은 결국 햄릿의 마음에 복수심을 키워 클로디어스 자신이 죽음을 당하게 된다. 볼링브로크도 왕은 되었지만 끊임없는 반역세력 때문에 불안하였고 헬 왕자 때문에 커다란 고통의 나날을 보냈다.

그런데 옛날이나 지금이나 옳지 않음을 보고 목숨을 내걸고 충언(忠言)을 하는 사람들도 있다. 모든 문무백관들이 아첨하는 엄숙한 순간에 칼라일(Carlisle)의 주교는 이렇게 외친다.

오, 신이여, 그리스도교도 나라에서 깨끗한 영혼을 가진
사람들이 그러한 더럽고 흉악무도한 행위를 하는 것을

금해 주십소사! 신하인 나는 신의 말에 의해 분발하여
국방을 위해 신하 여러분께 대담하게 말하겠소
…
여기 계신 러퍼드 경을 여러분은 왕이라 칭하지만,
그는 자기의 왕에게 반역하는 오만한 역적이오
만약 그에게 왕관을 씌우는 날이면 이 사람은 예언하겠소
잉글랜드 국민의 피는 전 국토의 거름이 되고,
미래는 이 악업으로 인해 쓰디쓴 잔을 마시리라.

Marry. God forbid!
Worst in this royal presence may I speak,
Yet best beseeming me to speak the truth.
Would God that any in this noble presence
Were enough noble to be upright judge
Of noble Richard!
My Lord of Hereford here, whom you call king,
Is a foul traitor to proud Hereford's king:
And if you crown him, let me prophesy:
The blood of English shall manure the ground,
And future ages groan for this foul act; (4.1.129-144)

사람은 간사한 존재라서 이익이 있는 곳으로 잽싸게 몸을 팔려가는 배신행위를
하는데 칼라일 주교처럼 손해가 오더라도 자신의 길을 걷고 대의명분에 살아가
는 사람도 있다. 배신은 쓰라린 상처를 주고 또 다른 배신을 불러올 수도 있다.
배신이 판치는 이 허허한 벌판에서 들려오는 칼라일 주교의 말은 선지자의 충
언과 같다. 클로디어스의 배신은 정치적 배신과 인간적 배신을 가져오기 때문
에 더더욱 햄릿의 마음을 아프게 했을 것이다. 그리고 그런 배신을 바라본 햄릿
은 결국 청춘을 불사르고 슬픔에 둘러싸여 복수만을 생각하다가 죽음으로 생을

마감한다. 그래서 『햄릿』을 슬픔의 극이요 죽음의 극이라고 하는 것이다.

햄릿은 정치적 배신자인 폴로니어스의 딸인 오필리어에게도 배신감을 감지해서인지 아니면 폴로니어스를 골탕먹이기 위해서인지는 모르겠지만 그토록 사랑하는 연인에게 '수녀원으로 가라'고 독설을 퍼부었다. 그런데 이 수녀원은 엘리자베스 당시에는 창녀집이라는 뜻도 있었다니 햄릿의 애정과 분노는 극에 달했음을 알 수 있다. 일찍이 너무 감수성이 예민하고 세상의 불의와 부정에 남달리 투철한 정의감을 가진 햄릿은 극도의 고독감 속에서 몸부림치고 있음을 알 수 있다. 여러 가지 원인에서 상황이 설정되고 그 상황 속에서 완전히 홀로 고독하게 서 있는 단독자 햄릿의 심정이 과연 어떠했을까? 심한 자책감, 죄의식, 무기력, 자살 충동 등에 깊이 빠졌으리라.

단독자 햄릿, 고독의 울타리에 갇힌 햄릿, 그는 철저한 자기 부정과 자책 속에서도 연극을 통해 돌파구를 찾으려한다. 이것이 문학적 주인공이 취할 수 있는 행동이다. 단독자, 홀로 외로움에 둘러싸인 소크라테스가 떠오르는 장면이다. 소크라테스는 아테네 젊은이들에게 진리를 전파한다. 그 유명한 말 '나는 아무것도 모른다. 그런데 내가 아는 한 가지가 있는데 그것은 내가 모른다는 것을 안다'라는 명제를 가지고 거리를 누비며 산파술의 대화법을 가르친다. 그러다가 아테네의 젊은이를 사악한 길로 인도했다고 체포되어 법의 심판을 받는다. 독배를 마시고 죽어야 할 막다른 고독한 길에 서 있다. 제자들이 도망갈 방도를 마련하여 스승 소크라테스에게 피신할 것을 권한다. 부당한 세상의 심판을 받고 독배를 마시느니 옳은 세상으로 피신하여 새로운 세계를 맞이할 수도 있지만 소크라테스는 비겁하게 도망치지 않고 독배를 마시고 고독의 길을 택한다. 철학적 신조대로 인생을 살자면 죽는 길 밖에 없는 아이러니이다.

그러면 햄릿은 어찌하여 고독 속에 빠져들게 되는가? 그는 지성인이었기 때문이다. 아버지가 피살되었든 국가가 엉터리 짐승같은 사람에게 넘어갔든 나와는 상관없다. 내 일신상의 문제에만 관심을 가진 보통사람이었다면 햄릿도 고독한 단독자는 아니었을 것이다. 이 세상은 관절이 빠져있어 그 것을 바로잡기 위하여 태어난 운명은 정말 저주스러운 일이기도하다. 그러나 양심과 진실을 따르려는 놀라운 지성의 소유자만이 할 수 있는 일이다. 그래서 감수성이 예민한 정의파인 햄릿은 인생의 키를 양심 쪽으로 돌리고 있는 것이다. 하기야 모든 것을 눈감고 내 영혼이 편안할 수만 있다면 얼마나 세상 살기가 쉬울까, 옳은 것을 옳다고 말하고 잘못된 것을 잘못 됐다고 외치는 것이 선지자의 사명이다. 사명을 깨닫는 자, 사명대로 살려는 사람은 햄릿처럼 극심한 고독을 감수해야 한다. 그리고 그런 고독을 통해서만이 인간은 성장하고 지성인의 본분을 다할 수 있는 것이다. 비록 그 길이 죽음의 길이라도 그것은 어쩔 수 없다. 그래서 햄릿은 자신의 처지를 '저주받은 영혼'이라고 말하는 것이다. 남들이 모두 잠을 잘 자는데 홀로 뜬 눈으로 온 밤을 지새우는 지성인, 햄릿은 고독 속에서 자학과 자살 충동을 벗어나 국가의 부정을 타파하고 개인적으로는 유령이 부탁한 복수의 길을 걷는다. 그러한 길이 '저주 받은' 길이지만 소크라테스가 독배를 마시듯 죽음의 길로 접어든다. 그러나 그 죽음은 정의를 세우려는 고독한 길이며, 지성인의 운명이며, 위대한 길이다.

고통은 고독을 불러오며, 고독 속에 고통이 잉태된다. 그러므로 고통과 고독은 동의어이기도 하다. 어느 누구와 상의할 수도 없고 망망한 바다에 홀로 떠 있는 배와 같은 고독, 그것은 처절한 고통의 순간이다. 이 때 인간은 절대와 만나게 된다. 절대 절망, 절대 빈곤, 절대 고통에 직면하여야 확고한 자신의 길을 인식하게 된다. 여기서 나의 『셰익스피어 희극의 세계』 후기에 실려 있는 고통에 대한 단상을 인용코자한다.

'고통을 당했을 때'
인생의 험난한 길을 헤쳐 나가다 보면 우리는 캄캄한 밤을 만나거나 위험한 골짜기를 지날 수밖에 없을 때가 있다. 인생이 따뜻한 햇빛으로만 이루어져 있고 부드러운 바람만 부는 온실 같으면 얼마나 좋을까마는 그렇지 못한 것이 인생임을 인식해야한다. 우리가 사망의 음침한 골짜기에 처할 때 정신을 똑바로 차리고 자세를 더욱 바로 잡아 인생의 고통과 위기를 극복하는 위대한 인생의 승리자가 되어야 한다.

그러면 고통은 왜 오는 것이며 고통을 당했을 때 어떻게 그 고통과 역경을 헤쳐 나갈 수 있는가를 생각해보자. "고난이 오거든 기쁘게 여기라"라고 했는데 모순된 말처럼 들리지만 의미심장한 말이다. 고난과 고통은 그야말로 힘든 일이고 잠 못 자게 하는 것이지만 우리 인생 길에 다가오는 고통에 어떤 뜻이 있는지를 곰곰이 생각해 볼 일이다.

고난을 통해서 하나님은 인간을 정금같이 단련하신다. 고난이 없으면 결코 축복이 없다는 역설의 의미이다. 쇠를 강하고 순수하게 하려면 뜨겁게 달구어서 해머로 수 없이 내려쳐야 한다. 인간도 고난의 망치로 수 없이 맞아야 정금처럼 인격이 수양되어 더 성숙한 인간이 된다. 그러므로 고통이 인생 길에 다가오는 경우 다음과 같은 진단을 내리고 그 고통을 잘 넘겨 이전 보다 더 성숙된 인간이 되어야겠다.

첫째는 나의 잘못이나 죄로 인해 고통이 온다는 사실이다. 교통 신호를 지키지 않아 경찰에 걸리면 벌금을 내든지 재판을 받는 고통을 받는다. 학생들이 시험 볼 때에 부정행위를 하면 처벌받고 도둑이 현장에서 잡히면 형무소에 가는 것과 같은 이치이다. 죄를 지으면 우선 양심이 괴롭고 두 번째로 유형의 대가를 치르게 되어 있다. 그래서 성경에도 "죄의 값은 사망이라"고 하였다. 어떻든 죄를 짓지 말아야 하지만 어쩔 수 없이 죄를 지었으면 고통당하는 것쯤은 감수해야 한다. 잘못하여 육체에 상처를 입었으면 일정기간 치료되는 시간이 필요한 것처럼 죄를 짓는 일도 일정한 고통을 받음으로 치유되어진다. 그러므로 고통이 다가올 때는 나의 잘못이 무엇인지 곰곰이 생각하고 반성하며 회개하여야 할 것이다.

둘째는 나의 의사나 행동과는 아무 관계없이 마귀가 주는 고통이 있다는 사실이다. 그 대표적인 예가 욥의 경우이다. 욥은 전혀 죄가 없고 깊은 신앙을 가진 사람이었다. 그러나 마귀가 그의 순결한 신앙을 시험하기 위하여 많은 고통을 준다. 한 순간에 자식이 다 죽고 재산을 모두 잃게 되는가 하면 전신이 악창으로 비참하게 된다. 위로하고 격려해야 할 친구들은 오히려 꾸짖고 가슴을 아프게 하였으며 아내마저 그런 비참 속에 있는 욥을 버리고 도망간다.

욥은 "나에게는 죄도 없는데 왜 이런 고통을 주느냐"고 억울해 하며 원망하고 항변할 수도 있었으나 그는 그런 신앙 태도를 보이지 않고 "내가 모태에서 적신이 나왔사온즉 또한 적신이 그리로 돌아가올지라. 주신 자도 여호와시오 취하신 자도 여호와시니 이름이 찬송을 받으실지니이다"라고 고백하며 끝까지 인내한다. 그 결과 오히려 이전보다 2배의 축복을 받는 순결한 신앙인의 위대한 본보기가 된다. 그러므로 우리에게 고통이 다가올 때 원망하거나 항변하지 말고 그 뜻이 어디에 있는지 곰곰이 생각해야 할 것이다.

셋째는 스스로 자만치 않고 더욱 하나님을 의지하게 하기 위하여 인생에는 고통이 다가온다. 사람은 일이 잘되고 평안해지면 과거를 잊고 자기 마음대로 하며 자고(自高)하고 게으르기 쉽다. 배부르고 등이 따뜻하면 잠이 솔솔 오듯이 모든 것이 뜻하는 대로 잘 이루어지면 게을러지고 욕심이 생긴다.

모두 내가 잘나서 내가 똑똑해서 내가 능력이 있어서 그렇게 된 줄 알고 거만해지고 하나님을 잊어버리기 쉽다. 그러나 그러한 경우 고통 속에 빠지게 되면 다시 잘못을 깨닫고 겸손해지며 하나님을 찾고 의지하게 되는 것이다. 우리는 일이 잘 풀리고 행복할 때에 더욱더 자기 자신을 늘 되돌아보아 교만 때문에 하나님의 채찍을 맞는 것을 피해야 할 것이다.

넷째는 하나님께서 더 큰 축복을 주기 위하여 인생의 여로에서는 고통이 다가오는 경우가 있다. 그래서 고통을 축복의 밥이라고도 한다. 더 큰 축복을 받고 더 큰 일을 하기 위해서 인생은 고통이라는 터널을 반드시 통과해야 한다는 것이다. 온실에서 곱게 자란 꽃은 비바람이 불면 꺾여서 죽게 된다. 그러나 노천에서 거친 비바람을 맞으며 자라난 꽃은 좀처럼 꺾이지 않는다. 오히려 나쁜 환경 속에서 더 튼튼하게 자라 아름다운 꽃을 피운다.

인간의 경우도 마찬가지다. 여호와께서 사랑하는 자에게 고통을 주신다고 하였다. 왜냐하면 "환난은 인내를, 인내는 연단을, 연단은 소망을 낳게(로마서5: 3)" 하기 때문이다. 쇠는 뜨거운 모루(anvil)에서 많이 두들겨 맞을수록 강하고 좋은 쇠가 된다. "수고 없이는 이익이 없다(no pain, no gain)"라는 말이나 "수고 없이는 왕관도 없다(no pain, no cross)"라는 말이 그래서 생긴 것이다. 어떻게 보면 수많은 고통을 통과한 사람들만이 인생의 성숙에 이를 수 있으며 어떤 목적을 완성했다고 할 수 있다.

고통은 인간을 위대하게 만드는 시험대임을 깊이 인식하고 하나님께서 이 고통의 터널을 통과한 후에 커다란 축복을 내려 주신다는 굳은 믿음으로 이 기간을 잘 보내는 것이 현명한 자세임을 알 수 있다. 이제 고통과 고난에 대한 하나님의 말씀을 묵상하여 오히려 고통당할 때에 기뻐할 것은 고통 뒤에는 더 큰 하나님의 축복이 기다린다는 소망 속에 사는 것이 고통을 극복하는 길이다.

햄릿은 철저한 자학과 자기부정 끝에 연극을 통해 클로디어스의 본심을 낚아채 보려한다. 햄릿은 이제 자기가 가야할 길을 차근차근 걸어간다. 감수성이 예민한 지성인은 잘못하면 진짜 미치거나 자살할 수 있는 경우가 있지만 햄릿은 인생의 막바지 길에서 하나의 행동의 실마리를 찾는다. 책략을 사용하는 것이다. 그만큼 극심한 고통과 고독의 터널을 지나 할 줄기 빛을 본 것이다. 그래서 지금 연극배우들을 만나려 한다. 햄릿에게는 연극배우를 만나는 것이 한 줄기 빛인데 우리 인생에는 어떤 빛을 보아야 하는 가 어떤 손길을 잡아야 하는 가 어떤 것을 기대고 일어서야 하는 가 햄릿의 고독을 보며 우리 자신의 길은 어떻게 해야 할까에 대한 반성을 해본다. 특히 감수성이 예민한 지성은 어떤 것에 의지해야 하는가하고 말이다.

　　다음은 배우와 연기에 대해서 햄릿이 자신의 의견을 말하는 데 이것에 대해서는 제 2장에서 충분히 설명했다. 하여튼 햄릿은 연극배우들을 통해 자극을 받고 다시 한 번 무디어진 자신의 의식을 벼르기로 결심한다. 그래서 그는 곧 '곤자고의 살인'이라는 연극을 왕 앞에서 연기하게 하여 미끼에 물려들 자신의 처지를 미끼를 풀어놓는 자가 되기로 다짐하고 "연극이야 말로 기어이 왕의 양심을 낚아챌 미끼"(the play's the thing/ Wherein I'll catch the conscience of the king)(2.2.557-8)라고 단언한다. 왕의 본심만 알면 햄릿이 걸어가야 할 길은 뚜렷해진다. 그 분수령은 연극이다. 연극을 통해 세상을 알아보고 자신의 임무를 정확히 파악하려는 것이다. 이제 햄릿은 염탐을 당하는 입장에서 연극을 통해 적의 심중을 정확히 알기 위한 염탐을 하게 되는 것이다.

3막: 사느냐, 죽느냐?(To be or not to be?)

대개의 셰익스피어 작품은 3막이 소위 클라이맥스(Climax)를 이룬다. 극의 절정이란 뜻이다. 그런데 『햄릿』에서는 극의 절정이 어떤 사건에 있지 않고 독백에 있다. 그 유명한 "사느냐 죽느냐, 그것이 문제로다"(To be or not to be, that is the question)(3.1.56)가 3막의 첫 부분을 차지한다. 그리고 햄릿이 오필리어와 만나 '수녀원으로 가라'고 하여 햄릿의 단독자의 모습을 더욱 부각시킨다. 2장에서는 연극론과 더불어 참다운 우정에 대한 견해를 피력하며 호레이쇼와 함께 극중극을 통한 염탐을 한다. 클로디어스 왕 앞에서 천연덕스럽게 연극을 구경한다. 3장에서는 양심의 가책을 받은 클로디어스의 기도장면이 있고 4장에서는 마침내 햄릿이 폴로니어스를 클로디어스로 착각하고 단검으로 찔러 죽인다. 거투르드와의 긴 대화는 독설로 꽉 차 있고 거투르드는 양심의 어두운 면 때문에 괴로워하며 극의 분위기가 하강하는 모습을 보여준다.

3막 1장

왕과 왕비는 로젠크란츠와 길덴스턴을 불러 햄릿의 최근 모습과 광기의 원인에 대해 알아본 것이 있느냐고 질문하나 별 진전이 없다고 고백한다. 혹을 떼러 갔다가 붙인 격으로 이 염탐꾼들은 햄릿에 대해서 알아본 것보다 정체만 드러나게 했을 뿐이다. 단지 연극배우들이 오는데 햄릿이 왕과 왕비도 연극 관람을 하도록 부탁했다는 말을 전한다. 폴로니어스도 어두움에 싸여 있는 햄릿의 기분전환에도 좋을 것이라 하여 다같이 연극을 보기로 한다. 그런데 이 연극은 햄릿의 광기를 누그러뜨리는 것보다 오히려 왕과 폴로니어스의 속셈을 알아보려고 햄릿이 풀어놓은 미끼임을 모른다. 오히려 폴로니어스는 햄릿 앞에 오필리어라는 미끼를 풀어 놓기로 한다. 폴로니어스는 자기 자신이 출세하기 위해 딸을 미끼로 풀어놓는 것이 양심에 가책은 되었는지 다음과 같이 말한다.

> 그렇게 경건한 모습을 취해 보이면 혼자 있더라도 의심을
> 받지 않은 것이니라. – 우리는 흔히 이런 일로 인해서
> 비난 받아 마땅한 때가 있는 터이지만, 경건한 체하는 외모,
> 신심이 두터운 듯한 행위로 마귀 같은 본심에 사탕발림을
> 한다는 사실은 경험을 통해서 잘 알고 있다.

> That show of such an exercise may colour
> Your loneliness. We are oft to blame in this,
> 'Tis too much proved – that with devotion's visage
> And pious action we do sugar o'er
> The devil himself. (3.1.45-9)

그래서 우리는 '웃는 얼굴'을 조심하라고 했다. 웃으면서 다가오는 사람의 속에는 종종 독이 숨어있기 때문이다. 이 대목에서 생각나는 것은 이유 없이 갑자기 친절하게 다가오는 사람을 조심해야한다는 것과 겉으로 경건한 체 하는 사람을 경계해야한다는 교훈이다. 셰익스피어 강의를 하다보면 많은 경우 인생에 대한 이야기를 한다. 그리고 내 강의를 듣는 대부분의 학생들은 4학년이고 말귀를 좀 알아듣는 편이다. 주로 강의가 아침 9시에 시작하는데 나는 특별한 경우를 제외하고는 8시 이전에 연구실에 출근한다. 8시 30분쯤 전화가 걸려오는 경우 80-90%는 짐작이 가는 전화이다. 전화기에 들려오는 음성이 부드럽고 '교수님, 건강하시지요, 저는 누구누구 인데요…' 그러면 내가 '왜 무슨 일인데'하면 오늘 버스를 놓쳐서 지각한다든지 아니면 갑자기 무슨 일이 있어 결석한다는 내용이다. 그래도 이런 경우 '웃는 목소리'로 자기변명이나 사정을 이야기하는 것은 좋은 일이라고 볼 수 있다. 그런데 몇 번을 당한 일이지만 잘 아는 학생이 강의가 끝난 후 '웃는 얼굴'로 연구실로 찾아와서는 강의가 아주 재미있었다느니

교수님을 아주 존경한다느니 등 사설을 늘어놓고 하는 부탁이 '교수님, 저 지금 당장 월세를 내야 하는데 먼데 사시는 부모님이 사정이 있어 그러는데 20만원만 일주일만 빌려주세요.'라는 것이다. 평상시 잘 따르고 믿음이 가는 학생이라서 그 돈을 꾸어준다. 그런데 그 후로는 나타나지도 않고 어쩌다 만나게 되면 '교수님, 죄송한데 조금만 더 기다려 주세요' 한다. 그런데 그렇게 빌려간 돈을 갚은 학생은 한명도 없고 내가 3번 정도 당한 후에는 결심한 바가 있다. 학생의 사정을 들어봐서 꼭 빌려 줘야하는 경우에는 아예 주어버리고 그렇지 않은 경우는 단호히 돈을 빌려주지 않는 것이다. 그래서 폴로니어스도 레어티즈에게 유학생활에 대해 말할 때 "돈을 꾸어주지도 말고 꾸지도 말아라/ 돈을 꾸어주면 돈도 잃고 친구도 잃는다"(Neither a borrower nor a lender he,/ For loan oft loses both itself and friend)(1.3.75-6)라고 말했던 것이다. 그렇게 나에게 돈을 빌려간 학생 중 한명은 나에게만이 아니라 다른 교수, 친구들로부터 10만원 20만원씩 급한 일이 있다고 사정사정하여 빌려다가 주로 옷 같은 명품을 샀다는 사실을 나중에 알게 되었다. 돈을 잃은 것도 그렇지만 그 학생을 잃은 것이 못내 가슴 아프다.

또 다른 경우는 폴로니어스 입을 통해 셰익스피어가 '겉만 경건한 체 하는 사람'에 대한 경고이다. 교회생활을 오래하고 교회의 회계일 같은 것을 맡다보면 실망하는 경우가 종종 있다. 어느 한 여자집사가 1주일에 한번 정도 감사헌금을 10만 원 정도씩 하고 기도를 시키면 청산유수다. 그런데 주위사람들의 얘기를 들어보면 집도 가난하고 대인관계가 아주 정치적이라는 것이다. 주로 초신자들이나 순박한 교인들을 만나 말은 잘하니까 감언이설로 급하다고 하면서 돈을 꾸는 것이다. 그리고 그 꾼 돈으로 감사헌금을 하고 한 달에 한 두 번은 소고기 몇 근씩을 사가지고 담임목사의 사택에 가서 선물도 드리고 기도를 받는다는 것이다. 몇 개월 계속된 일이니 어지간한 교인은 다 알고 있다. 그 여자집사의 사정을 목사님도 알고 계실 것은 뻔한 일일 것이다. 내가 목사라면 '감사헌금도 좋지만 꾼 돈으로는 하지 말고 고기 같은 것 사가지고 오지 말고 건실한 신앙 생활을 하세요'라고 권면 할텐데 오히려 그 해의 우수 집사로 표창을 하는 일이 있었다. 그런데 결국 그 여집사는 이 사람 저 사람에게 연 걸리듯 빚을 져 도저히 버티지 못하고 흔적도 없이 빚진 채로 자취를 감추고 말았다. 그래서 성 경에는 '오른손이 하는 일을 왼손도 모르게 하라' 하였고 기도할 때에 '골방에 가서 혼자 조용히 하라'고 하신 것 아닌가.

폴로니어스는 정확하게 정치적 출세를 위해 자기 딸까지 이용하는 철면피 이다. 또 그것이 잘 못이라는 것도 잘 알고 있다. 그런데도 그 일을 행하는 자체 모순을 지니고 있는 것이다. 이것이 인간의 약점이리라. 폴로니어스가 딸을 미 끼삼는 일에 대한 계략을 말할 때 클로디어스는 양심의 가책을 느껴 자신의 심 정을 이렇게 말한다.

> 아, 정말 그렇다.
> 그 한마디가 내 양심을 따갑게 채찍질 하는구나. 화장술로
> 곱게 단장한 창녀의 얼굴은 그것을 그렇게 보이게 한
> 것에 비해 더 추악한 것은 아니지만, 그럴듯하게 꾸미는
> 내 말에 비해 볼 때 내 행동만큼 추악하지는 않으리라.
> 아, 죄의 짐은 무겁기도 하구나!

> O, 'tis too true!
> How smart a lash that speech doth give my conscience!
> The harlot's cheek, beautied with plastering art,
> Is not more ugly to the thing that helps it
> Than is my deed to my most painted word:
> O heavy burden! (3.1.49-54)

그렇다. 양심은 누구에게나 있다. 우리나라의 『춘향전』 같은 경우 변사또라는

악인은 끝까지 악한 역 만 한다. 그러나 클로디우스는 악인이지만 선한 양심의 고백을 하기도 한다. 그래서 변사또 같은 인물을 '고정된 성격'(stock character)이라고 하고 클로디어스같은 인물은 '변하는 성격'(round character)의 소유자라고 한다. 문학작품의 우수성은 어떤 등장인물을 고정된 틀 속에 넣어두지 않고 어느 정도 변화의 모습을 주어야 한다. 이 세상의 사람 중 누구도 어느 정도는 선하고 어느 정도는 악하다고 보아야지, 악인은 무조건 악하고 선인은 무조건 선하다고 볼 수 없다. 인간의 마음속에는 언제나 선과 악이 싸우는 것이 아닌가. 클로디어스에게 분노를 느끼지만 이런 양심의 참다운 고백을 하는 것을 통해 어떤 악인 속에도 선한 마음과 양심이 있음을 알 수 있다.

햄릿 앞에 오필리어라는 미끼가 있는지도 모르고 햄릿은 그 유명한 독백을 한다.

> 사느냐, 죽느냐, 그것이 문제로구나.
> 무도한 운명의 돌팔매와 화살을
> 맞으면서도 가슴속에 넣어두고 꾹 참는 것이 더
> 고귀한 일인가. 아니면 인생이라는 고해에 대항해서
> 싸워 결판을 내 버리는 것이 더 고귀한 일인가.
> 죽는다는 것은 – 잠자는 것, 그뿐이다. 잠들면 가슴속의
> 고뇌와 육신이 물려받은 온갖 타고난 고통에
> 종지부를 찍는다면, 그야말로 우리가 열렬히 바라
> 마지않는 만사의 궁극적 해결책이다. 죽는 것은
> 잠자는 것, 잠을 자면 꿈을 꿀지도 모른다. – 그래,
> 거기에 문제가 있다. 우리가 인생의 굴레를 훨훨
> 벗어 던졌을 때 그 죽음이라는 잠 속에서 무슨 꿈을
> 꿀 것인가를 생각하면 주저하지 않을 수 없다 – 거기에
> 바로 이렇게 오래 살면서 고통을 당하는 이유가 있다.

> To be, or not to be: that is the question:

Whether 'tis nobler in the mind to suffer

The slings and arrows of outrageous fortune,

Or to take arms against a sea of troubles,

And by opposing end them. To die: to sleep;

No more; and by a sleep to say we end

The heart-ache and the thousand natural shocks

That flesh is heir to, 'tis a consummation

Devoutly to be wish'd. To die, to sleep;

To sleep: perchance to dream: ay, there's the rub;

For in that sleep of death what dreams may come

When we have shuffled off this mortal coil,

Must give us pause: there's the respect

That makes calamity of so long life; (3.1-56-69)

이 유명한 대사에 대한 에피소드도 많다. 유명한 목사님이 설교시간에 엄숙하게 말하는 중에 이 구절을 자신있게 말했다. 그는 'the question'을 'a question'이라고 하였다. 영어를 좀 아는 사람에게 'the'와 'a'의 차이는 하늘과 땅만큼 큰 것이다. 열렬한 사랑을 하는 어느 남자가 그 여자를 영어로 'you are a girl'이라는 것과 'you are the girl'이라고 말하는 것의 차이는 실로 큰 것이다. 'a girl'은 그저 어느 여자이고 'the girl'은 '바로 내 여자'이며 없어서는 안 될 절대적 사랑의 대상인 것이다. 아마도 그 목사님은 원문을 읽어보지도 않았고 그저 'To be' 부분만 생각하고 말했을 듯싶다. 그러나 우리는 종종 심각하고 중요한 문제를 확인하지도 않고 말하는 중에 위와 같은 실수를 저지를 수 있다. 그 목사님은 심각하고 엄숙하게 말했지만 이 대사를 제대로 파악하지 못한 것 같다. 유명한 대사라고 그렇게 대충 사용할 일이 결코 아니다. 텍스트를 아는 사람에게는 고소를 금치 못하게 하는 부분이다.

'To be, or not to be that is the question'은 여러 가지 각도에서 생각할 수

있다. 뉴 배리오럼(Variorum) 판의 주석에는 여러 비평가의 견해를 소개하는 데 요약하면 첫째 이 질문은 햄릿이 자신의 상황이 극도로 위험하다고 생각하고 이를 명상했다는 것이다. 둘째는 햄릿이 인간의 보편타당한 관심에 대한 생각의 표현이라는 것이다. 셋째는 자연인이면 누구나 느끼는 감정을 표현했다는 것이고 넷째는 이 세상이 부조리로 뒤덮혀 있는 모습을 표현한 것이라고 설명한다. 로시터(Rossiter)는 'To be'는 "행동하는 것인데 그 행동은 자살행위를 하느냐 아니면 외부의 적(현재의 왕)에게 무기를 들어 끝장내는 행동"(175)을 하느냐의 문제로 풀이한다. 나잇(Knight)은 이 독백이 경구적이며 당황케하는 것이라면서 여기서는 이중성이 있는 데 그것은 "내적 고찰, 치명적 우울증, 반 밖에 내키지 않는 수동성과 강력한 정부(현재의 왕), 군사적 명예(포틴브라스), 활기찬 정상성(레어티즈)"(304)에 뿌리를 두고 있다는 것을 기억해야 한다고 분석한다. 패리스(Paris)는 햄릿이 이 독백을 할 때는 "순응(compliance), 공격(aggression), 초연(detachment)"(49)이라는 것을 놓고 선택하는 데 있어서의 혼동된 명상을 나타낸다고 본다. 젠킨스는 주석에서 뉴 배리오럼 판의 주석 이후의 여러 학자들의 견해를 소개한다. 여기에 의하면 햄릿은 이 질문을 통해 개인적인 것이 아니라 일반적인 것을 명상한다고 풀이한다. 그리고 햄릿이 스스로 자살을 한다기 보다 클로디어스를 죽일 생각을 표현한다고 본다. 이 독백은 혀로 하는 언어가 중요한 것이 아니고 마음이 중요하다고도 본다. 이 독백은 또한 그저 살아 있는 인간이 아닌 존재하는(being) 것에 대한 질문이라고 보고 정체성과 자기성취와 본질과 같은 형이상학적 문제에 대한 것임을 젠킨스는 소개하면서 '사느냐 죽느냐'의 독백은 그 다음의 대사들과 연결시킬 때 그 의미가 깊어지고 제대로 이해 할 수 있다고 말한다. 그래서 산다는 것은 결국 '고통'을 당하고 '참는 것'이라고 풀이한다. 나는 학생들에게 이 부분을 자기 나름대로 다른 말로 바꾸어서 문장을 만들어 보라고 권한다. 학생들의 생각과 나의 견해를 정리해서 다음과 같은 10개의 가정문을 만들어 보았다.

1) 'To live, or not to live'로 보면 '사느냐 죽느냐, 그것이 문제로다'라고 하여 지금까지 가장 보편적으로 해석된 방법이다. 햄릿은 썩어빠지고 지루하고 형편없는 이 부조리한 세계에서 '사느냐' 아니면 '죽느냐'를 가지고 고민한다는 해석이다. 죽어 없어지면 모든 것이 끝나니 어떤 고통도 슬픔도 없는 '無'의 세계로 갈 테니 가장 평안하고 좋은 것일지도 모른다. 그러나 햄릿은 '죽은 후의 세계'에 대해 확신이 없다. 오히려 두려움이 있다. 그래서 결단을 내릴 수 없다는 것이다.

2) 'To have, or not to have'로 보면 '돈이 있느냐 없느냐, 그것이 문제로다'라고 풀이할 수 있다. 특히 자유시장경제라는 자본주의 시대에서 돈의 위력은 대단하다. 그러니 모든 사람들이 돈에 혈안이 되어 있는지도 모른다. 셰익스피어가 21세기에 다시 태어난다면 아마도 'To be'보다는 'To have'라는 단어를 가지고 더 고민하지 않았을까 하는 생각이 든다. 공자는 소인은 '이득'을 생각하고 의인은 '옳음'을 생각한다고 했는데 오늘날의 사람들은 거의가 '이득'에 관심이 있는 것은 아닌지.

3) 'To exist, or not to exist'로 보면 '실존하느냐 실존하지 않느냐, 그것이 문제로다'라고 생각해 볼 수 있다. 현대에 가까워질수록 실존의 문제는 더욱 심각하다. 우리는 이 세상을 그냥 사는 것이 아니고 심각한 자기고민과 정체성 확립 등 여러 가지 문제의식을 가지고 살아간다. 그 모든 것을 한 마디로 실존이라 할 수 있다. 어느 나라에 사느냐, 어떤 사회체제 속에서 사느냐라는 그 자체가 실존의 운명이요 실존의 현주소이기 때문이다. 실존한다는 것은 단순히 목숨만 연장되는 것이 아니고 의미와 가치를 가지고 실존해야 하기 때문이다.

4) 'To love, or not to love'로 보면 '사랑하느냐 사랑하지 않느냐, 그것이 문

제로다'라고 해석할 수 있다. 인간은 행복을 추구하며 사랑을 먹고 사는 동물이라고 한다. 사랑처럼 애매한 것도 없지만 사랑처럼 확실한 것도 없다. 사랑 때문에 죽고 사는 일이 얼마나 많은가. 로미오와 줄리엣만이 사랑 때문에 죽는 것은 아니다. 우리의 매일 매일의 생활은 사랑이란 공기 없이는 몇 분을 버티기 어려운 것이다. 특히 젊은이들의 사랑은 심각한 문제이다. 젊은이들의 열렬하고 순수한 사랑은 인간을 고상하고 위대하게 만들지만, 잘못된 사랑이나 병든 사랑은 죽음을 초래하거나 폐인을 만든다. 문학과 영화의 영원한 최고의 주제는 그래서 언제나 사랑이었다. 인류의 발전사는 사랑이라는 들판에서 피고 지는 꽃이었음을 우리는 역사를 통해 알고 있다. 사랑을 잘 파악하고 사랑을 잘 하는 것이 인생의 성공과 실패의 척도라고 봐도 지나치지 않다. 영원한 숙제 사랑. 그래서 햄릿이 지금 이 시대에 무대에 오른다면 '사느냐, 죽느냐' 보다도 '사랑하느냐, 사랑하지 않느냐, 그것이 문제로다'라고 외쳤을 것 같다.

5) 'To fight, or not to fight'로 보면 '싸울 것이냐, 말 것이냐, 그것이 문제로다'라고 볼 수 있다. 그래서 어떤 학자는 'To be'를 '복수를 하느냐'로 해석하기도 한다. 복수한다는 것은 원수와 싸우는 일이다. 싸울 일이 이 세상에는 부지기수다. 불의와 싸워야하고 부조리와 싸워야하고 가난과 싸워야하고 적들과 싸워야 한다. 더군다나 무한경쟁시대에서는 모든 것이 내가 싸워야할 원수들이 아닌가? 싸움의 대상은 부지기수요, 싸우는 방법도 여러 가지이다. 과거에는 육체적 힘으로 싸웠지만 지금은 지식으로 지혜로 정보로 싸워야 한다. 그러니까 눈에 보이는 싸움보다 눈에 보이지 않는 싸움이 훨씬 많다. 그러니 더 복잡하고 미세한 싸움이 된다. 햄릿이 지금 무대에 올라간다면 '싸워라, 싸워라, 더욱 열심히 싸워라. 세밀하고 치밀하게 싸워라' 이렇게 외치지 않을까하는 생각이 든다.

6) 'To be right, or not to be right'으로 보면 '좌익이냐 우익이냐, 그것이 문제로다'이거나 아니면 '보수냐 진보냐, 그것이 문제로다'라고 해석할 수 있다. 많은 사람들이 공산주의냐, 민주주의냐 하면서 빨간 것은 모두 빨갱이고 간첩이라고 몰아붙이던 시절이 있었다. 좌익 공산주의는 특히 우리나라 역사에서 원수 중의 원수였었다. 그런데 지금은 이것이 좀 변질되어 '보수냐 진보냐'로 너무 극단으로 달리는 것이 우리의 현실이고 또한 불행이다. 똑같은 사건을 보고 한쪽에서는 '정당'하다고 보고 다른 쪽에서는 '사기'라고 보는 것이 오늘의 현주소이다. '북한의 지도자는 존경할 만하고 인자한데 남한의 지도자는 사기꾼'이라고 했다는 어떤 분을 놓고 한쪽에서는 영웅이요 통일의 꽃이라하고 한쪽에서는 범법자로 몰고 간다. 사실은 별 차이가 아닌데 '보수냐 진보냐'로 분류하여 상대방을 완전 타도의 대상으로 삼는 오늘의 현실을 보고 햄릿이 무대에 오른다면 틀림없이 머리띠를 띠고 '보수냐, 진보냐, 그것이 문제로다'라고 외치며 이러다가 '모두 망한다'라고 목쉬도록 외칠 것이다.

7) 'To get a job, or not to get a job'이라고 보면 '취업하느냐 못하느냐, 그것이 문제로다'라고 해석할 수 있다. 정말 요즈음 대학 졸업생들의 취업문제가 심각하다. 열심히 4년 동안 공부하여 빛나는 학사학위를 받고 졸업하는 학생들이 평생직장에 들어가 꿈을 펼치고 아름다운 가정을 가꾸어 나가야 건전한 국가, 발전하는 국가가 될 것인데 그러지 못한 현실이 너무 안타깝다. 특히 인문계 학과를 졸업하는 학생들이 취업하기가 더 힘들다. 대학이 취업하기 위한 곳은 아니라고 강변하지만 '목구멍이 포도청'이라고 먹고 살아야 문화도, 정치도, 사회도 생각하는 것 아니겠는가. 이 시대에 햄릿이 우리 곁에 온다면 '우선 취업합시다'라고 외치며 '일자리를 만들어 달라'고 악을 쓰지 않겠는가?

8) 'To marry, or not to marry'라고 보면 '독신으로 사느냐 아니냐, 그것이

문제로다'라고 생각할 수 있다. 결혼연령이 점점 늦어지더니 이제는 미혼여성의 숫자가 너무 많고 독신주의자들이 날로 늘어난다. 적당한 결혼대상자가 없어 결혼하지 않는 경우에서부터 자녀교육비가 너무 들고 부양하기가 힘들어 결혼을 포기하기도 하고 '싱글'로 화려하고 자유스럽게 사는 것이 결혼의 구속보다 훨씬 좋다는 것이 지금의 세태이다. 그래서 이곳저곳에 '화려한 싱글' 찬양이 손짓한다. 그래서 우리나라의 인구가 자꾸 줄어들어 이러다간 경제발전과 국가발전에 심각한 타격이 올 것으로 걱정한다. '싱글'들이 주류를 이루면 이상한 문화들 특히 성문화(性文化)에 이상한 흐름이 형성될 것이 뻔하다. 인류의 종말을 예고하는 듯한 '싱글'문화의 현상을 보고 햄릿은 아마도 '결혼해라, 결혼해'라고 목청을 높여 소리 지를 것이다.

9) 'To get surgical operation, or not'이라고 하면 '성형수술을 할 것인가 말 것인가, 그것이 문제로다'라고 해석할 수 있다. 성형수술이 도를 넘고 있다. 이가 고르지 않아 보철을 하고 몇 년씩 참고 지내는 것을 옆에서 보는 것도 안타까운데 요즈음 여고생들이 방학이 되면 너나 나나 성형수술 하느라 정신없는 것을 보면 과연 우리나라가 성형의 천국임을 실감한다. 모든 여자들의 눈이 똑같고 코가 똑같다. 이러다가 인간은 없어지고 인형들만 돌아다니지 않을까 걱정이다. 오죽하면 하나님께서 죽은 사람이 천국에 왔는데 사람을 몰라보았다는 조크가 나오겠는가. A의 모습으로 세상에 보냈는데 올 때 보니까 B가 되었으니 하나님인들 어찌 알겠는가. 이뻐져야 하는 것은 좋은 일이나 모든 사람들이 다 성형해서 똑같아지면 사람은 없고 인형들만 득실거리는 세상이 아니겠는가. 그래서 햄릿이 무대에 지금 나타나면 '성형합시다. 성형해'라고 외치고 다닐까?

10) 'To buy expensive things, or not'이라고 보면 '명품이냐 아니냐, 그것이 문제로다'라고 해석할 수 있다. 초등학생도, 고등학생도, 가정주부도, 처녀들도

모두모두 명품에 취해 있는 듯하다. 하기야 초등학교에서 명품운동화를 신지 않거나 명품 티셔츠를 입지 않으면 왕따 당한다니 어쩌겠는가. 빚을 얻어서라도 자식들에겐 명품을 사서 안겨줄 수밖에. 이것이 겉모습만 번지름한 사회라 할 것이다. 수입은 적은 사람이 명품핸드백을 1년에 한번 쯤 바꾸어 들고 다녀야 한다면 그 집안은 망하기 마련이다. 아니면 그것을 보충하기 위해 소위 이상한 알바를 해야 할 것이고 그런데 상표만 명품이지 똑같은 물건이 일반시장에서 5만원하면 백화점에서는 몇 십만 원이 된다니 분명 명품이란 상표만 바꿔 단 도깨비이다. 속은 텅 빈 강정 같은 사람들이 명품만 걸치고 들고 다니는 것을 햄릿이 보면 '명품, 명품, 명품이로다'라고 외치면서 가짜 외제 명품 잔뜩 신고 명동쯤에 나타나 돈푼깨나 벌 수 있을 듯하다. "To be, or not to be"라는 장면을 동양의 선사상과 불교로 해석한 다음 글을 읽어보자.

> 햄릿의 "투비 오아 낫 투비"는 모든 존재와 비존재의 문제임에 틀림이 없다. …
> 삼촌 클로디어스를 죽이든 말든, 그리고 햄릿 자신이 죽든 말든, 그의 문제의식
> 은 죽느냐 마느냐 하는 실존적 결단으로 해결의 실마리를 찾지는 않는다. 그의
> 독백은 죽음과 삶의 선택이 강요되는 순간의 독백이 아니라, 죽는 쪽을 택하든,
> 사는 쪽을 택하든, 근원적으로 문제가 해결될 수 없다고 하는 무의미성에 있는
> 것이다. 그가 지향하는 것은 모든 존재와 비존재가 초월되는 그 무엇이요, 그
> 무엇은 바로 이 선(禪)이 제시하는 해탈일 수밖에 없다.
> 열반이란 삶의 차별이 해소되는 무차별이다. 무차별은 죽음이다. 열반이란 결국
> 죽음이다. 삶이란 차별에서 오는 희·비의 연속이요 리듬이다. 허나 궁극적 열
> 반이란 이러한 모든 삶의 차별을 무차별로 돌린다. 삶은 차별의 가치요, 죽음은
> 무차별 가치다. 산다는 것 그것은 결국 죽음을 향한 행진이다. 삶속엔 항상 죽
> 음의 그림자가 있다. 그런데 그 죽음의 그림자가 인간에게 공포로서 대상화되
> 는 것이 아니라 삶의 근원적 충동으로서 내면화된다. 그것이 열반이요, 대각이
> 다. (김용옥 165-6)

햄릿은 깊은 고민의 독백을 한 후 오필리어를 만난다. 햄릿과 오필리어의 사랑은 비극으로 끝나게 된다. 햄릿은 '미친척' 했는데 오필리어는 진짜 미치게 된다. 그래서 이 장면에서 햄릿은 미친척한 것이 아니고 진짜 미쳤다고 보는 사람도 있다. 여기서 햄릿과 오필리어의 사랑의 과정을 더듬어 보자.

오필리어의 가장 슬프고 처절한 모습 중의 하나는 사랑을 잃고 부르는 처참한 노래일 것이다. 오필리어는 자신이 사랑했던 햄릿으로부터 배신을 당하고 미쳐버리고 만다. 내가 죽도록 사랑했던 사람으로부터 배신을 당하는 쓰라린 심정은 당해보지 않은 사람은 그 심정을 결코 모를 것이다. 이런 '사랑의 배신'에 대해 취할 수 있는 행동은 몇 가지가 있을 수 있다. 첫째는 상대방을 죽이고 자신도 죽는 경우이다. 배신자를 다른 사람 품에 보낼 수 없고 격분하여 인질극을 벌리기도 하고 살인을 저지르는 경우를 가끔 본다. 둘째는 저주하는 것이다. 평생 저주하면서 복수를 한다고나 할까.『위대한 캐스비』의 주인공 캐스비는 배반한 캐더린에 대한 복수로 돈을 어마어마하게 벌어 으리으리한 집을 바로 캐더린 집 건너편에 짓고 밤마다 잔치를 벌여 캐더린의 마음을 쓰라리게 하는 통쾌한 복수를 한다. 셋째는 비록 애인은 나를 배반했어도 나는 축복하면서 그 앞길에 행복을 빌어주는 것이다. 넷째는 오필리어처럼 자신을 제어할 수 없는 슬픔 속에 미치는 경우일 것이다. 머리를 풀어 헤치고 흰 옷을 치렁치렁 걸치고 맨발로 비를 맞으며 처량한 노래를 부르는 오필리어는 우리의 폐부를 찌를 듯한 감정을 불러일으킨다. 애인의 변심에도 불구하고 온전한 정신을 갖는다는 것은 매우 어려운 일일 것이다. 그래서 오필리어는 미칠 수밖에 없다. 우리는 오필리어에게서 사랑의 배반에 대해 취할 수 있는 대표적인 예를 읽을 수 있다.

오필리어는 햄릿을 진정으로 사랑하고 있다. 아버지 폴로니어스에게 햄릿이 모자도 쓰지 않고 창백한 얼굴로 마치 지옥에서 온 것처럼 행동했다고 소상히 말한다. 이러한 행동을 하는 햄릿을 오필리어는 미친 것으로 간주한다.『햄릿』전체에서 이 부분처럼 햄릿이 미친 것처럼 보이는 곳이 없다. 그런데 고스

(Ghose)는 이런 설명을 하는 오필리어를 오히려 의심한다. 진정으로 사랑표현을 하는 햄릿은 그러지 않았는데 오필리어가 부풀려서 과도하게 아버지에게 이야기 했다는 것이다. 그래서 이 장면은 "오필리어가 진짜 미칠 것에 대한 전주곡" (25)일 뿐이라고 고스는 풀이한다. 하여튼 오필리어에게 햄릿은 단순한 왕자일 뿐만 아니라 모든 면에서 우뚝 선 존재였기 때문에 오필리어의 그러한 설명을 듣고 폴로니어스는 상사병이라고 단정을 짓는다. 그러한 아버지의 심정을 더욱 확고히 하도록 만든 것은 햄릿의 행동에 대한 오필리어의 다음 말이다.

> 그분은 제 손목을 꼭 움켜잡으셨사옵니다.
> 그리고 나서는 자신의 팔길이만큼 물러나서서
> 한 손을 이렇게 이마에 대시고서는 마치 초상화라도
> 그리시려는 듯 소녀의 얼굴을 꼼꼼히 뜯어보시기
> 시작하셨사옵니다. 그분은 그렇게 한참을 계셨사옵니다.
> 이윽고 소녀의 팔을 약간 흔드시더니, 당신의
> 머리를 이렇게 세 번 위 아래로 끄떡이시고서는,
> 너무도 가련하고 애절해서 자신의 육신이 산산이
> 흩어지고, 숨이 끊어질 것 같이 한숨을
> 몰아 쉬셨사옵니다. 그렇게 하시고 나서 소녀를
> 놓아 주시더니, 어깨 너머로 머리를 돌리시고서,
> 마치 눈으로 보시지도 않으시고 길을 찾아 가시듯,
> 마지막 순간까지 저에게서 시선을 떼지 않으시고,
> 눈의 도움 없이 문밖으로 나가셨사옵니다.

> He took me by the wrist and held me hard;
> Then goes he to the length of all his arm;
> And, with his other hand thus o'er his brow,
> He falls to such perusal of my face
> As he would draw it. Long stay'd he so;

At last, a little shaking of mine arm

And thrice his head thus waving up and down,

He raised a sigh so piteous and profound

As it did seem to shatter all his bulk

And end his being: that done, he lets me go:

And, with his head over his shoulder turn'd,

He seem'd to find his way without his eyes;

For out o' doors he went without their helps,

And, to the last, bended their light on me. (2.1.85-98)

폴로니어스는 오히려 오필리어의 어떤 행동 때문에 햄릿이 미친 것인지 알고자 최근의 일에 대해 묻는다. 오필리어는 아버지의 분부대로 햄릿에게 받은 편지를 돌려보내고 만나자는 청을 거절했다고 말한다. 정치적 야심에 빠진 폴로니어스는 왕에게 햄릿이 상사병에 걸려 미쳤다는 그야말로 최고의 비밀정보를 갖게 된 것이다. 그리고는 왕에게 햄릿이 상사병 때문에 미쳤으며 그 증거물로 오필리어에게 보낸 햄릿의 편지를 왕과 왕비 앞에서 공개한다. 편지는 다음과 같다.

별이 불덩이임을 의심하고,
태양이 운행하고 있음을 의심하고,
진실이 허위라고 의혹을 품더라도,
내 사랑만은 의심치 말아주오
아, 사랑하는 오필리어, 나는 시에 서툰 사람, 애타는 이 가슴에 품고있는 번민,
토로할 재주는 없으나, 그대 향한 내 사랑은 한이
없나니, 아 믿어주오, 한이 없는 내 사랑을, 안녕히,
지극히 아름다운 아가씨에게, 이 육신에 생명이 있는 한
언제까지나 그대의 것이 되고자 하는, 햄릿으로부터

Doubt thou the stars are fire;

Doubt that the sun doth move;

Doubt truth to be a liar;

But never doubt I love.

O dear Ophelia, I am ill at these numbers;

I have not art to reckon my groans: but that

I love thee best, O most best, believe it. Adieu.

Thine evermore most dear lady, whilst

this machine is to him, HAMLET. (2.2.115-23)

왕은 그 편지의 내용을 보고 즉시 폴로니어스가 어떻게 처신했는지를 묻는다. 폴로니어스에게는 이 편지를 증거로 오필리어에 대한 사랑 때문에 햄릿이 미쳤다는 것을 증명하면 최고의 점수를 따고 정치적 입지를 굳힐 절호의 기회를 갖게 되는 것이다. 그래서 자신이 취한 조치와 햄릿의 미침에 대해 이렇게 말한다.

　　　　　　　　　　소신은 즉시 손을 써서
여식에게 이렇게 타일렀습니다. '햄릿 왕자님으로 말하자면
네게는 하늘의 별과 같이 손이 닿지 않는 곳에 계시는 분,
이런 일은 당치도 않다'라고. 그런 연후에 엄명했사옵니다,
왕자님께서 자주 드나드시는 곳에는 얼씬도 하지 말고,
어떤 심부름꾼도 집 안에 들이지 말며, 선물도 받지 말라고.
딸년은 소신의 충고를 받아 들여 이를 충실히 거행했던 바,
왕자님은 거절을 당하시고 - 거두절미하옵고 말씀드리자면 -
비탄에 빠지게 되셨고, 이어서 음식을 전폐하셨사오며,
그러자 잠을 이루지 못하셨고, 이어서 몸이 쇠약해지셨으며,
그리고 나자 정신이 혼미해지셨고, 이렇게 계속 악화일로,
결국 실성하게 되시어 지금처럼 광기를 나타내시는 것이옵고,
모두가 애통하기에 이른 것이옵니다.

I went round to work,

And my young mistress thus I did bespeak:

'Lord Hamlet is a prince, out of thy star;

This must not be:' and then I precepts gave her,

That she should lock herself from his resort,

Admit no messengers, receive no tokens.

Which done, she took the fruits of my advice;

And he, repulsed − a short tale to make −

Fell into a sadness, then into a fast,

Thence to a watch, thence into a weakness,

Thence to a lightness, and, by this declension,

Into the madness wherein now he raves,

And all we mourn for. (2.2 137-48).

　　햄릿이 오필리어에 대한 사랑 때문에 미쳤다는 것을 증명하기 위해 자신과 왕은 벽걸이 휘장 뒤에 숨고 햄릿이 홀로 복도를 걷고 있을 때 오필리어를 풀어 놓기로 한다. 그런데 이러한 정치적 야망을 위해 딸까지 이용하려는 폴로니어스의 계략을 알고 햄릿은 넌지시 비유적으로 말을 한다. 햄릿은 폴로니어스의 속셈을 빤히 알고 있는 듯이 "신성한 태양도 썩어 빠진 고기 덩어리에 키스를 하면 개의 시체에 구더기가 생기는 법 − 그대에게도 딸이 있는가?"(For if the sun breed maggots in a dead dog, being a god kissing carrion, − Have you a daughter?)(2.2.179-80)라고 한 후에 딸이 있다고 하니까 한 술 더 떠서 그렇다면 "아예 햇볕을 쐬며 나타나지 못하게 하게. 인식하는 것은 복된 일이로되 그대의 딸이 임신할 수도 있으니-이봐, 그 점을 조심하란 말이야"(Let her not walk i' the sun: conception is a blessing: but not as your daughter may conceive. Friend, look to't)(2.2.182-3)라고 빈정거린다. 폴로니어스는 햄릿이 미쳤음에도 불구하고 그 말속에는 뼈가 있음을 감지한다. 그리고 몇 장면이 지난 후 햄릿과 오필리어는 만난다. 그 둘의 사랑은 이미 어긋나고 있었다.

햄릿. 하, 하! 그대는 정숙한가?

오필. 네?

햄릿. 그대는 아름다운가?

오필. 무슨 말씀인지요?

햄릿. 그대가 정숙하고 동시에 아름답다면, 그대의 정숙이 그대의
미와 관계를 맺게 해서는 안돼.

오필. 왕자님, 미가 관계를 맺을 상대로서 정숙보다는 더
좋은 것이 있겠사옵니까?

햄릿. 그렇다니까, 진정이야, 정숙의 힘으로 미를 자기와 같이
바꾸기보다는 미의 힘으로 정숙으로 하여금 그 본성을
버리고 포주로 타락하게 만드는 것이 더 손쉬울 테니까.
전 같으면 이런 말은 궤변에 불과하겠으나, 요즈음은 세상이
그걸 증명해 주고 있소. 나는 한 때 그대를 사랑했었지.

오필. 사실이옵니다. 왕자님, 왕자님께서 그렇게 믿도록 했사옵니다.

HAMLET. Ha, ha! are you honest?

OPHELIA. My lord?

HAMLET. Are you fair?

OPHELIA. What means your lordship?

HAMLET. That if you be honest and fair, your honesty should
admit no discourse to your beauty.

OPHELIA. Could beauty, my lord, have better commerce than
with honesty?

HAMLET. Ay, truly; for the power of beauty will sooner
transform honesty from what it is to a bawd than the
force of honesty can translate beauty into his
likeness: this was sometime a paradox, but now the
time gives it proof. I did love you once.

OPHELIA. Indeed, my lord, you made me believe so. (3.1.103-15)

앞뒤를 다 알고 있었다는 듯이 햄릿은 결코 오필리어를 사랑한 적이 없다고 하면서 '수녀원'으로 가라고 한다. 여기서 햄릿이 말한 수녀원(nunnery)에는 두 가지 의미가 있다는 것에 대해 멕앨린던(MacAlindon)은 "햄릿 자신의 혼돈과 갈등의 표현"(112)이라고 하였다. 수녀원은 여자가 세상의 쾌락을 모두 청산하고 독신으로 평생을 살기로 결심한 후 가는 최후의 곳이다. 햄릿은 아마 어머니를 인식하고 여자가 결혼하고 애기를 낳는다는 것이 죄를 범하는 악순환으로 보고 수녀원에 가서 깨끗하고 순결하게 평생을 살라는 뜻을 생각했을 것이다. 둘째는 수녀원이 '창녀집'이란 뜻이 있다는 것으로 미루어 볼 때 이왕 헤어질 수밖에 없다면 조금치의 미련도 갖지 못하게 심한 충격적 언어를 사용해 오필리어의 마음을 자신으로부터 떼어 놓으려는 것으로 볼 수 있다. 또 다른 햄릿의 의도는 폴로니어스로 하여금 마음에 큰 충격을 받게 하여 자신이 결코 여자 때문에 미친 것이 아님을 천명하려는 것으로 볼 수 있다. 어떤 의도가 있든지 간에 오필리어는 커다란 충격을 받을 수밖에 없다. 이 장면에 대해 패리스(Paris)는 햄릿이 "여자는 가볍고, 속임수를 쓰며, 제멋대로 인 존재"(52)로 인식하고 있다고 본다. 보잘 것 없는 사람으로부터 사랑의 배신을 받아도 가슴에 큰 상처가 되는 것인데 참으로 고귀한 신분인 햄릿으로부터 배신을 받은 오필리어의 충격은 대단히 커서 미치게하고 마침내 죽음에 이르는 원인이 된다. 오필리어는 자신의 심정을 이렇게 외친다.

> 아, 그렇게 고귀하시던 분이 어쩌면 저 꼴이 되었단 말인가!
> 조신으로서, 무사로서, 학자로서, 안목과 구변과 무술을
> 갖추고 계셨던 분, 이 나라 이 땅의 희망이요,
> 꽃이었고, 풍속의 거울, 예의범절의 귀감이었을 뿐만 아니라,
> 만조백관이 우러러 보던 분이 완전히 실성해 버리셨구나!
> 세상의 여인들 가운데서 가장 비참한 처지에 빠진 나,
> 한 때는 그분의 맹세라는 달콤한 꿈을 맛보기도 했건만,

이제 보니 감미로운 종소리같던 그 고귀하고 당당하던
이성의 조화는 흐트러져서 시끄러운 잡음만이 요란하고,
꽃다운 젊은 시절의 그 비길데 없던 그 용모, 그자태도
광기로 인하여 시들어버렸구나. 아, 슬프다.
옛 모습을 보았던 이 눈으로 현재의 이 모습을 보다니.

O, what a noble mind is here o'erthrown!
The courtier's, soldier's, scholar's, eye, tongue, sword;
The expectancy and rose of the fair state,
The glass of fashion and the mould of form,
The observed of all observers, quite, quite down!
And I, of ladies most deject and wretched,
That suck'd the honey of his music vows,
Now see that noble and most sovereign reason,
Like sweet bells jangled, out of tune and harsh;
That unmatch'd form and feature of blown youth
Blasted with ecstasy: O, woe is me,
To have seen what I have seen, see what I see! (3.1.144-55)

그러면서 오필리어는 햄릿에 대해 무한한 동정심을 느끼고 괴로워한다. 무엇
때문에 햄릿은 미쳐있는지, 분별심이 없어졌는지 도저히 이해할 수 없다. 그리
고는 왕과 왕비 및 조정의 대신들 앞에서 행해지는 연극을 관람할 때 다시 두
사람은 만난다. 이때 햄릿은 천연스럽게 어머니의 청을 거절하고 오필리어의
무릎을 베고 연극 구경을 하겠다고 이렇게 말한다.

    햄릿. (오필리어의 발치에 누우면서) 아가씨, 어디 아가씨의 무릎사이에 누워볼
        까?
    오필. 그건 아니 되옵니다, 왕자님.
    햄릿. 내 말은 아가씨의 무릎을 베고 눕겠다는 뜻이오

오필. 그건 좋사옵니다.

햄릿. 내가 무슨 상스러운 짓이라도 할 것으로 생각했소?

오필. 아무 생각도 하지 않았사옵니다, 왕자님.

햄릿. 처녀의 두 다리 사이에 눕는다는 것도 괜찮은 생각인 걸.

오필. 무슨 말씀이시온지, 왕자님?

햄릿. 아무것도 아니요.

오필. 유쾌하시군요, 왕자님.

햄릿. 누가, 내가?

오필. 예, 왕자님.

HAMLET. Lady, shall I lie in your lap?

　　　　　Lying down at OPHELIA's feet

OPHELIA. No, my lord.

HAMLET. I mean, my head upon your lap?

OPHELIA. Ay, my lord.

HAMLET. Do you think I meant country matters?

OPHELIA. I think nothing, my lord.

HAMLET. That's a fair thought to lie between maids' legs.

OPHELIA. What is, my lord?

HAMLET. Nothing.

OPHELIA. You are merry, my lord.

HAMLET. Who, I?

OPHELIA. Ay, my lord. (3.2. 99-109)

이런 햄릿의 행동을 보고 오필리어는 햄릿이란 고귀한 분이 미쳐서 형편없는 만담꾼으로 여겨질 수밖에 없다. 여기서 이 두 사람은 헤어지고 오필리어가 무대에 다시 나타난 것은 아버지 폴로니어스의 죽음 후 완전히 실성한 가운데 노래 부르는 장면이다.

그는 죽어 떠나버렸다오, 아가씨
그는 죽어 떠나버렸어.
머리에는 푸른 뗏장 한 장,
발치에는 돌 하나.

He is dead and gone, lady,
He is dead and gone;
At his head a grass-green turf,
At his heels a stone. (4.5.29-32)

그리고는 이 세상 사람들에게 마지막 작별을 고하는 상징처럼 꽃을 한 사람 한
사람에게 건네준다.

> 오필. 만수향이예요, 잊지 말아 달라는 뜻이지요; 부탁이예요,
> 사랑하는 분,잊지 말아 주세요. 그리고 이것은 상사화,
> 생각해 달라는 뜻이예요.
> 레어. 실성한 말 가운데 담긴 훈계로구나, 생각과 기억은 서로
> 불가분의 관계를 맺고 있는 건.
> 오필. 회향꽃은 당신 줄 거예요, 그리고 매발톱꽃도, 운향꽃은
> 당신 것이예요, 그리고 내가 가질 것도 좀 있어요. 그것은
> 안식일의 천혜초라고 불러도 좋겠지요. 당신은 운향꽃을
> 표나게 달고 다녀야 해요. 들국화도 있어요. 오랑캐꽃도
> 좀 드릴께요. 그러나 그것들은 아버님께서 돌아가셨을 때
> 모두 시들어 버렸어요. 그분의 최후는 훌륭했다고들 해요.

OPHELIA. There's rosemary, that's for remembrance; pray,
  love, remember: and there is pansies. that's for thoughts.
LAERTES. A document in madness, thoughts and remembrance fitted.
OPHELIA. There's fennel for you, and columbines: there's rue

for you; and here's some for me: we may call it
herb-grace o' Sundays: O you must wear your rue with
a difference. There's a daisy: I would give you
some violets, but they withered all when my father
died: they say he made a good end. (4.5.174-82)

미쳐서 슬픈 노래를 부르고 옆에 있는 사람들에게 상징적인 꽃을 주고 있는 오
필리어는 솔베이지 송을 연상시킨다. 노르웨이의 국민적 작곡가 그리이그
(Grieg)가 작곡한 전 세계적으로 유명한 애가(哀歌)중의 하나인 이 쏠베이지 송
은 그 전설이 애처롭고 고귀하다. 노르웨이의 아주 외딴 마을에 페르킨트라는
청년이 홀어머니와 살고 있다. 옆집에 솔베이지라는 아리따운 처녀가 살고 있
어 두 사람은 깊은 사랑에 빠지고 약혼을 한다. 그러나 가난하여 돈이 없는 페
르킨트는 돈을 벌러 먼 외국으로 떠난다. 많은 돈을 벌어 고향으로 오는 험난한
길에 강도를 만나 모든 돈을 빼앗기고 얻어맞아 간신히 목숨만을 건져 고향에
도착한다. 오랜 세월이 흘러 고향 오두막집에 살던 어머니는 돌아가시고 백발
이 된 솔베이지가 이 노인 페르킨트를 맞이한다. 그리고는 기력이 다하여 솔베
이지의 무릎에 누워 죽는다. 꿈에도 그리던 연인 페르킨트를 부둥켜 안고 솔베
이지는 노래 부른다. 노르웨이의 어느 오두막집, 노을이 지는 속에 너무 구슬픈
노래가락이 흘러나온다. 기나긴 기다림의 갈증 속에 눈만 점점 깊이 쌓여가고
세월의 허무함만 남는다. 기다림은 쓸쓸함이며, 외로움이었지만 또한 희미한 희
망이기도하다. 이런 애달픈 사연의 슬픈 노래를 부르며 솔베이지 역시 눈을 감
는다. 솔베이지는 기다림 속에 죽어 가는데, 오필리어는 미쳐서 헤매이다 죽는
다. 가슴 속에는 햄릿에 대한 이루지 못한 사랑과 아버지의 죽음 때문에 오는
허무감을 못이겨 물에 빠져 죽었는지도 모른다. 오필리어의 죽음에 대한 왕비
의 말은 너무 인상적이다.

거울같은 시냇물에 흰 머리채같은 잎을 비추며 시냇물
위로 비스듬이 자라고 있는 버드나무 한그루가 있다오.
그 가지와 함께 미나리아재비, 쐐기풀, 들국화, 그리고
입담 사나운 목동들은 좀 더 상스러운 이름으로 부르지만
얌전한 처녀들은 죽은 사람의 손가락이라 부르는
자란을 가지고 그 애는 괴상한 꽃다발을 만들었답니다.
늘어진 가지에다가 그 풀꽃으로 만든 화환을 걸려고
기어 올라가다가 심술궂은 실가지가 부러지면서 그 애의
풀꽃화환은 물로 그 애 자신마저도 흐느껴 우는 냇물
속으로 떨어져 버렸다오. 그 애의 옷자락이 활짝 펴지면서,
마치 인어인양 그 애는 잠시 물 위에 떠있었고,
그동안 그 애는 옛날의 찬가 몇 구절을 불렀는데,
마치 자신의 절박한 불행도 느낄 수 없는 사람,
또는 물에서 생겨나서 물에는 익숙해져 있는 생물과도
같았다 하오. 그러나 그것은 오래 갈 수 없는 일.
그 애의 옷이 물에 젖어 무거워지자, 그 가여운 것은
진흙 구덩이 속으로 끌려들어가 죽었고, 그 애의 아름다운
노래도 끝났다오.

There is a willow grows aslant a brook,
That shows his hoar leaves in the glassy stream;
There with fantastic garlands did she come
Of crow-flowers, nettles, daisies, and long purples
That liberal shepherds give a grosser name,
But our cold maids do dead men's fingers call them:
There, on the pendent boughs her coronet weeds
Clambering to hang, an envious sliver broke;
When down her weedy trophies and herself
Fell in the weeping brook. Her clothes spread wide;
And, mermaid-like, awhile they bore her up:

Which time she chanted snatches of old tunes;

As one incapable of her own distress,

Or like a creature native and indued

Unto that element: but long it could not be

Till that her garments, heavy with their drink,

Pull'd the poor wretch from her melodious lay

To muddy death. (4.7.166-83)

오필리어는 사랑의 실패 때문에 미치고 결국 죽음을 맞게 된다. 오필리어가 자살했는지는 정확하지 않다. 5막에 가서 장례식을 종교적 의식에 따라 완전히 해주지 않은 것도 자살과 관계가 있는 것으로 보이지만 작품 안에서는 자살도 자연사도 아닌 것으로 나타난다. 아마 미친 상태에서 나무 위에 피어 있는 꽃을 따려다가 실족하여 물에 빠져 죽은 것으로 생각된다. 문제는 오필리어가 햄릿의 사랑으로부터 충격적 상처를 입고 미친 상태였으며 여기에 아버지 폴로니어스의 죽음이 겹쳐와 클로디어스의 말처럼 '슬픔은 단독으로 오지 않고, 연대를 이루어 오나니'라는 사실을 실감하고 고통에서 헤어나지 못하고 죽음에 이른 것으로 보아야한다.

오필리어는 사랑의 배신 앞에서 미치고, 그래서 죽음에 이르렀으며 사랑의 대상에 대하여 원망하거나 저주하지 않고 운명으로 받아들인 것으로 보인다. 특별히 여러 가지 의미 있는 꽃들을 왕이나 왕비, 또는 레어티즈 등에게 주는 장면에서는 인생의 지혜를 터득한 그러면서 인생으로부터 초연한 모습을 보여주기도 한다. 그래서 오필리어에게 있어 사랑은 한 때의 애달픈 슬픈 노래라고 볼 수 있다. 오필리어의 슬픈 사랑과 햄릿의 고독한 지성을 생각할 때 수십 년 전의 어느 여학생의 기막힌 사연이 떠올라 여기 내 수필의 한 곳을 소개하고 싶다.

'어느 여학생의 운명'

가을비가 칙칙하게 내리고 낙엽들이 비바람에 짓이겨 을씨년스런 11월말의 싸늘한 어느 날이었다. 연구실에서 조용히 책을 읽고 있는데 한 여학생이 울먹이며 내 방에 들어 왔다. 그 학생의 첫마디는 "세상에 이럴 수가 있습니까?"였다. 그 학생은 한편 한없는 절망에 싸여있고 또 다른 한편은 분노로 흥분되어 있었다.

그 학생은 영문과 4학년이었기 때문에 졸업을 불과 2개월 정도 남겨 놓았고 실질적 수업은 보름 정도면 끝나는 입장이었다. 그런데 돌연히 휴학을 하겠다는 것이었다. 환갑이 가까운 병든 아버님이 계시는데 돌보아줄 사람이 없어서 휴학을 하고 아버님의 마지막 병간호를 해야겠다는 것이다. 사정이야 어떠하든 2개월만 지나면 졸업하게 되니까 휴학은 안 된다고 하면서 자초지종이나 들어보기로 했다.

1980년대 초 한국의 방송사상에 유례없는 인기프로인 「누가 이 사람을 모르시나요?」라는 것이 있었다. 6.25 전쟁과 1.4 후퇴, 좌·우 사상의 대립 등 혼란한 사회의 실정 때문에 어쩔 수 없이 가족간에 헤어져야 하는 사람들이 많이 생기게 되었다. 이러한 이산(離散)가족들을 만나게 하기 위하여 생방송으로 KBS에서 24시간 혹은 30시간씩 전국의 모든 네트워크를 총동원하여 진행하였던 특별방송이었다. 전국민의 마음과 정서를 한 곳에 모으는데 이것보다 더 좋은 방법은 없었으며 대단한 인기 프로였다. 할머니 할아버지는 말할 것도 없고 어머니, 아버지, 자식들, 손자들까지도 눈물범벅 콧물범벅이 되고 식사시간도 거르면서 이산가족들의 피맺힌 사연들과 예기치 못했던 상봉장면들을 보면서 기뻐하고 감격하였다.

이 여학생의 비극은 「누가 이 사람을 모르시나요?」에서 시작되었다. 이 여학생에게는 광주리장사를 해서 가족의 끼니를 간신히 해결하는 어머니가 있었고 지금은 병들어 누워있는 아버지가 있었다. 10년 전까지만 해도 아버지가 엿장수를 하고 어머니는 이곳저곳에 파출부 생활을 해서 그럭저럭 가정을 이끌어가고 있었다. 그런데 아버지가 심한 중풍 병으로 몸져누우면서 가정형편은 더욱 어려워졌고 어머니의 고생이 말이 아니었다.

그런 환경 속에서도 이 여학생은 성적이 좋아 우리대학 영문과에 입학했고 장학금을 받으며 대학생활을 잘 해오던 엘리트 학생이었다. 가정 형편은 어려웠지만 오순도순 살아가는 평화로운 집안이었다. 그런데 어느 날 「누가 이 사람을 모르시나요?」 텔레비전 프로에서 한 50이 넘은 신사가 자기 누나를 찾는 것이었다. 이 여학생의 어머니는 텔레비전을 자세히 보다가 거의 정신이 나갈 뻔했다. 그 신사는 틀림없이 40여 년 전에 헤어진 남동생이었다.

이북이 고향인 어머니는 6.25 전쟁통에 이리저리 몰려다니다가 가족도 다 잃어버리고 충북 보은에 홀홀 단신 남아서 이일 저일 하다가 현재의 남편을 만나 이렇게 인생을 살아왔던 것이다. 그런데 40여 년 만에 남동생을 텔레비전에서 보았고 전화번호와 주소도 적어 놓게 되었다. 그날 밤을 어머니는 꼬박 뜬눈으로 지새울 수밖에 없었다. 텔레비전 화면으로 본 남동생은 그래도 신수가 훤하고 살만한 위치에 있는 듯 보였다. 어머니의 마음속엔 만감이 교차했다. 60여 년을 벌레와 같이 살아왔던 것이 자기의 인생이라고 생각했다. 이튿날 부산에 있는 남동생에게 전화를 하고 친동생임이 확인되고 그 참에 어머니는 꿈에도 그리던 혈육을 찾아 부산에서 상봉하게 되었다. 궁색하고 초라한 누님을 본 남동생의 심정은 오죽이나 아팠겠는가? 이 남동생은 부산에서 열심히 살아 지금은 어느 정도 커다란 봉제공장 사장으로 일하고 있었다. 남동생은 누님의 행색을 보고 이제 살면 얼마나 사시겠느냐고 하면서 남은 여생이나마 같이 지내자고 제의하였다. 그래서 이 여학생의 어머니는 병들어 누워 있는 남편을 버리고 노년에 소위 가출(家出)을 한 것이다.

이 여학생은 이런 어머니에 대해 분노하고 있었지만 누가 이 어머니에게 돌을 던질 수 있단 말인가. 60 평생을 남의 집 청소나 하고 눈이 오나 비가 오나 광주리이고 이집 저집 기웃거리며 멸시받고 천대받으며 살아온 인생이 가련하고 불쌍하며 비참하다고 할 수밖에 없다. 이제 몇 년을 살지 모르지만 그 여생이나마 따뜻한 방에서 편안하게 지내고 싶었던 것이다. 병든 남편은 이런 경우에 얼마 남지 않은 여생의 거추장스런 '짐'이었을 것이다. 그러니 어머니는 한마디 말도 없이 병든 남편을 두고 집을 나가버린 것이다.

나는 그 여학생에게 내가 너의 어머니라도 그렇게 할 수밖에 없었을 것이라고 하면서 마음을 안정시켜 주었다. 그리고 어머니가 가출한 것은 엄연한 현실이니 받아들이고 네 문제나 해결해야 한다고 하였다. 그 여학생은 나의 주선으로 병든 아버지를 대전의 복지시설에 수용하고 어렵지만 대학생활을 마지막으로 마치기로 하였다. 그러던 어느 날 밤 11시에 전화가 왔다. 여학생의 아버지는 그 복지시설 수용소에서 도저히 버티지 못하고 밤에 뛰쳐나왔다는 것이다. 할수 없이 그 병든 아버지는 이 여학생의 자그마한 한 칸짜리 자취방에서 함께 기거할 수밖에 없었다. 나는 그 여학생에게 도대체 너에게는 오빠나 동생도 없느냐. 어데 먼 친척도 없느냐고 물었더니 대답이 묘했다.

여동생 한 명은 "있으나 없다"는 것이다. 그래서 나는 있으면 있고 없으면 없지 "있으나 없다"는 뜻이 무엇이냐고 캐물을 수밖에 없었다. 그 이유는 간단했다. 여동생이 있었는데 그 여동생은 여상(女商) 2년 때 어떤 남자를 사귀었는데 곧 임신이 되어 그 남자와 살게 되었고 가정 형편을 안 그 남자는 처갓집과는 일절 관계를 끊었기 때문에 지금은 자기 여동생이 살아있는지 조차도 모를 정도니 '있기는 있으나 없는 것'과 마찬가지라는 것이었다. 그러니 이 여학생이 병든 아버지를 떠맡을 수밖에 없었던 것이다.

그런데 이 여학생을 더욱 궁지에 몰아넣은 것은 그 단칸방에 병든 아버지와 함께 기거할 때 일어나는 해괴한 일 때문이었다. 늙고 병든 아버지에게는 치기(稚氣)가 있어 밤에는 이 여학생을 성적으로 범하려고 하는 일이 발생한다는 것이었다. 그러니 이 여학생의 심정이 오죽했을까. 그렇게 지옥 같은 날들이 지나가던 12월 몹시 추운 날 또다시 새벽 5시경에 전화가 왔다. 이번엔 이 여학생의 목소리가 대단히 차분하면서도 떨리고 있었다. 새벽녘에 밖에 나가 거리를 기웃거리다가 자동차에 치어 현장에서 아버지가 즉사했다는 내용이었다. 나는 속으로 차라리 잘 된 일이라고 생각했다.

장례식도 대충 치르고 졸업식도 그럭저럭 마친 이 여학생은 영문과를 졸업하게 되었다. 어린 나이에 너무 많은 비참한 상황에 노출되어 형색도 안 좋고 특히 윤리적, 도덕적 문제에 민감하게 되었다. 나는 모든 것을 잊고 미국에서 새 생활을 하도록 이 여학생을 미국의 선교사 한 분과 인연을 맺게 해 주었다. 그 여학생은 공항을 떠나면서 나에게 연락도 하고 고마움을 간직하고 싶다고 했지만 나는 이렇게 말했다. "너는 영문학을 배운 지성을 갖춘 사람이다. 과거에 얽매이거나 한국의 어두운 그림자에 짓눌리지 마라. 지금까지의 비참한 일로 족하다. 미국에 가면 한국 쪽은 보지도 말고 새사람이 되어 살아라."

한국에서의 쓰라린 경험을 가슴에 안고 이 여학생은 미국으로 갔다. 그 후 나는 비행기를 볼 때마다 가끔 그 여학생 생각을 해 본다. 햄릿은 아버지가 살해당하고 어머니가 그 살해자와 재혼하고 자기에게 올 왕관이 엉뚱한 악한에게 돌아가 있는 현실이 너무 비극적이라서 일생 동안 복수의 일념으로 살았다. 그래도 햄릿은 왕자의 신분이라서 사람들의 인정과 존경을 받으면서 살았다. 그러나 이 여학생은 고아의 신세가 되어 미국에서 많은 멸시와 어려움 속에서 살게된 것이다. 이 여학생이나 햄릿의 공통점은 지성(知性)에서 비롯됐다는 점이다. 차라리 이 세상에 대해서 아무 것도 모르고 멍청하게 산다면 오히려 편했을 지도 모른다.

이 여학생의 여동생은 행복했었을 것이다. 아무 것도 모르는 나이에 배가 불렀으니 자식들 잘 키우며 따뜻한 방에서 오순도순 살고 있을 것이다. 그런데 이 여학생은 그런 나쁜 환경에도 불구하고 영문과를 졸업하게 됐다. 햄릿처럼 세상이 무엇인지를 알기 전에 지성의 맛을 보았던 것이다. 돌이킬 수 없는 외로운 길을 걸어 온 것이다. 그러나 그 길은 비록 비극적인 길이지만 지성의 길이었다. '배부른 돼지 보다 배고프고 추위에 떠는 소크라테스의 길'을 걸어왔고 또 걸어가야 한다. 어쩌다가 보니 걸어가는 길이 지성의 길이 되었다. 이 길은 의로운 길이고 때로는 매력을 주는 길이긴 하지만 또한 외롭고 추운 길이기도 하다. 달팽이처럼 언제나 괴로움과 슬픔을 등에 지니고 다녀야하는 길이기도 하다. 어쩌면 이 여학생의 운명은 햄릿보다 더 비극적인 것인지도 모른다.

하여튼 햄릿이 오필리어를 대하는 3막 1장의 장면을 목격한 폴로니어스와 클로디어스는 정반대의 의견을 피력한다. 클로디어스는 햄릿이 미친 이유가 사랑 때문이 아님을 간파하고 이 일로 인해 더 큰 위험이 오기 전에 햄릿을 영국으로 보낼 결심을 한다. 그러나 폴로니어스는 아직도 햄릿이 사랑 때문에 미쳤다고 생각하고 있다.

3막 2장

배우들이 찾아와 연극을 공연하기로 하고 왕과 왕비도 참석하기로 한다. 여기에 극중극인 「곤자고의 살인」(The Murder of Gonzago)을 삽입하여 이제는 거꾸로 햄릿이 연극을 미끼로 클로디어스의 양심을 낚으려한다. 햄릿은 자신이 연출가가 되어 연기론과 연극과 인생에 대한 여러 가지 견해를 제시한다. 지난 번에는 '그림의 떡'(caviary to the general)이란 말로 연극의 가치와 효과에 대하여 말하더니 이번에는 '싸구려 관객들'(groundlings)(3.2.9)에 대해 말한다. 연극에 대해서는 이미 2장 '연극과 인생'에서 이야기했고 여기서는 '싸구려 관객들'에 얽힌 이야기를 해 보자.

엘리자베스 시대에 영국의 허름한 극장의 땅바닥에 앉거나 서서 구경하는 싸구려 관객들을 『햄릿』에는 '그라운들링즈'(groundlings)라고 표현되어 있다. 그런데 이 하나의 단어를 집중적으로 조명하려는 것은 이 단어가 셰익스피어 작품세계를 이해하는 주요한 단서를 제공하여 줄 뿐만 아니라 한국 사회에서 1970년대쯤에 활발히 전개된 외국문학 작품번역과 학문풍토에 뜨거운 논쟁을 불러 일으켰기 때문이다.

셰익스피어는 37개의 희곡작품을 남겼는데 주지하다시피 희극10편, 사극 10편, 문제극3편, 비극10편, 말기극 4편으로 분류하고 있다. 편의상이거나 아니면 제작된 시기를 고려해서 이렇게 장르를 구별하지만 그의 희곡작품 속에는 비극적인 요소가 있고 비극작품 속에도 희극적인 장면이 있다. 오히려 희극은 비극적 요소들 때문에 더 위대한 모습을 보인다.

셰익스피어의 비극들은 심각하며 사회적으로 고귀한 신분의 사람들이 더 좋아했다면 희극은 어리석음과 사랑 같은 덜 심각한 문제를 취급하여 사회적으로 비천한 사람들을 위한 연극이라고 생각할 수 있다. 이러한 비극적 요소와 희극적 요소는 당시의 원형극장(The Globe theatre)의 구조와도 관계가 있다. 돈이 많거나 사회적 신분이 높은 사람들은 위에는 지붕이 있어 비나 눈을 피할 수 있고 의자에 앉아서 연극을 관람할 수 있었다. 반면에 돈도 없고 사회적 신분이 낮은 사람들은 - 땜쟁이, 가구장이, 양복쟁이, 굴뚝청소 하는 이 - 땅바닥에 앉아 연극을 구경해야 했다.

비나 눈을 맞기도 하는 그야말로 비천한 사람들이었다. 그리고 이들은 무식하기도 했다. 엘리자베스 여왕이나 귀족들을 위한 연극을 쓰기도 하였지만 셰익스피어는 이 무식하고 비천한 '싸구려 관객'에게 무한한 동정심을 갖고 기쁨과 웃음을 주기 위해 쌍스런 언어, 우스꽝스러운 행동들을 작품 속에 그렸다. 그래서 교양 있고 유식한 고위층의 사람들에게는 세련미와 고급스런 취향을 맞추는 언어를 사용하고 '싸구려 관객들'에게는 저급한 웃음과 오락을 제공하였다. 그렇기 때문에 셰익스피어의 작품들은 어떤 한 부류나 몇몇 계층의 사람들에게만 인기가 있었던 것이 아니고 모든 계층의 사람들에게 어필했던 것이다. 그래서 코울리지(Coleridge)는 '천신만혼'(千身萬魂)의 셰익스피어'라는 용어를 사용했던 것이다. 천개의 몸과 만개의 마음의 소유자라는 뜻이다. 실로 셰익스피어 작품을 통해서 우리는 천명의 육체적 사람, 만명의 정신적 사람을 만날 수 있는 것이다. 그러니 셰익스피어 문학의 세계 속에서는 어느 누구나 재미를 느끼고, 유익을 얻을 수 있는 것이다. 읽는 사람의 수준에 따라 천차만별의 서로 다른 교양과 지식과 감동을 갖게 되는 것이다.

시골출신이고 별반 내세울 것이 없으며 교육이라고는 겨우 초등학교 몇 년을 다녔을 것으로 추측되는 셰익스피어가 런던에 와서 그야말로 얼마나 어려운 시절을 보냈을 것인가는 가히 추측이 되고도 남는다. 아마 옥탑방에서, 길거리 모퉁이 판자집 같은 곳에서 빵 몇 조각으로 끼니를 때우며 유랑극단 옆을 기웃거렸을 테니까 적어도 사회의 하층계급 사람들에게는 어느 누구 보다도 더한 무한한 동정심과 동질감을 가졌을 것이다. 그래서 그의 작품 거의에는 광대, 거지, 창녀, 룸펜들이 등장한다. 사회적 지위가 높은 사람들을 위해서는 고상하고 품위 있는 언어들을 사용했지만 이 '싸구려 관객'에게는 재미있는 쌍스런 언어를 통해 눈높이를 무한히 낮추었을 것이다. 그래서 셰익스피어의 작품 속에는 고상함과 저질이, 정직함과 사기가, 정숙함과 난봉질이, 교양미와 쌍스러움이 적절히 상황에 맞게 사용되어 있다.

이러한 유래를 가진 '싸구려 관객들(groundlings)'을 한국의 유명한 K교수가
『율리시즈』(*Ulysses*) 번역에서 '토인(土人)들'이라고 하였다. 이때를 기회로 하
여 한국 영문학 번역사에서는 그 예가 보기 드문 오역에 대한 뜨거운 논쟁이 일
어났다. 오역을 한 장본인은 K교수이고 이의를 제기한 사람은 L교수인데 L교
수의 지적을 읽어 보자. L교수는 오역이 된 구체적 예들을 열거해 보이고 다음
과 같이 결론을 내렸다.

> K씨는 반론에서 "유식한 독자들을 너무 경시 말라. 독자가 번역문을 읽어 내려
> 가면 이 따위 L씨의 설명은 자동적으로 해결되기 마련이다"라고 했다. 나도 그
> 랬으면 좋겠다. 그러나 엘리자베스 조(朝) 극장구조에 대해 거의 아무것도 모르
> 는 한국독자들이 과연 그의 말대로 '저속한 토인들'을 읽고 '저속한 구경꾼들
> [즉 싸구려 관객들]'을 상상(想像)이라도 할 수 있을까? 내가 직접 햄릿을 대학
> 에서 강의했지만 '土人들'을 읽고 토인 밖에 머릿속에 떠오르지 않음을 고백한
> 다.
> ……K씨가 자기가 조이스(Joyce)와 한국독자들에게 어떤 해를 끼쳤나 반성하
> 고, 기초적인 지식을 확고히 쌓아 새로운 출발을 해주기를 나는 진심으로 원한
> 다. 사교보다는 고독을, 웅변보다는 침묵을 사랑하는 내가 왜 펜을 들었는지 독
> 자들은 이제야 이해하리라. (『시사영어연구』 1970년 1월호. 61)

이 논쟁은 결국 L교수의 완전승리로 끝맺었다. 어떤 심판관이 있어서 결정을
내린 것이 아니고 K교수가 결단을 내렸기 때문이다. 학문세계에서 얼굴을 들지
못할 처지에 놓인 K교수는 봉직하던 학교에 휴직서를 제출하고 36살의 늦은 나
이에 미국유학길에 오른다. 조이스 연구의 본산이라 할 수 있는 미국 오클라호
마 주에 위치한 털사(Tulsa)대학에서 7년이란 각고 끝에 조이스 연구로 박사학
위를 받는다. 미국에서 K교수가 공부하는 동안 돈이 없어 부인이 한복 바느질
을 하여 남편의 공부를 도왔다는 눈물겨운 장면도 감동적이지만 K교수는 금의
환향하여 율리시즈를 다시 번역하고 이어서 세계 4번째로『피네간의 경야(經

夜)』(*Finnegans Wake*)를 번역하는 등의 놀라운 학문적 업적을 쌓는다. 한때의 학자로서의 수치와 고난을 학문에 대한 재도전의 계기로 삼은 것은 안타깝고 눈물겹지만 또한 아름다운 장면이다. K교수의 이러한 도전과 재기 못지않게 아름다운 것은 오역 논쟁 때만해도 K교수보다 몇 배는 더 실력 있는 것으로 여겨졌던 L교수도 그 후에는 조이스 연구에는 손을 떼고(아마도 K교수의 영역으로 남겨 두고 싶어서 였으리라)영시번역과 영시 연구에만 몰두한다. L교수로 인해 K교수는 뒤늦은 나이에 지독한 시련을 겪으면서 다시 공부에 도전하고 우직하게 조이스에만 매달려 놀라운 번역과 학문의 업적을 이루었다. L교수도 이전보다 더 활발히 영시 연구와 번역에 업적을 내게 되었으니 '싸구려 관객들'이라는 한 단어의 여파는 두 학자 사이의 논쟁이 아니라 한국의 영문학 연구에 커다란 파장을 일으켰다고 볼 수 있다. K교수가 지면을 통해 L교수에게 어떠한 논평도 하지는 않았지만 아마도 내심으로는 "L교수! 당신의 날카로운 오역에 대한, 그리고 학문의 방법에 대한 지적 때문에 내 연구와 체면은 구겨질 대로 구겨졌지만, 그것이 계기가 되어 나는 조이스 번역학자로 우뚝 서게 됐으니 고맙기 그지없네, 이제야 분노와 증오가 없어지고 고마움을 따뜻하게 느끼네"라고 하지 않았을까 싶다.

학문도 그렇고 인생도 그렇고 이 세상의 모든 이치가 다 같으리라. 고통 속에 진주가 자라듯이 엄청난 장애물을 통과한 사람만이 더 큰 산에 오를 수 있다는 실증적 예를, 엄연한 사실을 '싸구려 관객들'이라는 단어 속에서 다시 느낀다.

이제 햄릿에게 남은 일은 연극이라는 미끼를 사용해서 어떻게 클로디어스의 양심을 낚아채느냐의 문제이다. 그런데 어느 누구 하나 믿을만한 사람이 없다는 것이 햄릿의 괴로움이요 처지이다. 어머니도 숙부도 원수가 되었으며 애인 오필리어와도 헤어져야 했다. 초등학교 때의 두 친구는 염탐꾼으로 변해버렸다. 그런데 그럼에도 불구하고 친구 호레이쇼가 있다는 것이 얼마나 큰 위로

인가. 그리고 햄릿은 자신이 갖지 못한 여러 가지 덕목을 갖춘 호레이쇼에게 다음과 같이 말한다.

왜냐하면 자네는
인생의 온갖 고난을 다 겪으면서도 전혀 동요하지 않아서,
마치 운명의 여신의 벌과 상을 똑같이 감사하게 받는 사람 같으니 말일세. 감정과 이성이 잘 조화를 이루어서
운명의 여신의 손가락에서 놀아나 그 여신 마음대로 소리를
내는 피리와 같지 않은 그런 사람은 그야말로 행복한 사람일세.
격정의 노예가 아닌 사람이 있다면 어디 말해보게. 그런 사람은 내 마음 깊은
곳, 그래 내 마음 한가운데에 간직해 두겠네, 자네처럼 말일세.

for thou hast been
As one, in suffering all, that suffers nothing,
A man that fortune's buffets and rewards
Hast ta'en with equal thanks: and blest are those
Whose blood and judgment are so well commingled,
That they are not a pipe for fortune's finger
To sound what stop she please. Give me that man
That is not passion's slave, and I will wear him
In my heart's core, ay, in my heart of heart,
As I do thee. (3.2.55-64)

여기서 셰익스피어는 햄릿의 입을 통해 인생의 견인주의(堅忍主義)적 입장을 밝힌다. '온갖 고난을 당하면서도 아무 고난도 당하지 않은 것'처럼 생각하고 산다는 것이 얼마나 어려운 일인가. 우리는 조그마한 고난을 당해도 당황하고 어쩔 줄 몰라 하지 않는가? 그 뿐이랴. 조그마한 고난을 확대 해석하고 나만이 그런 고난을 당하는 것으로 생각해 억울해하고 운명을 가혹하다고 생각지 않는

가. 그런데 호레이쇼는 그렇지 않다니 가히 도인의 경지에 이른 견인주의자가 아닌가. 위대한 인간은 극한적 고난을 잘 인내하는 사람이기도 하다. 그런 의미에서 헤밍웨이의 견인주의와 프로이트의 견인주의는 좋은 본보기라 여겨진다. 헤밍웨이는 이태리 종군기자 시절에 몸에 227개의 총탄이 박히는 고통을 감수하고 전선의 상황을 취재 했고 프로이드는 67세에 턱에 암이 생겨 무려 33번의 수술을 받고 83세에 세상을 뜬다. 16년의 고통스런 기간을 오직 견인주의로 버틴 것인데 더욱 놀라운 것은 투병 중에 진통제를 맞지 않고 고통을 참는 일이었다. 그는 '분명하게 사고하지 못하면서 덜 아픈 것보다는 고통 속에서 명석하게 생각하는 것이 낫다'라고 말하여 견인주의자의 전형적 모습을 보여주었다.

햄릿의 대사에서 배워야 할 점 또 하나는 운명에 대한 수용의 자세이다. 대부분의 사람은 좋은 운명 앞에서 감사하고 좋아서 어쩔 줄 모르다가 조금만 운명이 나빠지면 온갖 저주를 퍼붓기 일쑤다. 그런데 호레이쇼는 '운명이라는 피아노 건반 어디를 건드리든지 똑같은 소리'를 낸다는 것이다. 우리 학생들도 마찬가지다. 좋은 학점이 나오면 좋은 교수이고 나쁜 학점이 나오면 형편없는 교수로 생각한다. 나는 그래서 셰익스피어 강의 첫 시간에 내가 좋은 학점을 주든, 나쁜 학점을 주든 학점에 관계없이 나를 좋아하고 나를 따르는 학생은 훌륭한 학생이고 취업이 잘 될 것이며 훌륭한 인물이 될 것이라고 아전인수(我田引水) 격으로 말하기도 한다. 어떠한 운명 앞에서도 한결같은 마음을 갖는다는 것은 참으로 어려운 일이지만 또한 그런 경지에 이르려고 노력하는 모습이 진정으로 훌륭한 일이 아니겠는가? 햄릿은 또한 호레이쇼를 보고 격정의 노예가 아닌 점을 높이 평가 한다. 햄릿 자신은 격정에 사로잡혀 오필리어에게 광기를 보이고 '수녀원'에나 가라고 악담을 퍼부었다. 좀 더 차분히 냉정하고 부드럽게 말할 수 있었을 것이나 햄릿의 마음상태는 그렇지 못했다.

이렇게 소중한 친구이며 운명의 여신의 놀림감이 아닌 진정한 인간에게 햄릿은 가슴속의 고민을 털어놓고 연극을 보고 있는 클로디어스의 동태를 살펴 유령이 말한 내용의 진실을 알아보려는 것이다. 배우들에게 극중극을 공연하도록 시키고 그 서두에 무언극을 하도록 하고 거기다가 '곤자고의 살인'이라는 '쥐덫'(mouse trap)장면까지 삽입해 놓고 햄릿은 태연하게 연극구경을 한다.

상대방의 양심을 낚아채는 중요한 장면 전에 햄릿은 거투르드와 오필리어 사이에서 농담을 주고받는다. 이 장면은 심각한 장면 앞의 코믹한 장면으로 앞으로 전개될 심각성을 돋보이게 하는 장면이다. 동시에 오필리어와 짙은 농담을 하는 것은 햄릿이 이미 오필리어에게 '수녀원'으로 가라고까지 한 이후의 행동으로 말은 그렇게 했지만 5막의 장례식 장면에서 보여 지는 것처럼 오필리어에 대한 사랑은 겉으로 말한 것과는 다르게 마음속에 자리 잡고 있는 것의 표현으로도 볼 수 있다.

그리고 이어지는 무언극은 곧 상연될 연극의 서극이라고나 할까. 가면을 쓴 도둑 같은 사람이 나타나 왕을 독살하고 왕관을 가지고 간다. 왕비는 잠시 슬픔의 눈물을 흘리나 이내 왕관을 훔친 남자의 청혼을 받아들인다. 내용은 간단명료하나 충분히 현재의 왕 클로디어스의 범죄를 그대로 표현한 것이다. 이때 충분히 클로디어스가 반응을 보였을 것인데 무언극이 그대로 진행된 것에 대해서 앤드루스(Andrews)는 캠브리지 학교 판의 주석에서 이렇게 말한다.

> 이것은 클로디어스가 그 형에게 한 행동의 거울 이미지이다. 자기 앞에서 행해지는 자신의 악행을 보고 클로디어스는 어떻게 행동했을까? (아마도 거투르드와 사랑스럽게 이야기 하느라) 이 장면을 클로디어스는 무시했을 것이다. 아니면 (공포, 의심, 분노나 기타의 감정 속에서) 여러 가지 방식으로 반응하면서 그것이 의미하는 바를 서서히 인식했을 것이다. 아니면 아주 조용한 가운데 동요하지 않고 관람했을 것이다. (118)

이 장면에서 무언극을 도입할 필요가 없다고 보는 견해도 많아서 실제로 많은 무대 공연에서 이 부분은 생략된다. 왜냐하면 본 연극에서 충분히 클로디어스의 범죄 내용을 보여줄 수 있기 때문이다. 극중극은 클로디어스와 거투르드의 관계를 빗댄 것인데 클로디어스의 범죄 사실보다는 여왕의 사랑에 대한 배신이 더 강조된다. 배우왕은 세월의 무상함을 말하면서 사랑도 시간이 가면 변한다는 뜻을 전한다. 배우 왕비는 자신의 사랑이 어떠했는지를 이렇게 말한다.

> 사랑이 큰 만큼 근심도 그에 못지않게 큽니다.
> 사랑이 깊어지면 조그마한 우려도 근심으로 화하고
> 조그마한 근심이 깊어지면 깊은 사랑 또한 더욱 깊어집니다.

> And as my love is sized, my fear is so:
> Where love is great, the littlest doubts are fear;
> Where little fears grow great, great love grows there. (3.2.151-3)

그러나 배우왕은 "내 기력이 쇠잔하고 기동할 힘도 잃었으니"(My operant powers their functions leave to do)(3.2.155) 이 세상을 떠나야 하리니 그때는 재혼하라고 부탁한다. 배우왕비는 재혼하지 않을 것이라면서 "두번째 남편과 침대에서 입맞춘다면/ 이는 돌아가신 남편을 두 번 죽이는 셈 입니다"(A second time I kill my husband dead,/ When second husband kisses me in bed)(3.2. 165-6)라고 애절하게 대답한다. 이에 대해 배우 왕은 인간 세상에 일어나는 여러 가지 일들에 대해 아주 성숙된 지혜의 말들을 한다. 그 중에 하나는 세상 이치는 과일과 같다는 것으로 "지금은 과일이 익지 않아 가지에 매달려 있으나/ 익으면 흔들지 않아도 떨어진다"(Which now like fruit unripe sticks on the tree,/ But fall unshaken when they mellow be)(3.2. 171-2)라는 대사이다. 실속이 없는 사람 혹은 별 것 아닌 사람들이 처음에는 설쳐대다가 세월이 가면 나중에는 고개를 숙이는 것과 마찬가지다. '익으면 흔들지 않아도 떨어진다'는 것은 만고의 진리이다. 아무리 현재는 결심이 굳고 절대로 재혼하지 않는다고 다짐하는 왕비이지만 시간이 지나면 결심은 저절로 약해져 재혼할 것이라는 것을 간접적으로 표현하고 있는 것이다.

두 번째는 "사소한 사건에도 슬픔은 기쁨이 되고, 기쁨은 슬픔이 된다" (Grief joys, joy grieves, on slender accident)(3.2.180)라는 말이다. '인간만사 새옹지마'라는 말도 있듯이 우리의 기쁨과 슬픔이 종이 한 장 차이로 뒤바뀌는 경우가 너무 많은 것이다. 현재의 좋은 일이 장래의 슬픔의 원인이 되기도 하고 현재의 아주 슬픈 일이 장래의 커다란 기쁨이 되는 경우가 얼마든지 있기 때문이다. 셋째로 "사랑이 운명을 주도 하느냐, 운명이 사랑을 주도하느냐"(Whether love lead fortune, or else fortune love)(3.2.184)라는 대사이다. 이는 우리 인간의 삶에서 중요한 사랑과 운명에 대한 셰익스피어의 견해이다. 때로는 사랑으로 인해 멋진 운명이 열려지기도 하지만 사랑 때문에 『로미오와 줄리엣』처럼 죽음을 맞이하기도 한다. 그래서 '운명이 사랑을 좌우하는 것'같기도 하고 어찌 보면 '사랑이 운명을 좌우하는 것' 같기도 하다. 어떻게 보면 사랑과 운명뿐만 아니라 이 세상의 모든 일과 운명은 서로 역동적 관계에 있다고 보아야 할 것이다. 사랑은 운명을 변화시키지만 운명이 또한 사랑을 변화시키기도 하는 것은 세상의 이치라하겠다.

그리고 배우왕은 마지막으로 "인간의 의지와 운명은 서로 반대 방향으로 달리기 때문에"(Our wills and fates do so contrary run)(3.2.192)라고 말하여 배우왕비의 현재의 말을 믿지도 않을뿐더러 인간의 미래에 대한 예견을 해주기도 한다. 그럼에도 불구하고 배우왕비는 "한번 아내가 된 제가 또 재혼한다면/ 이승에서나 저승에서나 영겁의 고통이 따르게 하소서"(Both here and hence pursue me lasting strife,/ If, once a widow, ever I be wife)(3.2.203-4)라고 다짐을 한다. 그래서 연극을 보고 있던 햄릿이 "이제 저 왕비가 저 맹세를 깨뜨리는 날에는!"(If she should break it now!)(3.2.205)이라고 말함으로써 거투르드의 변심을 미리 짐작하고 안타까워한다. 이렇게 연극 속의 대사들은 많은 세상의 이치를 말해주는 데 이런 연극을 통해 "우리는 시간으로부터 뚝 떨어져 다시 젊어지고 초연해지고 명상적으로 될 수 있는 자유의 힘"(Everett 26)을 얻을 수 있는 것이다.

이어서 루시아너스(Lucianus)가 극중의 왕의 귀속에 마녀의 여왕인 헤캣(Hecat)이 저주를 세 번씩이나 퍼부어 만든 독약을 넣는다. 이 장면에서 클로디어스는 갑자기 자리를 박차고 일어서면서 "불을 밝히라, 나가야겠다"(Give me some light. away!)(3.2.244)라고 하는데 이를 브레넌(Brennan)은 "악하고 독사 같은 본성이 암흑 속에 있다가 밝혀짐을 보여주는 것"(135)이라고 분석한다. 폴로니어스는 연극을 집어치우라고하고 신하들이 불을 밝히면서 클로디어스는 성급히 퇴장한다. 이 장면에서 유령의 말에 대해 확신을 한 햄릿은 죄지은 놈은 겁에 질려 도망가는 것이 화살 맞은 사슴과 같이 도망가는 법이라고 호레이쇼에게 말한다.

호레이쇼가 목격한 것이나 햄릿이 목격한 것이 정확히 일치한다. 그래서 햄릿은 "나는 유령의 말을 천 파운드를 주고라도 사겠네"(I'll take the ghost's word for a thousand pound)(3.2.260-1)라고 말하며 클로디어스의 범행을 확신한다.

햄릿이 확실하게 클로디어스의 양심을 낚아챈 것이다. 이때를 맞추어 로젠크란츠와 길덴스턴이 등장한다. 왕비가 햄릿을 내실에서 조용히 만나자는 소식을 전하러 온 것이다. 이제 유령의 말에 대한 확신을 가진 햄릿에게 두 친구나 폴로니어스는 가소롭기 짝이 없는 사람들이다.

그래서 햄릿은 지나가던 배우에게서 피리를 받아 길덴스턴에게 불어보라고 말한다. 길덴스턴이 피리부는 기술을 갖지 못하고 있다니까 "제기랄 너는 내가 이 피리보다도 더 쉽게 다룰 수 있는 악기라고 생각하느냐? 나를 어떤 악기라고 불러도 상관없지만, 네가 아무리 안절부절해도 내게 소리나게는 못할 것" (Sblood, do you think I am easier to be played on than a pipe? Call me what instrument you will, though you can fret me, yet you cannot play upon me)

(3.2.334-6)이라고 야유하면서 자신의 확고한 심정을 우회적으로 전달한다. 그리고 이윽고 나타난 폴로니어스에게 구름을 보고 낙타라고 하기도 하고 족제비 혹은 고래 같다는 등 말 장난을 하며 야유한다. 폴로니어스는 더욱 햄릿에 대해서 미친 도가 심해진다고 생각한다. 이렇게 두 부류의 사람들을 따돌린 햄릿은 어머니와 단독으로 만나기 전 다음과 같이 심정을 토로한다.

> 아 가슴아 천륜의 정은 잊지 말라. 어미를 살해한 네로의 영혼이 확고부동한 이 가슴 속으로 들어오게 해서는 안된다.
> 가혹하게 행동하더라도, 천륜을 어기지는 말자
> 어머니에게 비수와 같은 말을 해도 비수를 사용치는 말자.
> 이점에 있어 내 혀와 영혼은 위선자이다.
> 말로는 어머니에게 혹독하게 퍼부어도
> 그것을 행동으로 옮기는 일은 절대로 안된다.

> O heart, lose not thy nature; let not ever
> The soul of Nero enter this firm bosom:
> Let me be cruel, not unnatural:
> I will speak daggers to her, but use none;
> My tongue and soul in this be hypocrites;
> How in my words soever she be shent,
> To give them seals never, my soul, consent! (3.2.356-60)

3막 3장

클로디어스는 미쳐 날뛰는 햄릿을 더 이상 그대로 둘 수 없어 영국으로 보낼 결정을 하고 그 호위를 로젠크란츠와 길덴스턴에게 맡기기로 한다. 폴로니어스는 왕에게 나타나 햄릿과 어머니의 이야기를 커튼 뒤에서 엿듣겠다고 보고

한다. 폴로니어스는 이런 정치적 야심을 채우는 길이 곧 죽음의 길이라는 것을 전혀 모른다. 이윽고 클로디어스는 양심의 가책을 깊이 느끼며 회개의 기도를 한다. 셰익스피어는 여기서 성경에 나오는 카인이 아벨을 죽인 사건을 비유하여 동생이 형을 죽인 것으로 바꾸어 놓았다. 이 동생 클로디어스는 형을 죽이고 왕관을 빼앗고, 형수와 살고 있다. 클로디어스는 자신의 죄를 잘 알고 있을 뿐만 아니라 용서 받기 어려운 점에 대해서도 스스로 이렇게 말한다.

> 추악한 저의 살인죄를 용서해 주소서
> 그런 기도는 있을 수 없는 것, 나는
> 아직도 살인을 해서 얻은 것들 - 내 왕관,
> 내 야망 속의 모든 것, 내 왕비를 그대로 소유하고 있으니,
> 죄를 지고 얻은 것을 지니고 있으면서 죄만 용서 받을 수
> 있겠는가 이 세상의 썩어 빠진 탁류 속에서는 황금 뇌물을
> 들고 다니는 범죄자의 손은 공정한 재판을 옆으로 밀어낼 수 있어서 부정하게
> 얻은 금력으로 국법도 매수하는 일은 흔히 볼 수 있는 일이다. 하지만 하늘 나
> 라에서는 그럴 수 없다. (3.3 52-6)

> 'Forgive me my foul murder?'
> That cannot be; since I am still possess'd
> Of those effects for which I did the murder,
> My crown, mine own ambition and my queen.
> May one be pardon'd and retain the offence?
> In the corrupted currents of this world
> Offence's gilded hand may shove by justice,
> And oft 'tis seen the wicked prize itself
> Buys out the law: but 'tis not so above; (3.3 52-30)

클로디어스는 회개의 기도를 올리고는 있으나 죄의 결과들을 모두 포기하고 회

개해도 용서받기 힘들 것인데, 그 결과들을 소유하고 있으면서 죄를 용서해달라고 하니 자체 모순임을 알고 있다. 그러나 클로디어스는 여기서 "죄와 참회 이상의 의식과 현존과 자신의 미묘한 마음"(Cartwright 123)을 말하고 있다. 클로디어스는 죄악의 결과들을 소유하고 있으면서 죄만 용서해 달라는 것은 참다운 회개가 아님을 너무 잘 알고 있기 때문에 자신의 이러지도 저러지도 못하는 처지를 "끈끈이에 붙어있는 영혼이여 빠져 나오려 몸부림칠수록 더욱 수렁에 빠지는구나"(O limed soul that struggling to be free/ Art more engaged!) (3.3.68-69)라고 말하는데 윌슨은 새가 '끈끈이를 바른 새 잡는 나뭇가지'에서 발버둥 칠수록 더 빠져 들어가는 것과 같은 것이 클로디어스의 처지라고 보았다. 배튼하우스(Battenhouse)는 하나님을 멀리하고 세상 즐거움에 빠지는 영혼의 죽음상태라는 어거스틴의 고백을 연상시킨다라고 젠킨스는 주석에서 말한다.

그렇다. 클로디어스의 고백은 진실한 것이며 어쩔 수 없는 인생의 모습을 말해준다. 칼로 자르듯이 떼어내면 새로워지고 용서 받을 수 있을지도 모르는데 그러지 못하는 덫에 걸린 생활을 하는 것이 인생이리라. 술에 중독되거나, 담배에 중독되거나, 마약에 중독된 사람이 그런 처지가 아닐까. 딱 끊어야한다는 것을 알면서도 실행에 옮기지 못하는 인간의 모습을 클로디어스는 고백하고 있는 것이다.

홀로 복도 구석에서 무릎 꿇고 무방비 상태에서 기도하고 있는 클로디어스를 단검에 죽이는 것은 아주 쉬운 일이다. 그래서 햄릿은 칼을 빼든다. 복수를 위한 절호의 기회다. 그런데 햄릿의 특이한 사색형 기질이 여기서 발동한다. 죽이는 일은 간단한데 '기도하고 있는' 클로디어스를 죽이면 천당에 가게 된다. 원수는 갚았으나 그 원수를 천당으로 가게 하는 것은 참다운 복수가 아니다. 아버지는 고해성사도 못하고 돌아가셨는데 이 원수를 기도하는 중에 죽이면 천당으로 보내니 이것은 진짜복수가 아니다. 그래서 햄릿은 "칼이여 칼집으로 들어

가라. 좀 더 끔찍한 기회를 엿보자"(Up, sword; and know thou a more horrid hent)(3.3.88)라고 말하며 소위 완벽한 복수의 기회를 다음에 갖기로 한다. 클로디어스가 술에 취해 있거나 음란에 빠져있거나 노름이나 구원의 길이 없는 악행의 때를 낚아채어 지옥으로 보내야 한다고 생각하며 "이러한 치료법은 병이 더 깊어질 때까지 병을 연장시킬 뿐이다"(This physic but prolongs thy sickly days)(3.3.96)라고 말한다. 이런 햄릿의 행동을 브래들리나 코울리지는 무결정성이라고 보았다. 톰슨은 여기에 쓰인 '치료법'(physic)을 클로디어스의 기도일 수도 있고 햄릿이 그를 당장 죽이지 않는 결심일 수도 있다고 해석한다.

3막 4장

햄릿이 왕비의 내실에서 단독으로 만나는 장면이다. 단지 이 모자(母子) 사이에 무슨 말이 오고가는 가를 엿듣기 위해 폴로니어스는 커튼 뒤에 숨어있다. 이미 햄릿은 마음 속에 '잔인하되 천륜을 어기지는 말기로' 작정하고 있다. 햄릿은 거투르드의 불륜과 배신에 대해 독설을 퍼붓기로 작심했기 때문에 거투르드는 연극 때문에 왕이 매우 화가 났다는 말을 제대로 할 수도 없다. 어머니를 억지로 앉혀 놓고 "제가 거울을 들어 당신으로 하여금 자신의 마음 속을 천하에 비추어 보게 하기까지는 꼼짝 못합니다"(You go not till I set you up a glass /Where you may see the inmost part of you)(3.4.19-20)라고 윽박지르니까 거투르드는 사람 살리라고 소리 지른다. 이 장면은 빠르고 충격적이다.

> 왕 비. 어떻게 할 작정이냐? 나를 죽이겠다는 것이냐?
> 여봐라, 사람 살려라!
> 폴 로. [벽걸이 휘장 뒤에서] 이런 일이 있나, 여봐라! 사람 살려라!
> 햄릿. [칼을 뽑는다]
> 이건 또 뭐냐? 쥐새끼다! 뒈져라. 이 형편없는 놈, 뒈져라!

[벽걸이 휘장 속으로 칼을 찌른다.]

폴 로 [휘장 뒤에서] 아, 나 죽는다.

왕 비. 아, 저런 이게 무슨 짓이냐?

햄릿. 아니, 저도 모르겠습니다. 국왕입니까?

QUEEN. What wilt thou do? thou wilt not murder me?
　　　　Help, help, ho!

POLONIUS. [Behind] What, ho! help, help, help!

HAMLET. [Drawing] How now! a rat?
　　　　Dead, for a ducat, dead! Makes a pass through the arras

POLONIUS. [Behind] O, I am slain! Falls and dies

QUEEN. O me, what hast thou done?

HAMLET. Nay, I know not: Is it the king? (3.4.21-6)

커튼을 열어보니 왕인 줄로 알았는데 폴로니어스였다. 그래서 햄릿은 "지지리도 못난 인간, 아무 일이나 참견하는 바보 짓만 하더니, 나는 네 상전인 줄 알았지"(Thou wretched, rash, intruding fool, farewell! I took thee for thy better)(3.2.31-2)라고 말한다. 이런 장면에서는 과감하고 확실한 햄릿의 태도를 볼 수 있다. 때에 따라서는 생각이 깊고 신중한 햄릿이 어머니의 불륜과 배신에 대해서는 통렬하게 비판하고 커튼 뒤에 숨어있는 사람은 왕일지라도 쥐새끼로 간주하고 거침없이 칼을 들이대는 행동가의 모습으로 변하는 것이다.

　폴로니어스를 죽인 햄릿을 보고 왕도 죽일 만큼 잔인한 행위라고 왕비가 말하자 햄릿은 왕을 죽이고 형수와 사는 클로디어스 만큼 잔인한 행위겠지요라며 응수한다. 거투르드는 "왕을 죽인?"(As killing a King?)(3.4.29)이라고 반문한다. 이 장면을 보면 거투르드는 폴로니어스가 선왕을 죽인 사실을 모르는 것 같다. 아니면 모르는 척 했을까. 아무리 거투르드가 불륜과 배신을 저질렀다고 하더라도 폴로니어스와 공모하여 선왕을 죽였다고 보기에는 무리가 있는 듯하다.

하여튼 햄릿은 본격적으로 거투르드의 죄상을 늘어놓는다. 선왕과 현재의 왕인 클로디어스를 다음과 같이 비교하며 말한다.

> 두 형제분을 그대로 그려놓은 초상화입니다. 보시오,
> 이 미간에 서리어 있는 기품이 얼마나 당당한가를.
> 태양신 하이퍼어리언의 굽슬굽슬한 머리카락, 바로 천신
> 조우브의 이마, 주위를 압도하는 군신 마르의 눈,
> 하늘에 닿을 듯 솟아 있는 산정에 이제 막 내려선
> 신들의 사자 머큐리와도 같은 자세, 신들이 제각기
> 인간의 모범임을 만천하에 보증하기 위해서 도장을
> 찍어놓은 것처럼 보이는 그야말로 미덕의 총화와도 같은
> 자태, 이 분이 과거의 당신 남편이었소 이제 다음으로
> 이 그림을 보십시요. 이것이 당신의 현재 남편, 마치
> 건장한 자기 형의 목숨마저 시들어 버리게 한 깜부기 병에
> 전염된 보리이삭 같은 모습이오. 당신에게도 눈이 있소?

Look here, upon this picture, and on this,
The counterfeit presentment of two brothers.
See, what a grace was seated on this brow;
Hyperion's curls; the front of Jove himself;
An eye like Mars, to threaten and command;
A station like the herald Mercury
New-lighted on a heaven-kissing hill;
A combination and a form indeed,
Where every god did seem to set his seal,
To give the world assurance of a man:
This was your husband. Look you now, what follows:
Here is your husband; like a mildew'd ear,
Blasting his wholesome brother. Have you eyes? (3.4.53-65)

그러면서 이 모든 것은 감각이 무디고, 분별력이 없으며, 염치도 없이 중년 여인의 가슴에 있는 욕정 때문이라고 몰아치니까 거투르드도 다음과 같이 말한다.

> 야 햄릿아 그만 좀 해다오
> 너는 내 눈을 돌려 내 영혼을 들여다보도록 해 놓았으니,
> 거기에서 볼 수 있는 것은 시커멓게 물든 오점들,
> 나는 그 흔적을 도무지 지워버릴 수가 없구나.

> O Hamlet, speak no more:
> Thou turn'st mine eyes into my very soul;
> And there I see such black and grained spots
> As will not leave their tinct. (3.4.88-91)

햄릿은 내친 김에 더 신랄한 말로 거투르드의 행위를 비난한다. 그래야만 직성도 풀릴 것이고 어머니의 마음에 변화를 일으킬 수 있다고 생각한 것인데, 이런 과정을 거쳐 거투르드는 진정으로 회개하여 "자기 인식"(McAlindon 112)에 도달했다고 보는 견해도 있다.

> 살인자에 악당,
> 선왕에 비하면 십분의 일, 백분의 일만큼도
> 못한 비열한 놈, 왕의 너울을 쓴 악역 광대,
> 선반에서 귀중한 왕관을 슬쩍 훔쳐서
> 그것을 제 호주머니에 넣어버린 왕국과
> 왕권 도둑놈-

> A murderer and a villain;
> A slave that is not twentieth part the tithe
> Of your precedent lord; a vice of kings;

A cutpurse of the empire and the rule,

That from a shelf the precious diadem stole,

And put it in his pocket! (3.4.97-101)

이때 유령이 나타나 햄릿에게 무딘 결심을 새롭게 하라고 하면서 어머니에게 너무 거칠게 굴지 말라고 부탁한다. 햄릿은 당황하여 유령이 어떻게 이곳까지 왔느냐고 허공에 대고 말을 하니까 거투르드는 햄릿이 헛것을 보고 실성한 것이 아닌가 따지지만 햄릿은 계속해서 거투르드를 몰아친다. 그리고 "자신의 죄를 하늘에 고백하고, 과거를 회개하고, 앞으로 다가올 죄의 유혹을 뿌리치세요" (Confess yourself to heaven/Repent what's past, avoid what is to come)(3.4.150-1)라고 말하니까 거투르드는 "너는 내 마음을 둘로 갈라 놓는구나"(thou hast cleft my heart in twain)(3.4.157)라고 대답한다. 햄릿은 나쁜 쪽은 버리고 깨끗한 생활을 하라고 거듭 촉구하는데 이를 통해 햄릿이 얼마나 "어머니의 재혼 때문에 슬퍼하고 정신적 괴롭힘"(Brennan 137)을 당했는지를 알 수 있다. 그리고는 안녕을 고하며 옆에 있는 폴로니어스의 시체에 대해 이렇게 말한다.

> 바로 이 영감에 대해서는 유감으로
> 생각합니다. 그러나 이 또한 하나님의 뜻, 이 자로써
> 나를 벌주시고, 나를 도구로 삼아 이 자도 벌주셨으니,
> 저야 말로 하나님의 응징의 채찍이요 대리인일 수밖에.
> 이 자의 시체는 제가 처치하고, 그를 죽인데 대한 책임
> 쾌히 지겠습니다.

> I do repent: but heaven hath pleased it so,
> To punish me with this and this with me,
> That I must be their scourge and minister.
> I will bestow him, and will answer well
> The death I gave him. (3.4.174-8)

여기서 햄릿은 "어떤 일이든지 할 수 있고, 충동적인 면"(Brennan 137)이 있음을 보여준다. 그리고는 "가혹한 말을 한 것도 다만 어머님을 위한 충정일 뿐"(I must be cruel, only to be kind)(3.4.179)이라고 하여 이때부터 햄릿은 자신의 운명에 하늘의 뜻이 있음을 감지하고 있는 듯하다.

햄릿은 어머니에게 자신은 결코 미친 것이 아니고 "미친 척 하는 것"(But mad in craft)(3.4.189)뿐이라고 고백하고 자신이 영국으로 보내져 죽음을 당할 것 같지만 사실은 자신을 호송하는 두 친구가 오히려 자신들이 장치한 폭약의 희생물이 될 것이라고 말하면서 안녕을 고한다. 3막 4장 171째줄 부터 이 막이 끝나는 길지 않은 대사 속에 '안녕히 계십시오'(good night)를 다섯 번이나 반복하는 것은 햄릿의 간절하고 애절한 어머니를 위한 마음이 표현된 것으로 볼 수 있다.

4막: 로즈메리를?(Rosemary?)

4 막은 모두 7장으로 구성되어 있어 장수는 길지만 내용은 몇 가지로 요약된다. 첫째는 폴로니어스를 죽일 정도로 광증이 깊어 국가에 위험이 되는 햄릿을 영국으로 보내야겠다는 클로디어스의 결심이다. 둘째는 로젠크란츠와 햄릿이 폴로니어스의 시체에 대한 서로의 심증 떠보기 대화이다. 셋째는 햄릿이 영국으로 떠나기 전에 다시 한 번 자책하는 긴 독백이다. 넷째는 아버지의 죽음과 햄릿으로 부터 버림 받은 사랑 때문에 미쳐서 결국 죽게 되는 오필리어에 대한 이야기이다. 마지막은 햄릿이 영국으로 가다가 해적을 만나 다시 덴마크로 돌아오는 햄릿의 편지 내용과 아버지의 죽음에 대한 소식을 듣고 분개하여 덴마크로 돌아온 레어티즈와 클로디어스의 공모로 햄릿을 죽이기로 합의하는 장면이다.

4막 1장

1장에서 거투르드는 햄릿이 커튼 뒤에 숨어 있는 폴로니어스를 '쥐새끼야'라고 외치며 단검으로 찔러 죽였다고 말한다. 이에 클로디어스는 "그의 자유스런 행동이 우리 모두에게 위험이 되니"(His liberty is full of threats to all)(4.1.14) 빨리 조치를 취하여야 하며 폴로니어스의 죽음도 적당히 얼버무려야 하기 때문에 "이 마음은 불안으로 뒤 흔들려 갈피를 잡을 수 없고"(My Soul is full of discord and dismay)(4.1.45)라고 거투르드에게 토로한다. 클로디어스는 왕관을 쓰고는 있지만 죄악의 결과가 양심을 짓누르고 햄릿의 행동이 심상치 않고 폴로니어스가 죽는 등 자꾸만 일어나는 불길한 사건들 앞에 나약해지는 모습을 보이기도 한다.

4막 2장

2장은 매우 짧지만 햄릿이 로젠크란츠에게 스폰지 역할을 그만두라고 야유한다. 햄릿을 가장 괴롭히는 것 중에 하나가 가장 가깝고 친밀해야 할 초등학교 친구와의 관계이다. 친구는 나를 도와주고 나와 마음을 같이 하며, 슬플 때 같이 울어주고, 괴로울 때 같이 고통을 나누고, 즐거울 때 같이 웃어주어야 참다운 친구이다. 그런데 햄릿의 유일한 초등학교 친구 로젠크란츠와 길덴스턴은 그와 정반대이다. 두 친구는 '스폰지'처럼 햄릿에게서 정보를 빨아들여 왕에게 보고함으로 권력을 유지하려는 사람들이다. 그런데 아이러니하게도 두 친구 역시 왕이 '스폰지'처럼 정보를 빨아들인 후 버려지는 존재임을 햄릿이 비꼬고 있다. 햄릿은 두 친구에게 이용되고, 두 친구는 왕에게 이용되는 정치적 권력의 속성을 셰익스피어는 암시하고 있는 것이다.

햄릿은 폴로니어스의 시체가 어디에 있느냐라는 로젠크란츠의 질문에 "그 몸은 국왕과 함께 있으나 국왕은 그 시체와 함께 있지 않단 말이야. 왕은 그저 물건이니까 – "(the body is with the king, but the king is not with body. The king is a thing –)(4.2.24-5)라고 응수한다. 두 친구들은 햄릿의 이해할 수 없는 아리송한 말 '몸은 왕과 함께 있지만 왕은 몸과 함께 있지 않다'는 상당히 추상적이고도 상징적인 말에 어리둥절한다. 햄릿이 '왕은 몸과 함께 있지 않아'를 이해하려면 '몸'(body)에 대한 견해를 알아야 한다. 르네쌍스 시대 영국 사람들은 '왕의 두 가지 몸'(the king's two bodies)을 믿고 있었다. 왕은 생명체로서의 '자연적 몸'(body natural)과 동시에 통치자로서의 '정치적 몸'(body politic)을 가지고 있다는 것이다. 그러니까 자연적인 몸은 왕이 되어 지금 덴마크를 통치하고 있지만 국가를 제대로 통치하는 정치적인 몸은 햄릿의 말대로 "실체가 없는 것" (of nothing)(4.2.27), 즉 국가를 통치하는 정통성의 권위를 가진 참다운 왕은 아니라는 뜻이다.

진짜 왕은 죽어서 유령으로 떠돌아다니고 현재의 왕은 정통성이 없는 엉터리 왕이라고 하는 것을 암시하고 있는 것이다. 여기서 햄릿은 3가지 경고성 메시지를 전달하고 있다. 첫째는 친구를 배반하고 정보를 받아가 정치적 야심을 채우려는 사람들에 대한 경고이고 둘째는 폴로니어스처럼 엉터리 왕에게 충성을 다하는 자의 말로는 비참하다는 것이고 셋째는 현재의 왕은 정당성을 확보한 국가를 제대로 통치할 왕이 아니라는 점이다. 단지 안타까운 것은 어리석은 사람이나 어떤 권력에 눈이 먼 사람에게는 이런 경고의 말이 들리지 않거나 아니면 들리더라도 자신에게 유리하게 왜곡하여 받아들이거나 아예 외면한다는 사실이다.

햄릿에게 폴로니어스의 시체가 어디에 있는지를 알아내려고 했던 로젠크란츠와 길덴스턴은 뒤통수를 얻어맞고 왕에게 와서는 아첨을 떤다. '쥐덫'이란 연극 때문에 겁이 난 클로디어스는 햄릿을 없애 버려야함을 말 할 때에도 정확한 상황을 판단하고 자신과 국가에 유익한 길을 제시하는 대신 이 두 명의 '스폰지' 같은 햄릿의 친구들은 이렇게 말한다.

길덴스턴. 폐하에게 생존을 의지한 수많은 몸들을 안전하게 보호하는 것은 아
　　주 성스럽고 경건하신 배려입니다.

로젠크란츠. 사사로운 개인이라도 생명에 해를 입지 않기 위해서 있는 지략을
　　다 동원해야 하옵는데, 하물며 만백성의 삶이 그 안위에 달려있는
　　바로 그 옥체를 보존하옵고 있는 그에 비할 바가 아닌 줄로 아옵니
　　다. 대저 군왕의 서거는 단 한 사람만의 죽음에 그치는 것이 아니
　　오라, 이는 마치 가까이에 있는 모든 것을 모조리 집어 삼키는 소
　　용돌이와 같사옵니다 … 군왕의 한숨은 한 사람에 그치는 것이 아
　　니오라 만백성의 한숨이 따르는 법이옵니다.

GUILDENSTERN

　　　We will ourselves provide:
　　　Most holy and religious fear it is
　　　To keep those many many bodies safe
　　　That live and feed upon your majesty.

ROSENCRANTZ

　　　The single and peculiar life is bound,
　　　With all the strength and armour of the mind,
　　　To keep itself from noyance; but much more
　　　That spirit upon whose weal depend and rest
　　　The lives of many. The cease of majesty
　　　Dies not alone; but, like a gulf, doth draw
　　　What's near it with it: it is a massy wheel,
　　　… when it falls,
　　　Each small annexment, petty consequence,
　　　Attends the boisterous ruin. Never alone
　　　Did the king sigh, but with a general groan. (3.3.8-23)

이 두 사람은 왕이 절대적 존재이고 왕의 일 거수 일 투족에 만백성의 행복과

생사가 달려 있다는 것이다. 왕과 국가는 하나의 '정치적 몸'을 이루고 있고 동일한 운명의 수레바퀴에 매달려 있어서 거기서 떨어져 나오면 모두가 파괴된다는 것이다. 이러한 하나의 거대한 조직체에 햄릿 같은 위협적인 존재가 있다는 것은 용서할 수 없어 속히 제거되어야 할 대상으로 보는 것이다.

왕과 폴로니어스를 중심으로 왕권을 강화하여 지배계층의 권력을 강화하려는 노력은 폴로니어스의 뜻하지 않은 죽음 때문에 위기를 맞는다. 그러나 기회주의자요 권력 추구자들인 로젠크란츠와 길덴스턴의 입장에서는 더욱 권력을 강화하려는 기회가 되는데 이는 햄릿이 폴로니어스를 '왕인줄 알고 죽인 것' 때문에 더욱 힘을 얻게 된다. 왕비와 햄릿과의 격렬한 장면 후 클로디어스는 햄릿을 제거할 확실한 의지를 보인다.

그러나 이러한 왕의 '몸'은 그 실체가 정당성이 없고, 왕위에 오른 후에도 통치를 제대로 하지 못하고, 햄릿에 대한 인식의 결여로 인해 더욱 더 구렁텅이로 빠진다. '쥐덫' 연극을 보고 놀라는 바람에 햄릿으로 하여금 유령의 '복수'에 대한 진실을 알게 되고, 폴로니어스 같은 간신이 문제의 핵심을 상사병으로 얼버무리려다 오히려 자신의 함정에 빠져 죽고 또 후에 로젠크란츠와 길덴스턴 같은 얼뜨기 정탐꾼 때문에 햄릿은 지배담론의 희생이 되는 대신에 그 병든 몸인 클로디어스를 제거하고 덴마크를 구원하는 길을 마련해 줄 따름이다.

국가의 정점이며 절대 권력이고 질서와 정의의 중심이 되어야 할 클로디어스라는 '왕의 몸'은 형을 살해하고, 조카에게 돌아가야 마땅한 왕관을 찬탈하고, 형수와 함께 사는 근친상간을 한 악의 중심이 된다. 클로디어스가 햄릿을 쉽게 제거할 수도 있지만 '그를 향한 일반 대중들이 품고 있는 커다란 애정'때문에 제대로 권력을 행사하지 못한다. 오히려 미친 척하는 햄릿의 주도면밀한 복수가 지배권력을 타파하는 원동력이 된다.

햄릿은 클로디어스의 입장에서 보면 타자이고 분명히 없애버려야 할 주변 인물이다. 그렇지만 바흐친(Bahktin)의 주장대로 카니발적 축제는 모든 권위와 권력을 타파하는 정신에 기초를 둔다. 햄릿은 타도의 대상에서 상황을 역전시켜 상대방을 타도하려는 것이다. 카니발적 의미로 본다면 광대들의 웃음과 세상에 대한 견해가 햄릿의 견해와 일치한다고 볼 수 있다. 무덤 파는 "서민층의 역할과 햄릿의 역할이 카니발적 의미를 갖고 있음"(Weiman 240)으로 병들고 권력에 눈먼 지배계층에게 어릿광대나 미친 척하면서 햄릿은 지배 권력의 흐름을 바꾸어 놓았다. 왕의 몸은 정치적 정당성의 몸이 아닐 때 스스로 무너지는 길로 들어서는 것이며 높은 것은 낮아지고 낮은 것은 높아지는 통치의 속성을 보여준다. 그래서 삼라만상에 흐르는 자연의 이치나, 권력의 이동이나 인간의 행복과 불행, 역사의 흐름이 모두 부침(浮沈; ups and downs)의 연속이라고 현인들이 말한 것 아니던가?

4막 3장

3장에서 국왕은 신하 몇 명을 거느리고 나타나 고민을 털어놓는다. 햄릿이 저지른 행동은 엄격하게 국법에 따라 처리해야 하지만 "햄릿은 사리판단에 의해서가 아니라, 눈으로 보고 판단하는 얼빠진 대중들의 사랑을 받고 있어서"(He's loved of the distracted multitude, who like not in their judgement, but their eyes)(4.3.4-5) 그럴싸한 구실을 찾아야 한다는 것이다. 지금이나 예나 마찬가지로 나라를 통치하는 사람은 대중의 눈치를 보지 않을 수 없는 법, 문제는 그것이 자기 자리를 유지하기 위한 것일 때 소위 포퓰리즘(populism)에 빠지는 것이 큰 재앙이다. 옳고 바른 길을 지도자가 가려고 하는데 대중이 반대해서 하지 못한다면 국가의 장래를 망치는 것이요, 옳지도 않고 맞지도 않는 것을 대중들이 원한다고 실행에 옮긴다면 이 또한 불행이 아닐 수 없다. 지도자는 대중의 뜻을 따라야 하지만 대중은 정확한 판단력 없이 인기몰이에 휩싸이는 경우가 많기 때문이다. 그런데 지금 클로디어스는 자신의 죄를 덮어보려는데 대중의 시퍼런 감시가 있어 괴로워하고 있다. 이런 경우 대중은 하늘의 뜻만큼이나 큰 역할을 한다. 클로디어스가 햄릿에게 폴로니어스는 어디에 있느냐의 질문에 현재 식사 중이라며 햄릿이 빈정거리는 대목은 다음과 같다.

> 국왕. 자, 햄릿왕자, 폴로니어스는 어디 있느냐?
> 햄릿. 식사중입니다.
> 국왕. 식사중? 어디서?
> 햄릿. 먹고 있는 중이 아니라 먹히고 있는 중입니다. 지금 이 순간 한 무리의 정
>   치적 구더기들이 그를 파먹고 있습니다. 먹이라는 면에서 보면 구더기야
>   말로 유일무이한 제왕이지요. 우리가 뭇 짐승을 살찌우는 것은 우리를 살
>   찌우기 위함이요, 우리 자신을 살 찌우는 것은 구더기를 위함이니, 살찐
>   임금과 여윈 거지는 종류가 다른 음식에 불과한 즉 한 식탁에 오른 두접
>   시의 요리지요

> KING CLAUDIUS. Now, Hamlet, where's Polonius?
> HAMLET. At supper.
> KING CLAUDIUS. At supper! where?
> HAMLET. Not where he eats, but where he is eaten: a certain
>   convocation of politic worms are e'en at him. Your
>   worm is your only emperor for diet: we fat all
>   creatures else to fat us, and we fat ourselves for
>   maggots: your fat king and your lean beggar is but
>   variable service, two dishes, but to one table: that's the end.
> KING CLAUDIUS. Alas, alas!
> HAMLET. A man may fish with the worm that hath eat of a
>   king, and cat of the fish that hath fed of that worm. (4.3.17-29)

여기서 햄릿은 한 사람의 정치가가 죽은 시체를 벌레들이 떼로 몰려와 뜯어 먹는 모습을 통해 정치의 무상함과 비정함을 은근히 조롱하고 있다. 떼로 몰려서

무엇인가를 먹으려고 웅크리고 있는 모습은 나의 어린 시절을 떠오르게 한다. 배가 고파 하교 길에 풀빵 주위로 몰려들었던 시절, 그때는 배를 채우기 위한 그야말로 생존의 풀빵 이었는데 지금도 세태는 마찬가지다. 차이가 있다면 우리의 어린 시절은 배고픔을 달래려는 것이고 요즈음 사람들이 떼로 몰려드는 것은 어떤 재정적인 이익추구나 아니면 정치적 목적이 아닌가. 때 묻고 타락한 정치적 먹이를 위해 벌떼처럼 모여드는 현실에 가난한 시절의 추억은 우리를 좀 더 정화시켜주지 않을까하는 생각에서 나의 수필하나를 소개한다.

'싸싸푸라스와 풀빵'

영국의 유명한 수필가 찰스 램은 가난한 자와 불쌍한 사람들에 대하여 남다른 동정심과 애정을 갖고 있었다. 그의 유명한 수필 중 하나인 「굴뚝 청소부를 찬양하며」라는 것에 보면 싸싸프라스라는 차(茶)가 나온다. 아침 식사도 못하고 이른 새벽에 맹추위 속에서 굴뚝을 청소하러 가려는 어린 꼬마 청소부들에게는 끓어오르는 가마 솥 속의 싸싸프라스 차 맛이 기가 막히다. 밤새도록 술만 퍼마시고 새벽에 집으로 돌아가려는 한량들에게 이 싸싸프라스의 냄새는 역겨워 머리를 아프게 하지만 꼬마 굴뚝 청소부들에게는 세상의 어느 음식 맛보다 좋은 것이다. 그 싸싸프라스 차의 신비한 맛은 굴뚝 청소를 해본 어린 꼬마에게만 특별한 효능을 갖는다고 했다.

찰스 램은 어린 꼬마 굴뚝 청소부들이 그 달콤한 싸싸프라스가 끓는 가마솥에 새카만(굴뚝 청소만 했기 때문에)머리를 서로 파고들어 김이라도 쏘이려는 심정을 안타깝게 생각하는 것이다. 돈이 없어 그 신비의 싸싸프라스 차를 한잔 사 먹지는 못하지만 김이라도 쏘이려는 꼬마들의 순진무구함에 무한한 동정심을 가지고 있는 것이다. 찰스 램은 어린 꼬마 굴뚝 청소부들이 싸싸푸라스 차를 좋아하는 이유를 다음과 같이 말하고 있다.

"신체기관이 어떤 특수 조직이길래 그런지는 모르지만, 이 혼합음료(싸싸프라스)가 어린 굴뚝 청소부의 구미를 놀라우리 만큼 만족시키고 있다는 것을 알고 있다. 혹은 기름기 성분이 병아리 같은 굴뚝 청소부의 윗 목구멍에서 가끔 발견되는(해부해 보면 드러나는데) 응결된 그을음덩이를 완화시켜주는 것일까, 혹은 자연의 여신이 이 미숙한 희생자의 운명에 쓴맛을 너무 많이 섞은 것을 깨닫고, 달콤한 완화제로써 대지에 싸싸프라스를 돋아나게 한 것일까."

어느 잠언 시집에는 "나는 부자가 되게 해달라고 부탁했다. 행복할 수 있도록. 하지만 난 가난을 선물 받았다. 지혜로운 사람이 되도록"이라는 말이 있다. 부자들은 그냥 스쳐 지나가는 일이지만 가난한 사람들에게는 놀라운 지혜를 주는 것들이 세상에는 존재한다. 불행하고 가난하기 때문에 오히려 세상의 지혜를 얻고 깊은 동정심을 가진 대표적 사람이 찰스 램이었다.

찰스 램은 가난과 집안에 내려오는 고칠 수 없는 병이라는 천형(天刑)을 안고 살았지만 그로 인해 오히려 인생의 지혜를 터득하고 그런 지혜에 바탕을 둔 영문학에 있어 가장 감명 깊은 주옥같은 수필들을 창조해 냈다. 만약에 찰스 램에게 풍부한 돈이 있었거나 가정 형편이 좋았더라면 그와 같이 애틋하고 정감이 넘치는 수필들을 쓸 수 없었을 것이다. 가난과 역경은 서러운 것이지만 그런 비극 때문에 오히려 인생을 진지하게 관조하고 깊은 동정심을 가질 수 있었던 것이다.

나는 어린 초등학교 시절의 풀빵 맛을 결코 잊을 수가 없다. 우리도 돈이 없어 풀빵을 사먹을 수는 없었으나 풀빵틀 주위에 빼곡이 모여들어 그 김이라도 쏘였던 기억을 생생히 기억한다. 특히 추운 겨울날 아침의 풀빵 김이란 그 표현할 수 없는 맛과 뜨거움으로 마음을 녹여주곤 했었다. 요즈음 어린아이처럼 돈을 주고 아이스크림이나 피자를 마음대로 사먹는 어린이들은 우리의 옛 추억 속에 있는 풀빵 김 쏘이는 맛과 간절함을 결코 이해하지 못하리라.

찰스 램은 그런 불쌍하고 가련한 어린 굴뚝 청소부들에게 싸싸프라스 차는 하늘이 내려준 쓴 운명에 대한 완화제로까지 해석해 보았던 것이다. 불쌍하고 가난한 어린 굴뚝 청소부들에 대한 무한한 동정심이 극치를 이루는 곳은 싸싸프라스 차 장사에 대한 다음과 같은 권고 장면이다. "싸싸프라스 차 장사들이여 추운 겨울 아침 동상에 걸린 어린 굴뚝 청소부를 만나거든 싸싸프라스 차 한 대접을 그에게 주라. 그대의 동정심이 조금 더 발동하면 버터 바른 빵 두어 조각을 곁들이라."라고 찰스 램은 표현하고 있다. 이런 마음은 또한 자기 자신의 가난과 처지를 그대로 대변한 것이라고도 하겠다.

찰스 램은 일생동안 2~3가지 멍에를 지고 살았다. 첫째는 정신착란증 환자인 누나 메어리 램과 함께 살아야하는 것이고 둘째는 가난이며 셋째는 상처만 남긴 사랑에 대한 회한이었다. 어느 날 직장에서 돌아와 보니 낌새가 이상했다. 아니나 다를까 누나가 정신착란을 일으켜 부엌칼로 어머니를 살해하는 끔찍한 사건이 일어났다. 이 사건 이후 찰스 램은 결심했다. 평생 독신으로 지내면서 누나의 벗이 되고 정신의 동료가 되고자. 물론 여기에는 자기 자신의 사랑의 쓰라린 상처도 얼마쯤은 작용했을 것이다. 사회적 능력이 없어서 찰스 램은 평생 직장이었던 동인도 회사에서 승진하지 못하고 말단 직원으로 일생을 마쳤으나 그런 가난한 생활이 오히려 누나와의 문학적 생활을 더욱 돈독히 하고 다른 사람과는 구분된 애틋한 인생을 살게 하였다.

찰스 램의 유일한 기쁨 중 하나는 책을 사서 누나와 함께 읽는 일이었다. 찰스 램은 쥐꼬리만한 월급으로 호구 문제를 해결하고 용돈을 5달쯤 모아야 한 권의 책을 살만할 정도로 궁색한 삶을 살았다. 본인이 사고 싶거나 누나에게 사다주고 싶은 그럴싸한 책이 책방의 한 코너에 꽂혀있다. 지금은 돈이 없어 사지 못하지만 5달 동안 용돈을 모으면 그 책을 살 수 있다. 부지런히 돈을 모아 그 서점에 가본다. 물론 헌 책을 파는 서점이다. 그런데 돈을 호주머니에 넣고 갔을 때는 '아, 이미 그 책은 누군가가 사갔다. 그래서 돈을 가지고 살 수 있는 지금은 그곳에 없다'라는 비참한 말을 하면서 쓸쓸히 집으로 걸어와야만 했다.

찰스 램에게 좋은 꾀가 생긴다. 헌 책방에서 발견한 그 귀한 책을 이번에는 구석에다 놓고 제목이 보이지 않게 거꾸로 꽂아 놓는다. 그리고 가끔 책방에 들려 그 책이 그대로 있는 가를 확인한다. 그러다가 돈이 충분했을 때 당당하게 그 책방에 들어가서 책값을 치르고 그 책을 들고 개선장군처럼 집에 돌아온다. 물론 그날 저녁은 꼬박 밤을 새우며 책을 읽게 되고 생애 최고의 날임을 두 남매는 느끼는 것이다.

만약 찰스 램이 한번에 몇 권의 책을 살 수 있는 재정적 여유가 있었다면 이런 애틋함을 느낄 수 있었겠는가. 우리는 가끔 너무 많은 여유가 우리 인생의 은밀한 멋을 빼앗아 감을 느끼는 경우가 있다. 가난한 것이 불편한 것이지만 때로는 사물 뒤에 꼭꼭 숨어 있는 인생의 비밀을 알게 하는 단서임도 깨달아야 할 것이다.

찰스 램은 두 번에 걸친 사랑의 상처를 입지만 그것을 잘 승화하여 「어린이를 꿈꾸다」와 「바바라 S」라는 두 편의 주옥같은 수필로 자신의 애절함과 절망을 문학적으로 형상화하였다. 「어린이를 꿈꾸다」의 내용은 대략 이렇다. 찰스 램이 퇴근하여 저녁식사를 마치고 노곤한 몸을 벽난로 앞의 소파에 맡기고 깜빡 잠이 든다. 잠든 사이에 꿈속에서 옛날의 쓰라린 상처만 남기고 간 애인을 만난다. 꿈속에서 찰스 램은 그 애인과 결혼하여 앨리스라는 딸과 존이라는 남매를 낳고 행복한 가정을 꾸려나간다.

행복이 절정에 이를 때쯤 자녀들은 "우리들은 앨리스의 아이가 아닙니다. 당신의 아이도 아닙니다. 아예 아이가 아닙니다. 우리들은 아무 것도 아닙니다. 아무 것도 아니라고 말할 것조차 없습니다. 꿈입니다. 앨리스의 아이들은 버트람을 아버지라고 부릅니다.(버트람은 찰스 램의 애인이 진짜 결혼한 돈 많은 남자이다)" 그럴 즈음에 찰스 램은 잠에서 깨어난다. 실제로는 결혼 할 수 없었으나 꿈 속에서는 결혼하고 자녀들과 오순도순 이야기를 나눈다는 이 소박한 수필은 잔잔한 감흥을 불러일으키기에 충분하다.

「바바라 S」라는 수필에서는 애인을 직접 만나지도 못하면서 느티나무 뒤쯤에서 애인이 집으로 들어가는 뒷모습만 보고도 행복해하는 찰스 램의 애틋하고 간절한 감정이 잘 표현되어 있다. 그래서 오죽하면 「바바라 S」를 영문학의 눈물방울이라고 까지 했을까.

찰스 램은 매일 도시락을 싸들고 9시 정각에 출근하여 6시에 퇴근하는 전형적 샐러리맨 생활을 했다. 그러나 이 직장생활은 어디까지나 호구의 문제를 해결하기 위한 수단이었고 그의 인생의 목표는 훌륭한 문필가가 되는 것이었다. 그러므로 그가 직장에서 승진을 못했거나 사회적으로 출세하지 못한 것은 전혀 문제가 될 것이 없다. 그는 드라마도 시도 써 보았으나 성공하지 못하여 택한 것이 수필이라는 장르였다. 그러나 그의 온 정신과 혼이 배어있는 수필은 영문학 수필의 아버지라는 칭호에 조금도 손색없는 명작들이다. 아침 10시에 출근하기도 하고 오후 2시에 퇴근하기도 하며 도시락을 싸오지도 않는 그 회사 사장을 몹시 부러워했다. 그래서 찰스 램은 그에게도 아무 때나 출근하고 아무 때나 퇴근하는 행운을 가질 수는 없을까 하고 몹시 원하기도 했다.

마침내 그런 행운이 왔다. 그것은 그가 회사를 정년 퇴직할 때 이루어졌다. 그는 아침 11시까지 잠을 자기도 하고 어떤 경우는 오후 내내 빈둥거리며 지냈다. 그러한 생활을 6개월쯤하고 자신을 되돌아보았다. 그렇게 시간이 없고 짜여진 일과대로 살아야했던 회사 시절에는 그래도 글도 읽고 썼는데 지난 6개월간은 육체적 평안은 좀 느꼈는지 모르지만 글을 한 줄도 쓰지 못했으므로 정신면에서는 완전히 허비한 시간이었다. 그래서 그는 "자유가 오히려 정신의 속박이었다"라고 말하고 사람은 일정한 정도 속박을 받을 때 무슨 일을 이룰 수 있다고 생각했다. 그런 경우 가난도 그를 일정 정도 속박한 귀한 하늘의 선물이라고 할 수 있다.

싸싸프라스 차의 김이라도 맛보려는 어린 굴뚝 청소부에 대한 무한한 동정심은 풀빵의 김이라도 쏘여 보려던 어린 시절의 추억을 불러일으키고 그와 내가 책을 통해 하나의 감정을 가진 문학적 기질의 소유자임을 느끼게 해준다.

햄릿은 이제 자신을 죽음으로 이끌고 갈 영국으로 가기 직전의 위기에서 오히려 왕을 조롱하고 있다. "왕의 행차가 구더기 뱃속으로 들어갈 수도 있다"(a king may go a progress through the guts of a beggar)(4.3.28-9)는 것은 왕의 권위를 무시하는 말이며 다가올 왕의 운명을 넌지시 비꼬는 말이 아니겠는가. 이런 면에서는 폴로니어스처럼 클로디어스도 햄릿의 말을 이해할 수 없다. 클로디어스는 햄릿의 안전을 위해 영국으로 그것도 급히 보내야 할 상황이라고 설명한다. 이미 알고 있다는 듯이 햄릿은 "전하의 진의를 알아볼 수 있는 천리안 천사의 모습이 훤히 보입니다"(I see a cherub that sees them)(4.3.45)라고 하면서 작별인사를 한다. 그런데 클로디어스에게 '어머님'이라고 하니까 '아버님'이라고 해야 한다니까 "어머니면 되지, 아버님과 어머님은 남편과 아내, 그러니 일심동체, 그러니 어머님이지요."(My mother, Father and mother is man and wife, man and wife is one flesh, and so, my mother)(4.3.48-49)라고 응수한다. 어머니에 대한 애정이 아직도 남아서 일까. 아니면 순진한 어머님을 타락시키고 왕관을 빼앗고 자신의 목숨까지 노리는 클로디어스에게 모성같은 마음을 되찾고 옛날 모습으로 돌아가 반성하라고 하는 말일까. 아니면 여기에 계시지 않는 어머님께 작별의 인사를 드리고 싶어서 일까. 하여튼 클로디어스를 어머님이라고 말하는 햄릿의 심정은 복합적이다. 당시는 영국이 덴마크에 충성을 다하는 나라이니까 햄릿이 영국에 도착하는 대로 즉시 처형당할 것이니 클로디어스는 영국왕의 처형 소식이 "나를 치료해 줄 것"(thou must cure me)(4.3.63)이라고 생각하고 그때가 되어야 기쁨이 올 것으로 기대한다.

4막 4장

4장은 포틴브라스가 군대를 이끌고 폴란드를 침략하기 위해 덴마크의 영토를 지나가는 것을 햄릿이 보게 된다. 포틴브라스도 아버지를 비명에 잃고 숙부가 왕이 된 처지이니 햄릿과 비슷한 형편이다. 그리고 현재 햄릿은 영국으로 가기 위해 두 친구의 호송을 받고 있는데 그 속에는 클로디어스가 쓴 햄릿의 죽음에 대한 칙서도 포함되어 있다. 포틴브라스는 실제로는 아무 이득도 없는 "손바닥만한 땅 덩어리"(a little patch of ground)(4.4.18)를 차지하기 위해 수많은 군대를 이끌고 돌진하고 있다. 이 모습을 보고 햄릿은 자신의 처지와 인간의 행동에 대해 기다란 독백을 한다. 인간은 놀라운 능력과 이성을 가지고 있으면서도 그저 먹고 잠자는 데에만 시간을 허비한다면 아무 소용없다고 생각하며 명예가 걸려있는 일이라면 지푸라기 하나를 걸고라도 싸움을 벌이는 것이 인간의 이성적 행동이라고 보면서 자신의 입장을 이렇게 말한다.

> 아버님은 시해당하셨고,
> 어머님은 절개를 꺾이셨으니만치,
> 이만하면 내 이성과 혈기가 들고 일어날 만도 한데
> 모조리 잠만 자고 있으니?
> ...
> 아, 이제부터는 마음을 잔인하게 먹어야 하겠다,
> 그러찮으면 전혀 아무 가치도 없다.

> That have a father kill'd, a mother stain'd,
> Excitements of my reason and my blood,

And let all sleep? while,

 …

O, from this time forth,

My thoughts be bloody, or be nothing worth! (4.4.56-66)

4막 5장

5장은 오필리어가 미쳐서 노래하는 장면과 레어티즈가 빠리에서 돌아와 아버지 폴로니어스의 죽음에 대해 왕에게 따지는 복합적인 장면이다. 오필리어가 머리를 풀어헤치고 흰 드레스를 치렁치렁하게 입고 슬픈 노래를 부르는 모습은 햄릿의 슬픔과 대조를 이루며 『햄릿』의 깊이를 더해준다. 아주 예쁘고 어린 배우가 처량한 목소리로 슬픈 노래를 부를 때 관객은 숙연해지고 클로디어스가 말하는 것처럼 "슬픔이 올 때는 간첩처럼 하나하나 오지 않고/연대를 이루어서 온다"(When sorrows come, they come not single series,/But in battalions) (4.5.77-78)라는 것을 실감할 수 있다. 이윽고 레어티즈가 격분하여 폭도들을 이끌고 클로디어스에게 반역을 시도한다. 전하는 사람의 말에 의하면 "레어티즈가 왕이다"(Laertes shall be king.)(4.5.106)라면서 궁정으로 쳐들어 오고 있다는 것이다. 걱정하는 신하들과 거투르드를 제치고 레어티즈 앞에 나타나 당당히 클로디어스는 다음과 같이 말한다.

　　국왕의 주위에는 하늘의 뜻이 울타리처럼 둘러싸여 있기 때문에,
　　역적이 혹 기웃거려볼 수 있어도,
　　그 뜻을 이룰 수는 없는 법.

　　There's such divinity doth hedge a king,
　　That treason can but peep to what it would,
　　Acts little of his will. (4.5.124-6)

클로디어스는 앞 뒤 설명을 통해 격분한 레어티즈의 칼날을 자신에게서 햄릿에게 겨누게 하고 있을 때 미쳐서 여러 송이 꽃을 들고 오필리어가 등장한다. 레어티즈의 격분은 순식간에 여동생에 대한 슬픔으로 변한다. 머리를 풀어헤치고 구슬픈 노래를 하며 꽃송이를 주위 사람들에게 나누어 준다. 여기에 나타나는 꽃은 만수향 또는 천리향이라는 'rosemary'는 '기억하라'는 꽃말을 가지고 있는데 레어티즈에게 전달된다. 회양꽃인 'fennel'은 '아첨'이란 꽃말을 가지고 있는데 클로디어스에게 또는 거투르드에게 주는 것으로 볼 수 있다. 매발톱꽃이란 'columbine'은 '배신 또는 불성실'이란 꽃말을 가지고 있는데 이것도 클로디어스나 거투르드에게 주는 것이다. 운향꽃이라는 'rue'나 은혜꽃이라는 'herb of grace'는 모두 '슬픔 또는 회개, 은혜' 등의 꽃말을 가지고 있는데 이는 거투르드에게 전해지는 것으로 보여 진다. 들국화인 'daisy'는 '봄이나 사랑'의 꽃말을 가지고 있는데 이는 오필리어 자신이 가진 것으로 보이며 오랑캐꽃이라는 'violet'은 '충성'이란 꽃말을 가지고 있는데 이것도 레어티즈에게 주는 것으로 볼 수 있다. 이들 꽃을 받아들고 당사자들이 얼마나 반성했는지는 알 수 없으나 꽃의 상징은 이 작품을 구경하는 관객이나 읽는 독자들에게는 많은 것을 시사해준다. 직접적으로 큰 소리로 설교식으로 말하는 것보다 상징성을 가진 꽃을 마지막 죽음 직전에 전달하는 오필리어의 처량한 모습을 통해 셰익스피어는 우리들에게 각자를 돌아보라고 상징적으로 말하고 있는 것은 아닐까.

4막 6장 및 7장

6장은 한 페이지로써 그것도 햄릿이 영국으로 가던 중 해적을 만나 죽음을 피해 자신은 텐마크로 돌아왔다는 편지를 호레이쇼가 읽는 장면이다. 7장은 클로디어스와 레어티즈가 공모하여 햄릿을 칼싸움에 불러들여 죽이기로 계획을 세우는 장면이다. 영국으로 가자마자 처형됐다는 소식을 들어야 하는데 덴마크로 다시 돌아왔다니 클로디어스는 난감하지만 이미 레어티즈의 격분의 칼날을 햄릿에게 돌려 놓은터라 크게 문제될 것은 없다. 오히려 레어티즈가 더 흥분해 있을 정도이다.

> 하지만 오라고 하지요
> 소신이 살아서 그놈에게 맞대놓고
> '이 놈 죽어봐라'라고 말해줄 수 있게 되었으니,
> 이 가슴 속의 응어리가 풀릴 듯합니다.

> I'm lost in it, my lord. But let him come;
> It warms the very sickness in my heart,
> That I shall live and tell him to his teeth,
> 'Thus didest thou.' (4.7.54-7)

클로어디어스는 햄릿이 칼싸움하다 죽으면 백성들의 비난을 잠재울 수 있고 레어티즈는 아버지를 죽인 원수를 갚게 되었으니 두 사람의 죽이 맞아 떨어진다. 그러나 사람의 마음은 또 언제 변할지 모르는 법, 클로디어스는 내친김에 레어티즈의 심중을 굳히기 위해 이렇게 다시 다짐을 받는다.

> 세월이 흐르면 사랑의 불꽃과 열기도 변하기 마련이라는 것을 나는 알고 있기 때문이다.
> 사랑의 불길 가운데는 그 불빛의 강도를 감해주는 심지 또는 그을음 덩어리가 자라는 법이다.
> 만사가 언제나 한결같이 좋게만 지속될 수는 없으니,
> 좋은 일도 넘치게 되면 과도한 탓으로 인하여 제풀에 사그라지는 법이기 때문이다.

우리가 하고자 하는 일은 하고자 하는 생각이 있을 때 해야 하느니라. 왜냐하면 세상에는 방해가 되는 입도, 손도, 사건도 많으니, 이 '하고자 하는 생각'은 바뀌고, 약해지고 지연되어서, 결국 이 '해야만 한다는 생각'도 마치 피를 말리는 탄식과 같이 위안을 주는 듯 하나 사실은 몸을 해치기 때문이다. 문제의 핵심을 말하자면, 햄릿은 돌아온다, 그런데 너는 어떻게 할 작정이냐, 자신이 네 선친의 아들임을 말로써가 아니라 행동으로 보여주기 위해서란 말이다!

But that I know love is begun by time;
And that I see, in passages of proof,
Time qualifies the spark and fire of it.
There lives within the very flame of love
A kind of wick or snuff that will abate it;
And nothing is at a like goodness still;
For goodness, growing to a plurisy,
Dies in his own too much: that we would do
We should do when we would; for this 'would' changes
And hath abatements and delays as many
As there are tongues, are hands, are accidents;
And then this 'should' is like a spendthrift sigh,
That hurts by easing. But, to the quick o' the ulcer: −
Hamlet comes back: what would you undertake,
To show yourself your father's son in deed
More than in words? (4.7.110-25)

레어티즈는 성미가 매우 급하고 흥분한 터라 그런 클로디어스의 말에 "성당 안에서라도 그 놈의 목을 자르겠소"(To cut his throat i'th'church)(4.7.125)라고 단호하게 대답한다. 그러나 혹 이변이 있을 수 있으니 만사를 확실하게 해두기로 한다. 레어티즈의 칼 끝에 독약을 묻혀 칼날을 피해가도 독약에 의해 죽게 하기로 하고 그것도 피해갈지 모르니까 칼싸움을 격렬하게 하다 목이 마르면 물을 찾을 것이니 그 물 잔에도 독약을 넣어 계략을 확실하게 하기로 합의한다. 그때 왕비가 등장하여 오필리어의 죽음을 알리는 슬픈 장면이 계속되는데 이는 이미 설명한 바와 같다.

5막: 하늘의 뜻이 있다지?(There's a special providence?)

『햄릿』의 5막을 이해하기 위해서는 3가지 정도를 염두에 두어야한다. 첫째는 작용-반작용이라는 연극의 진행방식이고 둘째는 문학의 종기이론(ulcer theory)이고 마지막으로 희생양에 의한 새로운 세계의 도래이다. 인생에는 성공과 실패가 있듯이, 파도가 몰려오면 몰려가듯이 연극의 액션도 심각하다가는 우스꽝스럽고, 우스꽝스럽다가는 심각한 운동이 필요하다.

작용-반작용의 이론은 『맥베스』에서 맥베스가 살인을 저지른 뒤 최고의 긴장상태에 있을 때 갑자기 술에 취한 문지기가 문을 두드리는 장면의 해석에서 드·퀸시(Thomas De Quincey)가 사용한 용어이다. 「『맥베스』의 문 두드리는 장면에 대하여」라는 글에서 '작용-반작용'(action-reaction)의 극적효과를 드·퀸시는 이렇게 설명한다.

> 모든 행동은 어떤 방향에 있건, 그 방향의 반대의 움직임에 의하여 가장 잘 설명하고, 측정하고, 이해시킬 수 있다고 하겠다. 그러면 이 위치를 <맥베스>의 경우에 적용시켜보자. 앞서 말한대로 여기서는 인간의 심정이 후퇴하고, 악마의 심정이 진입한 사실을 나타내고, 느끼게 하지 않으면 안된다. 별개의 세계가 발을 들여놓은 것이다. 암살자들을 인간계의 일, 인간계의 목적, 인간계의 욕망의 영역에서 벗어나게 하였다. 그들을 변태시켜 놓은 것이다. 맥베스부인은 「성(性)을 이탈케」하였다. 맥베스는 여자의 몸에서 태어났음을 잊어버렸다. 두 사람 모두 마귀의 심상에 맞추어놓았다. 마귀의 세계가 갑자기 열린다. 그러나 이

를 어떻게 전달하며 느끼게 할 것인가? 새 세계를 등장시키기 위해서는 이 세계는 잠시 꺼져버려야 한다. 암살자, 그리고 암살도 격리시켜야 한다. – 측정할 수 없는 심연으로 인간사의 진퇴와 계승으로부터 단절시켜 – 어딘가 깊은 밑바닥에 가두어서 격절하지 않으면 안된다. 일상생활의 세계가 갑자기 정지하고 – 잠들게 하고 – 꿈 속에 빠뜨려 – 고문으로 무서운 휴전상태에 들어가게 해야 한다. (482)

4막에서 클로디어스와 레어티즈가 공모하여 햄릿을 죽이려는 긴장된 감정이 고조되었는데 갑자기 5막에서 무덤 파는자들의 실없는 소리들이 긴장을 완화하는 작용·반작용의 역할을 하게 됨을 최재서는 자신의 일기를 인용하여 아주 적절히 설명한다.

> 오늘은 고 신익희(故 申翼熙)씨 국장날이다. 좀 일찍 강의를 끝내고 시내에 들어왔다. 종로에서 버스를 내리고 차동 뒷골목 길을 걸어가는 동안 별로 행인을 못 보았다. 그들은 행렬을 맞이하러 각기 적당한 장소로 출동한 모양이었다. 나는 을지로 큰길거리에서 시민들과 함께 배장했다. 만사의 기폭이 숲 같이 늘어서 오고 장송곡이 흘러가는 가운데서 나는 무념무상이었다. 다만 숭엄한 기분이었다. 그러자 행렬이 지나가, 길가에 섰던 시민들이 와아 흩어지고 자동차 경적소리가 들리고 하자, 나는 갑자기 고인이 우리들 사이에 남기고 간 커다란 공허를 느끼어 말할 수 없이 쓸쓸했다. 나는 그때에 비로소 고인이 내 서재에서 술잔을 드시며 서책과 학문을 논하시던 모습을 그려보고 눈앞이 캄캄해 짐을 느꼈다.
> 사람의 죽음은 공허를 의미한다. 우리는 공허를 이해할 수 없고, 더군다나 공허감을 표현할 수는 없다. 다만 우리는 공허 뒤에 오는 생동을 볼 때에 지나간 공허를 이해할 수 있을 뿐이다. 집안 어른의 작고를 당해본 사람이면 지금 말하는 이치를 잘 이해할 것이다. 사망에서 매장까지 당사자는 정신없이 얼떨떨해서 슬픈 줄도 모른다. 그러자 장사를 치르고 집에 돌아와 고인이 거처하던 방, 고인이 주야로 어루만지던 가패 등을 볼 때에 우리는 진정으로 슬픔을 알게 되고, 또 노상에서 고인의 벗님을 만날 때에 가슴이 메어지는 비애를 맛본다. 휴식은

운동함으로써만 이해되고, 운동은 반동함으로써만 이해된다. (227)

드·퀸시는 위의 글에서 셰익스피어에게 치밀한 극적 구성을 미술의 원근법 처럼하여 놀라운 효과를 주었다면서 이런 시인에게 찬사를 보내는 것으로 자신의 입장을 다음과 같이 나타낸다.

> 아아 위대한 시인이여! 당신의 작품들은 다른 사람들의 것처럼 다만 위대한 예술품일 뿐은 아닙니다. 그들은 자연계의 현상들 – 태양과 바다, 별들과 꽃들과도 같습니다. 서리와 눈, 비와 이슬, 모진 우박과 천둥과도 같습니다. 이들 자연 현상은 우리의 모든 기능을 그 앞에 완전히 굴복시킴으로써만 형상할 수 있으며, 또 그들 자연 속에는 지나친 일도 모자라는 일도 없고 무용한 것이나 무력한 것이란 하나도 없다는 투철한 신념을 가져야 형상할 수 있지만, 그러나 우리의 발견을 깊이 캐고 들어가면 들어갈수록 부주의한 사람의 눈이 오직 만년 밖에는 보지 못하던 곳에서 자유의 설계와 자족한 장치의 증명을 발견하게 됩니다." 이 일절을 읽는 사람은 자연과학자를 연상할 것이다. 사실상 자연과학자와 시인은 자연질서를 충실히 모방하려는 점에서 일치한다. 그들은 자연현상에 눈을 밝히고 자연의 속삭임에 귀를 기울여 보통 인간이 깨닫지 못하는 진리를 발견해내는 사람들이다. (483)

두 번째는 문학의 종기이론이다. 사람의 팔에 종기가 났다고 가정하자. 팔은 좋은 살(flesh)로 이루어져 있고 이 살은 선(善)이다. 여기에 종기가 나면 곪아 들어간다. 이 종기는 악(惡)이다. 그래서 외과에 가서 종기 난 부분을 칼로 도려내는 수술을 해야 한다. 그런데 수술을 할 때 정확하게 악에 해당하는 종기 부분만 떼어낼 수가 없다. 종기를 수술하는 과정에서 약간의 살도 떼어내야 한다. 다시 말하면 악을 제거하는 과정에서 선도 파괴되는 즉 희생되는 것이 어쩔 수 없는 현상이다. 종기라는 클로디어스를 제거하는 과정에서 살에 해당하는 햄릿도 함께 수술되어질 수 밖에 없다. 이것은 '일 파운드의 살'을 고집하던 샤

일록이 '일 파운드의 살'을 베어내는 과정에서 '피 한방울'도 흘리게 해서는 안 된다는 포셔의 명령에 꼼짝없이 당하는『베니스의 상인』의 경우와는 정반대의 개념이다. '피 한방울'도 흘리지 않고는 '일 파운드의 살'을 뗄 수 없어 샤일록은 마지막에 안토니오에게 원수 갚는 것을 포기한다.『햄릿』에서는 '일 파운드의 살'인 클로디어스를 죽이는 데 '피 한방울'에 해당하는 햄릿도 죽게 된다. 종기를 제거하는 데 살도 떼어내어질 수밖에 없다는 것이다.

셋째는 희생양의 의식을 햄릿에게서 읽을 수 있다. 종기이론은 문학을 특히 비극을 설명하는데 적합한 용어이고 희생양은 신화나 기독교적 해석의 방법이다. 악에 찌들어 있는 덴마크를 구원하는 데는 희생제물이 있어야 한다. 마치 예수가 인류의 구원을 위해 십자가에 못 박혀 돌아가시듯이 햄릿의 죽음으로 덴마크에 새로운 질서가 오게 되었다는 것이다. '광기'라는 마스크를 쓰고 모든 것을 주도면밀하게 준비해 온 햄릿은 칼싸움이 곧 죽음을 의미한다는 것을 알고 모든 것을 하늘의 뜻에 맡기고 과감히 행동하여 최후에 악을 제거하는 과정에서 자신도 죽는 희생을 통해 비극을 완성시킨다.

5막 1장

무덤 파는 자들이 나타나 무덤을 파면서 세상에 대한 넋두리를 늘어놓는다. 오필리어의 죽음에 대해 자살 같은데 기독교격식에 맞추어 장례식을 행한다는 것은 사회적 지위가 높은 자의 딸이라서 라고 말한다. 같은 동료는 세상은 다 그런 것이라고 응수하고 어영차 소리에 박자를 맞추어 무덤을 판다. 그때 햄릿이 옆을 지나가게 된다. 이들이 파내는 해골을 보고 햄릿은 이렇게 말한다.

아니, 그렇더라도 지금은 구더기 마님의 소유, 턱도 떨어져 나간 채, 묘파는 일꾼의 삽에 얻어맞고 있는 신세. 참으로 기막힌 유위전변, 그것을 간파할 안목만 있다면 그 묘법을 터득할 만도 하지. 이 해골도 자랄 때는 공깨나 들였을 텐데, 이제 90던지기 노리개감이 됐단말인가? 생각하니 뼛골이 쑤셔오네.

Why, e'en so: and now my Lady Worm's; chapless, and
knocked about the mazzard with a sexton's spade:
here's fine revolution, an we had the trick to
see't. Did these bones cost no more the breeding,
but to play at loggats with 'em? mine ache to think on't. (5.1.74-8)

그 뿐인가? 한 변호사의 해골을 보고서는 그가 살아생전에 얼마나 궤변을 잘 늘어놓았으며 각종 차용증서, 양도증서등을 얼마나 잘 갖추어 놓았는가를 생각하고는 이제 이 골통 속에는 토지양도증서도 들어갈 틈이 없다는 등의 말을 한다. 한 시대를 풍미하고 세상을 이리저리 흔들던 한 변호사의 경우를 들어 햄릿은 사회를 맹렬히 동음이의어 등을 통해 비난하고 있다. 햄릿은 그 무덤이 누구의 것이냐고 물으니까 무덤 파는 자는 "과거에는 여인이었사오나, 나리, 그 여자의 영혼에 안식이 있기를, 지금은 죽었습니다."(One that was a woman, sir; but rest her soul, she's dead)(5.1.114)라고 아리송한 대답만 한다. 햄릿은 여러 가지 이야기를 하다가 무덤 파는 자가 이 곳에서 30년간 일해 왔다는 것을 알게 된다. 그래서 이 말에 의거해 햄릿의 나이가 30이라고 주장하는 학자도 있지만 젠킨스에 의하면 30이라는 숫자는 햄릿 대왕이 포틴브라스에게 전쟁에서 승리를 했을 때의 숫자이므로 큰 의미가 없다고 본다. 그렇다면 햄릿이나 레어티즈에 대해 4막 까지는 '젊은'(young)이란 말을 하다가 5막에서 30이라는 숫자가 나온 것으로 보아 5막에서는 햄릿이 좀 성숙한 모습을 한 것에 셰익스피어가 조금이나마 관심을 둔 것으로 볼 수도 있다. 햄릿은 다음에는 요릭(Yorick)의 해골을 보게 된다. 어릴 적 기억을 회상하며 다음과 같이 말한다.

저런, 가련한 요릭. 나는 그를 알고 있네, 호레이쇼,
무궁무진한 재담, 기막힌 창의력 가지고 있던 친구였지.
나는 수 없이 그의 등에 업혀다녔네. 그런데 이제 보니–
생각만 해도 진절머리가 나네. 그것을 보니 속이 뒤집힐
지경이야. 여기에 내가 얼마나 자주 입을 맞추었는지 모를
입술이 달려 있었네. 좌중을 포복절도하게 하고는 했던
그대의 그 재담, 그 익살, 그 노래, 그 신나는 재치는 지금은
어디에 있는고? 그대가 이를 드러내고 웃는 모습을 조롱해
줄 자가 아무도 없다는 말인가? 턱은 영영 떨어져 나가고
없는가? 이제 마나님의 내실로 들어가서 말해 줘라, 한치나
분칠을 해봐도 필경 이 꼴이 된다고 그 꼴을 보고 웃게
해주란 말이다– 부탁일세, 호레이쇼, 하나 물어볼 게 있네.

Alas, poor Yorick! I knew him, Horatio: a fellow
of infinite jest, of most excellent fancy: he hath
borne me on his back a thousand times; and now, how
abhorred in my imagination it is! my gorge rims at
it. Here hung those lips that I have kissed I know
not how oft. Where be your gibes now? your
gambols? your songs? your flashes of merriment,
that were wont to set the table on a roar? Not one
now, to mock your own grinning? quite chap-fallen?
Now get you to my lady's chamber, and tell her, let
her paint an inch thick, to this favour she must
come; make her laugh at that. Prithee, Horatio, tell
me one thing. (5.1.156-65)

여기서 햄릿은 죽음을 멀리 있는 추상적 개념으로 보지 않고 가까이에 있는 누
구에게나 공통된 운명으로 보고 있다는 점이다. 이런 생각은 알렉산더대왕의
죽음에 대한 다음의 말과 연결된다.

알렉산더가 죽었다, 알렉산더가 매장되었다, 알렉산더가 흙이 되었다.
진토로 화했다, 진토는 흙이다, 흙으로 흙반죽을 만든다.
그러니 그가 변해서 된 바로 그 흙반죽으로 맥주통 주둥이를
막지 말라는 법도 없지 않은가?
제왕 시저도 죽어 흙으로 화하면,
구멍 때워 바람막이가 될 수도 있나니.
아, 천하를 호령했던 바로 그 흙덩이가 이제
벽 때워 엄동설한 삭풍막이가 되었구나.

Alexander died, Alexander was buried,
Alexander returneth into dust; the dust is earth; of
earth we make loam; and why of that loam, whereto he
was converted, might they not stop a beer-barrel?
Imperious Caesar, dead and turn'd to clay,
Might stop a hole to keep the wind away:
O, that that earth, which kept the world in awe,
Should patch a wall to expel the winter flaw! (5.1.176-83)

그리고 이어서 오필리어의 장례식이 거행된다. 여기서 햄릿은 죽음에 대한 우리의 명상을 거듭 촉구한다. 『햄릿』에는 9개의 죽음이 있다. 막이 열리기 전에 햄릿 대왕은 죽었다. 폴로니어스는 햄릿의 칼에 죽었고 오필리어는 미쳐서 죽었다. 칼 싸움하다가 레어티즈가 죽게 된다. 거투르드는 독약이 든 술잔을 마시고 죽으며 클로디어스는 햄릿의 칼에 죽고 햄릿도 칼끝에 묻혀있는 독에 의해 죽는다. 로젠크란츠와 길덴스턴은 영국에 가서 햄릿 대신 죽는다. 원래 비극은 죽음으로 끝나게 되어 있다. 오필리어의 장례식을 보며 자신의 죽음도 임박했음을 감지했을까. 햄릿은 오필리어의 장례식에 앞서 레어티즈에게 과장된 언어로 수만 명의 오빠들의 사랑을 다 합쳐도 자신의 사랑만은 못할 것이라고 말한다. 그래서 오필리어는 "과거를 기억하게 하고 곧 잊혀지는 극적 기능"

(Cartwright 125)을 가지고 있다고 볼 수 있다. 햄릿이 마지막 장례식에 앞서 이런 감정을 표현함은 잠재하고 있던, 그리고 실현시키지 못했던 욕망의 과장된 표현이 아닐까. 그리고 죽음 앞에서 이젠 더 이상의 거리낄 것이 없음으로 솔직하게 모든 것을 표현한 것이다. 햄릿은 해골 장면을 통해 존재와 죽음에 대해 어느 정도의 깨달음을 갖게 된 것이다.

어떤 사람에게나 죽음은 찾아온다. 햄릿에게는 일찍 찾아온 것이지만 이제 햄릿은 나이에 관계없이 죽음에 대한 자신의 확실한 철학을 가진 것이다. '하늘의 뜻'에서도 말하겠지만 죽는 시기가 문제가 아니고 담담하게 죽음을 맞아들이는 것이 중요하다. 그것은 알렉산더나 시저 같은 위대한 인간이나 보통의 사람이나 죽으면 똑같이 흙으로 돌아간다는 인식에서 나온 것이다.

그런데 죽음으로 인간은 흙으로 돌아가 모든 것이 끝이 난다는 것은 누구에게나 공통된 사실이다. 위대한 사람이나 갑부는 금이 되고 보통사람은 흙이 되는 것이 아니라 모두 흙이 되는 차별이 없는 세계가 죽음의 세계인 것이다. 인간의 궁극적 관심은 결국 죽음에 대한 인식이 아닐까. 살아있는 동안에는 보람과 가치, 또는 사명감에서 어떤 일들을 열심히 하고 정의, 명예, 복지 등을 위해 헌신 하는 등 행복을 추구하며 살지만 이 모든 것들이 죽음 앞에서는 아무 것도 아니지 않겠는가? 그래서 사람들은 죽음을 미리 생각하고 죽음을 전제한 삶에 무게를 두어야 하는 것이다. 여기서 깊은 철학이 잉태하고 종교가 필요하게 되는 것일 게다.

소크라테스는 일찌기 인간은 육신과 불멸하는 영혼으로 만들어졌다는 것을 알고 믿으며 '독배를 마시면 육신은 멸하지만 영혼은 육신을 떠나 해방 된다'고 생각하고 죽음을 기꺼이 맞이했다. 기독교에서는 "육의 몸으로 심고 신령한 몸으로 다시 사나니, 육의 몸이 있은 즉 신령한 몸이 있느니라"(고전 15:44)라고 하여 인간의 육신이 죽으면 영혼은 신령한 몸이 되어 하나님 나라에서 영생한다고 주장한다. 그러니 유한한 육신의 몸은 죽음을 통해 영원한 새 생명의 세계로 갈 수 있다는 것이다. 그러나 이것은 어디까지나 예수 그리스도를 믿음으로써만 갈 수 있는 세계라고 보고 있다. 기독교인이 되면 죽음이 죽음으로 끝나는 허무한 것이 아니고 오히려 죽음으로써 영생을 얻는다는 것이 기독교의 죽음에 대한 인식이다. 오필리어의 장례식에서 격분한 레어티즈와 햄릿의 입씨름과 힘 겨루기는 해프닝으로 끝나고 장면은 바뀐다.

5막 2장

햄릿은 호레이쇼에게 덴마크로 다시 돌아온 이야기를 꺼낸다. 지난번에는 편지로 용건만 간단히 말했지만 그 과정은 기가 막힌 것이라고 말한다. 로젠크란츠와 길덴스턴이 가지고 있는 왕의 친서는 자신이 영국에 도착하자마자 죽이라는 것이었는데 모든 일이 그렇게 왕의 뜻대로만 될 수 없다는 것이다. 더군다나 햄릿이 "사람들이 아무리 일을 거칠게 하지만/ 그것을 잘 마무리하는 하나님의 뜻이 있다"(There's a divinity that shapes our ends,/ Rough hew them how we will)(5.2.9-10)라고 말함으로써 확실히 달라진 햄릿의 태도를 볼 수 있다. 커튼 뒤에 숨어 있는 폴로니어스를 죽일 때는 '그 상전'으로 잘 못 알고 격분해서 저지른 행동이지만 왕의 친서를 '햄릿을 죽이라'는 것 대신에 '로젠크란츠와 길덴스턴을 죽이라'는 내용으로 바꿔치기 하여 이들이 죽게 되는데 이것에 대해서 다음과 같이 말한다.

> 그야, 여보게, 그들이 자청해서 발 벗고 나섰던 일일세
> 내 양심에는 조금도 거리낌이 없네, 그들의 파멸은
> 그들 스스로 자청한 일이니까
>
> Why, man, they did make love to this employment;
> They are not near my conscience; their defeat
> Does by their own insinuation grow: (5.2.57-9)

양심에 거리낌이 없다는 것은 지금까지 햄릿을 줄곧 지배해오던 '검은 상복' 같은 회의, 주저함, 너무 깊은 사색의 세계를 극복했다는 말이다. 악을 제거하는 일을 임무라고 생각한 햄릿에게 이제 너무 깊은 사색은 더 이상 필요 없게 된 것이다. 그래서 클로디어스를 죽이는 것조차 악성 종기를 수술하는 것처럼 당연하고 떳떳하다고 다음과 같이 말한다.

> 이렇게 된 바엔 생각해봐, 내게도 할 책임이 있어 –
> 선왕을 시역하고 어머니를 농락한 놈. 왕위를 가로채서
> 내 길을 막아버리고 이 목숨 바쳐 죽이려는 책략을 한 놈
> 이 손으로 그 자를 처치하는 것은 내 양심에 떳떳한
> 일이 아니겠는가? 이런 우리 천성가운데 자라나는 암덩어리 같은 것은 빨리
> 해치워야지. 내버려두었다가 더 큰 해독을 끼치게
> 하는 것이 더 천벌을 받을 일이 아닌가?

> Does it not, think'st thee, stand me now upon –
> He that hath kill'd my king and whored my mother,
> Popp'd in between the election and my hopes,
> Thrown out his angle for my proper life,
> And with such cozenage – is't not perfect conscience,
> To quit him with this arm? and is't not to be damn'd,
> To let this canker of our nature come
> In further evil? (5.2.63-70)

양심을 따라 망설임 없이 복수하는 것이 오히려 떳떳한 일임을 확실히 해둔다. 그리고는 오즈릭(Osric)이 찾아와 왕께서 햄릿과 레어티즈의 칼싸움을 주선하고 내기를 걸었으니 응하겠느냐고 전갈을 한다. 객관적 판단으로는 이 칼싸움에서 승자는 뻔하다. 레어티즈는 빠리에서 정식으로 무술을 연마했고 이미 명성도 자자하다. 걱정이 되는 호레이쇼는 칼싸움을 포기하도록 권고하지만 햄릿의 대

답은 확고하고 예지적이다.

> 참새 한 마리가 떨어져 죽는데도 하늘의 특별한 뜻이 있다. 죽음이란 지금 오면 장차 오지 않을 것이고, 장차 오지 않을 것이면 지금 올터, 지금 아니오면 언제든 찾아오고야 말 것일세. 맞아들여야지. 사람은 죽은 후에 무슨 일이 있을지 아무도 몰라. 그러니 미리 떠난들 어쩌겠나. 그만두세

> Tthere's a special providence in the fall of a sparrow. If it be now, 'tis not to come; if it be not to come, it will be now; if it be not now, yet it will come — the readiness is all: since no man has aught of what he leaves knows, what is't to leave betimes? Let be (5.2.192-6)

여기서 '그만두세'(Let be)는 "칼싸움 직전에 그가 한 마지막 말이며 이는 사느냐, 죽느냐의 독백에 대한 굳은 결의의 표현"(Ghose 70)이 된다. 나잇(Knight)은 이 장면에 대해 "햄릿은 이제 성자도 아니고 군인도 아닌 르네쌍스 시대의 멋진 감수성을 가진 신사로서 직관적으로 자신이 할 일을 알아차린 사람"(323)으로 보면서 인생을 죽음의 축복에 조율시키는 단계에 와 있는 것으로 논평한다. 그러므로 햄릿은 "죽음이 인간의 궁극적 운명임을 알고, 인생과 죽음에 대한 생각과 감정을 측정해보고 문제에 직면하여 죽음과 삶을 똑같은 동등성으로 맞아들여서 일종의 구원"(Lidz 108)을 성취한 것으로 볼 수 있다. 하늘의 뜻이란 의미를 가진 'providence'는 한자로는 '하늘의 섭리(攝理)'라고 보는 것이 가장 타당하다. 물론 셰익스피어가 영국의 엘리자베스 시대의 종교적 배경을 갖고 있어서 '하나님의 뜻'이라고 도 볼 수 있으나 셰익스피어가 그런 뜻으로 사용하고 싶었다면 'God's will'이라고 분명히 했을 것이다. 'providence'라고 한 것은 좀 더 포괄적인 것이기 때문에 한국말로는 '하나님의 뜻' 보다는 '하늘의 뜻'이 적합하다고 하겠다.

그러나 셰익스피어는 은유적이고 상징적인 언어표현을 좋아했다는 것을 고려해 볼 때 'providence'는 '하나님의 섭리'로 해석하는 것이 가장 셰익스피어의 의도에 가깝다고 본다. 왜냐하면 이 부분은 상당히 성경과 깊은 연관을 가지고 있기 때문이다. 성경 마태복은 10장 29절에는 "참새 두 마리가 한 앗사리온에 팔리는 것이 아니냐 그러나 너희 아버지께서 허락지 아니 하시면 그 하나라도 땅에 떨어지지 아니 하리라"라는 말이 있다. 성경의 이 말씀과 햄릿이 레어티즈와 운명적 일전을 앞두고 하는 말 사이에는 공통점이 있다. 인간이 하는 모든 행동은 결국 하나님의 섭리 안에 있다는 것이 기독교의 예정론이다. 숙명론이 어쩔 수 없는 인간이 무참히 실패할 수밖에 없다는 부정적 사상이라면 예정론은 운명적 인간의 최후이지만 그것에 의미를 부여하는 사상이라 할 수 있다. 참새 한 마리의 죽음에도 하나님의 뜻이 있다고 보는 것이 기독교 예정론의 주장인데 뵈트너의 설명은 다음과 같다.

> 참새는 그 값이 싸고 이리저리 제 마음대로 날아다니며
> 아무것에도 구속되지 않는 듯이 보이지만 천부의 허락없이는
> 땅에 떨어지는 일이 없다. 하나님의 섭리는 그것이 어느 나무
> 가지에 앉으며 무슨 곡식을 쪼아 먹으며 어디에서 자며
> 길들이며 무엇을 먹고 살며 어디에서 죽을지를 일찍이
> 작정하셨다. (56)

기독교의 예정론은 이렇듯이 이 세상의 모든 사건들이 무한히 지혜로우시고 능력이 많으신 하나님의 뜻에 따라 이루어진다는 것이다. 즉 하나님의 크고 넓고 거룩한 뜻에 따라 생성소멸하고 그 하나님의 뜻에 어긋나는 것이 없다는 것이다. 반면에 숙명론은 물리적 필연성과 같은데 이는 큰 홍수가 난 강물에 나무 조각이 떠내려가듯이 어쩔 수 없이 이루어지는 일이라는 것이다. 여기에는 아무 계획이나 목적이 없지만 예정론은 모든 사건들이 세계질서 속에 있으며

하나님의 뜻과 목적에 따라 움직인다는 것이다.

그러니까 햄릿이 레어티즈와 칼싸움을 하려는 것은 단순한 물리적 필연성이 아니고 하나님의 섭리인 것이다. 왜냐하면 이 과정을 통해서 햄릿은 자신의 목적도 이루고 덴마크를 새로운 질서로 되돌려 놓는 위대한 업적을 이루기 때문이다. 호레이쇼의 만류에도 불구하고 햄릿은 의연히 생명을 담보로 하는 칼싸움을 하게 된다. 그 끝에 죽음이 올지라도 어떤 목적을 위해 도전한다는 것은 커다란 뜻을 실현시키거나 위대한 일을 이루려는 사람이 가져야 할 가장 중요한 결심이며 이것이 또한 위대한 덕망이라고 볼 수 있다. 물론 이러한 햄릿의 행동을 "무모한 성급함(rashness)"(Battenhouse 385)으로 볼 수도 있지만 이것이 비극적 인물의 성격적 특성중 하나가 아닌가.

유령의 말을 듣고 '곤자고의 살인' 연극으로 클로디어스의 죄를 확인한 순간부터 이제 레어티즈와 생명을 담보한 마지막 숙명적 결투를 하기까지의 모든 과정은 햄릿에게 예정된 하나님의 섭리라서 햄릿은 그것을 'providence'라는 말로 압축하고 있는 것이 아닐까.

여러 가지 불리한 조건에도 불구하고 레어티즈와 최후의 일전을 하려는 햄릿의 행동은 나의 중학교 시절을 떠올린다. 나의 중학교 시절에 『영어실력기초』라는 책은 내 생애를 모두 건 햄릿의 칼싸움과도 같은 것이었다. 이 책을 저자의 부탁대로 제대로 완전히 소화하느냐 그러지 못하느냐는 바로 나의 미래와 직결되어 있기 때문이었다. 그리고 그 책속의 영어단어나 숙어 또는 문장을 통째로 외우는 것은 말할 것도 없고 '잔소리'나 '나의 경험'같은 이야기는 어린 시절에 공부하는 법이나 세상을 살아가는 태도에 대한 좋은 충고였고 지침이었다. 그 중에 하나는 '노력 그리고 인내야 말로 인생을 광명으로 이끄는 참된 안내자이다. 살아서 굴욕을 받느니보다 차라리 분투 중에 쓰러짐을 택하라'라는 말이었다. 내가 영어공부를 열심히 해서 쓰라린 내 인생을 광명으로 이끌려는 몸부림이나 햄릿이 칼싸움하여 원수를 갚는 발판으로 삼는 것이나 다를 것이 없는 일이었다. 그 책의 저자는 인생의 말년을 건강을 지키는 법과 떠오르는 영감을 책으로 쓰는 일에 전념하는 자신의 삶의 가치를 역설했다. 나도 그 영어책을 가지고 열심히 공부해서 지금 이 시간 『햄릿』에 대한 저서를 쓰고 있으니 그 분의 충고와 격려덕분이라 할 수 있다. 'caviary to the general'에서도 말했지만 세상 대부분의 사람들이 저속한 생활에 습관화되는 이 시대에 나는 '철갑상어의 알'을 찾아 헤매고 있는 것이다. 지금처럼 새벽 2시까지 책과 컴퓨터 작업에 매달리고 있는 것은 셰익스피어라는 천재와 문답을 하기 위해서이다. 마음이 뿌듯하기도 하나 한편 처량한 생각도 든다. 이런 글을 쓰는 일이 고상하고 신선하여 가히 무엇으로도 비교할 수 없는 '철갑상어의 알'이지만 이 또한 기독교적 관점에서 보면 아무 것도 아닌 것이다. 100평 아파트에 사는 사람이 9평 임대아파트에 사는 사람을 보고 조롱하는 것이 이 세상의 관점이지만 높은 비행기에서 지상을 내려다보면 모두 다 조그마한 성냥갑에 불과한 것 아니겠는가? 그런데 사람들은 아무것도 아닌 것을 가지고 아귀다툼을 하고 있는 것이다. 그것도 아주 무시무시하거나 아주 졸렬하게.

이런 의미에서 'providence'는 하나님의 섭리이며 이런 관점에서 보면 지상생활을 마치고 난 후 천국에 가느냐 그렇지 못하느냐가 더 큰 중요한 이슈가 아닐 수 없다. 햄릿이 레어티즈와 목숨을 건 싸움을 받아들이는 것이 'providence'라고 보았는데 이를 단순히 하나님의 섭리에 따르는 지상에서의 마음이라고만 생각하지 말고 진정한 의미의 'providence'을 알고 죽은 후에 천국에 가는 길이 무엇인지를 진지하게 생각하고 생을 살아가는 태도와 철학을 갖는 것이 중요하다고 생각한다. 피나는 노력이 세상의 성공을 가져오듯이 하나님의 섭리를 잘 따르고 올바른 신앙의 길을 걸어서 천국에 가는 부활의 생을 사는 것이 무엇보다도 중요하기 때문이다. 기독교에서 가장 중요한 것은 부활이다. "그리스도께서 우리 죄를 위하여 죽으시고 장사지낸바 되셨다가 성경대로 다시 살아나사" (고린도전서 15:3-4)라고 하신 것처럼 기독교의 핵심은 부활 신앙이다. 이 부활 때문에 기독교인은 세상을 보는 관점이 달라지며 이 세상에서의 삶의 태도와 목적이 달라진다. 고린도전서 15장에서는 사람이 부활하는 것에 대해 다음 세 가지를 제시한다.

첫째는 예수가 부활하였으므로 기독교인도 부활한다는 것이다. 기독교인은 예수를 믿음으로 예수와 같은 입장이 된다. 그래서 '내 속에 내가 사는 것이 아니요 예수가 산다'라고 생각하고 믿는다. 예수가 죽음으로 내가 죽고 예수가 부활함으로 내가 부활하는 것은 당연한 기독교인의 생사관(生死觀)이다. 그러므로 예수가 부활 하는 것을 믿는 것은 굳건한 신앙이며 기독교인의 최후의 승리의 표현이다.

둘째는 예수가 잠자는 자의 첫 열매가 되었다는 것으로 부활을 이야기 한다. 열매는 과일나무에서 볼 수 있는 뚜렷한 현상이다. 즉, 감나무에는 감나무에 맞는 감이 열리고 사과나무에는 사과나무에 어울리는 사과가 열린다. 그 나무가 감나무이면 첫해에도 감이 열리고 다음해에도 감이 열린다. 만약에 감나무에서 첫해에는 감이열리고, 두 번째 해에는 사과가 열리고 세 번째에는 배가 열린다면 그것은 감나무라고 할 수도 없고 또 그런 일이 결코 일어나지도 않는다. 그 나무가 감나무이면 몇 년이 지나도 계속 감만 열리지 다른 과일은 열리지 않는다는 것이다. 이와 마찬가지로 예수가 부활했으므로 기독교인은 계속 부활의 열매를 맺는다는 것이다.

셋째는 아담 안에서 모든 사람이 죽은 것 같이 그리스도 안에서 모든 사람이 다시 살아난다는 것이다. 그런데 부활 할 때는 육의 몸으로 심고 영의 몸으로 다시 태어난다는 것이다. 부활 할 때는 "그의 살이 청년보다 부드러워지며 젊음을 회복하리라"(욥기33:25)라는 말씀처럼 가장 젊고 멋진 모습으로 부활한다는 것이다. 그래서 어떤 목사님은 예수가 33살에 부활했으므로 인간도 33세의 모습으로 부활한다고 주장하기도 한다. 그러나 어떤 모습으로 부활하는 것보다 중요한 것은 부활을 믿는 사람과 믿지 않는 사람의 태도는 전혀 다르다는 것이다. 부활을 믿는 사람은 지상의 부귀영화보다 하늘나라에서 부활하는 것에 더 큰 가치와 목적을 둔다는 것이다. 그래서 사도 바울은 이 세상의 모든 것들을 초개와 같이 버리고 진실한 예수의 사도가 된 것이 아닌가? 햄릿도 마찬가지이다. 햄릿이 조용히 있기만 하면 - 그리고 왕자이니까 잘 먹고 잘 사는 세상의 영화를 그냥 누리고만 있다면 - 그 후에 왕이 될 수 있었다. 그러나 그는 의식이 있고 세상에서 하여야 할 사명을 가진 지성인이었다. 그래서 어려운 일이나 '저주받은 영혼'이라고 다짐하고 악의 척결에 생명을 걸었던 것이다. 부활을 믿는 기독교인이 이 세상의 모든 부귀공명을 버리고 하늘나라를 위해 총 매진하듯이 햄릿은 목표달성을 위해 한 길로 달린다. 그래서 햄릿을 브래들리는 "한쪽으로만 달리는 성격(one- sidedness)"(13)의 소유자라고 말 했던 것이 아닌가. 사도바울이나 햄릿의 삶의 기본적 태도는 현실에 안주하거나 더군다나 현실과 타협하는 것이 아니라 현실을 뛰어넘는 '새로운 질서'(햄릿의 경우)를 추구하거나 아니면 '하늘나라'(바울의 경우)의 구현에 있었던 것이다. 인간의 위대성은 높은 비전과 새로운 세계에 대한 도전과 추구에 혼신을 바치는데 있는 것이다. 그래서 그들은 비록 그런 위대한 길을 걷는 현실에서는 핍박과 고통을 받기도 하고 좌절하고 절망에 빠지기도 하고 때로는 죽음을 맞이하지만 끝내는 높은 비전을 실현시킨다. 하나님의 섭리는 하나님의 뜻과 목적과 계획에 따라 높은 비전을 향해 분투노력하는 그 자체일지도 모른다. 그것이 학문적 진리 추구이든, 정의사회 구현이든, 하늘나라에 대한 열망이든 어느 것이라도 좋다. 햄릿은 자신만이 알고 믿는 하나님의 섭리를 깨닫고 그 길을 묵묵히 걸었던 '고상한 정신'(noble mind)의 소유자이다

마음 속에 '하늘의 뜻'에 따르겠다는 결심이 생기고 이제 모든 것을 받아들이는 햄릿은 칼싸움에 임한다. 그런데 클로디어스는 칼싸움 전에 그 마각을 웃음으로 다시 한 번 드러낸다. 레어티즈와 이미 햄릿의 죽음에 대한 안전장치를 공모하여 놓고도 신하들 앞에서 일장 연설을 한다.

그 포도주잔들을 탁자 위에 놓아 두도록 하라.
일회전 또는 이회전에서 햄릿이 득점을 하든가,
또는 삼회전에서 잃은 점을 만회하거든 흉벽 위에
있는 대포를 일제히 올리도록 하라. 이 나라의 국왕은
햄릿의 승승장구를 비는 축배를 들 것이니라.
그리고 그 술잔에는 귀한 진주를 던져 넣을 터인 즉,
그것으로 말하자면 사대에 걸쳐 덴마크의 왕이 왕관에
달았던 것보다 더 훌륭한 것이라 – 나에게 그 술잔을 달라 –
그러면 고수는 북을 쳐 나팔수에게 알리고,
나팔수는 밖에 있는 포수에게 알릴 것이며,
대포는 하늘에, 하늘은 이를 다시 지상에 알리도록 하라,

Set me the stoops of wine upon that table.
If Hamlet give the first or second hit,
Or quit in answer of the third exchange,
Let all the battlements their ordnance fire:
The king shall drink to Hamlet's better breath;
And in the cup an union shall he throw,
Richer than that which four successive kings
In Denmark's crown have worn. Give me the cups;
And let the kettle to the trumpet speak,
The trumpet to the cannoneer without,
The cannons to the heavens, the heavens to earth,
'Now the king dunks to Hamlet.' Come, begin:
And you, the judges, bear a wary eye. (5.2.239-51)

겉으로는 '햄릿의 건승'을 기원하고 '햄릿을 위해 축배'를 든다고 하지만 마음
속에는 칼끝에 묻은 독에 아니면 술잔에 든 독에 죽게 되어 있는 햄릿을 위해
축배를 든다는 것이다. 속은 시커멓게 검고 사악한데 겉으로는 웃음으로 축배

를 든다는 악인의 전형적 모습을 마지막까지 보이는 것이다. 칼싸움은 어느 한 쪽에 기울지 않고 팽팽하여 긴장감이 고조된다. 옆에서 이를 지켜보고 왕비가 목이 바싹바싹 타들어간다. 그래서 왕비는 다급해져서 이렇게 말한다.

> 왕자는 땀범벅에 숨이 차나 봐.
> 여기 있다. 햄릿아. 손수건을 받아 이마를 닦으려므나.
> 왕비도 너의 행운을 위해 축배를 들겠다. 햄릿아.

> He's fat, and scant of breath.
> Here, Hamlet, take my napkin, rub thy brows;
> The queen carouses to thy fortune, Hamlet. (5.2.264-6)

그러면서 술잔을 마신다. 클로디어스가 마시지 말라고 하지만 이미 때는 늦었다. 그런데 여기서 'fat'는 뚱뚱한 이란 뜻이 아니고 격렬히 칼싸움하느라고 '땀범벅'이 되었다는 뜻이다. 또 하나의 쟁점은 햄릿이 침실에서 맹렬하게 왕비를 질타한 후 왕비가 마음에 찔림을 받고 후회하여 뒤늦게나마 햄릿의 마음을 헤아려 축배를 든 것으로 자신의 죄를 회개하는 뜻으로 독배를 일부러 마셨다는 해석이다. 그러나 다른 해석은 왕비는 결코 그 술잔에 독이 있는 것을 알지 못했다는 것이다. 하여튼 왕비가 술잔을 마심으로 그리고 햄릿을 위해 '축배'하겠다고 함으로 어느 정도 거투르드의 마음은 햄릿과 가까워진 것으로 볼 수 있다.

칼싸움이 격렬해져 레어티즈의 칼이 햄릿에게 먼저 상처를 주게 된다. 그러다가 칼을 땅에 떨어뜨리고 다시 칼을 드는 과정에서 뒤바뀐 칼을 갖게 된다. 이번에는 햄릿의 칼이 레어티즈에게 상처를 입힌다. 그러는 사이 왕비는 쓰러지며 양 입에서 피를 흘린다. 클로디어스는 기절해서 그렇다고 하지만 왕비는 "아니다. 저 술. 저 술 때문이다/ 아, 햄릿, 저 술, 술에 독약이 있었다"(No, no, the drink, the drink－O my dear Hamlet－The drink, drink－I'm poisoned)

(5.2.289-90)라고 말하며 죽게 된다. 햄릿은 문을 잠그고 범인을 찾아야 한다며 흉계가 있다라고 흥분하지만 레어티즈가 그간의 사정을 확실하게 밝힌다.

여기 있어요, 햄릿 왕자님, 왕자님도 죽게 됩니다.
이 세상의 어떤 명약도 왕자님을 치료할 수는 없사옵니다.
왕자님에게는 생명이 반시간도 남아 있지 않사옵니다.
손에 쥐고 계시는 바로 그 흉계의 도구는 끝을 무디게 하지도
않은데다가 독이 칠해져 있사옵니다. 간악한 흉계는 결국 나
자신에게 돌아왔사옵니다. 보십시오, 나는 여기 쓰러져 다시는
일어나지 못할 터. 모후께서도 독살당하셨사옵니다. 더 이상
말을 못 잇겠습니다. 국왕이 - 국왕이 음모의 장본인이옵니다.

It is here, Hamlet: Hamlet, thou art slain;
No medicine in the world can do thee good;
In thee there is not half an hour of life;
The treacherous instrument is in thy hand,
Unbated and envenom'd: the foul practise
Hath turn'd itself on me lo, here I lie,
Never to rise again: thy mother's poison'd:
I can no more: the king, the king's to blame. (5.2.293-300)

이 말을 듣고 햄릿은 "칼 끝에도 독약을! 그렇다면, 독약이여, 네가 할 일이 있다."(The point envenomed too! Then venom, to thy work)(5.2.301)하면서 왕을 찌른다. 그래도 상처만 입었으니 나를 보호하라는 클로디어스에게 이렇게 말한다.

자, 이 근친상간에 살인까지 한 극악무도한 덴마크의 왕,
이 독약을 마셔라. 네 놈의 진주가 여기에 있느냐?
어머님의 뒤를 따라가라

Here, thou incestuous, murderous, damned Dane,

Drink off this potion. Is thy union here?

Follow my mother. (5.2.304-6)

클로디어스는 더 이상의 말을 못하고 죽는다. 르네쌍스 시대의 문학과 사상 연구에 몰두했던 왓슨(Watson)은 죽음의 문제를 주요 과제로 삼았는데 "햄릿이 유령의 부탁인 복수를 하지만 이런 세속적 노력은 결코 영속적인 인간의 문제를 해결하지는 못한다"(101)고 보았는데 햄릿역시 그런 생각을 해서 였을까 레어티즈가 죽기직전 햄릿의 용서를 빌자 "하늘이 그대의 죄를 용서해주길"(Heaven make thee free of it)(5.2.311)바란다고 말한다. 호레이쇼에게 그간의 복잡한 사정을 사람들에게 설명하라고 하며 덴마크의 왕위는 포틴브라스에게 돌아가도록 유언을 한다. 햄릿의 생각에는 "그 만이 범죄와 복수의 쇠사슬을 청산하고 덴마크 왕국에 질서를 가져올 것"(Kott 59)으로 보았기 때문이다. 마지막으로 "남은 것은 침묵 뿐"(the rest is silence)(5.2.37)이라고 말하며 죽음을 맞이한다. 이 마지막 장면에서 햄릿은 "마음의 고요와 위엄"(Muir, 1979. 92)에 이르렀다고 볼 수 있다. 이러한 햄릿의 죽음을 성숙으로 보면서 그는 오필리어가 물에 닿아 죽은 것처럼 "자연의 이치에 다다라 통과의례를 치른 것"(Everett 33)으로 보기도 한다. 그래서 우리는 "그의 죽음에는 슬퍼하지만 그의 승리에 기뻐한다"(Paris 61)라는 말에 공감한다. 햄릿이 죽으면서 마지막 남긴 말은 아이로니하게도 '마지막은 침묵이라'는 것이다. 참으로 적절하고 인간의 마음을 온전히 파악한 명언이 아닌가? 공부를 좀 했다고 또는 도를 좀 닦았다고 인생에 대해서 완전히 파악한 것처럼 거침없이 확정적으로 말하는 사람들을 보면 왠지 씁쓸하다. 사람이 어찌 인생에 대해서 확실하게 단언할 수 있단 말인가. 인생은 그렇게 한마디로 확실하게 정의내릴 수 있는 것이 결코 아니다. 햄릿의 대사를 통해 셰익스피어는 더 깊고 넓은 해석을 할 수 있도록 '침묵'이라는 말을 선택한 듯하다. 침묵은 깊은 긍정일 수도 있고 나중에 답을 한다는 유보적인 뜻도 있어 포괄적이고 내포적인 언어이다. 침묵 속에 모든 해석이 가능한 무한의 공간이 열려진다.

제 4 장

현대비극과 『햄릿』

1

　문학적 형식의 비극이 발전되어온 것을 역사적으로 살펴보면 인간이 근원적으로 비극적이라는 사실을 알 수 있다. 인간조건이 비극적이기 때문에 비극은 고대로부터 현대에 이르기 까지 다양한 문학적 양식으로 표현되어졌다. 인간의 비극적 존재에 대한 해결책은 근원적이고 심각한 철학과 윤리의 과제들이며 궁극적으로는 종교만이 해답을 줄 수 있는 것일지도 모른다. 그러나 문학적으로 인간 조건을 조명해보면 인간은 비참하다는 공통인자를 얻을 수 있다. 그래서 고대에서부터 현대에 이르기까지 문학적 양식으로써 비극은 끊임없이 탐구되었고 그 관점과 강조점도 다양하게 전개되어져 왔다. 위대한 비극작가들의 공통된 과제는 코리건(Robert W. Corrigan)의 "자연 속의 모든 것은 운명적으로 비극적이다"(8)라는 말처럼 인간도 본질적으로 비극적이라는 것이다.

　행복을 위해 노력하고, 선을 이루기 위해 투쟁하지만 결국은 비참한 최후를 맞이하는 운명의 주인공들을 취급하는 것이 비극이지만, 우리는 이런 주인공의 비참한 최후와 그 행동의 과정 속에서 깊은 감동을 받고 그 의미를 천착한다. 그래서 야스파스(Karl Jaspers)는 이런 비극에서 얻을 수 있는 가치를 다음과 같이 보고 있다.

비극적 요소는 존재에 대한 두려운 양상을 보여주는 사건으로서 우리 앞에 모습을 드러내지만 그러나 그 존재 역시 여전히 인간이다. 그것은 인간의 속성에 대한 발견되지 않은 배경과 더불어 그것의 함정을 드러낸다. 그러나 역설적으로 비극적 요소와 직면할 때, 인간은 비극으로부터 자기 자신을 자유롭게 한다. 이것이 정화와 속죄를 획득하는 한 방법이다.

The tragic looms before us as an event that shows the terrifying aspects of existence, but an existence that is still human. It reveals its entanglement with the uncharted background of man's humanity. Paradoxically, however, when faces the tragic, he liberates himself from it. This is one way of obtaining purification and redemption. (65)

세계문학의 주류를 이루고 있는 그리스의 비극작가들이나, 셰익스피어나, 현대의 비극작가들 속에 나타나는 주인공들은 한결같이 비참한 인생을 살아가고 최후에는 죽음에 직면하게 된다. 그러나 그런 주인공들의 성격과, 그들이 처한 환경과, 그들의 인생항로는 커다란 차이점이 있다. 자연히 극적 효과 면에 있어서도 여러 견해가 제시될 수밖에 없다. 비슷한 처지에서 유사한 인생항로를 거쳐 죽음에 다다르지만 그 죽음의 양상과 의미는 문학연구가들의 논쟁의 초점이 된다.

오이디퍼스(Oedipus)의 죽음과 햄릿(Hamlet)의 죽음은 확실히 구분되어지며, 햄릿의 죽음과 로우먼(Willy Lowman)의 죽음은 차원이 다르다. 그러나 그들이 처한 환경 속에서의 죽음은 하나의 공통된 의미를 부여하는 문학의 전체성의 일부를 형성하기도 한다. 이런 각 개별 문학 속에 나타나는 현상 너머의 공통된 의미를 밝히려는 것이 문학비평의 임무일 것이다. 햄릿도 죽고 로우먼도 죽지만 그들의 죽음에 전체적이며 공통된 의미를 부여하고자하는 윌리엄스(R. Williams)는 비극의 모든 주인공들이 죽지만 "그런 구 질서의 죽음은 희생적 죽음이어서 새 질서의 탄생"(43)을 가져온다는 것이다.

『햄릿』이란 작품과 『세일즈맨의 죽음』(*Death of a Salesman*)은 시대적으로는 약 300년의 차이가 있으나 이 두 작품을 주인공의 성격, 그들이 처한 시대적 상황, 그들의 대응자세를 검토하여 보면 문학이라는 1차 언어 체계속의 공통된 코드인 2차 언어체계를 감지할 수 있다. 이글튼(Terry Eagleton)은 그래서 문학비평을 다음과 같이 정의한다.

> 문학비평은 일종의 메타비평이 될 수 있다. 즉 그것의 역할은 주로 해설상의 견해를 만들거나 견해를 검토하는 것이 아니라, 우리가 견해를 만들 때 우리가 무엇을 할 예정이고 어떤 코드와 어떤 모델이 적용되는지를 분석하기 위하여, 다시 되돌아가 그러한 견해의 논리를 검토하는 것이다.

> Literary criticism can become a kind of metacriticism : its role is not primarily to make interpretative or evaluate statements but to step back and examine the logic of such statements, to analyze what we are up to, what codes and models are applying, when we make them. (1983. 154)

이런 문학텍스트 속에서 공통적 요소를 찾아 그런 것들을 코드화 해볼 때 햄릿의 비극적 과정은 $A^+ \rightarrow A^-$로, 로우먼의 경우는 $A^- \rightarrow A^-$로 도식화 할 수 있다. 또 도로프(Todorov)적 공식은 복잡한 문학현상을 단순화함으로써 기호학에서 말하는 공간해석의 명증성을 보여줄 수 있기 때문이다. 물론 여기서 설정하는 A^+의 세계는 주인공이 처한 높은 위치, 행복한 상태를 의미하며 A^-는 불행한 위치, 혹은 죽음 등 최악의 상태를 의미한다.

물론 이 두 작품을 비교하는데 있어서 단순한 대비의 차원을 벗어나기 위해서 비극의 개념을 고대, 셰익스피어시대, 현대로 대별하여 구분하고 밀러(A. Miller) 자신의 비극에 대한 견해도 밝혀보려 한다.

본 장에서 주로 밝히려하는 것은 두 작품에 대한 분석을 통해서 햄릿의 비극의 길과 로우먼의 비극의 길에는 커다란 차이점이 있다는 것인데 그 정도를 수학에서 말하는 절대값으로 한번 환언해보자는 것이다. 문학의 양이 너무 추상적이니까 수학의 값으로 매김 해보는 것도 하나의 방법이 될 듯하다.

2

인간의 비극의 원인이 어디에 있느냐하는 문제는 결국 인간과 그밖의 힘 — 이것을 신이라고 부르든, 운명이라고 부르든 간에 — 과의 상호관계 중 어느 것에 더 강조점을 두느냐로 귀착되어 진다.

고대비극은 주로 운명의 힘에 인간은 절대적으로 끌려 다닐 수밖에 없다하여 운명비극이라 하고, 셰익스피어의 비극은 운명 못지않게 성격이 중요하여 브래들리(A.C. Bradley)는 "성격이 운명이다"(7)라고 특징지었다. 그러나 밀러는 현시대에 와서 비극적 인물은 고대나 셰익스피어시대의 개념으로 파악될 수 없다고 하면서, 평범한 소시민도 위대한 비극의 주인공이 될 수 있다고 하였다. 그리고 그런 자신의 주장을 『세일즈맨의 죽음』을 통해 증명하듯이 보여주고 있다.

그러면 좀더 자세히 비극개념의 변천을 살펴보자. 아리스토텔레스의 『시학』 (Poetics)은 그리스 비극 이론의 결정이라 할 수 있는바 이곳에서 아리스토텔레스는 비극을 이렇게 정의한다.

그러니까 비극은 심각하고 완전하며 일정한 크기가 있는 하나의 행동의 모방으로서 그 여러 부분에 따라 여러 형식으로 아름답게 꾸민 언어로 되어 있고 이야기가 아닌 극적 연기의 방식을 취하며 연민과 두려움을 일으켜서 그런 감정들의 카타르시스를 행하는 것이다.

Tragedy, then, is an imitation of an action that is serious, complete, and of a certain magnitude; in language embellished with each kind of artistic ornament, the several kinds being found in separate parts of the play; in the form of action, not of narrative; through pity and fear affecting the proper purgation of these emotions. (36)

아리스토텔레스는 간명하게 비극의 특징을 위대성(magnitude), 연민과 공포, 정화작용(purgation or catharsis) 등으로 설명했다. 이런 핵심적 용어에 대한 해석학이 곧 비극론의 전개라 하겠다. 그러면서 『시학』 전편에서 비극적 주인공(tragic hero)의 특징들을 설명했다. 첫째 비극적 주인공은 행복에서 불행으로 떨어져야 한다는 것이다. 그래서 캠벨(Joseph Campbell)도 "희극이 주인공의 상승운동이라면 비극은 주인공의 하강 운동을 표현하는 것"(28)이라고 해석하고 있다. 둘째는 비극적 주인공은 완전무결해서는 안되고 어떤 결점을 가져야 한다는 것이다. 결점 혹은 비극적 결함(tragic flaw)이 있어야 비극의 씨가 잉태되기 때문이다. 이 비극적 결함은 지적 자만일 수도 있고 어떤 판단의 실수일 수도 있다. 셋째는 주인공의 신분이 고귀한 가문의 일원이어야 한다는 것이다. 그래서 비극의 주인공은 왕이나 귀족 또는 장군의 경우가 대부분이다. 그리고 그런 비극의 주인공은 "자신의 능력 밖의 커다란 세력에 의해 제한되어지는 존재"(Williams 21)이기도 하다.

셰익스피어의 비극은 그리스 비극과 상당한 공통점을 갖는다. 주인공이 왕이거나 귀족이라는 신분의 고귀성을 가지며, 처음에는 모두 행복하고 높은 지위에 있다가 한없이 나락하여 모두 죽음으로 끝나는 하강운동을 갖는다. 주인공의 성격에 있어서도 분명히 비참에 빠질 수밖에 없도록 되어 있어서 많은 셰익스피어 비평가들은 등장인물들의 성격연구에 많은 세월을 보내 왔고 지금도 주요한 연구의 분야가 되고 있다. 그러나 그리스 비극과 셰익스피어 비극의 근본차이는 운명이 비극의 더 큰 원인이냐 성격이 더 큰 원인이냐에 있다고 볼 수

밖에 없다. 비극의 주인공이 처하게된 비극적 재앙이 외부에서 주로 왔다는 것을 강조한 것이 그리스 비극이라면 셰익스피어 비극은 성격에서 발생하는 행동, 또는 행동에서 발생하는 성격에서 재난이 몰아닥쳤다는 점을 강조한다.

이런 성격연구에 몰두한 브래들리에 의하면 셰익스피어 비극의 주인공들은 다음과 같은 특징을 갖는다(7-16). 첫째 '성격이 운명이다'라고 할 정도로 성격이 중요하다. 둘째 주인공은 처참할 수도 있고 장엄할 수도 있다. 그러나 비열(small)하지는 않는다. 셋째 주인공은 강렬화(intensification)에 의해 다른 사람들보다 특출하다. 이것은 비극적 주인공의 천재성, 거대한 규모의 욕망, 열정, 의지를 의미하는데 결국 뚜렷한 일방성(one-sidedness)을 갖는다. 브래들리는 이것을 "하나의 흥미, 목적, 열정이나 마음의 습관을 가지고 전체를 포괄하려는 치명적 경향"(a fatal tendency to identify the whole being with one interest, object, passion, or habit of mind)(13)이라고 하였다. 넷째는 비극적 주인공은 소모의 인상(impression of waste)을 주는 위대성과 여러모로 연결되어 있다. 주인공의 특수한 성격으로 인해 인생을 모두 소모시켜 죽음에 이르게 되는데 그 과정은 강렬하게 독자(관객)에게 깊은, 신비한 체험을 갖게 해준다는 것이다.

이와 같은 그리스 비극이나 셰익스피어 비극은 넓은 의미에서 본다면 인간과 인간 혹은 인간과 신의 문제이기 때문에 위대한 인간의 몰락이 큰 관건이지만, 현대에 있어서는 인간과 인간의 문제는 심리적이거나 사회적인 관건이기 때문에 주인공의 신분은 문제가 되지 않는다. 그래서 밀러는 현대비극의 주인공으로 로우먼 같은 보통사람을 선택한 이유를 분명히 밝히고 있다.

> 보통사람도 왕들만큼 최고의 의미에서 비극의 주인공일 수 있는 경향이 있음을 나는 믿는다. 비극의 표면에서, 이것은 예를 들면 왕족에 의해 공연된 그러나 비슷한 감정의 상황에서는 누구에게나 적용되는 오이디푸스와 오레스테스 컴플렉스 같은 그러한 고전적 공식화 위에 분석의 기초가 놓여지는 현대 심리학의 견지에서 명확해야만 한다.

I believe that the common man is as apt a subject for tragedy in its highest sense as kings were. On the face of it this ought to be obvious in the light of modern psychiatry, which bases its analysis upon classic formulation, such as the Oedipus and Orestes complexes, for instances, which were enacted by royal beings, but which apply to everyone in similar emotional situations. (143)

도대체 어떻게 로우먼 같이 형편없는 인간이 비극적 영웅이 될 수 있겠는가는 그리스나 적어도 셰익스피어 비극에 친숙한 사람에게는 이해되어지기가 어렵다. 로우먼에게서 고귀성이나 위대성을 찾을 수 있으며 햄릿의 영혼의 고뇌 같은 것을 찾을 수 있단 말인가. 그러나 로우먼에게는 위대성이나 고귀성을 찾으려고 할 것이 아니라 주어진 상황 속에서 자신의 자유의지로 행동하고 선택하는 과정에서, 고대나 셰익스피어시대와 같은 의미의 깊은 정도는 아니지만 일종의 갈등과 고뇌를 느끼는 인간에게 관심을 가질 때는 로우먼이 얼마든지 비극적 영웅이 될 수 있다는 것이다. 이 점을 인간의 역사적 측면에서 달스트롬 (Carl E. W. L. Dahlstrom)은 다음과 같이 보고 있다.

과거에 소수의 사람들이 비교적 여유가 있어서 선택권을 행사할 수 있었다는 사실을 기억할 필요가 있다. 많은 사람들은 노예였으며 그들의 삶은 주인에 의해서 구체화되었다. 다른 사람들은 생존과 돈 버는 활동이 첫 번째 임무인 노동자, 기계공, 실업가들이었으며 그들 자신의 삶을 위해 나아갈 수 있는 수단으로서의 선택권을 생각할 기회가 전혀 없었다. 상대적으로 비교적 소수의 사람들만이 여유가 있었으며, 바로 이들이 전통과 신화의 구세대로 상징되었다.

We need but remember that relatively few people in the past were deemed free and hence capable of exercising options. Many human beings were slaves who had their lives shaped for them by their owners. Many others were laborers, mechanics, and businessmen whose preoccupation with survival and money-making activities left them no opportunity to consider options by means of which they could give direction to their own lives. Relatively few men were free, and these were symbolized by the old families of tradition and myth. (75)

자유스럽게 선택하고 행동할 수 있는 어떠한 보통 사람도 비극의 주인공이 될 수 있다는 것이 밀러의 지론이다. 그런데 문제는 이러한 보통사람이 현대사회의 온갖 부조리와 병폐 속에서 온당한 지위를 박탈당했다는 것이다. 그래서 밀러는 비극작가가 할 일은 이런 인간에게 '옳은 위치'를 찾아다 주는 것이라고 보았다. 현대의 비극적 주인공은 주로 심리적 아니면 사회적 원인에 의해 재난 속에 갇히게 되었으니 밀러의 관심은 자연히 사회로 돌려질 수밖에 없고 도덕의 중요성을 강조하지 않을 수 없다. 스타인버그(M. W. Steinberg)는 밀러의 비극이론의 핵심을 잘 파악해 준다.

> 비극의 기능은 우리의 사회에 관계있는 진리를 드러내는 것이다. 그것은 인간에게 권리를 개인적 위엄으로 좌절시킨다. 그리고 비극의 계몽이란 이러한 권리를 지지하는 도덕률을 찾는 것이다. 기본적으로 "비극과 보통사람"에서 명확하게 나타난 심미적 상태는 사회 비평가 밀러의 영향을 받았으며 또한 결론지어진다. 그리고 이러한 비극의 정의에 대한 용어들은 수용되기도 하고 제한 받기도 한다.

> The function of tragedy is to reveal the truth concerning our society, which frustrates man his right to personal dignity ; and the enlightenment of tragedy is the discovery of the moral law that supports this right. Basically the aesthetic position formulated in "Tragedy and the Common Man" is influenced, perhaps even determined, by Miller the social critic, and while the terms of this definition of tragedy are acceptable, they are also limited. (85)

피상적 관점에서 본다면 로우먼의 비극은 허황된 꿈만 가지고 환상의 노예가 된 한 보잘 것 없는 인간의 이야기이지만 미국이라는 현대의 특수 사회와 현대인의 심리에서 본다면 두 가지의 중요한 쟁점을 부각시킬 수 있다. 하나는 도덕적 사회적 문제고 또 하나는 그리스시대부터 이야기되어온 본질적 문제이다. 로우먼을 세일즈맨으로 관찰하면 도덕, 사회문제에 대한 접근이 가능해지고 로우먼과 비프(Biff)와의 관계를 주의해 보면 본질적 문제에 가까워질 수 있다.

이제 이러한 문제들을 제기시켜놓고 햄릿의 비극적 상황과 로우먼의 비극적 상황을 검토한 후, 그들의 행동양식과 죽음의 의미 등을 고찰해 보고자 한다.

3

햄릿이나 로우먼이 처한 상황은 똑같이 비극적이다. 차이가 있다면 햄릿은 왕자이고 지금의 덴마크와 궁정과 자기 가족에 어떠한 사태가 벌어졌는가를 완전히 알아야하고 어떻게 대처해 나갈 것인가를 결정해야 하는데 비해서, 로우먼은 막연히 많은 돈을 벌어 자식들을 성공시키고 집안을 행복하게 하겠다는 좀 환상적인 생각일 뿐이다. 햄릿의 세계가 심각하고 숨막히는 긴장감을 불러일으킨다면 로우먼의 세계는 그런 용단과 주도면밀한 계획을 세울 필요조차 없는 광활한 바다위의 조각배 같은 왜소해진 한 세일즈맨의 소박한 감정을 나타낼 뿐이다.

햄릿이 처한 지금의 상황을 훑어보자. 신과 같은 아버지는 죽고 짐승같은 숙부가 왕이 되어 나라를 지배하고 있다. 어머니는 하이퍼리온(Hyperion)과 같은 남편이 죽은지 2개월 아니 1개월도 못돼 세이터(Satyr)와 같은 남편의 친동생과 결혼하여 산다. 짐승같은 악인이 왕국과 왕비를 훔쳤으니 신이 짐승에게 굴복당한 상황이다. 그야말로 관절이 빠져있는 세상이요 악이 창궐하는 세상이다. 그렇다고 자기의 심중을 털어 놓을 만한 상대도 없다. 그래서 햄릿은 이렇게 독백할 수밖에 없다.

아, 너무도 추잡스러운 이 육신, 녹고 녹아
한 방울의 이슬로 화해 버렸으면 좋으련만,
아니면 하나님께서 자살을 금하는 계율이라도
제정하시지 않았더라면 좋았으련만, 아, 하나님! 하나님!
세상만사 돌아가는 꼴이 나에게는 하나 같이 권태롭고,
진부하고, 무미건조하고, 쓸모없는 것으로 보일 뿐이로구나!
더럽다, 더러워. 이야말로 무엇이든 제멋대로 자라 열매맺는
버려진 정원, 대자연 가운데서는 추악하고 더러운 잡초만이
판을 치고 있다.

O, that this too too sallied flesh would melt,
thaw, and resolve itself into a dew,
Or that the Everlasting had not fixed
His canon' gainst self-slaughter. O God, God,
How weary, stale, flat, and unprofitable
Seem to me all the uses of this world!
Fie on't, ah, fie, 'tis an unweeded garden
That grows to seed, things rank and gross in nature
Possess it merely. (1.2. 129-37)

이런 상황 속에서 왕자 햄릿은 이 세상 모든 것이 악으로 비쳐지고 인생의 의미
는 빛을 잃는다. 거기에다가 그의 사색적인 특징으로 인하여 더욱 우울증에 빠
지고 냉소적으로 변하기도 한다. 원래의 햄릿은 오필리어의 다음 말과 같이 이
상적인 엘리자베스시대의 인간의 표본이었다.

아, 그렇게 고귀하시던 분이 어쩌면 저 꼴이 되었단 말인가!
조신으로서, 무사로서, 학자로서, 안목과 구변과 무술을
갖추고 계셨던 분, 이 나라 이 땅의 희망이요 꽃이었고,
풍속의 거울, 예의범절의 귀감이었을 뿐만 아니라,

만조백관이 우러러보던 분이 완전히 실성해 버리셨구나!
세상의 여인들 가운데서 가장 비참한 처지에 빠진 나,
한 때는 그분의 맹세라는 달콤한 꿈을 맛보기도 했건만,
이제 보니 감미로운 종소리 같던 그 고귀하고 당당하던
이성의 조화는 흐트러져서 시끄러운 잡음만이 요란하고,
꽃다운 젊은 시절의 그 비길데 없던 그 용모, 그 자태도
광기로 인하여 시들어 버렸구나. 아, 슬프다.
옛 모습을 보았던 이 눈으로 현재의 이 모습을 보다니.

O, what a noble mind is here o'erthrown!
The courtier's, soldier's, scholar's, eye, tongue, sword,
Th' expectancy and rose of the fair state,
The glass of fashion and the mould of form,
Th' observed of all observers, quite quite down!
And I of ladies most deject and wretched,
That sucked the honey of his musicked vows,
Now see that noble and most sovereign reason
Like sweet bells jangled, out of time and harsh;
That unmatched form and feature of blown youth
Blasted with ecstasy. O, woe is me
T' have seen what I have seen, see what I see! (3.1. 144-55).

　　호레이쇼로 대변되는 학자의 학식과, 포틴브라스로 대변되는 군인, 기사의
도를 가졌고, 레어티즈로 대변되는 신사의 품위와 교양을 갖추고 있었다. 그러
나 운명적 상황이 그를 변화시켰다. 사랑하는 애인 오필리어가 철천지 원수 폴
로니어스의 딸이라는 컴플렉스와 자기를 낳아서 지금까지 고이 길러준 어머니
가 또한 원수의 가장 가까운 아내라는 현실, 자기의 초등학교 시절 친구가 이제
는 원수의 앞잡이라는 복합관계 햄릿은 두가지를 잉태하게 된다. 나잇(G.
Wilson Knight)은 이렇게 지적한다.

햄릿과 그의 세계 사이의 이러한 대조는 무척 중요하다. 왜냐하면 그것은 다음에 이어지는 연극들 속에서 다른 형태들로 반복되기 때문이다. 햄릿은 그것들을 초기의 모든 것 속에 포함한다. 그것들은 인간의 삶과 부정의 원리 사이에 있는 논쟁을 반영할 것이다. 그 원리는 내가 다른 곳에서 '미움'과 '악'이라고, 상대적으로 부르고 있는 '사랑 냉소주의'와 '죽음의식'으로 세분될지도 모른다.

This contrast between Hamlet and his world is of extreme importance, for it is repeated in different forms in the plays to follow. Hamlet contains them all in embryo. They are to reflect the contest between (i) human life, and (ii) the principle of negation. That principle may be subdivided into love-cynicism and death-consciousness, which I elsewhere call 'hate' and 'evil,' respectively. (43)

이렇게 사랑에 대한 냉소와 죽음의식에 사로잡힌 햄릿은 결코 이런 환경에서 후퇴하지 않는다. 주도면밀하게 복수의 기회를 노리고 있다. 많은 비평가들에 의하여 햄릿은 나약하고, 우울증에 걸려 실패자의 길을 걸을 수밖에 없다고 지적되었지만 오히려 비참한 환경 속에서 많은 사색과 행동의 다양성을 보여줌으로써 좀더 폭넓은 인간상을 보여주었다고 보는 것이 더욱 타당하다고 본다. 여기에 비해 로우먼은 그렇지 못하다. 『세일즈맨의 죽음』도 개막순간부터 죽음의 분위기로 꽉 차있다. 실제적인 죽음은 로우먼은 2만불의 보험금을 타기 위하여 자동차 사고로 자살의 길을 선택하는 데에서 나타나지만 극의 시종이 죽음의 그림자로 덮여 있다. 햄릿이 조소주의를 갖는데 반하여 로우먼은 가식의 생활을 한다. 햄릿은 내심을 속이기 위해 거짓 미친척 하는데 반하여 로우먼은 위선의 탈을 쓴다. 이런 햄릿의 행동을 윌슨(John Dover Wilson)은 다음과 같이 보고 있다.

햄릿의 "거짓 미친척하기"와 과업의 관계는, 확실히 아주 천성적이며 명확한 것이다. 그 이외에도 긴급한 유령의 요구, 왕비를 다치지 않게 하면서 일을 실행해야 하는 어려움, 그리고 유령 자체에 관한 당혹감 등이 즉각적으로 행동을 하지 못하게 한다. 즉 햄릿은 신중히 생각할 시간이 필요하다.

As for the relation of the "antic disposition" to Hamlet's task, that is surely equally natural and obvious. However urgent the command of the Ghost, the difficulty of executing it without injuring the Queen, and the perplexity concerning the Ghost himself, forbid immediate action: Hamlet needs time for consideration. (93)

그러나 로우먼에게는 돈을 벌어야겠다는 목표는 있으나 이 임무를 수행하는데 필요한 방편은 없다. 그저 빛바랜 가방을 가지고 이리저리 다니며 물건을 파는 것이다. 로우먼에게 가면이 있다면 그것은 단지 손님들에게 물건을 사달라고 의례적으로 행하는, 애써 짓는 억지웃음이라는 가면이 있을 뿐이다. 실직한 사실을 아내에게 알리기 싫어서 직장에 나가는 척했다가 저녁에는 하루벌이에 해당하는 돈을 친구에게 빌려가지고 돌아오는 자기기만의 생활이 있을 뿐이다. 고귀한 신분의 왕자가 미친 척 할 수밖에 없는 상황이 비참하다면, 아내에게 까지도 자기의 내면을 보여줄 수 없는 현대인의 표본인 로우먼은 처절하다고 보아야 할 것이다.

자기의 임무 즉 클로디어스에게 복수를 해야 하는데 햄릿에게는 너무 커다란 현실의 벽이 버티고 있다. 원수는 현재 왕이기 때문에 선불리 접근할 수가 없다. 삼엄한 경계의 망을 뚫을 수는 없고 무기도 칼밖에 없다. 더군다나 클로디어스는 철저히 자기방어를 하고 있으며 햄릿의 일거수일투족을 감시하고 있다. 그래서 때로는 실의에 잠기기도 하고 자기의 무능과 태만을 후회하여 보기도 한다. 그러나 햄릿은 이 세상과 인간의 고상한 가치세계와 능력을 충분히 알고 있기 때문에 아무리 현실의 벽이 높고 험악하더라도 임무수행의 험난한 길을 걷겠다고 다짐한다.

그러나 로우먼은 물질에 빠져있는 비정한 현대사회와 기계처럼 거인으로 둔갑한 사회에 대항해서 싸우기 보다는 절망과 실의에 빠진다. 로우먼과 린다의 대화를 들어보자.

윌리: 제발 창문 좀 열어놓구려!

린다: (꾹 참으며) 여보, 열려 있는데요.

윌리: 저놈의 벽돌과 창문들이 우리를 꼼짝 못하게 누르고 있잖아.

      …

린다: 더 많은 것은 아니네요. 제 생각엔-

윌리: 글쎄, 많다니까! 그것이 이 나라를 망치고 있단 말이야. 인구증가는 주체
할 길이 없고, 경쟁은 점점 심해지고 있단 말이요. 저 아파트에서 새어 나
오는 썩은 냄새 좀 맡아 보구려. 그리고, 저편에서 나는 냄새도 … . 그런
데, 어떻게 치즈를 휘젓지?

Willy: Why don't you open a window in here, for God's sake?

Linda: *with infinte patience* : They're all open, dear.

Willy: The way they boxed us in here. Bricks and windows, windows and bricks.

      …

Linda: I don't think there's more people. I think.

Willy: There's more people! That's what's ruining this country Population is
getting out of control. The competition is maddening! Smell the stink
from that apartment house! (17-8)

이런 의미에서 로우먼은 전통적 의미의 위대한 비극적 주인공이 되지는 못
한다. 이 비정한 조직사회에서 개인이 아무리 발버둥쳐 봐도 소용없는 것이다.
그래서 로우먼은 단순한 세일즈맨이 아니고 문자 그대로 로우먼(lowman: 낮은
위치에 있는 사람)이며 현대인의 상징이 된다. 그런데 이런 윌리는 이중의 덫
속에 갇혀 있다. 하나는 사회적인 덫의 희생물이요 또 하나는 심리적인 덫에 걸
린 가련한 인생이다. 그래서 개인과 사회와의 관계에서 이 작품을 분석한 빅스
비(C. W. E. Bigsby)는 다음과 같이 언급한다.

오로지 성공만을 가치 있게 여기는 사회에서 인생의 실패로 좌절된 늙어가는

세일즈맨의 이야기를 다루는-『세일즈맨의 죽음』은 미국 연극사에서 가장 강력하고 영향력 있는 연극중의 하나로 드러났다. 정신적 붕괴에 직면한 한 개인의 혼란과 꿈이 개인의 사회적 가능성에 대한 민족적 신화의 붕괴를 구체화시켰다.

Death of a Salesman – the story of an ageing salesman, baffled by a lifetime of failure in a society which apparently values only success – has proved one of the most powerful and affecting plays in American theatrical history. The confusions and dreams of a single individual on the verge of psychological collapse were made to embody the collapse of national myths of personal transformation and social possibility. (174)

그러기 때문에 로우먼은 아메리칸 드림의 희생자가 된다. 밀러가 세일즈맨을 택하게 된 이유는 분명히 미국적 꿈을 성취하기 위한 것이었다. 이런 꿈을 성취하는 것은 용기와 열성을 다하여 기업을 일으키고 돈을 버는 것이다. 그런데 시대의 변천과 더불어 무조건 돈만 벌면 된다는 잘못된 인식이 나타나게 된다. 가치전도가 발생하게 되어 인간이 상품으로 전락하게 되는 "미국사회에 새로운 사회심리학을 탄생"(Harold Clurmans 213)시키게 된다.

이러한 가치전도의 세계 속에서 세일즈맨은 억지웃음의 가면을 쓰거나 속임수의 방법으로 그때그때를 모면해 보려하나 끝내는 자살로 일생을 마칠 수밖에 없다. 로우먼은 자기의 꿈을 실현치 못하고 사회의 너무 높은 벽에 부딪혀 압박감과 초조감 때문에 정신착란증에 걸렸다고 볼 수도 있다. 물질적 성공과 타인으로부터 인정받아야겠다는 외부적 목적을 추구하다가 철저히 자기기만적 생을 산 소외된 인간의 본보기라고 취급되어질 수도 있다. 로우먼이 처참한 비극적 인생을 살게 된 원인을 사회에 돌릴 수도 있고 개인의 약점에 돌릴 수도 있다. 그것은 햄릿의 패배의 원인이 어디에 있느냐의 문제만큼 복합적이기도 하다. 과연 햄릿의 비극은 비극적 상황 때문에 비롯됐지만 전적으로 외부적인 힘 때문일까? 아니면 전적으로 햄릿의 성격과 성격에서 비롯된 행동 때문일까? 오이디푸스가 비극에 처하게 된 것은 확실히 자기자신의 의지나 선택과는 전혀 무관한 운명의 힘이었다. 그러나 햄릿 비극의 원인을 온전히 운명의 힘이라 할 외부적 힘이라고만 볼 수는 없다. 적어도 셰익스피어 비극에서는 외부적인 힘과 내적인 것 ― 그것을 성격이라 하든 판단의 실수라 하든 ― 의 상호작용으로 보아야 할 것이다. 로우먼의 경우도 마찬가지다. 로우먼의 비극은 전적으로 사회의 탓으로만 돌릴 수 없는 몇 가지 요소들이 있다. 첫째 로우먼은 실천력이 없다. 실제로 작품 속에 로우먼은 세일즈맨이지만 무엇을 어떻게 파는지에 대해서는 언급이 없다. 가치관과 판단력도 없다. 수학시험에 낙제 했다는 아들의 말을 듣고 왜 그렇게 바보 같으냐고 오히려 아들과 점수를 주지 않은 교사를 비난한다.

> 비프: 아버지, 수학에 낙제했어요.
> 윌리: 학기말 시험에 한 건 아니겠지?
> 비프: 학기말 시험이에요. 학점이 부족해서 졸업 못해요.
> 윌리: 버너드가 답을 안 가르쳐 주었다는 거냐?
> 비프: 가르쳐 주었고, 애도 썼지만요, 61점 밖에 못 받았어요.
> 윌리: 그래 4점을 더 안 주겠다는 거야?
> 비프: 번봄 선생님이 당연히 거절하던걸요. 사정 해 봤지만, 4점을 더 줄 수 없대요. 방학 전에 아버지가 말씀 하셔야 돼요. 선생님이 아버지가 어떤 사람인가를 알 것이고, 아버진 아버지 방식대로 말씀하실 것이니까, 선생님이 틀림없이 절 통과시켜 줄 것이에요. 수업 시간이 연습 바로 전 시간이라서, 출석을 잘 못했죠. 선생님께 말씀 좀 해 주실래요? 아버질 좋아할 걸요. 아버진 말씀을 잘 하시잖아요.

> Biff: Dad, I flunked math.
> Willy: Not for the term?
> Biff: The Term. I haven't got enough credits to graduate.
> Willy: You mean to say Bernard wouldn't give you the answers?

Biff: He did, he tried, but I only got a sixty-one.

Willy: And they wouldn't give you four points?

Biff: Birnbaum refused absolutely. I begged him, Pop, but he won't give me those points. You gotta talk to him before they close the school. Because if he saw the kind of man you are, and you just talked to him in your way. I'm sure he'd come through for me. The class came right before practice, see, and I didn't go enough. Would you talk to him? He'd like you, Pop. You know the way you could talk. (117-8)

부정한 수단으로라도 점수를 얻으면 된다는 생각이나 돈만 벌면 된다는 생각은 분명히 잘못된 것이다. 햄릿은 복수를 하기 전에 혹시라도 유령의 부탁이 잘못된 것인지 의심스러워 클로디어스 앞에서 연극을 공연해 확인을 했으며, 절호의 기회였지만 기도하고 있는 클로디어스를 처치할 수는 없었다. 기도하는 사람을 죽이면 복수를 하는 것이 아니라 거꾸로 자기는 지옥에 떨어지고 원수는 천국에 올라갈 것이기 때문이었다. 그래서 풀러(A. Howard Fuller)는 로우먼을 열정은 있으나 정직성이 없다고 규정지었다. 너무 높은 현실의 벽 앞에서 잘못된 출세관과 인생관으로만 치닫던 로우먼은 비참한 비극적 인물이지만, 그 내심 깊은 곳에는 아들에 대한 비정상적 강박관념에 빠져있다. 부자의 문제는 로우먼이 늘 아버지를 생각하는 것과 아들 비프에 대한 강렬한 의식으로 이 작품의 또 하나의 주제를 형성하고 있다. 그래서 카르슨(Neil Carson)은 이렇게 설명한다.

이 연극의 가장 두드러진 특징은 월리의 내적 인생을 표현하는 것이며 또한 이 작품의 마지막 평가이전에 이해되어야 할 점이다.

It is the presentation of Willy's internal life which is the most striking feature of the play and the one which must be understood before a final assessment of the work can be made. (48)

이렇게 아버지를 자랑하며, 자신도 아들들에게 모범적인 인물이 되어야겠다고 생각하며 돈을 많이 벌어야겠다고 다짐한다. 이 극이 처음에 비프가 자동차를 닦는 것을 회상하는데서 시작하여 아버지가 아들을 위해 죽는 것으로 끝나는 것은 구조적인 측면에서 부자 주제를 상징하는 것으로 보아야 할 것이다. 아들 비프가 대학에 진학도 못하고, 사업에 별 진척도 없으며 해피는 건달이 되어 여자뒤만 쫓아다니지만 아들들과의 순수한 애정은 늘 가슴 깊이 도사리고 있었다. 로우먼과 비프 및 린다의 감동 어린 장면은 다음과 같다.

> 린다: 비프는 마음속으로 당신을 좋아한다니까요!
> 해피: (마음이 깊이 감동되어) 언제고 그랬어요
> 윌리: 비프가! (미친 듯이 쳐다보며) 그놈이 울었어! 나한테 안겨 울었다구! (비프에 대한 사랑에 목이 메어, 소망을 큰 소리로 외친다) 그 놈은 훌륭한 놈이 될거야!

> Linda: He loves you, Willy!
> Happy: *deeply moved* : Always did, Pop.
> Willy: Oh, Biff! *Staring wildly* : He cried! Cried to me. *He is choking with his love, and now cries out his promise* : That boy-that boy is going to be magnificent! (133)

이 순수한 아버지와 아들의 사랑의 눈물을 통해서 아버지는 아들을, 아들은 아버지를 재발견케 된 것이다. 비프가 겉으로는 아버지를 거역하고 사망을 안겨주었지만 마음 속 깊이 아버지를 따르고 아꼈다는 것을 아는 순간 로우먼은 진실로 죽음을 받아들일 수 있었다. 객관적으로 볼 때 실패자였던 로우먼의 죽음을 보고 찰리가 외치는 말은 그에 대한 의미 있는 일반적 평가라고 할 수 있다.

(해피가 대들며 대답하려는 것을 막고, 비프에게) 자넨 잘 모를 걸세. 자네부친

을 비난할 사람은 아무도 없네. 자네 부친은 외판원이었다구. 외판원에겐 인생에서 맨 밑바닥이란 건 있을 수 없어. … 아무도 아버질 비난하는 사람은 없을 걸세

(*stopping Happy's movement and reply. To Biff*) No-body dast blame this man. You don't understand : Willy was a salesman. And for a salesman, there is no rock bottom to the life. … Nobody dast blame this man. A salesman is got to dream, boy. It comes with the territory. (138)

이런 상황에서 린다도 울부짖으며 이렇게 말한다.

여보, 절 용서해 줘요 울 수도 없어요 왜 그런지 모르지만, 울 수도 없어요. 정말 알 수 없어요. 왜 그런 일을 저지르셨어요! 절 좀 도와줘요 울 수도 없어요 또 출장 가신 것만 같아요. 돌아오시길 계속 기대하고 있겠어요 여보, 전 울 수도 없는걸요 뭣 때문에 그런 일을 저지르셨냐구요! 아무리 생각해 보고, 생각해 봐도 알 수가 없다구요! 오늘로 마지막 집세도 치렀어요 오늘 말예요 하지만, 이젠 집에 사람이 없는걸요. (훌쩍거리는 소리에 목이 메인다) 빚도 갚고 홀가분해졌는데. 마음 편히 살 수가 있는데. (비프, 천천히 어머니 쪽으로 간다) 이젠 마음 놓고 살 수 있는데. (더욱 훌쩍거리다가 울음을 터뜨린다)

Forgive me, dear. I can't cry. I don't know what it is, but I can't cry. I don't understand it. Why did you ever do that? Help me, Willy, I can't cry. It seems to me that you're just on another trip. I keep expecting you. Willy, dear, I can't cry Why did you do it? I search and search and I search, and I can't understand it, Willy. I made the last payment on the house today. Today, dear. And there'll be nobody home. A sob rises in her throat. We're free and clear. Sobbing more fully, released : We're free. Biff comes slowly toward her. We're free … We're free. (139)

린다는 지금까지 힘들게 살아왔지만 이제는 빚도 갚고 좀 안정된 상태에서 가

정을 꾸리고 살아보려 하는데 갑자기 남편이 죽음으로 모든 것이 의미를 잃게 된다. 이렇게 죽음을 통해서만이 린다는 남편의 의미를 깨닫게 된다.

햄릿도 오필리어에 대하여 한때는 냉소주의에 빠져서 그녀를 비난 하고 창녀집으로 가라고까지 하였으나 장례식에서는 어느 누구 보다도 그녀를 사랑했다고 고백하기도 한다. 로우먼의 본 모습이 죽음을 통해 새롭게 비추어지듯이 햄릿도 죽음에 가까워 오면서 의미가 깊어진다. 햄릿의 비극은 외적인 것과 내적인 것의 복합적 의미를 갖는다.

사실 햄릿은 클로디어스의 말대로 조용히 세월만 보내고 있으면 왕이 될 수 있는 지극히 행복할 수 있는 사람이었지만 세상의 썩고 더러운 것을 바로잡아야 할 브래들리가 말하는 한쪽으로 치우친 성격(one-sideness)의 비극적 특징을 가진 것이다. 사적인 자신의 안일을 버리고 공적인 공의와 의무를 실현하는 과정은 험난하고 또 결국 죽음으로 끝날 수밖에 없다. 이렇게 공적인 햄릿의 면모를 보면 결코 그는 추상적인 사색가나 몽상가가 아니다. 그는 개인의 문제보다 국가의 안녕과 질서를 위해 투쟁하고 정의를 실현시키다 죽었기 때문에 희생양의 의미가 있다고 보겠다.

> 햄릿이 아무리 우울하고 불확실하게 행동했을지라도 그는 그가 가장 소중히 여기는 가치에 부합하는 방법을 식별하고 어떤 측면에서는 그 자신과 덴마크를 위해서 속죄의 과정을 달성하였다고 우리는 확실히 생각한다.
>
> We are certainly intended to feel that Hamlet, however darkly and uncertainly he worked, had discerned the way to be obedient to his deepest values, and accomplished some sort of purgatorial progress for himself and Denmark. (Fergusson 132)

햄릿의 죽음이 희생적이며 그 죽음을 통해서 새로운 질서가 탄생되듯이 로우먼의 죽음을 통해 가족에게 새로운 의미가 탄생된다. 세일즈맨으로서의 로우먼은 다 낡아빠진 가방과 스타킹 속의 자아로 형편없었지만, 그러기 때문에 더욱 그의 죽음은 값진 것이다. 위대하지 못했기 때문에 그의 마지막 결단은 더욱 큰 용기와 인내와 성실성이 요구되는 행위였다. 빅스비는 보험금을 타내기 위한 로우먼의 자살행위에 대하여 이런 의미를 부여하고 있다.

> 비록 어떤 의미에서 이것은 패배의 이야기지만, 그 서정성은 다른 강렬한 가능성을 암시한다. 또한 타락한 꿈의 위협적인 실용주의나 무서운 평범주의를 뛰어 넘는 경험과 육체적 세계나 언어와의 관계가 있음도 암시한다.

> Though in a sense it is a story of defeat, its very lyricism implies the persistence of other possibilities and of a relationship with language, experience and the physical world which goes beyond the terrible banality and threatening pragmatism of a dream tainted at source. (176)

이렇게 로우먼의 죽음을 사적인 측면에서 비프와 연결시킬 때 이 작품의 해석은 더욱 깊어진다. 햄릿은 사적인 것을 버리고 공적인 것을 위해 싸우고 죽었지만 로우먼은 공적인 면에서는 패배했지만 사적인 면에서는 비프에게 새로운 의미를 준 것이다. 파커(Brian Parker)는 비극적 경험의 측면에서 로우먼과 비프의 관계를 다음과 같이 설명한다.

> 그러나 새로운 진실이 비프에게 있다. 그리고 "애가"(Requiem)로 계속되는 윌리의 죽음을 넘어서는 확대된 표현주의적 기법이 그 두 경험을 같이 묶어준다. 윌리가 나타나지 않는 장면들로 확대된 관점은 끝에서 청중들로 하여금 비프의 수용을 내가 주장하는 유일하고, 일관성있는 비극적 경험인 윌리의 불행을 연관시킬 수 있게 해 준다. 비록 그 기법이 『오이디푸스 왕』(*Oedpus the King*)보다 『에브리맨』(*Everyman*)에 더 가까울지라도, 영웅의 운명과 같이 청중의 확인

은 보다 평범한 수법인 도덕적 동정과 칭찬보다는 오히려 무대 기술의 정서적 조작인 감정이입에 의해서 획득되어진다.

But the new truth is there in Biff, and the extension of expressionistic technique beyond Willy's death unbroken into the "Requiem" binds together the two experiences. The extension of the point of view into scenes where Willy does not appear enables the audience at the end to associate Biff's acceptance with Willy's disaster as a single, coherent, and, I would argue, tragic experience ; though the technipue is closer to Everyman than to Oedipus Rex, and the audience's identfication with the hero's fate is secured by empathy-emotional manipulation of stage techniques-rather than the more usual method of moral sympathy and admiration. (109)

그러니까 햄릿은 사적인 것을 희생시키고 공적인 대의를 구현시킨 고귀하고 위대한 비극적 주인공의 투쟁의 과정을 그렸다면, 『세일즈맨의 죽음』은 공적으로는 비참하게 사회에서 버림받았지만 사적으로는 가정에 새로운 의미를 가져온 심리적 과정을 추구한 작품이라 하겠다. 이런 관점에서 볼 때 햄릿의 전 비극적 공식은 $A^+ \rightarrow A^-$로 표시될 수 있고 로우먼의 비극적 생애는 $A^- \rightarrow A^-$로 도식화 할 수 있다. 햄릿이 고귀한 왕자의 신분(A^+)일 때의 값을 「9」라고 가정하고 죽음을 「0」이라고 볼 때 그 절대값은 「9」가 된다. 반면에 로우먼의 경우는 무기력한 소시민으로 생계를 꾸려나가는 값은 「0」아니면 「1」정도에 그치지 않는다. 그가 죽었을 때의 값을 「0」으로 볼 때 절대값은 「0」아니면 「1」에 불과하다. 햄릿의 값이 「9」라면 로우먼의 수치는 많아도 「1」에 지나지 않는다. 아무리 밀러 자신이 주장했다 하더라도 평범한 독자의 입장에서는 햄릿의 절대값 때문에 더 큰 감동을 받을 수밖에 없다고 하겠다. 이제 이 두 작품의 관계를 다음의 도표로 정리하여 보겠다.

	Hamlet	**Death of a Salesman**
1) 비극적 주인공	a) 왕자	a) 무기력한 소시민
2) 비극적 상황	a) 부왕의 서거-숙부가 왕이 됨 b) 어머니의 재혼 c) 왕위 불계승 d) 유령의 부탁 e) 여러 사람과의 관계	a) 현대의 무능한 세일즈맨 b) 아버지에 대한 동경
3) 목표, 의무	a) 복수 b) 왕국을 바로잡음	a) 돈벌기 b) 가문의 재건
4) 방법	a) 사랑에 대한 시니시즘 b) 죽음의식 c) 거짓 미친체함 d) 임무수행-철저, 주도면밀성 e) 자기충동의 도덕성	a) 가면 b) 위선 c) 막연한 떠돌이 상인 d) 가치관, 판단력 없음
5) 덫	a) 현재의 왕 b) 어머니 c) 애인의 아버지 d) 친구들의 감시	a) 사회의 덫 b) 심리적 덫
6) 패배의 원인	a) 외부적인 것 b) 내적인 것: 성격(우유부단) c) 필연성	a) 실천력 결여 b) 계획성 없음 c) 허황된 꿈
7) 죽음	a) 죽음- 덴마크에 새질서 b) 희생양 c) 도덕적 질서	a) 교통사고의 죽음-아들을 위해 보험료를 타고져
8) 비극적 과정	a) 사적인 것을 버리고 공익을 위해 투쟁-죽음-자기 희생적	a) 공익을 버리고 사적인 것을 위해 자살-자기 희생적
9) 비극적 공식	Set-it-right consciousness $A^+ \rightarrow A^-$	rotten ecentric consciousness $A^- \rightarrow A^-$
10) 절대값	[9]	[0] or [1]

4

이상에서 살펴본 것처럼 비극적 주인공 햄릿과 로우먼의 경우 어떤 비극적 상황에 처하게 되었으며, 그 대처방식은 어떠했고 최후의 죽음의 의미가 무엇인가를 추구해 보았다.

햄릿과 비교해 보았을 때 로우먼은 확실히 성격 면에서 전통적 의미의 비극적 영웅이라고 보기는 어렵다. 그러나 비극의 개념이 밀러뿐이 아니라 보통사람도 충분히 비극적 영웅이 되고 그들의 죽음 또한 중요한 의미를 갖게 된다. 두 아들들이 아버지의 말을 듣지 않고 형편없다고 몰아붙이자 린다는 "보통사람도 위대한 사람처럼 소진될 수 있다"(A small man can be just as exhausted as a great man 56)라고 옹호한다. 어쩌면 현시대가 위대한 사람의 비참함보다 소시민의 비참함을 더욱 절실하게 해주는 지도 모르겠다. 그런 의미에서 현시대의 개인에 대한 비극의 원인을 다음과 같이 보고 있는 슈어르즈(Alfred Schwarz)의 견해는 매우 타당하다.

> 비극적 개념은, 그렇더라도, 전적으로 결정론적이어서는 안된다. 비록 순수한 자연주의적 연극이 개인을 심리학적 혹은 생물학적인 힘인 환경과 유전의 희생물로 간주하는 경향이 있다하더라도
>
> The tragic conception need not, however, be fully deterministic, though the purely naturalistic play tends to view the individual as a victim of environmental and hereditary, i.e., psychological or biological, forces. (138)

어느 측면에서 보면 햄릿자신도 거대한 조직사회라 할 수 있는 왕궁과 왕의 절대 권력의 벽에 갇혀 있어 코트가 말하는 "그들은 인생, 죽음 그리고 인생의 운명에 대해 놀라운 것을 말했다. 그들은 서로에게 덫을 놓고 거기에 빠져들었

다."(They told amazing things about life, death and human fate, They set traps for each other, and fell into them 60) 일 것이다. 비록 로우먼이 돈만 추구하는 비정한 사회에서 무참하게 죽음을 맞이하지만 그에게서 관객들은 고전비극이 말하는 동정심과 공포를 통한 감동을 충분히 느낄 수 있다. 비록 비극의 주인공들이 모두 죽음을 맞이하게 되는 실패자들이지만 그들에게서 또한 고귀성을 느끼는 데 맥애너니(E.G. McAnany)는 이렇게 설명한다.

> 윌리는 분명히 부족한 면이 있다. 그는 아내에게 불성실하고, 자신의 아들과 같이 남을 속이고, 찰리와 같이 마음이 좁고, 질투심이 많다. 그렇지만 아들들에게 그가 할 수 있는 최선의 것을 주기 위해서 노력한 것을 기억해야만 한다. 비록 그 선물이 거의 가치가 없었다는 것을 서서히 깨달았지만. 결국 아버지는 아들의 이익을 위해서 자신의 인생을 희생한다. 만약 이 사람에게 어떤 고귀함이 있다면, 성공의 꿈을 위한 상징인 세일즈맨에서가 아니라, 사랑의 상징인 아버지에게서 사랑이 발견되어져야만 한다.

> Willy has patent failures: he is unfaithful to his wife, deceitful with his sons, petty and jealous with Charley. yet one must also recall that Willy has striven to give his sons the best he can, though he gradually comes to realize that the gift was worth very little. Ultimately the father sacrifices his life for his son's benefit. If there is any nobility in this man, it must be found, not in the salesman, the symbol for the dream of success, but in the father, the symbol of love. (20)

비극의 주인공에 있어 가장 중요한 요소라 할 성격의 강렬성(intensity)과 고귀성(nobility)의 면에서 볼 때 햄릿은 충분하지만 로우먼은 그렇지 않다고 할 수 있으나 앞에서 설명한 것처럼 아버지와 아들의 관계에서 살펴보면 두 요소를 충분히 느낄 수 있다. 로우먼이 처한 비극적 상황과 이런 상황 속에서 자살의 길을 택할 수 밖에 없는 '선택성' 자체가 어쩌면 햄릿보다 더 비극적이라 할 수 있다. 시대에 따라 비극적 주인공에 대한 개념이 변화하지만 독특한 주인공들의 성격과 그들이 처한 환경, 환경에 대응해 나가는 삶의 모습 때문에 그들은 영원히 인류의 가슴속에 남아 있게 마련이다. 햄릿은 400년 전의 작품 속에 갇혀 있지 않고 이 시대에도 가장 첨예화된 시각으로 재해석되고 부활되어진다. 로우먼도 마찬가지다. 그의 삶의 여정이나 죽음은 오랜 세월이 지나도 여전히 감동을 줄 것이다.

제 5 장
현대소설과 『햄릿』

1

　『율리시즈』(*Ulysses*)의 주요 인물들은 인간소외와 정신적 갈등 속에 빠져있고 블룸(Bloom) 부부의 애정은 균열되어 있으며 자아 정체성의 문제가 주조를 이룬다. 조이스(James Joyce)는 『율리시즈』를 통하여 유럽의 제 1차 세계 대전 후의 온갖 비뚤어진 사회모습과 황폐한 정신풍토를 나타낸다. 더블린 시를 중심으로 백과전서적 문학기교를 총동원하여 『율리시즈』를 완성시키며 이 속에는 보들레르적 상징질서가 있으며 그리스 신화가 작품의 뼈대를 이루고 있다. 『율리시즈』가 출판되었을 당시 이 작품의 난해성과 전시대의 소설과의 차이점 때문에 대단한 화제를 불러일으켰는데 주로 언어적 측면에서 연구했던 라루(Rene Lalou)는 "기교의 보편타당성과 사상의 국제성"(345)을 특징으로 지적하였다.

　다양한 문학기교란 주로 현대사회의 부정적 요소, 부패상등을 발작(Blazac)의 사실주의 및 졸라(Zola)의 자연주의적 수법으로 면밀하고 정확하게 예시한 점과 상징성 및 모든 지식영역 - 즉 심리학, 역사학, 철학, 종교, 음악, 수사학 등의 분야를 백과전서 적으로 이용했음을 의미한다.

이 장에서는 주로 스티븐 디덜러스(Stephen Dedalus)가 어떻게 정신의 아버지를 찾아가는가를 추적해 보고자한다. 스티븐이 현대의 지성의 대표라고 보고 그의 원형(prototype)이 되는 햄릿과 비교해 보려한다. 스티븐이 주로 셰익스피어를 이야기하는 것은 『율리시즈』의 제 9장 '스킬라와 카립디스'(Scylla and Charybdis)인데 이 토론은 햄릿을 통해서 정신의 아버지를 찾으려는 스티븐의 정신적 순례의 과정이다. 현대문학에서 고립된 인간이 정신의 아버지를 찾으려는 노력은 많은 모더니스트 작가에 의해 취급되고 있다.

이런 주인공의 대표격이 되는 사람이 곧 스티븐인데『율리시즈』속에서 그는 많은 조소와 소외를 당하지만 이런 것들을 결국은 헤치고 나가 그의 정신의 아버지를 찾는다.

『율리시즈』의 주제가 "정신의 아버지를 추구하는 것"(Robert Kellogg 147)이라는 점은 여러모로 지적 되었다. 정신의 아버지를 추구한다는 주제는 이 작품에서 반복적으로 나타나고 있는데 헤인즈(Haines)와 멀리건(Mulligan) 및 스티븐의 대화 중에 "아버지와 아들에 대한 사상. 아들이 아버지와 동일시되려는 노력"(The Father and the son idea. The Son striving to be atoned with the Father)(U. 16)이라는 구절이 있다. 그런데 이 중요한 부자 주제를 해결하는데 스티븐은 햄릿 이론을 적용시킨다는 점이다. 멀리건은 영국에서부터 아일랜드의 민속을 공부하러온 헤인스에게서 돈을 좀 뜯어내려고 여러 가지 방법을 쓴다. 그것 중의 하나가 스티븐이 아주 멋진 햄릿이론을 전개할 것이라고 하여 호기심을 불러일으키는 것이다. 멀리건의 말을 들어보자.

우리는 와일드나 역설 속에서 자라났다네. 그건 아주 간단한 일이야. 그는 대수(代數)를 써서 햄릿의 손자는 셰익스피어의 할아버지며 그 자신은 자신의 아버지의 혼령(魂靈)이라는 것을 증명한다네.

We have grown out of Wilde and paradoxes. It's quite simple. He proves by algebra that Hamlet's grandson is Shakespeare's grandfather and that he himself is the ghost of his own father. (*U* 15)

대단히 수수께끼 같은 말이지만 후에 도서관이론에서 이 말은 질서정연하게 논의되고 결론에 도달하게 된다. 왜 스티븐이 햄릿이론을 가지고 자신의 문제에 대한 해답을 얻으려 했는가? 그것은 바로 스티븐은 현대 문학 속에 살아 숨쉬는 햄릿이기 때문이다. 틴달(W.Y. Tindall)은 "스티븐은 지적이고, 블룸 여사는 육체적이고, 블룸은 이기적"(200)이라고 보았다. 스티븐이 인생의 노정에서 추구한 것은 정신의 아버지이고 이로 인해 "아버지는 아들이 되고 아들은 아버지가 된다는 소위 부자동질성"(consubstantiality of the Son with the Father)(*U.* 17)이 이 작품의 근간을 이룬다. 그러나 스티븐이 정신의 아버지를 찾는 노정은 결코 쉬운 일이 아니다. 너무 험난한 벽들이 앞에 버티고 있다. 그것은 마치 햄릿의 앞길과 똑같이 어렵고 불투명한 것이다. 『율리시즈』전체의 구조가 『오디세이』(Odyssey)에서 왔다는 것은 주지의 사실인데 오디세이와 햄릿 및 『율리시즈』에 있어서의 주인공들의 대응을 커너(Hugh Kenner)는 다음과 같이 극명하게 도표로 예시했다. (248)

FATHER	SON	MOTHER	USURPER
Ulysses	Telemachus	Penelope	Suitors
The Ghost	Hamlet	Queen Gertrude	King Claudius
Si Dedalus	Stephen	Dead Mother	Mulligan
Bloom	Little Rudy	Molly	Blazes Boylan

이런 전체적 맥락 속에서 햄릿과 스티븐의 유사점은 무엇이고 스티븐이 여기서 무엇을 더욱 발전시켜 정신의 아버지를 찾는가를 살펴 보고자한다.

2

사람의 성격을 크게 동적인(kinetic) 사람과 정적인(static) 사람으로 분류할 수 있다. 외향적이고 활동을 좋아하고, 건강하고 막무가내적인 성격의 소유자가 동적이라면 정적인 사람은 조용하고, 사색적이며 내향적이고 소심하여 주로 예술가적 기질이라고 말할 수 있다. 기질적, 성격적으로 볼 때 햄릿과 스티븐은 대단한 유사점이 많다. 햄릿은 철학적이고, 침울하고, 고독하며, 좌절당하고, 의심이 많고, 상상력이 풍부하다. 행동이 없고 사색만 너무하기 때문에 그런 성격의 소유자가 복수라는 행동을 하는 것은 너무 큰 짐이라는 것이다. 그래서 괴테(W. Von Goethe)는 아름답고 연약한 꽃이 있어야 할 항아리에 커다란 오우크 나무가 심어있어 그 항아리는 깨질 운명에 있는 것처럼 햄릿도 실패할 운명에 처해 있다고 보았다.(153)

그러나 그런 감수성이 예민한 햄릿에게는 고집불통의 성격도 있다. 유령이 나타나서 따라오라고 했을 때 다른 신하들이나 친구 호레이쇼는 위험하니까 가지 말라고 했으나 홀몸으로 유령을 따라가기도 한다. 스티븐이 젊은 예술가의 초상이나 『율리시즈』에서 보이는 고집불통과 똑같다고 볼 수 있다. 스티븐도 사색적이고, 비활동적이며, 침울하고 상상력이 풍부하다. 그러나 역시 자기의 신념에 집착하고, 자기의 주장을 끝까지 지키는 데는 아무도 꺾을 수 없는 힘이 있다. 어머니의 임종시 어머니를 위해 기도해달라는 간청을 받았으나 이를 거부한다. 그것이 평생의 '양심의 가책'(*Agenbite of inwit*)이 되기도 한다. 오죽하면 친구 멀리건이 별명으로 킨치(kinch)를 붙여주었을까, 킨치는 칼의 가는 날쪽을 의미한다. 몸은 허약하고 보잘 것 없으나 사물을 보는 날카로운 시선을 가졌기 때문이다.

다음은 햄릿, 스티븐 둘 다 일종의 의무가 있다. 햄릿은 돌아가신 부왕에 대해 복수해야할 의무가 있고, 스티븐에게는 예술을 창조할 의무가 있다. 유령으로부터 그간에 발생한 왕가의 자세한 이야기를 듣고 복수 해달라는 부탁을 받은 햄릿은 "이 세상은 관절이 빠져있다./ 내가 그것을 바로잡기위해 태어나다니" (The time is out of joint. O cursed spite/That ever I was born to set it right!)(1.5. 187-8)라고 외친다.

햄릿은 친구도, 애인도 왕자가 될 수 있는 길도 다 버리고 복수라는 의무를 수행하기 위해 외로운 길을 걷는다. 스티븐도 그를 괴롭혔던, 가족, 언어, 국가 심지어 종교까지를 버리고 예술을 창조할 의무감에 사로잡힌다. 예술의 창조만이 그를 구원하는 유일한 종교가 된다. 종교의 사제가 되느냐, 예술의 사제가 되느냐하는 오랜 정신의 고민은 결국 바닷가의 소녀에 의해 점화된 현현(epiphany)의 순간, 그는 예술의 사제가 될 결심을 한다. 『율리시즈』의 스티븐이 탄생하기까지는『젊은 예술가의 초상』에서부터 싹터서 자라온 소년, 청년시절의 스티븐이 재조명을 받아야한다. 비사교적이고, 생각에 골똘히 잠기고, 고집불통인 스티븐이『젊은 예술가의 초상』에서 마침내 부르짖는 사명감은 다음과 같다.

> 환영한다. 오 인생이여! 나는 경험의 시련에 백만번이고 부딪히기 위해 떠나며 나의 영혼의 대장간 속에서 민족의 아직 창조되지 않은 양심을 벼리기 위하여 떠나가노라
>
> Welcome, O life! I go to encounter for the millionth time the reality of experience and to forge in the smithy of my soul the uncreated conscience of my race. (P. 253)

그런데 이와 같은 지상과제를 달성하기 위해서는 일종의 변장, 혹은 가면이 필요하다. 햄릿은 부왕의 원수를 갚아야 할 중차대한 의무를 가지고 있지만 그 원수는 보잘 것 없는 인물이 아니라 현재의 왕이라고 하는 막강한 실력자인 것

이다. 그리고 유령의 부탁의 진위도 알아야 하고 어머니의 생명을 보존하기도 해야 한다. 그래서 햄릿은 거짓 미친척하는 가면을 사용한다. 제일 처음 유령을 보고난 후 친구 호레이쇼에게 오늘밤의 일을 아무에게도 말하지 말라고 하지만 어머니를 책망하는 3막에서는 노골적으로 자기의 마음을 토로한다. 어머니의 좋은 쪽과 나쁜 쪽 중에서 나쁜 쪽을 버리라고 힐책하면서 햄릿은 다음과 같이 미친 듯이 외친다.

> 절대로 내가 방금 일러 준 그대로 하지 말아 보십시요.
> 술취해 거들먹거리는 왕이 다시 당신을 잠자리로 끌어 들여,
> 볼을 꼬집어 음탕한 행위의 흔적을 남기고, 당신을 귀염둥이 생쥐라고 부르게
> 해보시요. 그리고 구린내 나는 입으로 두어번 입맞추고, 저주받을 손가락으로
> 목을 애무해준 대가로 모조리 다 고해바쳐보시요, 실은 내가 미친 것이 아니라,
> 미친 체 하는데 불과하다고.

> Not this, by no means. that I bid you do :
> Let the bloat king tempt you again to bed,
> Pinch wanton on your cheek, call you his mouse,
> And let him forapair of reechy kisses,
> Or paddling in your neck with his dammed fingers,
> Make you to ravel all this matter out,
> That I essentially am not in madness,
> But mad in craft. "Twere good you let him know." (3.4. 182-9)

현재의 왕은 아버지의 원수이고, 아버지의 아내였고 본인의 친어머니는 현재의 왕의 아내인 이 기막힌 현실 속에서 햄릿은 거짓 미친체할 수밖에 없다. 이 길만이 자신을 보호하고 복수할 유일한 방법이어서 클리먼(Wolfgang Clemen)은 다음과 같이 지적하고 있다.

올바른 이름으로 여러 가지를 가리키는 햄릿의 이미저리는 그가 '미친 것처럼 가장'하여 특별한 자유를 얻는다. 햄릿은 자신의 "거짓 광기"에 대한 이미지가 필요하다. 만약 그가 노골적이고 직접적인 말을 사용했다면 본성이 드러났을 것이다. 그러므로 그는 모호하게 말하고 독설과 말장난, 이미지와 비유로 자신의 진짜 속셈을 감추어야만 한다. 다른 인물들은 그를 이해하지 못하며 계속해서 그가 미쳤다고 생각한다. 그러나 청중은 "거짓 광기"란 가면의 보호막 아래에 있는 진실한 상황을 이해 할 수 있다. 햄릿은 남아있는 아첨꾼보다 더 빈틈없는 것들을 말한다.

Hamlet's imagery, which thus calls things by their right names, acquires a peculiar freedom through his feigned madness. Hamlet needs images for his "antic disposition." He would betray himself if he used open, direct language. Hence he must speak ambiguously and cloak his real meaning under quibbles and puns, images and parables. The other characters do not understand him and continue to think he is mad, but the audience can gain an insight into the true situation. under the protection of that mask of "antic disposition," Hamlet says more shrewd things than all the rest of the courtiers together. (110)

여기에 비해 스티븐은 냉소적 물질주의의 가면을 쓴다. 헤인즈가 스티븐이 말한 것을 가지고 명언집을 만들고 싶다니까 "그것을 가지고 돈을 벌란 말이냐"(would I make money by it)(*U.* 16)라고 냉소한다. 이런 냉소적 마스크는 작품 곳곳에 나타나 있는데 미친 스위프트(J. Swift)를 생각하고 그것이 미친 신부에까지 연장되면서 스티븐은 아주 냉소적으로 다음과 같이 토로한다.

> 흥! '데스첸드' 깔베, 우뜨 네 암쁠리우스 데깔베리스(내려와, 대머리야, 더 대머리가 되지 않으려거든). '하느님'의 벌을 받아 벗겨진 그의 대머리 위에 화환 같은 백발을 한 그가 성체안치기(聖體安置)를 움켜쥔 채, 흉악스런 독사의 눈을 하고, 맨 아래 계단까지 ('데스첸드'), 기어 내려오는 것을 보라.
> 내려와, 대머리야! 합창대가 제단의 뿔 근처에서 그와 합세하여, 위협하듯 메아

리를 되쏟는다, 그러자 체발에 성유를 바르고 거세를 당한 채, 밀알 씨눈의 지방질을 먹고 살찐, 장백의를 걸친 굵직한 몸뚱이를 움직이고 있는 명목상의 사제들의 웅얼거리는 라틴어의 목소리가 이에 반주한다.

Paff! *Descende, calve. ut ne nimiun decalveris.* A garland of grey hair on his comminated head see him me clambering down to the footpace(descende). dutching a monstrance, basiliskeyed. Get down, bald poll! A choir gives back menace and echo, assisting about the altar's horns, the snorted Latin of jackpriests moving burly in their albs. tonsured and oiled and gelded, fat with the fat of kidneys of wheat. (U. 33)

이런한 냉소적 태도는 햄릿의 기질이 스티븐에게 그대로 전수되었다고 볼 수 있는데 거짓 미친체하는 햄릿에게 두 친구 길덴스턴과 로젠크란츠가 와서 그 이유를 묻자 햄릿은 이들을 비꼬면서 다음과 같이 일침을 가한다.

햄릿. 내가 자네들의 충고에 따르면서 자신의 비밀을 지킬 수는 없다는 것을. 게다가 해면 같은 아첨꾼에게 추궁을 받고 보니, 왕자의 신분으로서 무엇이라고 답해야 하겠나?
로젠. 저를 해면이라고 생각하시옵니까, 왕자님?
햄릿. 암, 그렇지, 국왕의 총애, 은상, 권세를 마구 빨아들이는 해면이지. 하기야 그런 벼슬아치들이 결국 왕에게는 가장 긴요하니 즉, 그는 마치 원숭이처럼 그들을 입 한 구석에 물고 처음에는 희롱하다가 마침내 꿀꺽 삼켜 버리거든. 자네들이 빨아들여 놓은 것이 필요한 때는 언제든 자네들, 그러니까 해면은 꾹 짜기만 하면 되거든. 그러면 자네들은 다시 빈털터리가 될 것이고

HAM. That I can keep your counsel and not mine own. Besides, to be demanded of a sponge, what replication should be made by the son of a king?
ROS. Take you me for a sponge, my lord?

HAM. Ay, sir, that soaks up the king's countenance, his rewards, his authorities. But such officers do the king best service in the end. He keeps them like an apple in the corner of his jaw, first mouthed to be last swallowed. When he needs what you have gleaned, it is but squeezing you and, sponge, you shall be dry again. (4.2. 11-9)

앞에서 잔혹하리만큼 괴로워한다. 신분은 왕자이지만, 형을 죽이고 형수를 겁탈해서 더럽고 추악한 왕관을 쓰고 있는 클로디어스가 지배하는 현실 속에서, 햄릿은 결코 의미를 찾을 수 없다. 실로 생명을 유지하느냐, 죽어 없어지느냐 할 정도로 심각한 분위기에 놓일 수밖에 없다. 다음의 두 친구와의 대화는 현실을 감옥으로 볼 수밖에 없는 햄릿의 심정을 잘 나타내준다.

길 덴. 감옥이라니요, 왕자님?
햄릿. 덴마크는 감옥일세.
로 젠. 그렇다면 세상도 감옥일 테지요
햄릿. 훌륭한 감옥이지, 수많은 구치소도, 감방도, 토굴도 갖추고 있는. 그 가운데서도 덴마크는 제일 지독한 감방일세.
로 젠. 저희는 그렇게 생각지 않사옵니다. 왕자님.
햄릿. 아니, 그렇다면 자네들에게는 그렇지 않을 테지. 본시부터 좋고 나쁜 것이 있는 것이 아니라, 생각하기에 따라서 그렇게 되는 법. 나에겐 이곳은 감옥이야.

GUIL Prison, my lord?
HAM. Denmark's a prison.
ROS. Then is the world one.
HAM. A goodly one, in which there are many confines, wards, and dungeons, Denmark being one o' th' worst.
ROS. We think not so, my lord.
HAM. Why then 'tis none to you; for there is nothing either good or bad, but

thinking makes it so To me it is a prison. (2.2. 233-40)

코트(Jan Katt)는 "현대라는 메카니즘 속에서 희생당할 수밖에 없는 현대인의 원형은 바로 햄릿"(60)이라고 까지 말하고 있다. 스티븐에게도 마찬가지이다. 조국은 자기 새끼를 잡아먹은 암퇘지이며 현실은 자기를 질식시키는 독소밖에 되지 못한다. 정치는 타락해 있고, 사람들은 돈 벌이 이야기 아니면, 문란한 성 이야기로 쩔들어 있다. 심지어 종교지도자들 까지도 완전히 양심이 마비되어있 다. 이런 현실 속에서 스티븐은 그냥 있을 수가 없다. 거부, 저항이야말로 진실 이요, 양심이라는 역설이 성립할 수밖에 없다. 그는 비상해야할 각오를 다음처 럼 다짐한다.

> 영혼은 태어나는 거야, 그는 모호하게 말했다, 내가 너에게 말했던 순간에 처음 으로 말이야. 그것은 느리고 어두운 탄생이야, 육체의 탄생보다 한층 신비로운 거야. 인간의 영혼이 이 나라에서 태어날 때 그것은 날아가지 못하도록 묶어 두 는 그물이 쳐 있어. 넌 내게 국적이니, 언어니, 종교를 말하고 있어. 나는 그러 한 그물을 뚫고 날아가도록 노력할 거야.

> The soul is born, he said vaguely, first in those moments I told you of, it has a slow and dark birth, more mysterious than the birth of the body. When the soul of a man is born in this country there are nets flung at it to hold it back from flight. You talk to me of nationality, language, religion. I shall try to fly by those nets. (P. 203)

현실을 거부하는 것만이 자기를 찾고 진리에 도달할 수 있는 방법이 되는 것이 다. 스티븐이 자유를 얻기 위해서는 사제와 왕을 죽여야만 한다. 조국 아일랜드 는 잔혹한 역사의 수레바퀴에 희생당하고만 있는 것이다. 헤인즈와 스티븐의 대화를 들어보자.

스티븐이 몸을 돌렸고 그를 저울질하던 그 차가운 시선이 전혀 몰인정한 것이 아님을 알았다.

- 결국, 자네가 자네 자신을 해방시킬 수 있는 사람이라고 나는 생각하네. 자네는 자네 자신의 주인인 것 같군.

- 나는 두 주인을 섬기는 한 종놈이야, 하고 스티븐이 말했다, 영국인과 이탈리아인 말이야.

- 이탈리아인이라니? 하고 헤인즈가 말했다.

늙고 질투심 많은, 미친 여왕. 내 앞에 무릎을 꿇어라.

- 그리고 세 번째로는, 하고 스티븐이 말했다, 나에게 엉뚱한 짓을 요구하는 놈이 있어.

- 이탈리아인이라니? 하고 헤인즈가 다시 말했다. 무슨 뜻이지?

- 대영제국,하고 스티븐이 얼굴을 붉히며, 대답했다. 그리고 신성로마 가톨릭 사도 교회라네.

Stephen turned and saw that the cold gaze which had measured him was not all unkind.

-After all. I should think you are able to free yourself. You are your own master, it seems to me.

-I am the servant of two masters, Stephen said, an English and an Italian.

-Italian? Haines said.

A crazy queen, old and jealous. Kneel down before me.

-And a third, Stephen said, there is who wants me for odd jobs.

-Italian? Haines said again. What do you mean?

-The imperial British state, Stephen answered, his colour rising, and the holy Roman catholic and apostolic church. (*U*. 17)

이러한 스티븐에게 "역사는 내가 그것으로부터 깨어나려는 악몽이다"(History is a nightmare from which I am trying to awake)(*U*. 34)일 수밖에 없다. 이런 현실을 뛰어 넘기 위하여 스티븐은 고집불통일 수밖에 없었고, 햄릿도 저항적으로 변모될 수밖에 없다. 이런 관점에서 햄릿을 볼 때 신필드(Alan Sinfield)의 다음 말은 의미가 깊다.

그들은 워너의 햄릿을 무정한 인물이 아닌 반역 아니면 적어도 거절의 인물로 보았다: 그는 클로디어스와 폴로니어스의 썩은 세상을 거절했다. 진실로 그는 저항 할 스타일이 결코 아니다. 그러나 이것이 필요한 독립정신을 은연중 가지게 하는데 공헌하게 된다.

They saw Warner's Hamlet not as a figure of apathy but as one of rebellion or, at least, refusal: he refused the corrupt world of Claudius and Polonius. True, he had little but style with which to ressit, but this might contribute a necessary initial independence of stance. (169)

햄릿이나 스티븐이 똑같이 검은 상복을 입고 있으며 모자에 대한 언급에 상당한 연관성이 있다. 햄릿은 부왕이 죽은 지 몇 달이 지났음에도 불구하고 상복을 입고 다닌다. 현재의 왕 클로디어스나 어머니는 빨리 검은 상복을 벗어던지라고 타이르기도 하고 애원하기도 하나 햄릿은 벗어던질 수가 없다. 상복을 벗는 자체가 곧 자기상실을 의미하는 것이다. 어머니의 간절한 권고에 대하여 햄릿은 오히려 겉모습이 아닌 자신의 마음 깊은 곳의 아픔을 어머니에게 다음과 같이 말한다.

햄릿. 보인다고요, 어머님? 아니, 그렇습니다.
      '보인다'는 것을 소자는 이해하지 못하옵니다,
      어머님. 유독 시커먼 제외투만으로도, 습관상 입는 엄숙한 상복으로도,
      억지로 지어 보이는 꺼질듯한 탄식으로도,
      아니, 넘치는 강물과도 같은 눈물로도, 얼굴에 나타나 있는 것은.
      그런 것이야 말로 그럴싸하게 꾸며 보이면서,
      누구나 해보일 수 있는 연기이지요.

그러나 소자는 이 가슴 속에 겉치레로는 드러내 보일 수 없는 것을 품고 있어서 그것들은 슬픔의 장식품이나 의상으로는 나타낼 수 없는 것이옵니다.

HAM. Seems madam? Nay, it is. I know not 'seems.'

'Tis not alone my inky cloak, good mother,

Nor customary suits of solemn black,

Nor windy suspiration of forced breath,

No, nor the fruitful river in the eye,

Nor the dejected haviour of the visage,

Together with all forms, moods, shapes of grief,

That can denote me truly. These indeed seem,

For they are actions that a man might play,

But I have that within which passes beyond show-

These but the trappings and the suits of woe. (1.2. 76-86)

엘리엇이나 파운드 등 현대문학가에 있어서 생중사는 공통된 관심사인데 우리는 이 검은 상복을 입고 있는 햄릿에게서 덴마크의 생중사를 충분히 상상할 수 있다. 이것을 상징하는 검은 상복 장면을 보자.

모두들 지나가는 통행인들이 추켜든 여러 가지 모양의 모자들을 창문을 통하여 잠시 살펴보았다. 경례. 마차는 위터리 골목길을 지나 전차길 에서 벗어나 한층 평탄한 행길로 접어들었다. 주시하던 블룸씨는 한 날씬한 젊은이가 상복을 입고, 차양 넓은 모자를 쓰고, 지나가는 것을 보았다.

- 당신의 친지가 한 사람 저기 지나가고 있소, 디덜러스, 하고 그는 말했다.
- 그게 누군데?
- 당신의 아들이며 상속자요
- 어디 있어? 하고 디덜러스씨가, 몸을 가로 뻗으며, 말했다.

All watched awhile through their windows caps and hats lifted by passers.
Respect. The carriage swerved from the tramtrack to the smoother road past
Watery Iane. Mr Bloom at gaze saw a lithe young man. clad in mourning, a wide
hat.

-There's a friend of yours gone by, Dedalus, he said.

-Who is that?

-Your son and heir.

-Where is he? Mr Dedalus said, stretching over across. (*U*. p.73)

이렇게 상복을 입은 두 젊은이가 있는데 그중에 한명 햄릿은 어머니로부터 상복을 벗으라는 권고를 받고 또한 햄릿의 제 이의 자아인 스티븐은 아버지로부터 누구인지 인식되어지지 못한다. 햄릿의 어머니도 상복의 의미를 모르는 생중사이고, 상복을 입은 아들을 알아보지도 못하는 사이먼 디덜러스(Simon Dedalus) 아버지도 생중사임을 실감케 한다. 햄릿의 모자에 대한 언급이 있는데 오필리어는 애인 햄릿이 구애하는 장면을 아버지에게 다음과 같이 보고한다.

> 오 필. 아버님, 소녀는 제 방에서 바느질을 하고 있었사온데,
>   햄릿 왕자님께서 저고리 앞자락을 풀어 헤치시고,
>   머리에는 모자도 쓰지 않으시고, 더러워진 양말은
>   대님도 매지 않은 채 발목에 족쇄처럼 걸쳐가지고,
>   자신의 속옷처럼 창백한 안색으로 두 무릎을 와들와들 떨면서
>   마치 소름끼치는 이야기를 들려주기 위해
>   지옥에서 빠져 나오신 듯,
>   보기에도 가련한 모습으로
>   소녀 앞에 나타나셨사옵니다.

> OPH.   My lord, as I was sewing in my closet,
>   Lord Hamlet with his doublet all unbraced,

No hat upon his head, his stockings fouled,

Ungartered and down-gyved to his ankle,

Pale as his shirt, his knees knocking each other,

And with a look so piteous in purport

As if he had been loosed out of hell

To speak of horrors-he comes before me. (2.1. 75-82).

물론 오필리어 는 햄릿이 사랑 때문에 미쳐 있다고 잘못 알고 있기 때문에 이렇게 말하겠지만 햄릿의 그 모자는 스티븐에게는 "나의 햄릿 모자에 곁눈질을, 만일 내가 지금 앉은 이대로 갑자기 벌거숭이가 되어버린다면? 지금은 그렇지 않아."(A side-eye at my Hamlet hat, If I were suddenly naked here as I sit? I am not)(U. 40)로써 여인에게서 조롱받고 배신당하는 이미지로 쓰이고 있다.

스티븐이나 햄릿이나 다같이 친구들로부터 조소당하고 배반당한다. 햄릿은 초등학교시절의 절친한 두 친구 길덴스턴과 로젠크란츠로 부터 감시를 받게 되고 마침내는 영국에 목베임을 당하러 가는 파숫꾼들이 될 정도로 철저한 배신을 당한다. 스티븐도 헤인스나 멀리건으로부터 조소당하고 배반당하는데 마침내 스티븐은 멀리건을 '찬탈자'(usurper)라고 외치게 된다.

이상에서 살펴본 것처럼 햄릿과 스티븐은 대단히 많은 유사점을 가지고 있는데 이는 유사점이라기보다 스티븐의 지성의 원형이 햄릿이라고 보아야 할 것이다.

다음에는『율리시즈』제 9장에서 조이스가 어떤 햄릿이론을 전개시키고 여기서부터 정신의 아버지를 추구하는 스티븐의 과정이 무엇인지를 살펴보고 블룸과 스티븐의 부자영합에 대해서 살펴보자.

3

조이스의 햄릿이론의 골자는 크게 다섯 가지로 분류할 수 있다. 아내의 부정, 아버지와 아들의 관계, 동생 및 친구들로부터의 배신, 남녀의 관계, 그리고 말년에 화해가 이루어진다는 점이다.

조이스가 스티븐의 의식 속에 이식시키고자 하는 상은 바로 아일랜드의 셰익스피어임을 다음과 같이 말한다.

> 우리의 젊은 아일랜드 시인들은, 하고 존 이글링턴이 나무랬다, 세상이 색슨 사람인 셰익스피어의 햄릿과 비길 만한 인물을, 창조해야만 해요, 늙은 밴이 그랬듯이, 나도 그를 이런 면에서 우상처럼 극찬하고 있지만.

> Our young Irish bards, have yet to create a figure which the world will set beside Saxon Shakespeare's Hamlet though I admire him, as old Ben did, on this side idolatry. (*U.* 152)

스티븐은 이런 중요한 현대지성의 상징으로 성장하려는데 대단히 많은 번민과 고뇌를 겪어야 하고 최선의 노력과 방법을 동원해야 한다. 그러므로 문체 면이나 분위기면에서도 『율리시즈』 제 9장은 다른 장과는 상당한 차이점이 있다. 이 장의 설명과 토론은 변증법적이며 기교적이다. 『오디세이』에서 오디세이가 돌아오는 길에 두 개의 커다란 난관에 부딪히게 된다. 하나는 스킬라이고 다른 하나는 카립디스인데 전자는 '여섯 개의 머리를 가진 괴물'(a six-headed monster)이고 후자는 '휘몰아치는 소용돌이'(a whiling maelstrom)이다. 이 험준한 난관을 통과해야 오디세이 장군은 고향에 도착할 수 있다. 마찬 가지로 정신의 아버지를 만나기 위해서 스티븐은 무한한 난관에 봉착해야 하고 뛰어 넘어야 할 거침돌을 통과해야만 한다. 그러나 그 투쟁은 돌이나 칼을 가지고 하는 것이 아니고 도서관에서 토론과 절충의 방식을 취해야하는 것이다. 그러니 현대지성인의 싸움은 피곤한 정신의 투쟁인 것이다. 젠킨스(Ralph Jenkins)는 "『율리시즈』의 주인공들은 도그마와 안정성의 세계와 신비주의와 불안정의 세계라는 두 극단의 사상 속에서 투쟁하고 있다"(35)라고 보았다.

이러한 편력으로 스티븐이 끌어낸 햄릿이론의 첫째는 셰익스피어의 아내 하싸웨이(Anne Hathaway)의 부정이다. 햄릿에서 햄릿대왕의 아내 거투르드가 시동생 클로디어스와 부정한 관계를 맺고 있었고 이를 계기로 클로디어스는 형을 독살시키고 형수를 아내로 맞이하는 천륜을 어기는 죄를 범한다. 그런데 사실 하싸웨이는 셰익스피어의 두 동생 리처드(Richard)와 에드먼드(Edmund)와 불륜의 관계를 맺고 있었다는 것이 조이스가 스티븐을 통해 주장하는 햄릿에 있어서의 간음이라는 것이다. 『율리시즈』에서 레오폴드 블룸이 몰리 블룸이라는 부정한 아내를 가진 '오쟁이 진 남편'인 점과 같은 논리이다.

셰익스피어의 쌍둥이 아들 함넷(Hamnet)과 햄릿을 동일시하는 입장인데 이 문제는 셰익스피어의 아들 함넷은 11살에 죽는데 블룸의 아들 루디(Rudy)는 태어난지 11일만에 죽는 것으로 되어있어 숫자상의 일치를 보여주고 있다. 블룸은 스티븐을 볼 때 죽은 아들 루디를 연상하게 되어 중요한 부자문제로 발전되어 간다. 죽은 아들은 셰익스피어에게, 그리고 조이스에게 부자문제라는 모티브로 계속 남아서 주요한 문학의 주제가 된다.

셰익스피어 자신이 두 동생 리차드와 에드먼드로부터 배신을 당했는데 이 사실은 『리처드 3세』와 『리어왕』속에 철저히 묘사되어 있다. 이것은 햄릿이 두 친구에게 배신당하는 것으로 연결되어지고 스티븐에 있어서는 헤인스와 멀리건에게서 배신당하는 것으로 연결 되어있다. 블룸에게 있어서는 보일란(Boylan)이라는 아내의 정부가 배반자가 된다. 그러나 문제가 되고 조이스가 밝히고자 하는 것은 배신이나 배반 그 자체가 아니고 그런 상황을 주인공들이 어떻게 받아들이고 대처해 나가느냐이다. 배신자들은 죽거나 적어도 망하게 되어있다. 스티븐은 친구들에게서 배반을 당하지만 어쩌면 그런 일들이 정신적 성숙에 더 큰 자극제가 되었다. 헤인스나 멀리건이라든가 도서관이론에 등장하는 러셀이나 이글튼 등을 통해서 오히려 더 확고한 정신세계에 대한 신념을 갖게 되며 예술가로서의 인식을 새롭게 하는 계기가 된다.

소넷 이론에서 밝혀진 것으로 조이스에 의하면 셰익스피어는 여자를 선택한 것이 아니고 선택 당했다는 것이다. 스티븐은 이 장면을 소설에서 다음과 같이 추론한다.

> 그가 섣불리 선택했겠소? 내 생각에는, 그가 오히려 선택당했어요. 만일 다른 여인들이 의지를 갖고 있다면 앤은 고집을 갖고 있다오. 확실히, 잘못은 그녀에게 있었어. 그녀가 그를 유혹했던 거요. 아름다움과 26세의 나이로. 배를 부풀게 하는 행동의 서막으로서. 상대방을 정복하려고 몸을 구부리며, 소년 아도니스에 올라타는 회색의 눈을 가진 여신은 그녀 자신보다 나이 어린 애인을 밀밭에서 넘어 뜨리는 한 뻔뻔스런 스트랫포드의 계집인 거요.

> He chose badly? He was chosen, it seems to me. If others have their will Ann hath a way. By cock, she was to blame. She put the comether on him, sweet and twentysix. The greyeyed goddess who bends over the boy Adonis, stooping to conquer, as prologue to the swelling act, is a boldfaced Stratford wench who tumbles in a cornfield a lover younger than herself. (*U.* 157)

다시 말하면 셰익스피어는 자기보다 8살 연상인 하싸웨이와 결혼을 하는데 남자가 선택한 것이 아니고 선택 당했다는 것이다. 이 주제를 밝히기 위한 시집이 곧 『비너스와 아도니스』(*Venus and Adonis*)라는 것인데 희랍신화에 근거를 둔 것이다.

비너스는 미의 여신이지만 벌컨(Vulcan)과 마르스(Mars)라는 정식남편이 있었는데 중년이 넘은 여인으로 미소년 아도니스를 겁탈한다. 그런데 이 문제가 왜 스티븐에게 중요한가 그것은 바로 블룸이 셰익스피어처럼 몰리 블룸에게 정복당한 '오쟁이 진 남편'이라는 점이다. 현대인이 주위 사람들, 친구, 심지어는 자기 아내에게까지 조소를 받고, 소외당하고 마침내는 배반당한다는 주제를 극명하게 조명시키기 위해 조이스는 셰익스피어를 정복당한 남편으로 보고 있는 것이다.

셰익스피어이론의 마지막 관건은 그런 여러 가지 과정을 겪지만 셰익스피어는 마침내 고향으로 돌아온다. 그러니까 셰익스피어가 고향을 떠나 런던에서 유령 같은 생활을 했지만 결국 1610년부터는 고향에 돌아와 부유한 여행을 지내고 아내에게 뉴 플레이스(New Place)까지 사주면서 화해의 생활을 한다는 점이다. 블룸과 몰리의 관계도 마찬가지이다. 블룸은 가장이지만 소프라노 가수인 아내를 위해서 아침식사를 준비하고 시장을 보고 청소를 하는 형편없는 남편이다. 그뿐이랴 아내의 정부 보일란을 증오하지만 두려워하기도 한다. 그러한 억압된 상태속에서 블룸은 매조키즘 등 변태적 성격을 갖게 되었고 다우웰이라는 처녀에 대해서 '자위행위'(my fire work. masturbation)로 응수하는 성의 좌절자이기도하다. 그렇지만 그는 박쥐가 날아가는 모습 속에서 도피의 생각을 하게 되고 하루의 방랑 끝에 돌아온 부부의 침대에서 16명에 달하는 아내의 애인들을 상상해 본다. 앞의 애인들의 최후자요, 뒤의 애인들의 최초자라는 상징적 승리감 속에서 아내와의 화해를 모색한다.

4

그러면 햄릿의 정신적 유산을 물려받은 스티븐이 햄릿이론을 전개시켜 어떻게 정신의 아버지를 찾아가는지 그 과정을 살펴보자. 햄릿과 스티븐은 똑같이 애인에게서 사랑의 배신을 당하고 육체적 아버지를 상실당하는 불행한 자들이다. 햄릿은 오필리어에게서 사랑의 배신을 당하고 "수녀원이나 가라"(get thee to a nunnery)(3.1. 119)라고 욕설을 퍼 붓는데 이 말은 '창녀집이나 가라'는 뜻이 있음으로 햄릿의 지독한 배신감이 있음을 암시한다. 그리고 햄릿은 이 상처를 잊기 위해 복수의 의무감에 사로잡힌다. 스티븐도 클러리(Emma Clery)와의 사랑이 좌절됨으로 쓰라린 상처를 품고 다니게 된다. 특히 정적인 기질의 스티븐에게 이 사랑의 상처는 깊이 남아서 계속 의식 속에 흐르고 있다. 다른 차원에서 본다면 이 두 주인공들은 애인에게서 버림받았다기보다는 애정보다 더 큰 의무감이 그들을 안이한 사랑의 보금자리에 정주하지 못하게 했다고 볼 수 있다. 햄릿은 애인보다도 더욱 강렬하게 아버지의 복수를 해야 할 의무감에 사로잡히게 되며 스티븐은 예술의 창조라는 지상과제가 있는데 이것이 결국은 정신의 아버지를 찾는 과정으로 자연스럽게 흘러가는 형식을 취한 것이다. 텔레마커스(Telemachus) 장면에서 이미 부자문제가 언급되었고 대수방정식처럼 아버지를 찾아보겠다는 결의는 도서관 이론에서는 완전히 구체화된다. 스티븐은 육체의 아버지에 대해 생리적인 거부의식을 갖고 있다. 그는 "나도 역시 죄의 암흑에서 수태되어, 태어난 것이 아니라 만들어 졌다"(wombed in sin darkness, I was too, made not begotten)(U. 32)라고 생각하면서 육체적 아버지는 오히려 자기를 죽이는 악이라고 다음과 같이 생각한다.

부친이란, 하고 스티븐이 절망에 항거하면서, 말했다. 한갓 필요악이란 말이오 그는 그 극을 그의 부친이 돌아간 몇 개월 뒤에 썼소. 만일 여러분들이, 두 혼기에 달한 딸들을 가지고, 서른 다섯 살의 인생에, 50의 경험을 가진, '넬 멧쪼 델 캄닌 디 노스트라 비타(인생 행로의 절반에 달한)', 백발의 남자인 그가, 비텐베르크에서 온 수염도 나지 않은 대학생이라고 주장 한다면, 그의 70고령의 어머니는 호색한 여왕임을 또한 주장하지 않으면 안 돼오. 천만에. 존 셰익스피어의 시체는 밤길을 걸어다니지 않아요. 시시각각으로 그것은 부패하고 또 부패해

가고 있소. 그는 부권에서 해방되어, 그의 자식에게 저 신비적인 재산을 유증하고, 휴식하고 있는 거요.

A father, Stephen said, battling against hopelessness,s a necessary evil. He wrote the play in the months that followed his father's death If you hold that he, a greying man with two marriageable daughters, with thirtyfive years of life, *nel mezzo, del cammin di nostra vita*, with fifty of experience, is the beardless undergraduate from Wittenberg then you must hold that his seventy years old mother is the lustful queen. No. The corpse of John Shakespeare does not walk the night. From hour to hour it rots and rots. he rests, disarmed of fatherhood, having devised that mystical estate upon his son. boccaccio's Calandrino was the first and last man who felt himself with child. Fatherhood, in the sense of conscious begetting, is unknown to man. it is a mystical estate, an apostolic succession, from only begetter to only begotten. (*U.* 170)

스티븐에게 가족은 조금도 돌보지 않고 술집으로만 돌아다니는 그런 아버지는 진정한 아버지가 될 수 없다는 것이다. 조이스의 아버지가 실제로 술을 좋아하고, 떠들어 대고, 완력만 쓰고 집을 파산시킨 점을 상기해 볼 때에 조이스의 분신인 스티븐의 의식 속에 육체의 아버지가 결코 진정한 아버지가 될 수 없음은 당연한 일이라 하겠다. 그래서 셰익스피어가 변증법으로 다루어 졌을 때 아버지는 아들이고, 아들은 아버지가 되는 것이다. 다음 말을 음미해 보자.

러틀란드베이컨사우샘프텐 셰익스피어든 아니면 과오의 희극 속에 나오는 똑같은 이름을 가진 다른 시인이 햄릿을 썼다고 한다면 그는 자기 자신의 자식만의 부친이 아니고, 이제는 자신도 한 사람의 자식이 아니기 때문에, 그는 모든 종족의 부친, 그 자신의 조부의 부친, 그의 태어나지 않은 손자의 부친이요, 그리고 자신도 그렇게 느꼈던 거요, 그리고 그 증거로는, 그의 손자는 아직 태어나지 않았소, 왜냐하면 매기씨가 이해하고 있듯이, 자연은 완성을 혐오하기 때문이오

When Rutlandbaconsouthampton shakespeare or another poet of the same name in
the comedy of errors wrote Hamlet he was not the father of his own son merely
but, being no more a son, he was and felt himself the father of all this race, the
father of his own grandfather, the father of his unborn grandson who, by the
same token, never was born for nature, as Mr. Magee understands her, abhors
perfection. (*U.* 171)

이런 생각을 하면서 스티븐은 아버지속의 아들을 머리 속에 상상해 본다. 잡지
속에 있는 광고 디자인을 베끼기 위해 도서관을 잠시 동안 방문한 후 블룸은 현
관에 서 있는 스티븐과 멀리건 사이를 걸어간다. 이 장면을 직접 인용해 보자.

한 남자가 머리를 굽히고 인사를 하면서, 그들 사이를 빠져 나갔다.
- 또 뵙군요, 하고 벅 멀리건이 말했다.
…
까만 등을 가진 한 남자가 그들 앞을 지나갔다. 표범의 발걸음으로, 충충대를
내려가, 내리닫이 쇠살문 철조망 아래로, 통로를 빠져 나갔다. 그들은 뒤따랐다.

A man passed out between them, bowing, greeting.
-Good day again, Buck mulligan said.
…
A dark black went before them, stepof a pard down, out by the gateway, under
pertcullis baebs.
they followed. (*U.* 179)

물론 스티븐은 자기 앞을 지나가는 사람이 블룸인지를 정확하게 알아차리지는
못하나 표범걸음을 블룸과 크림후르트(creamfruit)를 몰리와 연관시켜 생각에 잠
긴다.
    이러한 부자문제를 전개시키는데 중요한 모티브가 두 개 있는데 하나는 옴

파로스(omphalos) 모티브이고 또 하나는 검은 표범 모티브이다. 옴파로스란 말은 텔레마커스장에서 마텔로탑을 세계의 옴파로스라고 하는데서부터 시작되는데 어원적으로는 여자성기(womb)와 남자성기(phallus)의 합성어이다. 옴파로스는 출생의 상징이라고 볼 수 있는 것으로 키르케삽화의 무대지시에 있는 것처럼 블룸에 의해 수정된 태아가 스티븐이며 옴파로스 모티브의 중요한 역할중의 하나는 어머니역을 미나 퓨어호이 부인(Mrs. Mina Purefoy)이 한다는 점이다. 육체의 아버지를 버리고 정신의 아버지를 찾으려는 끈질긴 스티븐의 추구과정은 결국 블룸을 만나서 정신적으로 다시 태어남으로 일종의 완성을 이루는 것인데 이 태어남을 생태적으로 고찰한 버젠(Frank Budgen)은 "스티븐은 태아로서 성장하고 확장될 영혼"(216)이라고 주장한다. 즉 블룸은 정자이고, 퓨어호이는 난자이고, 스티븐은 태아로써 다시 탄생된다는 것인데 틴달(W.Y. Tindall)도 "블룸에게 자양분을 얻은 스티븐은 재생으로 발전될 태아"(Fertilized by Bloom, embryonic Stephen may develop to the point of rebirth)(200)라고 같은 의견을 제시한다.

검은 표범은 헤인스가 꿈속에서 본 것인데 꿈을 꾸는 도중 헤인스가 헛소리를 해서 스티븐은 잠을 설치게 된다. 이 표범은 대단히 상징적인데 첫째 헤인스가 꿈을 꾼 것은 6월 15일 밤이다. 『율리시즈』의 모든 사건이 6월 16일 하루동안 발생한다는 점을 고려할 때 이 꿈은 『율리시즈』 전체의 사건을 예고하는 가장 핵심적 모티브가 된다. 표범은 사실은 파드(pard)나 레오파드(leopard)와 동일시되어지는데 이는 곧 레오폴드 블룸과 연결되어 있다는 것이다.(Tindall 138)

스티븐은 프로티우스(Proteus)장에서 여러 가지 상상과 명상에 잠기던 중 해변을 거닐면서 죽은 개의 변신을 추론해본다.

- 저리 갓! 아서요, 이놈의 똥개!
그 소리에 개는 살금살금 그의 주인에게로 되돌아 걸어왔고 그를 난폭하게 맨

발로 한 번 걷어차 버리자, 개는 몸을 웅크린 채, 모래 한 발 건너편으로 튕겨 떨어졌으나, 무사했다. 개는 커브를 그리며 살금살금 되돌아 왔다. 나를 보지 못 하는군. 방파제 가장자리 곁을 따라 개는 느릿느릿 걸어갔다, 빈둥거리며, 바위 를 냄새 맡으면서, 쳐든 뒷다리 밑으로부터 바위를 향해 오줌을 깔겼다. 그는 앞쪽으로 터벅터벅 걸어갔다. 그리고 뒷다리를 다시 들어 냄새 나지 않는 바위 에다, 잠시 오줌을 찍 깔겼다. 불쌍한 놈이 갖는 단순한 환락. 그러고 나서 그의 뒷발로 모래를 파헤쳤다. 그리고 앞발로 모래를 튀기며 움푹하게 또 팠다. 무언 가를 그는 그곳에다 묻었던 거다, 그의 조모를. 그는 모래 속에 심었다, 튀기며, 파면서 그리고 잠깐 멈추고는 공중을 향해서 귀를 기울였다, 다시 격렬하게 발 톱으로 모래를 파헤쳤으나 이내 멈추었다, 잡혼에서 태어난 시체를 파먹고 있 는, 한 마리의 산 개, 한 마리의 표범이.

-Tatters! Out of that, you mongrel.
The cry brought him skulking back to his master and a blunt bootless kick sent him unscathed across a spit of sand, crouched in flight. He slunk back in a curve. Doesn't see me. Along by the edge of the mole he lolleped, dawdled, smelt a rock and from under a cocked hindleg pissed against it. He trotted forward and, lifting his hindleg, quick short at an unsmelt rock. The simple pleasures of the poor. His hindpaws then scattered sand: then his forepaws dabbled and delved. Something he buried there, his grandmother. He rooted in the sand, dabbling, delving and stopped to listen to the air, scraped up the sand again with a fury of his claws, soon ceasing, pard, a panther, got in spouse-breach, vulturing the dead. (*U.* 39)

이렇게 표범이 곧 블룸이라고 볼 때 이들의 만남은 점진적 진행으로 이루어 지게 된다. 키르케 장에서는 실제로 스티븐과 블룸이 만나서 여러 가지 이야기 를 하고 깊은 유대관계가 있게 된다. 스티븐이 술에 취했을 때, 블룸은 스티븐 을 보호해 주어야겠다는 생각이 들고, 스티븐을 대신해 블룸이 "내가 돌 볼 수 있도록 저 현금을 내게 넘겨주는 게 좋겠다. 왜 더 지불하려하나."(You had

better hand over that cash to me to take care of, Why pay more?)(*U*, 456)라고까
지 한다. 또 담배가 스티븐의 손에서 떨어지니까 블룸은 그것을 집어서 휴지통
에 넣어주기도 한다. 점진적으로 이 둘의 사이는 가까워진다. 키르케 장에서는
크게 서너 가지로 블룸과 스티븐의 관계를 분류해서 생각해 볼 수 있다. 첫째는
나이에 대한 이들의 대화이다.

블 룸
(자신의 손을 가리킨다) 여기 상처 자국에는 한 가지 연유가 있지. 22년 전에
넘어져 베었단 말이야. 내가 열 여섯 살 때였어.

조 위
난 알아요, 하고 장님이라도 말할 수 있겠어요. 소식 좀 알려 주구료.

스티븐
알다니? 하나의 커다란 목표를 향해 움직이고 있는 거야. 나는 현재 스물 두
살. 16년 전에 저분 역시 스물 두 살이었어. 16년 전에 현재 스물 두 살인 내가
넘어졌지. 22년 전에 당시 열 여섯의 저분이 그의 회전목마에서 떨어졌어. (그
는 몸을 움츠린다) 어딘가 내 손에도 상처를 입었어. 치과의사를 찾아가 봐야지.
돈은?

Bloom
(Points to his hand.) That weal there is an accident. Fell and cut it twenty-two
years ago. I was sixteen.

Zoe
I see, says the blind man. Tell us news.

Stephen
See? Moves to one great goal. I am twentytwo. Sixteen years ago I twentytwo

tumbled, twentytwo years ago he sixteen fell off his hobby-horse.(He winces.) Hurt my hand somewhere. must see a dentist. Money? (*U.* 459).

이 묘한 대화는 등장인물인 셰익스피어의 발언만큼이나 역설적이고 변증적이다.

(위엄있는 복화술로) 커다랗게 웃는 것은 마음이 텅텅 비어 있음을 말해주는 것이니라. (블룸에게) 그대는 마치 그대의 모습이 사람들의 눈에 띄지 않는 것처럼 생각했군, 그래. 자세히 보라. (그는 불깐 검은 수탉의 웃음소리로 끄룩끄룩 짖는다) 이아고고! 나의 옛 친구가 어떻게 하여 목요일의 여가장을 목졸라 죽였던가. 이아고고고!

(In dignified ventriloquy.) 'Tis the loud laugh bespeaks the vacant mind. (To Bloom.) Thou thoughtest as how thou wastest invisible. Gaze.
(He crows with a black capon's laugh.) Iagogo! how my Oldfellow chokit his Thursdaymomun. Iagogogo! (*U.* 463).

이 이론에 의하면 아버지와 아들은 동일하고 오셀로가 '오쟁이진 남편'이고 데스데모나는 하써웨이나 몰리처럼 똑같은 '오쟁이지게하는 여자'인 것이다. 블룸과 스티븐은 풀밭에 누워 먼 하늘가의 구름은 멍하니 쳐다본다. 그러다가 죽은 아들 루디를 회상해본다.

블룸
(밤과 다정스레 얘기한다) 얼굴을 보고 있으니 그의 불쌍한 어머니 생각이 나는군. 그늘진 숲에서, 깊고 하얀 가슴. 퍼거슨, 그렇게들은 것 같아. 소녀. 어떤 소녀. 정말 그는 행복할 수 있었을 텐데. (그는 중얼 거린다) …… 맹세코 나는 어떤 역할 또는 역할들, 어떤 술책 또는 술책들이든 언제나 환영하리라, 언제나 감추며, 결코 폭로하지 않으리라 …… (그는 중얼거린다) …… 바다의 거친

모래 속에 …… 해안으로부터 닻줄로 끌 수 있는 거리에 …… 조수가 물러가는 곳 …… 그리고 다가오는 곳 ……

(묵묵히, 생각에 잠긴 채, 경계하듯 그는 지키고 서 있다. 비밀의 주인공 같은 태도로 손가락을 입술에다 대고, 검은 벽을 등지고 한사람의 그림자가 천천히 나타난다. 열 한 살 난 귀공자, 유괴당한 요정이 바꿔친 아이, 이튼복에 유리구두 그리고 조그마한 청동색의 헬멧에, 손에는 한 권의 책을 들고 그는 미소하며, 책장에 입맞추며, 오른쪽에서 왼쪽으로 소리나지 않게 글을 읽는다.

블룸
(깜짝 놀란 듯, 들리지 않게 부른다) 루디!

루디
(눈여겨보지 않는 듯, 블룸의 눈을 무심히 들여다보고 계속 책을 읽으며, 입맞추면서, 미소를 짓는다. 그는 섬세한 홍자색 얼굴을 하고 있다. 양복엔 다이아몬드와 루비 단추가 달려 있다. 왼쪽 빈손에는 바이올렛빛 나비 매듭이 달린 가는 상아 막대를 쥐고 있다. 한 마리의 흰 새끼양이 그의 조끼호주머니에서 얼굴을 내민다.)

Bloom

(Communes with the night.) Face reminds me of his poor mother. In the shady wood. The deep white breast. Ferguson, I think I caught. A girl. some girl. Best thing could happen him … (He murmurs.) … swear that I will always hail, ever conceal, never reveal, any part or parts, art or arts … (He murmurs.) in the rough sands of the sea … a cabletow's length from the shore...where the tide ebbs … and flows ….

(Silent, thoughtful, alert, he stands on guard, his fingers at his lips in the attitude of secret master. Against the dark wall a figure appears slowly, a fairy boy of eleven, a changeling, kidnapped, dressed in an Eton suit with glass shoes and a little bronze helmet, holding a book in his hand. He reads from right to left inaudibly, smiling, kissing the page.)

Bloom

    (Wonderstruck, calls inaudibly.) Rudy!

Rudy

    (Gazes unseeing into Bloom's eyes and goes on reading, kissing, Smiling. He
has a delicate mauve face. On his suit he has diamond and ruby buttons. In his
free lift hand he holds a slim ivory cane with a violet bowknot. A white lambkin
peeps out of his waistcoat pocket.) (*U.* 497)

이 장면에서 볼 수 있듯이 블룸은 스티븐을 처음에는 디덜러스(Mr. Dedalus)라
고 형식적으로

    부르다가 나중에는 친밀하게 스티븐이라고 부른다. 스티븐도 신음하면서
"누구냐? 흑표범. 흡혈귀"(Who? Black panther vampire?)(*U.* 497)라고 하면서 헤
인스의 꿈을 상기하게 되고 그때 일종의 현현을 느낀다. 이 두 사람은 택시운전
사의 피난처에 들어가 여러 가지 이야기를 주고받는다.

5

    어느 정도 스티븐은 정신의 아버지인 블룸과의 교분을 갖지만 충분하지는
못하다. 블룸은 스티븐이 아직도 자기중심적이고 마음이 편협한 사람이라고 생
각한다. 블룸은 계속 스티븐과 이야기하고 그를 이클리즈(Eccles)가 7번지로 데
리고 간다. 그리고 손수 컵을 닦고, 부엌을 정리하면서 코코아 두 컵을 준비한
다. 스티븐은 마침내 그 코코아를 마심으로 블룸과 정신적 합일을 이루게 되는
데 여기에 대해 호가트(M. Hodgart)는 "조이스는 스티븐의 빛나는 지성과 블룸
의 불멸의 정신을 빛나는 투명한 그릇을 통해 보여 준다"(He therefore shows

the shinning intellect of Stephen and the immortal spirit of Bloom in their fleshy and transient vessels)(73)라고 지적하는데 소설에서 이 부분은 다음과 같다.

그의 기분은?
그는 위험을 겪은 일도 없었거니와, 그는 기대도 하지 않았으며, 그는 실망도 하지 않은 채, 그는 만족하고 있었다.
무엇이 그를 만족시켰는가?
실질적인 손실을 확인하지 않았다는 점. 타인에게 실질적인 이득을 가져다 주었다는 점. 이교도들의 빛이 되었다는 점.
블룸은 한사람의 이교도를 위해 어떻게 간이식사를 마련했는가?
그는 두개의 찻잔에 에프스사의 가용성 코코아를 공평하게 스푼가득 두 차례씩, 모두 네 스푼을 쏟아, 상표에 인쇄되어 있는 방법에 따라 녹을 수 있는 충분한 시간적 여유를 둔 다음에, 지정된 성분을 지정된 방법과 양으로 곁들여 확산시켰다.

His mood?
He had not risked, he did not expect, he had not been disappointed, he was satisfied.
What satisfied him?
To have sustained no positive loss. To have brought a positive gain to others. Light to the gentiles.
How did Bloom prepare a collation for a gentile?
He poured into two teacups two level spoonfuls, four in all, of Epps's soluble cocoa and proceeded according to the directions for use printed on the label, to each adding after sufficient time for infusion the prescribed ingredients for diffusion in the manner and in the quantity prescribed. (U. 553).

이런 주인의 친절을 손님이 알기나 할까라고 생각하면서도 정성스럽게 코코아(cocoa)를 대접한다.

그의 외딸, 밀리센트(밀리)에게서 선물로 받은 그의 크라운 더비의 모조품 머스태쉬컵을 사용하는 주인으로서의 권리를 포기하고 손님의 것과 같은 컵으로 대신 했으며, 평상시에는 그의 아내 마리언(몰리)의 아침식사를 위해 보관해 두던 점성 크림을, 이례적으로 그의 손님에게 대접하고 자신은 보다 적은 양을 취했다.

손님은 이와 같은 환대의 표시를 의식하여 사의를 표했는가?

그의 주의는 주인에 의하여 이루어진 그와 같은 표시에 익살스럽게 쏠렸는데 그리하여 그는 심각하게 그것을 받아들였다, 그러고 나서 그들은 우스꽝스러울 정도로 심각하게 침묵을 지키며, 에프스사의 대량생산품인, 위스키 코코아를 함께 마셨다.

Relinquishing his symposiarchal right to the moustache cup of imitation Crown Derby presented to him by his only daughter, Millicent(Milly), he substituted a cup identical with that of his guest and served extraordinarily to his guest and, in reduced measure, to himself the viscous cream ordinarily reserved for the breakfast of his wife Marion(Molly).

Was the guest conscious of and did he acknowledge these marks of hospitality?

His attention was directed to them by his host jocosely and he accepted them seriously as they drank in jocoserious silence Epps's massproduct, the creature cocoa. (*U.* 553)

택시운전사의 피난처에서는 화해가 이루어지고 그것은 커피로 상징되어 있으며, 코코아를 마시는 것은 음식을 나누는 것이며 이것이 창조를 의미하는 것이고 "코코아에는 창조적 힘이 있으며 예술을 위한 준비단계와 조건"(222)이 있다고 틴달은 어원적 근거를 가지고 상징성을 설명한다.

기나긴 정신의 편력을 끝내고 6월 16일 오후 1시~2시 까지 블룸과 스티븐이 만나서 코코아를 나누어 마심으로써 부자영합을 이루었으므로 6월 16일은 스티븐에게는 정신적 재생의 날이 된다. 물론 스티븐이 블룸과 헤어져 자기의 길을 가지만 이것은 결코 비극적이거나 부정적으로 볼 수 없다. 왜냐하면 블룸을 만나서 정신적으로 재생된 스티븐에게는 또 하여야할 일이 있기 때문이다. 또한『율리시즈』전체의 측면에서 보더라도 이 작품은 부정적이거나 비극적이지 않다. 마지막 장면에서 몰리가 침대에 누워 기나긴 독백을 하는데 그녀는 서정적으로 생을 긍정하게 된다. 햄릿이 결국 죽고 말지만 젊은 포틴브라스가 덴마크의 왕위를 계승함으로써 일종의 질서를 가져온 것처럼 몰리가 '예스'(yes)를 반복함으로써『율리시즈』전체는 신화의 뼈대에 의한 질서를 상징적으로 갖게 된다. 스티븐은 가족, 언어, 국가, 종교까지 거부하면서 험난한 정신의 방황을 하지만 결국 블룸을 만남으로 정신적 재생을 얻게 된다. 블룸도 마침내 몰리의 '예스'(yes)에 의해 재결합함으로써 전체적으로『율리시즈』속에 화해가 이루어지고 있음을 볼 수 있다. 이런 재생의 과정을 설명하는데 조이스는 셰익스피어의 햄릿이론을 복잡하고 상징적으로 사용했다. 지성인의 원형인 햄릿이 블룸을 통하여 스티븐에게 전수된 셈이다.

제 6 장
기독교적 관점으로 본 『햄릿』

1

　『햄릿』의 주인공 햄릿은 생각이 너무 많아 행동을 적당한 시기에 하지 못해 많은 문제점을 가진 것으로 간주되어 왔다. 복수라는 무거운 의무를 수행하는데 여러 가지 갈등이 극의 진행을 가로막기도 한다. 많은 고민 때문에 즉각적인 행동을 하지 못했다는 견해와 완전한 행동을 하기위한 주도면밀함 때문에 복수가 지연됐다는 견해가 공존한다. 그러나 행동을 하기 전의 많은 고민은 또한 햄릿의 매력이기도 하다. 적당한 '객관적 상관물'이 결여되어 엘리엇(T. S. Eloit)은 "예술적 실패작"(143)이라 했지만 『햄릿』만큼 많이 연구되어지고 공연된 것도 없어 "극장에서는 전율과 감동과 즐거움을 주고, 교실에서는 최고의 통찰력과 관찰력을 주도록 고무시키는 작품"(Young 45)으로 평가되기도 한다. 『햄릿』은 어느 문학작품 보다 다양성을 지니고 있어 몇 가지로 정의할 수 없는 넓이와 깊이를 가지고 있다. 『햄릿』은 복수의 문제를 다루며 극이 죽음의 분위기에 싸여있고 햄릿이 때로는 우울하고 사색적이지만 또한 "폭력적이고, 활동적이며, 혼돈되고 저항적이며, 신경질적이고 충동적인 면들이 복합된 인물"(Dawson 371)이기도 하다. 그는 지성인이며 회의론자이고 동시에 인간의 항구적 문제에 질문을 던지기도 하고 때로는 허무주의자이기도 하다. 그러나 햄릿의 두드러진 특징 중 하나는 자신의 죽음을 통해 덴마크를 악으로부터 구원한 희생양의 모습을 가지고 있다는 것이다. 개인적 불행과 국가의 불행 앞에서 깊은 고민을 하고 아버지에 대한 복수와 국가의 질서회복을 위해 끝까지 싸우다 죽음을 맞이하는 햄릿의 인생과정은 기독교 정신으로 조명하는 것도 가능하다.

셰익스피어가 『햄릿』을 창작할 당시는 기독교가 커다란 영향을 끼치는 시기였다. 셰익스피어의 아버지는 카톨릭교를 굳게 믿고 있었으나 사회에서는 개신교로 종교가 이동하고 있었다. 이러한 시대의 변화모습이 셰익스피어의 작품 속에 반영되어 있는데 그 중에 유령에 대한 견해가 가장 특징적이다. 유령은 죽은 자의 영혼이 연옥에서 돌아다니다가 어떤 목적 때문에 지상으로 돌아온다는 것이 카톨릭교의 주장이지만 개신교에서는 유령자체를 부인하고 있다. 이런 상반되는 유령에 대한 기독교 관점이 『햄릿』에 잘 반영되어 있다. 햄릿 죽음의 상징성, 유령의 출현과 새벽과의 관계, 노아의 방주의 상징성, 클로디어스(Claudius)의 기도, 햄릿의 독설에 찬 권고에 거투르드(Gertrude)가 회개하는 것, 여러 곳에서 속마음을 드러낼 때의 햄릿의 독백, 그리고 5막에 나타나는 햄릿의 생각과 결단은 기독교 정신의 반영이다. 셰익스피어를 기독교 작가로 보고 라이켄(Leland Ryken)은 성경으로 부터의 인유(allusion), 셰익스피어 작품 속의 사상과 기독교 교리와의 유사성, 실체에 대한 관점과 기독교 관점과의 조응, 기독교적 경험의 표현 및 기독교적 원형과 상징등을 예시한다(http://www.reformation21.org/articles/)

『햄릿』을 라이켄이 제시한 것에 비추어 볼 때 다음과 같은 것이 기독교적 해석의 요소가 된다. 첫째 성경에는 카인(Cain)이라는 형이 동생 아벨(Abel)을 살해하는데 『햄릿』에서는 동생이 형을 살해하며 이 문제는 복수라는 문제로 연결된다. 『햄릿』 속에는 '하늘의 뜻'(providence)이나 '신의 뜻'(divinity) 같은 언어가 있는데 이는 기독교 정신의 반영이며 엘리자베스 시대의 종교에 근거를 두고 있다.『햄릿』속의 어떤 실체에 대한 관점이 기독교의 관점과 어떻게 조응하는가하는 것은 유령에 대한 문제, 복수의 문제 등에 나타난다. 기독교적 경험의 표현으로는 클로디어스의 기도, 거투르드에 대한 햄릿의 독설에 가득 찬 설득장면 등이다. 성경에 나오는 3인의 동방박사는 "예수 탄생의 '증인'(witness)인데『햄릿』에서 유령에 대한 3명의 증인은 마셀러스(Marcellus), 버나도(Bernardo), 호레이쇼(Horatio)"(Guilfoyle 392)로서 유사성을 가지고 있다. 노아의 방주에서는 "8명의 새 생명이 있는데『햄릿』에는 햄릿에 의해 희생되는 8명의 죽음으로 기독교적 재생에 대한 패로디"(Battenhouse 401)적 역할을 하여 기독교적 연관성을 갖는다. 새벽과 예수 탄생은 유령이 새벽닭이 울자 사라지는 것으로 보아『햄릿』에는 기독교적 배경이 깊이 뿌리하고 있음을 시사한다.

　이러한 관점에서 이 논문에서는 햄릿의 극적 행동전개과정을 기독교와 연관시켜『햄릿』에 대한 기독교적 해석을 하고자 한다. 이 과정에서 자연히 유령의 문제, 햄릿의 성격문제, 참다운 회개, 죽음의 의미, 질서의 회복 같은 오래된 문제들에 대한 기독교적 해석이 무엇인지 드러나게 하려한다.

2

　『햄릿』에는 "종교적 은유가 뿌려져 있다"(Ronson)라고 했는데 그 중에 하나가 형제살해이다. 창세기 4장 1-8절에는 농사를 짓던 가인이 양을 치는 동생 아벨을 죽이는 인류 최초의 살인행위가 기록되어 있다. 가인이 동생을 죽인 이유는 하나님이 아벨의 제물은 열납하고 가인의 제물은 열납하지 않았기 때문이다. 가인은 하나님의 인정을 받지 못해서 "심히 분하여"(창세기 4:5)동생을 살해한 것이다.『햄릿』에서는 동생 클로디어스가 햄릿대왕을 독살한다. 클로디어스 자신이 왜 형을 죽였는지 직접 이유를 말하지는 않았지만, 형을 죽이고 형수와 결혼하여 조카 햄릿에게 돌아갈 왕관을 찬탈하여 왕이 되고자 했던 것이 동기임을 알 수 있다. 그러나 이 끔직한 살인사건은 묻혀있고 덴마크는 겉으로는 평온을 되찾고 클로디어스에 의해 새로운 왕권이 진행되는 듯 보인다. 덴마크의 엘시노 성은 삼엄한 경계 속에서 연일 계속되는 왕의 축하연회가 진행된다. 이 극악무도한 범죄는 유령이 햄릿에게 실체를 알리기 전까지는 비밀 속에서 묻혀있다. 그렇기 때문에 비극을 잉태시키는 유령의 고지(告知)는 중요하다. 유령은 햄릿에게 "그의 사악하고 가장 비 인륜적인 살인을 복수하라"(Revenge his foul and most unnatural murder)(1.5.25)라고 부탁하며 아주 구체적으로 살인의 상황을 말한다.

> 이렇게 해서 잠을 자다가 나는 내 동생의 손에
> 생명과, 왕관과, 왕비를 한꺼번에 모조리 빼앗겼을 뿐 아니라,
> 죄가 한참 만발하고 있던 시기에 성찬식도, 고해
> 성사도 도유성사도 받지 못하고, 참회도 하지 못한 채 목숨을 끊겼으니

> Thus was I, sleeping, by a brother's hand,
> Of life, of crown, of queen, at once dispatched;
> Cut off even in the blossoms of my sin,
> Unhouseled, disappointed, unaneled; (1.5. 74-7)

이것은 천인공노할 형제 살해라는 죄와 왕관탈취의 죄에 대하여 복수해 줄 것을 유령이 햄릿에게 간절히 원하는 장면이다. 이러한 유령의 부탁에 대해서 나잇(G. Wilson Knight)은 "복수와 더불어 기억하라"(44)가 중요하다며 복수뿐만 아니라 더렵혀진 덴마크의 궁전을 기억하고 새로운 질서를 가져올 것까지를 의미한다고 보고 있다. 그런데 여기서 중요한 것은 유령이 햄릿에게 두 가지를

당부한다는 점이다. 하나는 이 복수과정에서 "영혼을 더럽히지 마라"(Taint not thy mind)(1.5. 85)는 것이고 다른 하나는 "어머니는 하늘에 맡기라"(Leave her to heaven)(1.5. 86)는 것이다. 자식의 도리로서 아버지의 원수를 갚는 것은 어찌 보면 당연한 일이다. 마치 하나님에 대하여 잘못을 저지르고 죄악에 빠져 있는 이스라엘 국민을 앗시리아를 통해 응징하려는 하나님(이사야 10:5-11)의 계획과 같은 것이다. 그러나 마치 앗시리아가 악을 척결한다는 교만 때문에 잔악함에 빠져 후에 멸망하듯이 햄릿 역시 "기독교 자비를 실천하라는 영웅적 행위를 하도록 위임받는 햄릿은 개인적 증오"(Joseph 233)에 빠져 유령이 부탁한 '영혼을 더럽히지 마라'는 명령을 어긴다. 이것이 곧 기독교적으로 볼 때 비극적 실수이다. 햄릿의 복수는 기독교적 관점에서 보면 '악을 척결'한다는 의미에서는 온당한 것이나 그 과정에서 증오심이 증폭되어 비극적 실수가 된다는 것이다. 유령의 부탁을 받고 햄릿은 "성급함과 광기"(madness)(Battendhouse 383)에 휩싸여 파괴적이며 살인행위를 하게 되는 "한쪽으로의 과도성"(one-sidedness)(Bradley 14)에 물드는 비극적 인물이 된다. 그렇기 때문에 그의 "이상은 좋으나 너무 강렬"(Battenhouse 383)하며 앗시리아처럼 하나님의 자비와 은총을 완전히 깨닫지 못하고 "클로디어스에게 불을 일으키고 그 불에 자신도 파괴당하는 과정"(Battenhouse 399)을 겪게 된다. 카톨릭 교리에 따르면 교인의 가장 강력한 의무는 신과 자신의 가족에 대한 의무이다. 그러므로 "햄릿이 클로디어스를 죽여 아버지의 복수를 하느냐 복수를 신의 손에 맡기느냐의 난제"(http://answers. yahoo.com/quetion/index?qid)에 봉착해서 고민하게 되나 결국 복수의 길을 그것도 지나치게 과도한 복수의 길을 택한 셈이다. 적어도 『햄릿』5막 이전까지의 햄릿의 생각과 행동은 기독교 정신을 따른다기 보다는 이교도의 복수의 길을 택한 것으로 보아야 한다. 그래서 유령을 만나고 클로디어스를 죽이기까지의 햄릿은 확실히 "소모의 인상"(impression of waste)(Bradley 16)을 강하게 나타내준다. 이렇게 햄릿이 복수라는 개인적 증오에 빠지는 것이 기독교 정신을 따르지 않는 비극적 실수이며 그렇기 때문에 판단의 실수가 계속 이어진다.

그 후에 햄릿은 클로디어스를 살해하고 영국으로 급파되고, 오필리어 (Ophelia)의 미침과 죽음이 따르고 레어티즈(Laertes)와 클로디어스를 공모케 만들고 마침내는 왕비와 자신의 죽음까지 가져오게 된다. 그래서 햄릿은 "비극적 영웅은 되었으나 기독교인으로는 실패한 성격의 소유자"(Joseph 233)로 보는 것이 타당하다. 햄릿은 아버지 유령의 부탁을 거절할 수 없으며, 자신 또한 불의한 사회, 패역한 사람을 보고 그냥 지나칠 수 없는 민감한 지성의 소유자였다. 신의 뜻에 순종하여 모든 것을 하나님에게 맡기는 수동적 인간이 되느냐 아니면 이런 불의에 맞서 싸우는 행동하는 양심의 실천자가 되느냐하는 심한 갈등을 겪는 것이 햄릿의 운명이요 또한 햄릿의 매력이기도 하다. 그래서 햄릿은 모든 것에 의심을 품고 계속 검은 상복을 입고 다니며 속내를 드러내지 못한다. 그의 "딜레마는 기독교인과 자연인 사이의 투쟁"(Ulrici 100)이었으며 순수하고 생각하는 양심 있는 사람으로서 숙부인 현재의 왕을 살해한다는 것이 "원수 갚는 것이 내게 있으니 내가 갚으리라"(로마서 13: 19)는 기독교 정신에서 볼 때할 수 없는 일이기 때문에 망설임(hesitating)의 기나긴 고통의 세월을 보내는 것이다. 그리고 복수의 대상이 왕이라는 거대한 조직이며 주위의 사람들 또한 악속에 빠져있는 사람들이기 때문에 "덴마크 전체를 지배하는 부패가 곧 적인 셈"(Kitto 218)이다. 그래서 햄릿은 거대한 악과의 투쟁에 대한 한계와 복수를 직접 하지 말라는 기독교 정신이 복합적으로 작용하여 고통에 빠진다. 복수하라는 유령의 명령은 햄릿의 이후 행동에 이토록 작용을 하는데, 유령에 대한 셰익스피어의 관점이 엘리자베스 당시의 종교관의 반영으로 볼 수 있다. 유령에 대해서는 카톨릭교적 관점과 개신교적 관점 그리고 일반적으로 전해 내려오는 이교도적 관점의 해석이 가능하다.

『햄릿』 처음 부분에서 셰익스피어는 유령에 대해 개신교적 관점을 나타내준다. 개신교에서는 유령은 악마가 변장해서 나타나는 것으로 보고 있기 때문이다. 보초를 서고 있는 마셀러스는 "이 무서운 광경"(this dreaded sight)(1.1.25), "이 허깨비"(this apparition)(1.1.27), 또는 "그것"(it)(1.1.29)이라고 유령에 대해서 말하고 있으며 유령의 존재를 믿지 않으려는 호레이쇼도 유령이 나타났다 사라진 후 "그것이 나를 두려움과 놀램으로 몸을 떨리게 하는군"(It hallows me with fear and wonder)(1.1.47)이라고 말한다. 또한 마셀러스가 닭이 우는 순간 자취를 감추어 버린다(1.1. 153)는 것으로 볼 때 유령은 개신교에서 주장하는 악마의 변장이며 이는 그리스도로 대표되는 밝음에 맥을 추지 못하는 존재이며 주로 "밤에 나타나면 악마적"(Prosser 108)인 존재로 볼 수 있다. 햄릿 자신도 유령에게 "천상의 영기를 전해주는 성령이든, 또는 지옥의 독기를 몰고 오는 악령이든"(1.4. 39)이라고 말하여 개신교적 관점을 나타내준다.

그러나 햄릿이 유령과 단독으로 만났을 때 유령은 자신이 아버지의 유령이며 연옥에서 왔음(1.V. 8-9)을 분명히 밝힌다. 카톨릭에서는 죽은 사람의 혼이 연옥에 갇혀 있다가 세상에 나타나는 것으로 되어 있다. 유령은 "특별한 경우에 신의 허락을 받고 세상에 돌아오는 기적"(Prosser 106)을 가질 수 있다는 것이다. 특히 유령이 "돌아가신 선왕의 모습"(1.1. 44)으로 나타났으며 무언가 할 일이 있어서 연옥에서부터 세상에 온 것이다. 살아생전에 사람이 이 세상에서 많은 일들을 하고 죽지만, 죽은 후에도 살아생전에 끝내지 못한 일들이 있어서 연옥의 구천을 떠돌던 영혼이 세상에 다시 오는 것이다. 프로서(Eleaner Prosser)에 의하면 유령은 지상의 사람들이 미사를 갖게 하거나 영혼을 위해 애가를 부르게 하거나, 순례의 길을 떠나게 하거나, 숨겨진 보물을 알려주거나, 빌리거나 훔친 물건을 반환하도록 부탁하거나, 살아있는 사람들에게 도움을 주거나 재앙을 피하도록 도와주기 위해 지상을 방문한다는 것이다.(115)

그러니까 햄릿대왕의 모습을 한 유령은 연옥에서 왔으며 햄릿에게 특별한 부탁을 하기위한 목적을 가진 것이기 때문에 카톨릭교의 관점과 부합하는 것이다. 엘리자베스시대의 종교적 분위기로 볼 때 셰익스피어는 개신교와 카톨릭교의 입장을 적당히 수용하고 있음을 알 수 있다. 한 때는 고향에서 잘 살던 아버지가 돌아가시고 그래서 셰익스피어는『햄릿』이 살던 시기에 죽음에 대해 더 관심을 가지고 있었으며 특히 "아버지가 카톨릭 신앙을 가지고 있었음"(Schoenbaum, 1993. 79)을 감안할 때 유령에 대해 카톨릭교적 관점을 가질 수밖에 없었을 것이다.

유령이 햄릿에게 나타나 복수해 달라고 부탁한 후 무대에서 사라졌다가 왕비의 내실에서 햄릿이 독설로 어머니에게 설득하는 장면에 다시 나타난다. 햄릿의 눈에는 보이는데 왕비의 눈에는 보이지 않아 의아해 하는 왕비는 "누구에게 이렇게 말하고 있는 것이냐?"(3.4. 130)라고 묻는다. 이 장면에 나타난 유령의 기능에 대해 아칠리(Clinton Atchley)는 "거투르드를 햄릿이 억지로 회개시키지 말라는 것과 왕비가 잠옷을 입고 있는 장면에 나타남으로 햄릿대왕이 잃었던 깊이 느끼는 가정의 가치를 다시 일깨우기 위한 것"이라고 설명한다. 유령은 카톨릭교의 관점에서 보면 분명한 목적이 있어서 이 세상을 다시 방문하는 것이며 특히『햄릿』에서는 단순한 유령이 아니라 "극적으로 확실한 등장인물"(Wilson 59)의 역할도 하고 있는 것이다. 그러므로 햄릿이 유령의 명령을 따르는 것은 부패와 무질서로 더럽혀진 덴마크에 대해 "개종과 세례"(baptism)(Edwards 45)를 가져올 것으로 볼 수 있는 것이다.

유령에 대한 또 하나의 관점은 전승되어오는 이교도적 관점이다. 호레이쇼가 유령을 처음 보았을 때 두려움과 놀램에 떠는 것은 이교도적 관점의 대표적 예이다. 유령은 초자연적 존재로서 공포와 의심의 중압감을 나타내준다.『맥베스』에서 뱅코(Banquo)의 유령이 나타나 맥베스를 괴롭혀 결국 맥베스는 공포감과 두려움 그리고 의심에 점점 빠져들어 멸망하는 경우와 마찬가지다.『햄릿』에서도 이런 초자연적 유령이 등장인물로 나타나 여러 가지 역할을 하여 복수 주제를 이끄는 요소로 작용한다. 이렇듯 유령이 단순히 기독교 교리에 갇혀 있는 개념이 아니라 인간의 의식을 한 차원 높이는 문학의 소재로 쓰인다. 그래서 햄릿이 "기독교 윤리와 이교도의 복수 윤리 사이의 갈등"(Cruttwell 234)에 빠지고 이러한 양상은 햄릿의 성격을 주저주저하게 만들기 때문에 셰익스피어는 유령의 이교도적 개념까지를 이용하여 문학의 지평선을 넓힌 것으로 간주되는 것이다.

3

유령이 햄릿에게 왕비의 문제는 하늘에 맡기라고 부탁했음에도 불구하고 햄릿은 클로디어스 못지않게 어머니 거투르트의 부정을 참을 수 없다. 클로디어스에 대한 복수보다 어머니의 부정과 변심에 대해 더욱 분개하고 있음은 "아 가장 빠른 속도로"(1.2. 156)라는 독백에 잘 나타나 있다. 폴로니어스를 죽이고 격분한 상태에 있는 햄릿을 꾸짖기 위해 왕비는 햄릿을 자신의 침실로 불러들인다. 어머니 거투르드는 햄릿의 행위를 비난하려했지만 햄릿은 오히려 어머니에 대해 신랄한 비판을 쏟아낸다. 이런 햄릿의 행위는 "어머니의 죄를 인식케하여 회개시키려는 것"(Frye, internet. 1)이며 이 장면은 성경에 기초를 두고 있다. 당시 종교개혁이 이루어진 영국에서는 평신도들의 기독교적 의무로 보아 햄릿이 거투르드를 비난하는 것은 당연한 것으로 여겨졌다. 성경 레위기 18장과 20장에는 근친상간을 큰 죄악으로 보고 금지시키는 내용이 있다. 클로디어스는 "너는 형제의 아내의 하체를 범치 말라 이는 네 형제의 하체니라"(레위기 18:16)라는 죄를 지었고 그 상대는 거투르드이기 때문에 똑같은 죄가 거투르드에게도 적용되는 것이다. 이는 남자는 처제와 결혼할 수 없으며 여자는 남편의 형제와 결혼할 수 없음을 분명히 한 것이다. 신명기 25장 5-10절에는 형이 죽으면 동생이 형수와 결혼하여 가문을 계승하는 계대결혼법(繼代結婚法)이 있으나 이 법도 형에게 아들이 없는 특별한 경우에만 허용되는 법이었다. 이 두 가지 기독교의 교리에 비추어 볼 때 거투르드는 분명한 근친상간의 죄를 지은 것이어서 햄릿이 비난하는 것은 비인륜적인 것도 아니고 비난받을 일도 아닌 것이다. 이런 죄를 지은 자들을 영국에서는 당시에 마차에 태워 거리를 끌고 다녀 사람들의 조롱거리가 되게 하였다.

비록 독설과 같은 심한 비난의 말을 하지만 햄릿은 거투르드의 실상을 "거울을 들어 당신으로 하여금 자신의 마음 속을 훤하게 비추어 보게"(3.4. 19-20) 함으로써 이제 햄릿은 덴마크를 바로 세우는 일 못지않게 중요한 "도덕적 책임감"(Frye, internet. 4)을 비장한 마음으로 실천에 옮긴다. 두 장의 초상화를 보이면서 돌아가신 전 남편 햄릿대왕을 태양신 조우브에 비유하고 현재의 남편을 깜부기병(3.4. 56-64)등에 비유하면서 "역심을 품은 욕정"(3.4. 83)을 비난하는데 이는 어머니를 빨리 회개시키기 위한 햄릿의 성급한 독설이라고 볼 수 있다.

격분한 햄릿의 마음을 누그러뜨리려고 유령이 나타났을 때 햄릿은 "생시와 같은 복장"(3.4.136)의 저분을 보라고 하나 거투르드는 "허망한 환상"(3.4.138)이라고 하지만 햄릿은 어머니가 심한 종기에 걸려 자꾸만 살을 파고드는 고약한 종양과 같은 죄를 말하고 거듭 회개할 것을 촉구한다. 마침내 거투르드는 "너는 내 마음을 둘로 갈라 놓는구나"(3.4.157)라고 말하자 햄릿은 나쁜 쪽을 버리라고 하며 그 동안 이렇게 "신랄한 말을 한 것도 다만 어머님을 위한 충정일 뿐"(3.4.179)이라고 사정하며 거투르드가 해야 할 일을 말한다. 완악한 어머니의 마음이 누그러지고 햄릿의 충고를 받아들이고 약속을 지키기로 하여 "오직 오늘이라 일컫는 동안에 매일 피차 권면하여 너희 중에 누구든지 죄의 유혹으로 강퍅케 됨을 면하라"(히브리서 3:13)고 한 성경의 말과 부합되는 모습을 볼 수 있다. 마지막으로 햄릿은 어머니에게 "자신의 죄를 하늘에 고백하고 과거를 회개하고, 앞으로 다가올 유혹을 뿌리치시오"(3.4.150-1)라고 말한다. 그리고 5막에서 "가련하신 중전마마 편히 가옵소서"(5.2.313)라고 햄릿이 말하는 것으로 볼 때 이는 "동정심과 슬픔의 표현이며 결국 어머니를 회개시키고 생을 새롭게 하려는 햄릿의 노력은 성공한 셈"(Frye, internet. 14)으로 볼 수 있다. 어머니로 하여금 자신의 과거를 냉철히 보고 앞으로는 어떻게 할 것인가를 가르쳐 "자기 인식"(McAlindon 112)에 이르게 하였음으로 햄릿은 개인적 회개라는 개신교 정신을 실천한 셈이다.

거투르드가 햄릿의 강력한 권고에 의해 회개를 했다면 클로디어스는 스스로의 죄 때문에 고민하다가 양심에 따라 회개한다. 그동안 자신의 죄를 잘 감추어오고 왕비와의 관계도 좋아지고 외국의 침입에 대한 대처도 잘되고 더군다나 햄릿의 미친 원인이 오필리어의 사랑 때문이라는 폴로니어스의 설명도 들어서 좀 마음이 편해질 때 클로디어스는 뜻밖의 상황에 직면케 된다. 오필리어와 햄릿의 사랑을 빗장 뒤에서 숨어서 본 클로디어스는 폴로니어스의 설명이 맞지 않음을 알고 햄릿을 영국으로 보내기로 결심한다. 그런데 그런 클로디어스의 조치가 이루어지기도 전에 '곤자고의 살인'(The Murder of Gonzago)이란 연극을 보게 되고 이로 인해 자신의 양심의 죄가 드러나 다음과 같이 고백한다.

> 아 내 죄는 추악하여 그 악취가 하늘에 닿는구나
> 그 죄는 인류 최초의 저주를 받을 것이니-
> 형제를 살해한 죄이다.
>   …
> 나는 아직도 살인을 해서 얻은 것들 - 내왕관, 내 야망속의
> 모든 것, 내 왕비를 그대로 소유하고 있으니, 죄로 얻은
> 것을 지니고 있으면서 죄만 용서받을 수 있겠는가?
>
> O, my offence is rank it smells to heaven;
> It hath the primal eldest curse upon't,
> A brother's murder.
>   …

since I am still possess'd

Of those effects for which I did the murder,

My crown, mine own ambition and my queen.

May one be pardon'd and retain the offence? (3.3.36-56)

클로디어스는 양심의 가책을 받아 깊이 후회하고 속죄를 하고 싶지만 자신의 기도 내용처럼 죄의 결과물을 소유하고 있으며 동시에 속죄를 받는 것은 불가능하다. 기독교적 관점에서 볼 때 클로디어스는 후회는 했으나 회개한 것은 아닌 셈이다. 그래서 자신도 "덫에 걸린 영혼, 빠져 나오려고 몸부림치면 칠수록 깊이 빠져 들어가는구나"(3.3.68-9)라고 자책하고 있는 것이다. 무방비 상태에서 기도하고 있는 클로디어스를 한 칼에 죽일 수 있지만 햄릿은 기도하는 자를 죽이면 천국에 갈 것이니 이는 "이것은 복수가 아니라 품삯을 주고 악한을 고용하는 격"(3.3.79)이라 생각하고 구원의 흔적이 전혀 없는 때를 기약하고 현재의 목숨을 거두지 않고 연장시키는 것을 "이 치료법은 병이 더 깊어질 때까지 병을 연장시킬 뿐이다"(3.3.96)라고 하여 복수심이 완벽한 증오로 변해 있음을 나타내준다. 참다운 회개가 없는 기도는 기독교 관점에서는 아무 소용이 없고 오히려 더 깊은 병을 가져옴을 알 수 있다.

또한 아버지를 클로디어스가 죽였다고 오해하고 분노에 휩싸여 반역을 일으키려 레어티즈가 궁정으로 쳐들어오는 때에 "국왕의 주위에는 하늘의 가호가 울타리처럼 둘러싸여 있기 때문에, 역적이 혹 기웃거려 볼 수 있을지언정, 그 뜻을 이룰 수는 없는 법"(4.5.124-6)이라고 말하는 장면에서 클로디어스는 신의 뜻을 따르는 것처럼 보이지만 이는 어디까지나 자기 뜻을 합리화시킨다고 보아야 할 것이다. 레어티즈도 햄릿과 칼싸움을 하다가 자신의 덫에 걸려 독이 전신에 퍼지게 되자 "제 자신의 술책에 빠져 죽게 되었으니 당연한 일일 수밖에"(5.2.287)라고 말한다. 그리고는 흉계를 꾸민 장본인이 클로디어스라고 양심선언을 하며 "햄릿 왕자님, 소신과 용서를 교환하도록 해 주십시오"(5.2.308)라고 고백한다. 이렇게 클로디어스와 레어티즈는 양심의 가책을 받고 죄를 용서해 줄 것을 고백하는데 비해 햄릿의 어느 곳에서도 자신의 죄를 용서해 달라는 간절한 기도를 하는 장면은 없다. 그래서 "클로디어스와 레어티즈가 '양심과 은혜'에 반대되는 죄를 지었음을 고백한 점에 있어 햄릿보다 더 지적으로 기독교인이었음은 역설적이다"(Battenhouse 400)라고 지적된다. 그러나 햄릿은 악을 척결하는 복수 그 자체를 양심으로 보았기 때문에 죄를 용서해 달라는 기도를 드리지 않은 것으로 보아야 할 것이다.

기독교적 관점에서 볼 때 오필리어의 장례식에는 카톨릭교적 요소와 개신교적 요소가 혼합된 것으로 보인다. 무덤 파는 자들의 이야기는 오필리어가 자살했다면 기독교적 장례식을 해서는 안된다는 것이고 다른 일꾼은 귀족의 딸이기 때문에 그만한 특권을 누릴 수 있다는 것이다. 후에 장례식의 마지막인 매장 순서 때 레어티즈가 좀 더 화려한 의식을 요구하지만 사제는 "아가씨의 장례식은 교회가 허락하는 한 최대한으로 해드렸소이다"(5.1.193-4)라고 하면서 왕의 허락이 있어서 그나마 이 정도의 장례식이 가능했지 그렇지 않았다면 축복도 받지 못한 채 땅에 묻혔을 것이라고 말한다. 카톨릭교에서는 자살을 금지했고, 그래서 자살한 자는 정식 장례식이 불가능하다. 영국에 그때까지 있었던 카톨릭교의 관습과 영국왕의 개신교적 명령을 적당히 절충한 것이 오필리어의 장례식이다. 이 또한 셰익스피어가 기독교적 관점을 적절히 극화한 장면 중의 하나라고 볼 수 있다.

『햄릿』의 막이 열리면 보초서는 사람들과 호레이쇼가 나타나는데 유령을 목격하는 마셀러스, 버나도, 호레이쇼라는 세 명은 예수탄생 당시 3명의 동방박사와 유사성을 갖는 기독교적 관점의 표현이다. 이들이 추운 날씨에 노출되어 있음은 덴마크의 "불안, 불확실성, 설명할 수 없는 마음의 병"(Guilfoyle 392)에 대한 예고이기도 하다. 영국 기적극에서 많이 출현하는 "목자들이나 예수라는 목자가 용서로 세상을 구원한다면 햄릿은 악을 척결하는 복수"(Guilfoyle 392)

를 선택하기 때문에 안티테제(antithesis)가 이 극의 주된 흐름으로 작용하고 있다. 그러니까 기독교의 새벽 이미지는 유령의 검은 이미지로 바뀌어 햄릿에게는 용서에 의한 덴마크의 구원이 아니라 복수에 의한 악의 척결로 덴마크를 구원한다는 변형된 의식이 작동한 것이다. 그래서 햄릿이 극의 마지막에 덴마크를 구원하지만 자신을 포함한 수많은 죽음을 동반하기 때문에 "뒤죽박죽이 된 구원"(topsy-turvey salvation)(Battenhouse 404)이라고도 하는 것이다.

4

햄릿은 어머니에게 독설에 찬 비난을 퍼붓고, 그 결과 어느 정도 어머니의 마음을 돌려놓고 자신은 "영국으로 가야할 몸"(3.4.201)임을 알고 있다. 그러면서 자신을 호송할 두 친구들이 "자신이 장치한 폭약이 터져 공중으로 날려 올라 가는 것"(3.4.207-8)을 보게 될 것이라 장담하고 어머니와 헤어진다. 두 친구와 함께 영국으로 떠나기 전 해안가에서 포틴브라스(Fortinbras)의 군대를 보고 이들이 "달걀 껍질만한 땅 덩어리를 수중에 넣기 위해"(4.4.53) 전력투구 전쟁에 임하는 것을 보고 자신이 허송세월만 한 것을 후회하며 앞으로는 잠만 자고 있던 이성과 혈기를 모아 "이제부터는 마음을 잔인하게 먹어야 하겠다"(4.4.65-6)고 다짐한다.

영국에 가면 즉시 처형되기로 예정되었는데 갑자기 햄릿은 혼자 덴마크로 돌아온다. 영국으로 가는 길에 해적을 만나고 결투가 벌어지고 그 사이에 왕의 특서를 햄릿의 죽음으로부터 두 친구의 죽음으로 바꿔치고 햄릿은 덴마크로 돌아온다. 기이하고 성급한 이런 사실도 편지로 호레이쇼에게 먼저 전해진다. 호레이쇼에게 "죽음으로부터 도망치듯 급히"(4.6.20) 햄릿에게 오라는 편지 내용은 곧 햄릿자신이 죽음으로부터 도망치듯 덴마크로 돌아온 것의 상징적 표현이다. 이 부분이 『햄릿』작품 속에 깊게 설명되지는 않았지만 햄릿이 바다를 다시 건너왔다는 것은 기독교적 관점에서는 "시련을 겪어 새로운 탄생"(Battenhouse 11)을 함축하고 있다. 여기서 바다여행은 물세례를 상징하여 옛날 햄릿은 바다를 통과하는 동안 사라지고 새로운 결심을 하고 행동하는 햄릿으로 다시 태어나는 것을 상징하는 것이다.

햄릿이 덴마크로 돌아와서 경험하게 되는 것은 자신의 죽음에 대한 전조가 되는 무덤파는 자들과의 대면이요, 오필리어의 장례식이요 레어티즈와의 피할 수 없는 칼싸움이다. 무덤파는 자가 밖으로 내 던진 해골을 가지고 "그의 이 멋진 골통 속에는 진흙덩이만 가득차 있으니"(5.1.90)라고 말하였는데 이는 "너는 흙이니 흙으로 돌아갈 것이니라"(창세기 3:19)와 같은 내용이다. 이뿐만 아니라 위대한 알렉산더도 "흙으로 돌아가서 그저 흙 반죽이 맥주 통을 막거나 엄동설한의 삭풍막이가 된다"(5.1.180-1)라고 말한다. 이처럼 햄릿이 무덤파는 자들과 해골에 대해서 이야기를 나누는 것은 "산자와 죽은 자를 상상력으로 묶어보는 햄릿의 놀라운 표시"(Cartright 131)인데 이를 통해 햄릿이 서서히 죽음을 수용하는 태도를 보여준다.

레어티즈와 칼싸움을 수락하는 것도 객관적으로 볼 때 질 수밖에 없는 싸움이고 더군다나 칼싸움에는 클로디어스의 책략이 숨어 있다는 것을 감안 할 때 목숨을 담보한 싸움이다. 이는 햄릿이 "더 이상 죽음을 두려워하지 않고, 정신의 지혜, 은총, 신에게도 움직여 가고 있음"(Hassel, 1994. 619)을 시사한다. 햄릿은 영국으로 가던 중에 해적을 만나 덴마크로 돌아오게 된 경위를 편지로 호레이쇼에게 먼저 알리고 이제는 직접 만나서 자초지종을 말하면서 자신의 심정을 "우리가 아무리 엉터리로 일을 할지라도 그것을 잘 다듬어 모양을 만들어 놓는 하나님의 뜻이 있지"(5.2.10-1)라고 말한다. 비롯 햄릿이 클로디어스의 간계에 대해 영국에서 죽을 뻔했지만 하늘의 뜻에 의해 살아 돌아오게 되었다는 것이다. 비록 햄릿이 폴로니어스를 살해하고, 오필리어를 미치게 하고, 궁정에 커다란 위험을 가져오는 등 거친 일들을 하였지만 이 모든 것을 마무리 해주는 하나님의 뜻에 대한 자신의 신념을 호레이쇼에게 피력하고 있는 것이다.

레어티즈와 최후의 결투를 하기 전에 햄릿은 "나를 용서해주게"(5.2.198)라고 화해를 청하며 죽기 직전에 레어티즈도 "소신과 용서를 교환하도록 해주십시오"(5.2.208)라고 하여 "햄릿과 레어티즈 사이에는 화해가 이루어졌음"(McAlindon 124)을 알 수 있다. 원수 간에 극적인 화해가 이루어진 것은 햄릿과 레어티즈 사이이지만 그 간의 몇몇 과정을 거쳐 복수의 일념에 사로잡힌 햄릿이 "신에게 겸손히 굴복하고 정신적 발전"(Sohmer 11)을 보여주기 시작한다.

햄릿은 의심 속에서 독설을 퍼붓고 난폭하게 행동한 적이 많지만 극의 서두에 보호병과의 좋은 관계 특히 호레이쇼와의 두터운 우정과 아름다운 관계는 굳건한 것이다. 연극 배우들이 왔을 때 그들을 환대한 일, 그리고 5막에서 오필리어 장례식에서 레어티즈와 말싸움할 때 햄릿은 자기 신분을 밝히고, "나는 오필리어를 사랑했었다. 사만명의 오라버니가 그들의 사랑을 모조리 합쳐 가지고 덤벼도 내 사랑에는 당하지 못하리"(5.1.235-76)라고 당당하게 말한다. 이러한 햄릿의 모습에 대해 윌슨(John Dover Wilson)은 "고상함, 관대함, 명예, 영혼의 순수성이며 햄릿의 본성이 불멸이고 고상한 본성은 어떠한 죽음도 소멸 할 수 없다"(276)라고 말한다.

복수의 증오심에 불타던 햄릿은 영국으로 돌아와 바다여행을 통해 개인적 혼란과 성급함을 수장하고 죽음까지 수용할 만큼의 자기인식에 이르렀다고 볼 수 있다. 호레이쇼가 레어티즈와 결투할 것을 미루자는 제안에 대해 햄릿은 이렇게 말한다.

> 전조 따위는 무시 하는 것이 좋아
> 참새 한 마리가 떨어지는데도 각별한 신의 섭리가 있는 법

죽음이란 지금 오면 장차 오지 않을 것이고, 장차 오지 않을 것이면
지금 올 터. 지금 아니라도 언제든 찾아오고야 말 것일세.
맞아들여야지. 사람은 죽은 후에 무슨 일이 있을지 아무도 몰라. 그러니 미리
떠난들 어쩌겠나. 그만두세.

Not a whit, we defy augury: there's a special
providence in the fall of a sparrow. If it be now,
'tis not to come; if it be not to come, it will be
now; if it be not now, yet it will come: the
readiness is all: since no man has aught of what he
leaves, what is't to leave betimes? (5.2.192-6)

이 장면은 성경 "참새 두 마리가 한 앗시리온에 팔리는 것이 아니냐 그러나 너
희 아버지께서 허락지 아니하시면 그 하나라도 땅에 떨어지지 아니하리라"(마
태복음 10:29)의 기독교 관점을 반영한 것이다. 여기서 '평소의 각오'라 함은 결
국 죽음을 의미하기 때문에 이제 "햄릿은 절대적이고 침범 할 수 없는 죽음의
권위를 인식"(Coddon 101)한 것이다. 콜더우드(James L. Calderwood)는 이 장면
을 『맥베스』에서 맥베스가 겉에 입은 의복과 내적인 무장(arming)과 비교하면
서 햄릿에게는 겉으로 입은 의복은 광증(madness)이었으며 내적인 의복은 "해
야할 일에 대한 내적인 무장이었고 그것은 바로 왕을 죽여 신의 연극에 자기 역
을 담당 하는 것"(1984. 273)이라고 설명한다. 햄릿이 이렇게 인생에 대한 바뀐
태도를 가지고 죽음을 수용하려는 것에 대해서 "신의 보호나 그의 행동에 많은
기독교적 박애정신이 있다고 보기는 어렵다"(Watson 93)라는 견해도 있지만 포
괄적으로 볼 때 "햄릿은 이제 하늘의 합당한 대행자가 되었고 자신을 하나님의
처분에 맡겼다"(Prosser 234)라고 보는 것이 타당하다. 이러한 기독교적 해석에
거부감을 느끼는 사람들을 염두에 두어서인지 리즈(Theodore Lidz)는 햄릿이 여
기서 삶과 죽음의 공포를 초월하는 영웅적 모습을 보이며 이 점에서 햄릿은

"다른 사람들이나 관객들과 함께 일종의 구원"(a type of salvation)(108)을 성취했다고 보았다.

햄릿과 레어티즈가 칼싸움을 격렬히 하는 광경에 목이 탄 왕비는 독약이든 술잔을 마셔 죽고 독이 묻은 칼에 서로 찔린 레어티즈와 햄릿도 죽기 직전 이다. 이 모든 음모의 장본인이 클로디어스임을 레어티즈가 폭로하고 햄릿은 왕비가 마시다 남은 독약을 왕에게 먹여 복수는 완성된다. 죽어가는 레어티즈에게 마지막 용서를 빌고 호레이쇼에게 모든 사건의 전후를 설명할 것을 부탁하고 포틴브라스가 덴마크의 새로운 왕이 될 것을 유언하며 "남은 것은 정적뿐"(The rest is silence)(5.2.337)이라고 속삭이며 햄릿은 죽음을 맞이한다. 햄릿은 결국 복수는 '신에게 맡기라'는 기독교 교리를 따르지 않고 자신이 악을 직접 척결하는 신의 대리자라는 비극적 영웅의 길을 택하여 복수를 하여 아버지의 뜻을 이루는 개인적 효도와 부패와 부정의 조국 덴마크를 구원하여 "질서를 회복"(Bradley 25)하는 국가적 의무를 수행하고 자신의 영혼은 "하나님의 나라"(Knight 323)에 간 것으로 볼 수 있다.

참고문헌 ——————

A. Text

Shakespeare, William. *Hamlet*. A New Variorum Edition. Ed. Horace Howard Furness. New York: Dover Publications, 1963.

_____. *Hamlet*, A Norton Critical Edition. Ed. Cyrus Roy. New York: Norton & Company, 1963.

_____. *Hamlet*. The Arden Shakespeare. Ed. Harold Jenkins, Methuen, 1982.

_____. *Hamlet*, New Swan Shakespeare. Ed. Bernard Lott. Longman, 1984.

_____. *Hamlet*. Ed. Susanne L. Wofford. New York: St. Martin's Press, 1994.

_____. *Hamlet*. *Prince of Denmark*. Ed. Philip Edwards. Cambridge: Cambridge UP, 1995.

_____.*Hamlet*. Cambridge School Shakespeare. Cambridge: Cambridge UP, 2005.

_____. *Hamlet*, A Longman Cultural Edition. Ed. Constance Jordan. Longman, 2005.

_____. *Hamlet*. The Arden Shakespeare. Ed. Ann Thompson and Neil Taylor. London: Cengage Learning, 2006.

_____. *Hamlet*, The RSC Shakespeare. Ed. Jonathan Bate and Eric Rasmussen. Macmillan, 2008.

B. References

Adams, Hazard. ed. *Critical Theory Since Plato*. New York: Harcourt Brace Jovănovich, Inc., 1971.

Anderson, Linda. *A Kind of Justice: Revenge in Shakespeare's Comedies*. Newark: Univ. of Delaware Press, 1987.

Alexander, Catherine M. S. and Stanley Wells. ed. *Shakespeare And Sexuality*. Cambridge: Cambridge UP, 2001.

Alexander, Marguerite. *Shakespeare & His Contemporaries*. New York: Barnes & Noble, 1979.

Aristotle, *Poetics*. Trans. Gerald F. Else. Michigan: The Univ. of Michigan Press, 1970.

Artaud, Antonin. *The Theatre and Its Double*. Trans. M. C. Richards. New York: Grove Press, Inc., 1958.

Asimov, Isaac. *Asimov's Guide to Shakespeare*. New York: Avenel Books, 1978.

Asington, John. "Malvolio and the Eunuch: Texts and Revels in *Twelfth Night*," *Shakespeare Survey,* No. 46. 1994. 23-34.

Atchley, Clinton P. E. "Reconsidering the ghost in Hamlet: Cohension or coersion?" (http://www.hamlethaven.com/ghost.html#rosenburg)

Atkins, G. Douglas & M. L. Johnson. ed. *Writing and Reading Differently*. New Haven: Yale UP, 1985.

Badawi, M. M. *Background to Shakespeare*. London: Macmillan, 1981.

_____. *Coleridge, Critic of Shakespeare*. Cambridge: Cambridge UP, 1973.

Bamber, Linda. *Comic Women, Tragic Men*. Standford and California: Standford UP, 1982.

Barker, Deborah and Ivo Kamps eds. *Shakespeare and Gender*. London and New York: Verso, 1995.

Bakhin, Mihhail. *Problems of Dostoevesky's Poetics*. Ed. and Trans. Caryl Emerson. Minneapolis: Univ. of Minensota Press, 1984.

_____. *Rabelais and His World*. Trans. Helene Iswolsky. Bloomington: Indiana UP,

1984.

Barber, C. L. *Shakespeare's Festive Comedy.* Princeton, N. J.: Princeton UP, 1959.

_____. & Richard P. Wheeler. *The Whole Journey: Shakespeare's Power of Development.* California: Univ. of California Press, 1986.

Barbu, Zevedei. *Problems of Historical Psychology.* Connecticut: Greenwood Press, 1976.

Barker, Deborah and Ivo Kamos. ed. *Shakespeare and Gender.* London: Verso, 1995.

Barry, Peter. *Beginning Theory: An Introduction to Literary and Cultural Theory.* Manchester: Manchester UP, 1995.

Bate, Jonathan. *Shakespeare and the English Romantic Imagination.* Oxford: Clarendon Press, 1986.

Barton, Anne. *The Names of Comedy.* Toronto Buffalo: Univ. of Toronto Press, 1990.

Battenhouse, Roy. *Shakespeare's Christian Dimension.* Bloomington & Indianapolis: Indiana UP, 1994.

Bassnett, Susan. *Shakespeare: The Elizaethan Plays.* New York: St. Martin's Press, 1993.

Beauregard, David and Dennis Taylor. eds. *Shakespeare and the Culture of Christianity in Early Modern England.* New York: Fordham University, 2003.

Beiner, G. *Shakespeare's Agonistic Comedy.* London and Toronto: Associated UP, 1993.

Belsey, Catherine. "Revenge in Hamlet," *Hamlet.* New Casebooks. Ed. Martin Coyle. Palgrave, 1992. 154-9.

Bently, Eric. *The Life of the Drama.* New York: Atheneum, 1979.

Bentley, Gerald Eades. *Shakespeare.* New Haven: Yale UP, 1961.

Benston, Alice. N. "Portia, the Law, and the Tripartite Structure of *The Merchant of Venice*" *Shakespeare Quarterly*, Vol. 30. No. 3. (Summer, 1979), 366-85.

Bergeron, David. M. & Gerald U. de Sousa *Shakespeare: A Study and Research Guide*. 3rd. ed. Kansas: Univ. Press of Kansas, 1995.

Berman, Art. *From the New Criticism to Deconstruction*. Chicago: Univ. of Illinois Press, 1988.

Berry, Edward. *Shakespeare and The Hunt*. Cambridge: Cambridge UP, 2001.

_____. *Shakespeare's Comic Rites.*. Cambridge: Cambridge UP, 1984.

Berry, Ralph. *Shakespeare in Performance*. New York: St. Martin's Press, Inc., 1993.

_____. *Shakespeare's Comedies*. Princeton, N. J.: Princeton UP, 1972.

Bigsby, C. W. E. *A Critical Introduction to Twentieth-Cintury American Drama*. Cambridge: Cambridge UP, 1984.

Bloom, Harold. ed. *The Merchant of Venice: Modern Critical Interpretations*. New York: Chelsea House Publishers, 1986.

Bradbrook, M. C. *The Living Monument*. Cambridge: Cambridge UP, 1976.

_____. *Themes and Conventions of Elizabethan Tragedy*. Sec. ed. Cambridge: Cambridge UP, 1980.

Bradley, A. C. *Shakespearean Tragedy*. London: Macmillan, 1971.

Briggs, Kathaline. *A Dictionary of Fairies*. Harmondsworth Middlesex: Penguin Books Ltd., 1979.

Bristol, Michael D. "Funeral Bak'd-Meats: Carnival and the Carnivalesque in *Hamlet*," *Hamlet*. Case Studies in Comtemporary Criticism. Ed. Susanne L, Wofford. New York: St. Martin's Press, 1994. 338-67.

Brockbank, Philip. *Players of Shakespeare*. Cambridge: Cambridge UP, 1985.

Bronson, Betrand H. ed. *Selections from Johnson on Shakespeare*. New Haven: Yale UP, 1986.

Brooks, Cleanth. *The Well Wrought Urn*. New York: Harcourt Brace Jovanovich, 1947.

Brown, John Russell. *Shakespeare & His Comedies*. London: Methuen, 1957.

_____. *Shakespeare's Plays In Performance*. New York: Applause Theatre Books, 1993.

Brown, Ivor. *Shakespeare*. New York: Time Inc., 1962.

Brown, Richard Danson and Davis Johnson. *Shakespeare 1609: Cymbeline and The Sonnets*. New York: St. Martin's Press, 2000.

Bryant, J. A. Jr., *Hippolyta's View*. Kentucky: Univ. of Kentucky Press, 1961.

_____. *Shakespeare & the Uses of Comedy*. Kentucky: The Univ. Press of Kentucky, 1986.

Budgen, Frank. *James Joyce and the Making of Ulysses*. Bloomington & London: Indiana UP, 1960.

Bullough, Geoffrey. ed. *Narrative and Dramatic Sources of Shakespeare*. Vol. 1-8. London: Routledge and Kegan Paul, 1962.

Burnett, Mark Thornton and Ramona Wray ed. *Shakespeare and Ireland*. London: Macmillan, 1997.

Butler, James H. *The Theatre and Drama of Greece and Rome*. New York: Chandler Publishing Company, 1972.

Calderwood, James L. *Shakespearean Metadrama*. Minnesota: Univ. of Minnesota Press, 1971.

_____. "Verbal Presence: Conceptual Absence," *Hamlet*. New Casebooks. Ed. Martin Coyle. Palgrave, 1992. 68-79.

_____. "Hamlet's Readiness" *Shakespeare Quarterly*. Vol. 35. No.3. 1984. 267-73.

Campbell, Joseph. *A Face with a Thousand Faces*. Princeton. N. J.: Princeton UP, 1949.

Carroll, William C. *The Metamorphoses of Shakespearean Comedy*. Princeton: Princeton UP, 1985.

Carson, Neil. *Arthur Miller*. London: Macmillan, 1982.

Cartright, Kent. *Tragedy and Its Double*. Pennsylvania: Pennsylvania State UP, 1991.

Cassirer, Ernest. *An Essay on Man*. New Haven and London: Yale UP, 1977.

_____. *Symbol, Myth, and Culture*. New Haven: Yale UP, 1979.

Chace, William M, ed. *Joyce*. Englewood Cliffs, N.J.: Prentice-Hall, Inc., 1974.

Chambers. E. K. *Shakespeare: a Survey*. London: Sidgwick & Jackson Ltd., 1955.

Champion, Larry. *The Evolution of Shakespeare's Comedy*. Massachusetts: Harvard UP, 1970.

Charlton, H. B. *Shakespearian Comedy*. London: Methuen, 1938.

_____. *Shakespearian Tragedy*. Cambridge : Cambridge UP, 1952.

Charney, Maurice. *On Love & Lust*. New York: Columbia UP, 2000.

Clemen, Wolfgang. *The Development of Shakespeare's Imagery*. Second ed. London: Methuen, 1977.

Clurman, Harold. "The Success Dream on the American Stage," *Death of a Salesman*. Ed. Gerald Weales. London: Penguin, 1967.

Coddon, Karin S, "'Suche Strange desygns': Madness, Subjectivity, and Treason in *Hamlet* and Elizabethan Culture," *Shakespeare's Tragedies*. Ed. Susan Zimmerman. Macmillan, 1998.

Coleridge, Samuel Taylor. "Notes on the Tragedies of Shakespeare." *Shakespearean Criticism*. Ed. Mark Scott. Vol.1. Michigan: Gale Research, 1984. 94-6.

Colie, Rosalie L. *Shakespeare's Living Art*. Princeton: Princeton UP, 1974.

Collins, Machael J. ed., *Shakespeare's Sweet Thunder*. Newark: Univ. of Delaware Press, 1997.

Corrigan. Robert W. ed. *Comedy: Meaning and Form*. 2nd. ed. New York: Harper & Row Publishers, 1981.

Coursen, Herbert R. *Christian Ritual and the World of Shakespeare's Tragedies*.

London : Associated UP, 1976.

_____. *The Compensatory Psyche*. New York: Univ. Press of America, 1986.

Cox, Harvey. *The Feast of Fools*. Cambridge: Harvard UP, 1971.

Cox, Roger L. *Shakespeare's Comic Changes*. Athens and London: The Univ. of Georgia Press, 1991.

Crowther, Jonathan ed. *Oxford Guide to British and American Culture*. Oxford: Oxford UP, 1999.

Cruttwell, Patrick. "The Morality of Hamlet — 'Sweet Prince' or 'Arrant Knave'," *Shakespearean Criticism*. Ed. Mark Scott. Vol. 1. Michigan: Gale Research, 1984. 234-7.

Cunningham. "*King Lear*, the Storm, and the Liturgy," *Shakespeare's Christian Dimension: An Anthology of Commentary*. Ed. Roy Battenhouse. Bloomington: Indiana UP, 1994. 463-9.

David, Richard. *Shakespeare in the Theatre*. Cambridge: Cambridge UP, 1978.

Davies, Stevie.ed. *Shakespeare: The Taming of the Shrew*. Harmondsworth, Middlesex: Penguin Books Ltd., 1995.

Dawson, Anthony B. "Hamlet in his watching Shakespeare," *Shakespearean Criticism*. Ed. Joseph C. Tardiff. Vol. 21. Detroit: Gale Research. 1993. 371-7.

Dean, Leonard F. ed. *Shakespeare: Modern Essays in Criticism*. Oxford: Oxford UP, 1978.

Deleuze, Gilles and Felex Guattari, *A Thousand Plateaus: Capitalism and Schizophrenia*. Trans. Brian Massumi. London: Altlone Press, 1988.

Deming, Robert H. ed. *James Joyce: The Critical Heritage*. London: Routledge & Kegan Paul, 1977.

Denham, Robert D. *Northrop Frye and Critical Method*. Pennsylvania: The Pennsylvania UP, 1978.

Derrida, Jacques. *Margins of Philosophy*. Trans. Alan Bass. Chicago: The Univ. of Chicago Press, 1972.

_____. *Of Grammatology*. Trans. Gayatri Spivak. Baltimore: The Johns Hopkins UP, 1974.

_____. *Positions*. Trans. Alan Bass. Chicago: The Univ. of Chicago Press, 1981.

_____. *Speech and Phenomena*. Trans. David B. Allison. Evanston: Northwestern UP, 1973.

_____. *Writing and Difference*. Trans. Alan Bass. Chicago: The Univ. of Chicago Press, 1978.

De Quincey, Thomas. "On the Knocking at the gate in *Macbeth*," *The Norton Anthology of English Literature*. Fifth. Ed. M. H. Abrams. New York: Norton & Company, 1986.

De Sousa, Geraldo U. *Shakespeare's Cross-Cultural Encounters*. London: Macmillan, 1999.

Diamond, Irene and Lee Quinby. eds. *Feminism & Foucault*. Boston: Northeastern UP, 1985.

Dobson, Michael ed. *The Oxford Companion to Shakespeare*. Oxford: Oxford UP, 2001

Dollimore, J. and A. Sinfield. eds. *Political Shakespeare*. Manchester: Manchester UP, 1985.

Doran, Madeleine. *Endeavors of Art: A Study of Form in Elizabethan Drama*. Wisconsin: The Univ. of Wisconsin Press, 1954.

Dowden, Edward. *Shakespeare: A Critical Study of His Mind and Art*. London: Routledge & Kegan Paul, Ltd., 1875.

Drakakis, John. ed. *Alternative Shakespeare*. London: Methuen, 1985.

Draper, R. P. *Tragedy: Developments in Criticism.*. London: Macmillan, 1980.

Dreher, Diane Elizabeth. *Domination & Defiance.* Kentucky: The Univ. of Kentucky Press, 1986.

Driscoll, James P. *Identity in Shakespearean Drama..* London: Associated UP, 1983.

Dubrow, Heather. *Captive Victors.* Ithaca & London: Cornell UP, 1987.

Duncan-Jones, Katherine, ed. *Shakespeare's Sonnets: The Arden Shakespeare.* London: Thomas Nelson and Sons Ltd., 1997.

Dusinberre, Juliet. "As *Who* Liked It," *Shakespeare Survey.* No. 46. 1994. 9-21.

Eagleton, Terry. *Literary Theory: An Introduction.* Oxford: Basil Blackwell, 1983.

_____. *William Shakespeare.* Oxford: Basil Blackwell, 1986.

Eastman, Arthur M. *A Short History of Shakespearean Criticism.* New York: W. W. Norton & Company. Inc., 1968.

Edwards, Philip. *Shakespeare: A Writer's Progress.* Oxford: Oxford UP, 1986.

_____. "Tragic Balance in *Hamlet*" *Shakespeare Survey.* No. 36. 1983. 43-52.

Elam, Keir. *The Semiotics of Theatre and Drama.* London: Methuen, 1980.

_____. *Shakespeare's Universe of Discourse.* Cambridge: Cambridge UP, 1984.

Eliade, Mircea. *The Myth of the Eternal Return or, Cosmos and History.* Trans. Willard R. Trask. Princeton: Princeton UP, 1974.

_____. *Rites and Symbols of Initiation.* Trans. Willard R. Trask. New York: Harper & Row, Publishers, 1958.

Eliot T. S. *Selected Essays.* London: Faber and Faber, Ltd., 1963.

Elsom, John. ed. *Is Shakespeare Still Our Contemporary?* New York: Routledge, 1989.

Empson, William. *Seven Types of Ambiguity.* New York: New Directions, 1947.

Enck, John J. *et al* eds. *The Comic Theory and Practice.* Englewood Cliffs, N. J.: Prentice-Hall, Inc., 1960.

Erickson, Peter. *Patriarchal Structures in Shakespeare's Drama.* California: Univ. of

California Press, 1985.

Esslin, Martin. *The Theatre of the Absurd.* Harmondsworth, Middlesex: Penguin Books Ltd., 1968.

Evans, Betrand. *Shakespeare's Tragic Practice.* Oxford: Oxford UP, 1979.

Evans, G. B. *Shakespeare: Aspects of Influence.* Massachusetts: Harvard UP, 1976.

Evans, Gareth Lloyd. *The Upstart Crow.* London: J. M. Dent & Sons Ltd., 1982.

Everett, Barbara. *Young Hamlet.* Oxford: Clarendon Press, 1989.

Faas, Ekbert. *Shakespeare's Poetics.* Cambridge: Cambridge UP, 1986.

Febete, John. ed. *Life After Postmodernism.* London: Macmillan Education Ltd., 1988.

Ferguson, Margaret W. "Hamlet: letters and spirits," *Shakespeare & The Question of Theory.* Eds. Patricia Parker & Geoffrey Hartman. New York & London: Routledge, 1991.

Fergusson, Francis. *The Idea of a Theater.* Princeton, New Jersey: Princeton UP, 1972.

Fly, Richard. *Shakespeare's Mediated World.* Massachusetts: The Univ. of Massachusetts Press, 1976.

Foucault, Michel. *Madness and Civilization.* Trans. Richard Howard. New York: Vintage Books, 1973.

Ford, Boris. ed. *The Age of Shakespeare.* Hormondsworth, Middlesex: Penguin Books Ltd., 1982.

Foulkes, Richard. ed. *Shakespeare and the Victorian Stage.* Cambridge: Cambridge UP, 1986.

Freedman, Barbara. *Staging the Gaze.* Ithaca and London: Cornell UP, 1991.

French, Marilyn. "Chaste Constancy in *Hamlet*," New Casebooks: *Hamlet.* Ed. Martin Coyle. Palgnave, 1972. 96-112.

Frye, Northrop. *The Anatomy of Criticism: Four Essays.* Princeton, N. J.: Princeton

UP, 1973.

_____. *Educated Imagination*. Bloomington: Indiana UP, 1964.

_____. *The Myth of Deliverance*. Toronto: Univ. of Toronto Press, 1983.

_____. *A Natural Perspective: The Development of Shakespearean Comedy and Romance*. New York: Harcourt, Brace & World, Inc., 1965.

_____ *The Great Code: The Bible and Literature*. New York: A Harvest Book, 1982.

_____. "The Archetype of Literature," *Myth and Literature*. Ed. John B. Vickery. Lincoln: University of Nebraska Press, 1966.

Frye, Roland Mushat. *Shakespeare & Christian Doctrine*. Princeton, New Jersey: Princeton UP, 1963.

_____. *Shakespeare: the Art of the Dramatist*. Boston: Houghton Mifflin Company, 1970.

_____. "Prince Hamlet and the Protestant Confessional"
(Http://thelogytoday. ptsem. edu/apr1982/v39-1-anticle3.htm.)

Fujita, Minoru and Leonard Pronko. *Shakespeare East and West*. New York: St. Martin's Press, 1996.

Fuller, A. Howard. "A Salesman is Everybody," *Death of a Salesman*. Ed. Gerald Weales. London: Penguin, 1967.

Garber, Marjorie. "Hamlet: Giving Up the Ghost," *Hamlet* Castbook Studies in Comtemporary Criticism. Ed. Susanne L, Wofford. New York: St. Martin's Press, 1994. 297-331.

Gay, Penny. *As You Likes It: Shakespeare's Unruly Women*. London & New York: Routeledge, 1994.

Gearin-Tosh, Michael. "The Significance of Hamlet's Second Soliloquy" (Ⅱ.2.546-603) *Critical Essays on Hamlet*. Ed. Linda Cookson and Bryan Loughhrey. Longman, 1988. 35-49.

Gennep, Arnold van, *The Rites of Passage*. Trans. Monika B. Vezedom and Gabrielle
    L. Caffee. Chicago: the Univ. of Chicago Press, 1960.

Goethe, Johann Wolfgang von. "Wilhelm Meister's Apprenticeship." *Shakespearean
    Criticism*. Ed. Mark Scott. Vol.1. Michigan: Gale Research, 984. 91-2.

Gibbons, Brian. *Shakespeare And Multiplicity*. Cambridge: Cambridge UP, 1993.

Gifford, Don and Seidman, Robert J. *An Annotation of James Joyce's Ulysses*. New
    York: E. P. Dutton & Co. Inc., 1974

Giroux, Robert. *The Book Known As Q*. New York: Vintage Books, 1983.

Gowda, H.H. Anniah. *Shakespeare: Comedies & Poems*. New York: Envoy Press,
    1986.

Grady, Hugh. *The Modernist Shakespeare*. Oxford: Clarendon Press, 1991.

      . *Shakespeare's Universal Wolf*. Oxford: Clarendon Press, 1996.

Grazia, de Margreta. "The Scandal of Shakespeare's Sonnets," *Shakespeare: The
    Critical Complex*. Ed. Stephen Orgel and Sean Keilen. New York: Garland
    Publishing, Inc., 1999.

Grebstein, S. N. ed. *Perspectives in Contemporary Criticism*. New York: Harper and
    Row, 1983.

Green, William. *Shakespeare's Merry Wives of Windsor*. Princeton: Princeton UP,
    1962.

Greenblatt, Stephen. *Renaissance Self-Fashioning*. Chicago & London: The Univ. of
    Chicago Press, 1980.

      . *Shakespearean Negotiations*. California: California UP, 1979.

Greene, Andre. *The Tragic Effect*. Tr. Alan Sheridan. Cambridge: Cambridge UP,
    1979.

Grene, Nicholas. *Shakespeare's Tragic Imagination*. London: Macmillan, 1992.

Gregson, James. *Public and Private Man in Shakespeare*. London: Barnes Noble

Books, 1983.

Gutwirth, Marcel. *Laughing Matter.* Ithaca & London: Cornell UP, 1993.

Guilfoyle, Cherrell. *Shakespeare's Play within Play. Michigan:* Western Michigan UP, 1991.

_____. "The Beginning of *Hamlet,*" *Shakespearean Christian Dimension.* Ed. Roy Battenhouse. Bloomington: Indiana UP, 1994.

Halderness, Granham. *The Taming of the Shrew.* Manchester and New York: Manchester UP, 1989.

Halio, J. L. ed. *Twentieth Century Interpretations of As You Like It.* Englewood Cliffs, N. J.: Prentice-Hall, Inc., 1968.

Hall, Jonathan. *Anxious Pleasures: Shakespearean Comedy and the Nation-State.* London: Associated UP, 1995.

Hall, Michael. *The Structure of Love.* Charlottesville: Univ. Press of Virginia, 1989.

Hamburger, Naik. "New Concepts of Staging '*A Midsummer Night's Dream*'," *Shakespeare Survey.* No. 40. 1988. 51-61.

Hankins, J. E. *Backgrounds of Shakespeare's Thought.* Sussex: The Harvester Press, 1978.

Harari, Josue V. ed. *Textual Strategies: Perspectives in Poststructuralist Criticism.* London: Methuen, 1979.

Harbage, Alfred. *A Reader's Guide to William Shakespeare.* New York : Farrar, Straus and Giroux, 1963.

_____. *Shakespeare: The Tragedies.* Englewood Cliffs, N. J.: Prentice-Hall, Inc., 1964.

Harrison, G. B. *Shakespeare's Tragedies.* New York: Oxford UP, 1952.

Hart, Clive and Hayman, David, ed., *James Joyce's Ulysses.* London: Univ. of California Press, 1977.

Hassel, R. Chris, Jr., *Faith and Folly in Shakespeare's Romantic Comedies.* Athens :

The Univ. of Georgia Press, 1980.

_____. "Too, Too Solid Flesh," *The Sixteenth Century Journal,* 25. 3. 1994. 609-22.

Hawkes, Terence. "Shakespeare and new Critical Approach." *The Cambridge Companion to Shakespeare Studies.* Ed. Stanley Wells. Cambridge: Cambridge UP, 1991.

Hayles, Nancy K. "Sexual Disguise in *As You Like It* and *Twelfth Night,*" *Shakespeare Survey.* 32. 1979. 63-72.

Hazlitt, William. "Hamlet in his characters of Shakespeare's plays." *Shakespearean Criticism.* Ed. Mark Scott. Vol.1. Michigan: Gale Research, 1984. 96-7.

Hendricks, Margo. "Obscured by Dreams": Race, Empire, and Shakespeare's *A Midsummer Night's Dream. Shakespeare Quarterly.* Vol. 47. 1996. 37-61.

Hegel, *On the Arts.* Trans. Henry Paolucci. New York: Frederick Ungar Publishing Co., 1979.

Heilman, Robert Bechtold. *The Ways of the World: Comedy and Society.* Seattle: Univ. of Washington Press, 1978.

Highfill, Philip H. Jr. *Shakespeare's Craft / Eight Lectures.* Carbondale and Edwardsville: Southern Illinois UP, 1982.

Hodgart, Matthew. *James Joyce.* London: Routledge & Kegan Paul, 1979.

Holderness, Graham, ed. *The Shakespeare Myth.* Manchester: Manchester UP, 1988.

Hopkins, Lisa. *The Shakespearean Marriage.* London: Macmillan, 1998.

Horne, H. H. *Shakespeare's Philosophy of Love.* Raleigh, N.C.: Edward & Broughton Company, 1945.

Howard, Jean E. and Marion F. O'Connor ed. *Shakespeare Reproduced: The Text in History and Ideology.* London: Methuen, 1987.

Howe, James. *A Buddhist's Shakespeare: Affirming Self-Deconstruction.* London & Toronto: Associated Up, 1994.

Hunter, Robert Grams. *Shakespeare and the Comedy of Forgiveness*. New York: Columbia UP, 1965.

Huizinga, Johan. *Homo Ludens*. Boston: The Beacon Press, 1955.

Hunt, Maurice. *Shakespeare's Romance of the Word*. London and Toronto: Associated UP, 1942.

_____. *Shakespeare's Religious Allusiveness*. Burlington: Ashgate, 2004.

Hussey, S.S. *The Literary Language of Shakespeare*. London and New York: Longman, 1992.

Huston, J. Dennis. *Shakespeare's Comedies of Play*. New York: Columbia UP, 1981.

Iser, Wolfgang. "The Dramatization of Double Meaning in Shakespeare's *As You Like It*," *Theatre Journal*. Vol. 35. 1983. 307-32.

Jameson, Frederic. *The Prison-House of Language*. Princeton, N. J.: Princeton UP, 1972.

James, Heather. *Shakespeare's Troy*. Cambridge: Cambridge UP, 1997

Jardine, Lisa. *Still harping on Daughters*. Sussex: The Harvester Press, 1983.

Jaspers, Karl. "Basic Characteristics of the Tragic," *Tragedy: Vision and Form*. Ed. Robert W. Corrigan. New York: Harper & Row, Publishers, 1981.

Jensen, Ejner J. *Shakespeare and the Ends of Comedy*. Bloomington and Indianapolis: Indiana UP, 1991.

Jenkins, Ralph. Theosophy in "Scylla and Charybdis" in M*odern Fiction Studies*. No. 2, Vol XV (Summer, 1969), 32-45.

Jones, Ernest. *Hamlet and Oedipus*. New York: W.W.Norton & Company Inc., 1976.

_____. *The Origins of Shakespeare*. Oxford: Oxford UP, 1977.

Jordine, Lisa. *Still Harping on Daughters*. Sussex: The Harvest Press, 1983.

Joughin, John J. ed. *Philosophical Shakespeares*. London: Routledge, 2000.

Joseph, Sister Mirian. "Hamlet: a Christian Tragedy," *Shakespearean Criticism*. Ed.

Mark Scott. Vol. 1. Michigan: Gale Research, 1984. 231-4.

Joyce, James. *A Portrait of the Artist as a Young Man*. Harmondsworth: Penguin Books Ltd., 1969.

Joyce, James. *Ulysses*. New York: The Modern Library, 1961.

Jump, John, ed. *Shakespeare: Hamlet*. London: Macmillan, 1968.

Kahn, Coppelion. *Man's Estate: Masculine Identity in Shakespeare*. Los Angeles: Univ. of California Press, 1981.

Kamps, Ivo ed. *Materialist Shakespeare: A History*. London: Verso, 1995.

Kearney, Richard. *Modern Movements in European Philosophy* Manchester: Manchester UP, 1986.

Kenner, Hugh. *A Colder Eye: The modern Irish Writer*. Harmondsworth: Penguin books Ltd., 1983.

Kermode, Frank. *Shakespeare, Spenser, Donne*. London: Routledge & Kegan Paul, 1971.

Kernan, Alvin B. *The Playwright as Magician*. New Heaven: Yale UP, 1979.

_____. ed. *Modern Shakespearean Criticism*. New York: Harcourt Brace Jovanovich, Inc., 1970.

Kim, Joo-hyon, *Shakespeare Across Cultures*. Ryde: Olympia Press, 2001.

Kimbrough, Robert. "Androgyny Seen Through Shakespeare's Disguise," *Shakespeare Quarterly*. 33. 1982. 17-33.

King, Walter N. ed. *Twentieth Century Interpretations of Twelfth Night*. Englewood Cliffs, N. J.: Prentice-hall, Inc., 1968.

Kingsley-smith, Jane. *Shakespeare's Drama of Exile*. London: Macmillan, 2003.

Kinney, F. *Shakespearean Eschatology*. Carbondale & Edwardsville: Southern Illinois UP, 1991.

Kitto, H. D. F. "Hamlet in his Form and Meaning in Drama," *Shakespearean*

Criticism. Ed. Mark Scott. Vol. 1. Michigan: Gale Research, 1984. 211-8.

Knight, G. Wilson. *The Wheel of Fire.* London: Methuen, 1949.

Kronenfeld, Judy. *King Lear and the Naked Truth.* New York: Duke UP, 1998.

Kott, Jan. *Shakespeare Our Contemporary.* Trans. B. Taborski. London: Methuen, 1965.

Krieger, Elliot. *A Marxist Study of Shakespeare's Comedies.* London: Macmillan, 1979.

Kristeva, Julia. *Desire in Language: A Semiotic Approach to Literature and Art.* Oxford : Basil Blackwell Ltd., 1980.

Lamb, Charles. On the Tragedies of Shakespeare Considered with Reference to Their Fitness for Stage Representation, *Shakespearean Criticism.* Ed. Mark Scott. Vol.1. Michigan: Gale Research, 1984. 93-4.

Langer, Susanne K. *Feeling and Form.* London and Henley: Routledge & Kegan Paul, Ltd., 1979.

Lanier, Emilia. *The Poems of Shakespeare's Dark Lady.* New York: Clarkson N. Potter, Inc., 1979.

Laroque, Francois. *Shakespeare's Festive World.* Trans. Janet Lloyd. Cambridge: Cambridge UP, 1991.

Leech, Clifford. ed. *Tragedy.* London: Methuen, 1969.

Leggatt, Alexander. *Shakespeare's Comedy of Love.* London: Methuen, 1973.

_____ ed. *Shakespearean Comedy.* Cambridge: Cambridge UP, 2002.

Leitch, Vincent B. *Deconstructive Criticism: An Advanced Introduction.* New York: Columbia UP, 1983.

Lerner, Laurence ed. *Shakespeare's Comedies.* Harmondsworth: Penguin Books Ltd., 1967.

_____. ed. *Shakespeare's Tragedies.* Harmondsworth: Penguin Books Ltd., 1963.

Leverenz, David. "The Woman in Hamlet: An Interpersonal view," *Hamlet*. New Casebooks. Ed. Martin Coyle. Palgrave, 1992. 132-53.

Levin, Richard A. *Love and Society in Shakespearean Comedy*. Newark: Univ. of Delaware Press, 1985.

Lewis, Anthony J. *The Love Story in Shakespearean Comedy*. Lexington: The Univ. Press of Kentucky, 1992.

Lidz, Theodore. *Hamlet's Enemy*. New York: Basic Book, Inc., Publishers, 1975.

Lifson, Martha Ronk. "Learning By Talking: Conversation in '*As You Like It*'," *Shakespeare Survey*. 40. 1989. 91-105.

Lodge, David. *The Modes of Modern Writing*. Illinois: Whitehall Company, 1977.

Lovejoy, A. A. *The Great Chain of Being*. Cambridge: Harvard UP, 1964.

Luckacher, Ned. "Anamorphic Stuff: Shakespeare, Catharsis, Lacan," *The South Atlantic Quarterly*. Vol. 88. No. 4. 1989. 863-98.

Ludowyk, E. F. C. *Understanding Shakespeare*. Cambridge: Cambridge UP, 1962.

Lukacs, George. *Marxism and Human Liberation*. New York: Dell Publishing Co., Inc., 1973.

_____. *Studies in European Realism*. New York: Grosset & Dunlap, 1964.

Mabry, John R. *Severe Mercy in King Lear: Christianity Through Image and Story*. (www.apocryphile.net)

MacCana, Proinsias. *Celtic Mythology*. London: The Hamlyn Publishing, 1970.

MacCary, W. Thomas *Friends and Lovers: The Phenomenology of Desire in Shakespearean Comedy*. New York: Columbia UP, 1985.

Macdonald, Ronald R. *William Shakespeare: The Comedies*. New York: Twayne Publishers, 1992.

Mack, Maynard. "The World of *Hamlet*." *Hamlet*. A Case Book Ed. John Jump. Macmillan, 1968.

Mahon, John W. and Thomas A. Pendleton eds. "Fanned and Winnowed Opinions," *Shakespearean Essays Presented to Harold Jenkins*. London: Methuen, 1987.

Mahood, M. M. *Shakespeare's Wordplay*. London: Methuen, 1979.

Mangan, Michael. *A Preface to Shakespeare's Comedies*. London: Longman, 1996.

Manlove, C. N. *The Gap in Shakespeare*. London: Vision Press, Ltd., 1981.

Marcus, Philip L. *Yeats and the Beginning of the Irish Renaissance*. New York: Syracuse UP, 1987.

Margolies, David. *Monsters of the Deep*. New York: Manchester UP, 1992.

Marienstras, Richard. *New Perspectives on the Shakespearean World*. Cambridge: Cambridge UP, 1985.

Marshall, Cynthia. *Shakespearean Eschatology*. Carbondale & Edwardsville: Southern Illinois UP, 1991.

Martin, Robert A. "Arthur Miller and The Meaning of Tragedy," *Modern Drama*, No. 1. Vol. XIII. May, 1970.

Marx, Steven. *Shakespeare and the Bible*. Oxford: Oxford UP, 2000.

Mason, Pamela. ed. *Shakespeare: Early Comedies*. London: Macmillan, 1995.

Matthews, John. *King Arthur and the Grail Quest*. London: Wellington House, 1944.

McAlindon, T. *Shakespeare's Tragic Cosmos*. Cambridge: Cambridge UP, 1996.

McAnany, E. C. "The Tragic Commitment: Some Notes on Arthur Niller" *Modern Drama*. No. 1, Vol. V. May, 1962.

McDonald, Russ. *The Bedford Companion to Shakespeare. New York*: Bedford Books of St. Martin's Press, 1996.

McEachern, Claire and Debora Shuger. *Religion and Culture in Renaissance England*. Cambridge: Cambridge UP, 1997.

McFarland, Thomas. *Shakespeare's Pastoral Comedy*. Chapel Hill: The Univ. of North Carolina Press, 1972.

Merchant, Moelwyn. *Comedy: The Critical Idiom*. London: Methuen, 1972.

Michael, Dobson, ed. *The Oxford Companion to Shakespeare*. Oxford: Oxford UP. 2001

Miller, Arthur. "Tragedy and The Common Man," *Death of a Salesman*. Ed. Gerald Weals. London: Penguin, 1967.

Millett, Kate. *Sexual Politics*. New York: Ballantine Books, 1969.

Milward, Peter. *Shakespeare's Religious Background*. Bloomington and London: Indiana UP, 1973.

Milward, Peter. S. J. *Biblical Influences in Shakespeare's Great Tragedies*. Bloomington & Indianapolis: Indiana UP, 1987.

Mincoff, Marco. *Things Supernatural and Causeless*. Newark: Univ. of Delaware Press, 1992.

Miola, Robert S. *Shakespeare and Classical Comedy*. Oxford: Clarendom Press, 1994.

_____. *Shakespeare's Rome*. Cambridge: Cambridge UP, 1983.

Moi, Toril. *Sexual/Textual Politics: Feminist Literary Criticism*. London: Routledge, 1985.

Montrose, Louis Adrian, "The Place of a Brother' in *As You Like It*: Social Process and Comic Form," *Shakespeare Quarterly*. Vol. 32. 1981. 28-54.

Mooney, Michael. *Shakespeare's Dramatic Transactions*. Durham and London: Duke UP, 1990.

Moulton, R. G. *Shakespeare as a Dramatic Artist*. New York: Dover Publications, Inc., 1966.

Muir, Kenneth, *Shakespeare's Tragic Sequence*. New York: Barnes & Noble Books, 1979.

_____. *Shakespeare: Contrasts and Controversies*. Norman: Univ. of Oklahoma Press, 1985.

_____. *Shakespeare's Comic Sequence.* New York: Harper & Row Publishers, Inc., 1979.

_____. *Shakespeare's Drama.* London: Methuen, 1980.

_____. ed. *Shakespeare: The Comedies.* New Jersey: Prentice-Hall, Inc., 1965.

Muir, Kenneth and S. Schoenbaum. ed. *A New Companion to Shakespeare Studies.* Cambridge: Cambridge UP, 1971.

Murr, Priscilla. *Shakespeare's Antony and Cleopatra.* Berne: Peter Lang, 1988.

Murray, Peter B. *Shakespeare's Imagined Persons.* London: Macmillan, 1996.

Musgrove, S. "Feste's Dishonesty: An Interpretation of *Twelfth Night.* I , V, 1-30," *Shakespeare Quarterly.* Vol. 21. 1970. 194-6.

Neilson, Francis. Shakespeare and The Tempest. Ringe, New Hampshire : Richard R. Smith Publisher, Inc., 1956.

Nelson, T. G. A. *Comedy: An Introduction to Comedy in Literature, Drama, and Cinema.* Oxford: Oxford UP, 1990.

Nevo, Ruth. *Comic Transformations in Shakespeare.* London: Methuen, 1980.

Nuttall, A. D. *A New Mimesis.* London: Methuen, 1983.

O'Connor, E. M. *Who's Who and What's What in Shakespeare.* New York: Crown Publishers, Inc., 1978.

Oliver, H. J. ed. *The Merry Wives of Winder: The Arden Shakespeare.* London: Methuen, 1971.

Orgel, Stephen and Sean Keilen, ed. *Shakespeare: The Critical Complex.* New York: Garland Publishing, Inc.,1999.

Ornstein, Robert. *Shakespeare's Comedies: From Roman Farce to Romtantic Mystery.* Newark: Univ. of Delaware Press, 1986.

Palmer, D. J. *Shakespeare: The Tempest.* London: Macmillan, 1968.

_____. ed. *Comedy: Development in Criticism.* London: Macmillan, 1984.

Paolucci, Anne, "The Lost Days in *A Midsummer Night's Dream*," *Shakespeare Quarterly*, Vol. 128. No. 3. 1977. 309-32.

Paris, Bernard J. *Bargains with Fate.* New York: Olenum Press, 1991.

Parker, Barbara L., *A Precious Seeing: Love and Reason in Shakespeare's Plays.* New York & London: New York UP, 1983.

Parker, Brain. "Point of View in Arthur Miller's Death of a Salesman," *Arthur Miller.* Ed. Robert W. Corrigan.

Parker, Patricia. *Shakespeare from the Margins.* Chicago & London: The Univ. Chicago Press, 1996.

_____. & G. Hartman. eds. *Shakespeare & the Question of Theory.* New York: Methuen, 1985.

Partridge, Eric. *Shakespeare's Bawdy.* London: Routledge and Kegan Paul, Ltd., 1947.

Patterson, Annabel. *Shakespeare and the Popular Voice.* Oxford: Basil Blackwell, 1989.

Peake, C. H. *James Joyce: The Citizen and the Artist.* California: Standford UP, 1977.

Pechter, Edward. *What was Shakespeare?: Renaissance Plays and Changing Critical Practice.* Ithaca: Cornell UP, 1995.

Peck, John and Martin Coyle. *How to Study a Shakespeare Play.* London: Macmillan, 1985.

Pettet, E. C. *Shakespeare and Romantic Tradition.* London: Methuen, 1970.

Phials, P. G. *Shakespeare's Romantic Comedies.* Chapel Hill: The Univ. of North Carolina Press, 1966.

Piaget, Jean. *Play, Dreams and Limitation in Childhood.* New York: W. W. Norton & Company, Inc., 1962.

Pitt, Angela, *Shakespeare's Women.* Totowa, New Jersey: Barnes & Noble Books, 1981.

Porterfield, *S.F. Jung's Advice to the Players*. Westport, Connecticut: Greenwood Press, 1994.

Prior, Mary. ed. *Women in English Society 1500-1800*. London: Methuen, 1985.

Prosser, Eleanor. *Hamlet and Revenge*. Stanford: Stanford UP, 1971.

Quennell, Peter and Hamish Johnson, *Who's Who in Shakespeare*. London: Routledge, 1995.

Rabkin, Norman. ed. *Approaches To Shakespeare*. London: McGraw-Hill Book Company, 1964.

_____. ed. *Shakespeare and the Common Understanding*. New York: The Free Prees, 1967.

_____. *Shakespeare and the Problem of Meaning*. Chicago: Chicago UP, 1981.

Richman, David. *Laughter, Pain, and Wonder: Shakespeare's Comedies and the Audience in the Theater*. Newark: Univ. of Delaware Press, 1990.

Richmond, Hugh M. *Shakespeare's Sexual Comedy: A Mirror for Lovers*. Indianapolis. New York: The Bobbs-Merrill Company, Inc., 1971.

Redmond, James. ed. *Theme in Drama 5. Drama and Religion*. Cambridge: Cambridge UP, 1983.

Riemer, A. P. *Antic Fables: Patterns. of Evasion in Shakespeare's Comedies*. New York : St. Martin's Press, 1980.

Ronson, Pamela, "Religious Elements in Shakespeare's Hamlet" (http://www.yale.edu/ynhti/nationalcalliculum/units/2008/1/08.01.09.)

Roberts, J. A. *Shakespeare's English Comedy*. London: Nebraska UP, 1979.

Rossiter, A. P. *Angel with Horns: Fifteen Lectures on Shakespeare*. London:: Longman, 1989

Rowse, A. L. *William Shakespeare: A Biography*. New York: Pocket Books, Inc., 1963.

Rozett, Martha Tuck. "Holding Mirrows Up To Nature: First Readers As Moralists," *Shakespeare Quarterly,* Vol. 41. (1990), 211-21.

Rubinstein, Frankie. *A Dictionary of Shakespeare's Sexual Puns and Their Significance.* London: The Macmillan Press, Ltd., 1984.

Russell, H. K. "The Incarnaton in Ulysses" in *Modern Fiction Studies.* No. I, Vol 4 (Spring, 1958), p.60-61.

Russell, John. *Hamlet and Narcissus.* Newark: Univ. of Delaware Press, 1995.

Ryken, Lelard. "Shakespeare as a Christian Writer"

(http//www.reformation21.org/articles/shakespeare-as-a-christian-writer.phb.)

Salinger, Leo. *Shakespeare and the Traditions of Comedy.* Cambridge: Cambridge UP, 1974.

Sandler, Robert. ed. *Northrop Frye on Shakespeare.* New Haven: Yale UP, 1986.

Schanzer, Ernest. *The Problem Plays of Shakespeare.* New York: Sohocken Books., 1965.

Schechener, Richard. *Between Theater and Anthropology.* Philadepia: Univ. of Pennsylvania Press, 1985.

Schoenbaum, S. *William Shakespeare: A Compact Documentary Life.* Oxford: Oxford UP, 1977.

_____. *Shakespeare's Lives.* Oxford: Oxford UP, 1993.

Scholes, Robert. *Fabulation and Metafiction.* Chicago: Univ. of Illinois Press, 1979.

_____. *Semiotics and Interpretation.* New Haven: Yale U P, 1982.

Schwarz, Alfred. "Toward a Poetic of Modern Realistic Tragedy," *Modern Drama.* No. 2. Vol. 9. Fall, 1966.

Scott, Mark W. ed. *Shakespearean Criticism.* Vol. 1-19. Michigan: Gale Research Inc., 1984-1993.

Scott, Wilber S. *Five Approaches of Literary Criticism.* New York: St. Martin's Press,

1986.

Scragg, Leah. *Discovering Shakespeare's Meaning*. London: Longman, 1994.

_____. *Shakespeare's Mouldy Tales*. London: Longman, 1992.

Selden, Raman. "Psychoanalysis and Hamlet," *Critical Essays on Hamlet,* Ed. Linda Cookson and Bryan Loughhrey. Longman, 1988. 81-98.

Selden, Raman and Peter Widdowson, *A Reader's Guide to Contemporary Theory*. The 3rd ed. Sussex: The Harvester Press, 1993.

Serge, Cesare. *Semiotics and Literary Criticism*. The Hague: Mouton & Co., 1973.

Seung, T. K. *Semiotics and Thematics in Hermeneutics*. New York: Columbia UP, 1982.

Sewall, Richard B. *The Vision of Tragedy*. New Haven: Yale UP, 1980.

Shaheen, Naseels. *Biblical References in Shakespeare's Tragedies*. Newark: Univ. of Delaware Press, 1987.

Sheridan, Alan. *Michel Foucault: The Will to Truth*. New York: Tavistock Publications, 1980.

Showalter, Elaine. *Speaking of Gender*. New York: Routledge, 1989.

_____. ed. *The New Feminist Criticism*. New York: Vintage Press, Ltd., 1986.

Sinfield, Alan. "Hamlet Special Providence," *Shakespearean Survey*. No.33. 1980. 89-98.

Slights, Camille Wells. *Shakespeare's Comic Commonwealths*. Toronto: Univ. of Toronto Press, 1993.

Smidt, Kristian. *Unconformities in Shakespeare's Early Comedies*. London: Macmillan, 1982.

_____. *Unconformities in Shakespeare's Later Comedies*. New York: St. Martin's Press, 1993.

_____. *Unconformities in Shakespeare's Tragedies*. London: Macmillan, 1989.

Smith, Hallett. *Shakespeare's Romances*. California: Ritchie & Simon, 1972.

_____. *Twentieth Century Interpretations of the Tempest*. Englewood Cliffs, N. J.: Prentice-Hall, Inc., 1969.

Smith, James. *Shakespeare and Other Essays*. Cambridge: Cambridge UP, 1974.

Smith, Jane Kingsley. *Shakespeare's Drama of Exile*. Palgrave: Macmillan, 2003.

Sohmer, Steve. "Certain Speculation on Hamlet the Calerdon, and MartonLatter" (Http://www.humanties,ualkerta.ca/enls/02-1/sohmshak.html/)

Solomon, Robert C. *Phenomenology and Existentialism*. New York: Harper & Row, Publishers, 1972.

Spencer, Theodore. *Shakespeare and the Nature of Man*. London: Macmillan, 1949.

Spurgeon, C. F. E. *Shakespeare's Imagery and What It Tells Us*. Cambridge: Cambridge UP, 1971.

Stone, Lawrence. *The Family, Sex and Marriage in England 1500-1800*. New York: Harper, & Row, Publishers, 1977.

Sturrock, John. *Structuralism and Since*. Oxford: Oxford UP, 1979.

Styan, J. L. *The Dark Comedy: The Development of Modern Comic Tragedy*. Cambridge: Cambridge UP, 1979.

Swinden, Patrick. *An Introduction To Shakespeare's Comedies*. London: Macmillan, 1973.

Taylor, Dennis. and David Beauregard. ed. *Shakespeare and the Culture of Christianity in Early Modern England*. New York: Fordham UP, 2003

Tennenhouse, Leonord. "Power in Hamlet," *Hamlet*. New Casebooks. Ed. Martin Coyle. Palgrave, 1992. 160-7.

Thompson, Ann and John O. Thompson. *Shakespeare: Meaning and Metaphor*. Iowa City: Iowa UP, 1987.

Thorne, Alison. ed. *Shakespeare's Romances*. London: Macmillan, 2003.

Tillyard, E. M. W. *The Elizabethan World Picture*. New York: Vintage Books. 1943.

_____. *Shakespeare's Last Plays*. London: Chatto and Windus, Ltd., 1954.

_____. *Shakespeare's Early Plays*. London: Chatto and Windus, Ltd., 1965.

_____. *Shakespeare's Problem Plays*. London and Toronto. Toronto UP, 1950.

Tindall, William York. *A Reader's Guide to James Joyce*. New York: The Noonday Press, 1959.

Traub,Valerie. *Desire and Anxiety: Circulations of Sexuality in Shakespearean Drama*. London: Routledge, 1992.

Traversi, Derek. *Shakespeare: The Roman Plays*. Stanford, California: Stanford UP, 1963.

_____. *Shakespeare: The Last Phase*. Stanford, California: Stanford UP, 1969.

Trowbridge, C. W. "Between Pathos and Fragedy," *Modern Drama*, No. 3. Vol. 10. December, 1967.

Turner, Victor. *From Ritual to Theatre*. New York: PAJ Publications, 1982.

U. de Sousa, Geraldo. *Shakespeare's Cross-Cultural Encounters*. London: Macmillan, 1990.

Ulrici, Hermann. "Criticism of Shakespeare's Dramas," *Shakespearean Criticism*. Ed. Mark Scott. Vol. 1. Michigan: Gale Research, 1984. 98-102.

Underdown, David. *Revel, Riot and Rebellion*. Oxford: Oxford UP, 1985.

Ure, Peter. *Shakespeare: Julius Caeser*. London: Macmillan, 1969.

Vaughn, J. A. *Shakespeare's Comedies*. New York: Frederick Ungar Publishing Co., 1980.

Vendler, Helen. *The Art of Shakespeare's Sonnets*. Massachusetts: Harvard UP, 1998.

Vickers, Brian. ed. *Shakespeare: The Critical Heritage*. Vol. 1-6. London: Routledge & Kegan Paul, 1974.

Waith, Eugene M. *Shakespeare: The Histories*. Englewood. Cliffs, N. J.: Prentice-Hall,

Inc., 1965.

Waller, Gary. ed. *Shakespeare's Comedies*. Essex: Longman, 1991.

Waters, D. Douglas. *Christan Settings in Shakespeare's Tragedies*. London and Toronto: Associated UP, 1994.

Watson, Robert N. *The Rest Is Silence*. California: California UP, 1999.

Weimann, Robert. *Shakespeare and the Popular Tradition in the Theater*. London: The Johns Hopkins UP, 1978.

Weiser, David K. *Mind in Character: Shakespeare's Speaker in the Sonnet*. Columbia: Univ. of Missouri Press, 1987.

Weisinger, Herbert. "The Myth and ritual approach to Shakespearean Tragedy," *Perspectives in Contemporary Criticism*. Ed. S. N. Grebstein, S. New York: Harper and Row, 1983. 322-36.

Wellek, Rene and Austin Warren. *Theory of Literature*. Harmondsworth, Middlesex: Penguin Books Ltd., 1970.

Wells, Stanley. *Shakespeare: An Illustrated Dictionary*. Oxford: Oxford UP, 1981.

_____. *Shakespeare: A Life in Drama*. New York: W. W. Norton & Company, 1995.

_____ed. *The Cambridge Companion to Shakespeare Studies*. Cambridge: Cambridge UP 1986.

Westlund, Joseph. *Shakespeare's Reparative Comedies*. Chicago: Chicago UP, 1984.

Weston, Tessie L. *From Ritual to Romance*. New York: Doubleday & Company, Inc., 1957.

White, R. S. *The Merry Wives of Winder*. Boston: Twayne Publishers. 1991.

Wilde, Oscar. *Complete Works of Oscar Wilde*. New York: Harper & Row, 1989.

Wilders, John. *New Prefaces to Shakespeare*. Basil Blackwell: BBC Enterprises Ltd., 1988.

_____. *The Lost Garden*. Totowa, New Jersey: Rowan and Littlefield, 1978.

Wiles, David. *Shakespeare's Clown: Actor and Text in the Elizabethan Playhouse*. Cambridge: Cambridge UP, 1987.

Willeford, William. *The Fool and His Scepter*. Chicago: Northwestern UP, 1969.

Williams, Raymond. *Modern Tragedy*. Standford, Califrnia: Standford UP, 1966.

Williamson, Marilyn L. *The Patriarchy of Shakespeare's Comedies*. Detroit: Wayne State UP. 1986.

Wilson, E. C. *Shakespeare, Santayana, and the Comic*. Alabama: The Alabama UP, 1973.

Wilson, Edmund. *Axel's Castle*. New York: Charles Scribner's Sons, 1969.

Wilson, J. D. *The Fortune of Falstaff*. Cambridge: Cambridge UP, 1979.

_____. *Shakespeare's Happy Comedies*. Evanston: Northwestern UP, 1962.

_____. *What Happens in Hamlet*. Cambridge: Cambridge UP, 1935.

Wilson, Richard and Richard Dutton. *New Historicism and Renaissance Drama*. London: Longman, 1992

Wilson, Scott. *Cultural Materialism: Theory and Practice*. Oxford: Blackwell, 1995.

Yates, F. A. *The Occult Philosophy in the Elizabethan Age*. London: Cox and Wyman Ltd., 1979.

_____. *Shakespeare's Last Plays: A New Approach*. London: Routledge and Kegan Paul, 1975.

_____. *A Study of Love's Labour's Lost*. Cambridge: Cambridge UP, 1936.

_____. *Theatre of the World*. London and Henley: Routledge & Kegan Paul, 1969.

Young, David. *The Action to the Word*. New Haven: Yale UP, 1990.

Zesmer, David. M. *Guide to Shakespeare*. New York: Barnes and Noble Books, 1976.

http://absoluteshakespeare.com/guides/hamlet/essay/hamlet_essay.htm

http://answer.yahoo.com/question/index?qid

http://britannia.com/history/arthurl.html

http://britannia.com/history/biographies/guinever.html

http://britannia.com/history/biographies/merlin.html

http://britannia.com/history/kamyth.html

http://en.wikipedia.org/wiki/Hamlet_%28legend%29

http://member.rivernet.com.au/manxman/Celts/battle.htm/

http://member.rivernet.com.au/manxman/Celts/languages.htm/

http://member.rivernet.com.au/manxman/Celts/mannan-celt.htm/

http://member.rivernet.com.au/manxman/Celts.htm/

http://shakespeare.palomar.edu/timeline/timeline.htm

http://www.allshakespeare.com

http://www.anthropoetics.ucla.edu/ap0701/ap0701.htm

http://www.bartleby.com/211/1501.html

http://www.bju.edu/events/fine-arts/cod/archive/hamlet/hamlet-smart.pdf

http://www.britannia.com/histroy/biographies/merlin.html

http://www.catholic.org/saints/anglchoi.php.

http://www.dartmouth.edu/~milton/reading_room/comus/index.html

http://www.hamlethaven.com/ghost.html

http://www.hamlethaven.com/metaphysics.html

http://www.hamlethaven.com/jungian.html

http://www.leithart.com/archives/001749.php

http://www.lib.rochester.edu/camelot/lewgaw.htm

http://www.lone-star.net/literature/beowulf/beowulf12.htm

http://www.luminarium.org/medlit/gawainre.htm

http://www.mala.bc.ca

http://www.pantheon.org/mythica/areas/celtic/

김용옥.『화두: 혜능과 셰익스피어』. 서울: 통나무, 1998.

니체.『비극의 탄생』. 박창근 옮김. 서울: 홍신문화사, 1989.

뵈트너, 로레인.『칼빈주의 예정론』. 김남식 옮김. 서론: 베다니, 1996.

아르또, 앙토넹.『잔혹연극론』. 박형섭 옮김. 고양시: 한국학술정보, 2002.

이태주.『이웃사람 셰익스피어』. 서울: 범우사, 2007.

최재서.『문학원론』. 서울: 춘조사, 1957.